LES INNOVATIONS CRIMINOLOGIQUES

Logiques des pénalités contemporaines
Collection dirigée par Tony Ferri

Emprisonnement, aménagements de peine, mesures de probation... Qu'est-ce qu'exécuter une peine aujourd'hui ? Devant la diversité des sanctions pénales, et face aux évolutions affectant les secteur de l'application des peines, l'activité des personnels pénitentiaires et la place de l'enfermement dans l'économie du pouvoir de punir, cette collection a vocation d'ouvrir un espace de réflexion aux chercheurs et aux praticiens du registre post-sentenciel.

Dernières parutions

Dragan BRKIĆ, *Comprendre la délinquance française*, 2016.
Alain BROSSAT, *Eloge du pilori. Considérations intempestives sur les arts de punir - Entretien avec Toni Ferri*, 2015.
Tony FERRI, *Le pouvoir de punir. Qu'est-ce qu'être frappé d'une peine ?*, 2014.
René SCHERER, *En quête du réel. Réflexions sur le droit de punir, le fouriérisme et quelques autres thèmes - Entretien avec Toni Ferri*, 2014.

Sous la direction de
Erwan Dieu

LES INNOVATIONS CRIMINOLOGIQUES

L'Harmattan

Autres ouvrages dirigés et écrits par l'auteur :

(2011). *Les profilers à travers l'histoire*
E. Dieu (dir.), E. Person, O. Sorel, Studyrama (Kroniques).

(2012). *Tueurs de masse : le malaise dans la cité*
E. Dieu (dir.), E. Person, O. Sorel,
avec la participation d'A. Hirschelmann (préface),
Studyrama (Kroniques).

(2012). *Psycho-criminologie, volume I :*
Ainsi parle le crime, les maux des actes
E. Dieu (dir.) & O. Sorel,
avec la participation d'E. Person et M. Mehanna (préface),
Studyrama (Principes psychologiques).

(2013). *Psycho-criminologie, volume II : L'interprétation du crime ; trajectoires, dynamiques, justice*
E. Dieu (dir.) & O. Sorel,
avec la participation de E. Person, N. Combalbert, A. Hirschelmann,
CRIAVS37, ADAVIP37, L. Villerbu (préface),
Studyrama (Principes psychologiques).

(2013). *Psychologie et Violence*
E. Dieu & O. Sorel. (co-dir.),
avec la participation de L. Bègue, M. Benbouriche, C. Bouchard, N. Combalbert, C. Dubois, R. Fontaine, A-S. Gaborel, A. Hirschelmann, V. Kubiszewski, P. Launay, C. Lemale, R. Palaric, V. Pennequin, E. Person, Y-C. Quéro, H. Spriet, J. Vandervoorde, A. Ventéjoux, A. Winter,
Studyrama.

(2015). *Punition et risque : les geôles du quotidien*
E. Dieu & T. Ferri,
avec la participation de M. Onfray (préface) & A. Hirschelmann (postface).
Studyrama.

5-7, rue de l'Ecole-Polytechnique, 75005 Paris
http://www.harmattan.fr
ISBN : 978-2-343-11337-1
EAN : 9782343113371

Sommaire

Préambule...

Il est des ouvrages qui aident à réfléchir et d'autres qui soutiennent la pratique, il est des ouvrages qui allient les deux forces. Le pari de ce manuscrit s'inscrit dans cette double voie théorique et pratique. Voici le postulat de direction d'ouvrage et l'alliance bénéfique chercheurs-praticiens au sein des chapitres et de leurs auteurs. A qui le lit, le doute doit être soulevé : ce livre est prétentieux. Dans le premier sens du terme du moins, il « prétend » à quelque chose : le lien entre les nouveaux modèles théoriques et leurs applications concrètes sur le terrain aux bénéfices des usagers, auteurs et victimes d'infraction. Toutefois, le titre est séduisant, voire quelque peu trompeur.

Il ne s'agit pas réellement « d'innovations » criminologiques en soi, mais ce qu'il y a d'innovant dans les modèles criminologiques contemporains en développement dans la pratique. Comme vous le verrez au sein des différents chapitres, des présentations d'outils, exercices, programmes, explicitent des modèles qui aujourd'hui démontrent des effets pertinents (dits d'impact sur la prévention de la récidive et basés sur les « preuves probantes » de la littérature scientifique). Hélas, ces modèles, ou bien leurs outils et programmes concrets, ne sont pas toujours connus et donc peu aisés à pratiquer.

Savoir si ces modèles et leurs déclinaisons pratiques conviennent intellectuellement aux professionnels ne nous concerne que peu dans cet ouvrage. Nous ne nous revendiquons en aucun cas défenseurs des modèles criminologiques R.B.R., G.L.M., T.I.M.E, Justice restaurative et autres. Toute contradiction est bienvenue pour faire évoluer nos pratiques du quotidien et tendre vers un bien-être social et individuel. Quelques chapitres reprennent les apports et limites des modèles, pour autant l'intérêt premier de l'ouvrage réside dans l'appropriation possible par le lecteur de ce dont il a besoin de tirer (connaissances et/ou pratiques).

Je tiens à remercier Tony FERRI qui démontra de suite un intérêt au projet, et qui fut ainsi le rouage de lancement du projet. Je vous laisse soin de découvrir sa plume en conclusion de l'ouvrage et de vous tourner vers ses propres livres.

Nulle autre personne en France que Martine HERZOG-EVANS demeure plus qualifiée dans ce double registre théorico-pratique pour ouvrir en chapitre introductif les « innovations criminologiques ». Les poumons internationaux sont représentés en la présence de Martine, à l'image de l'ouvrage, les deux poumons pour ainsi dire tellement elle contribue aujourd'hui à l'avènement et à l'adaptation précautionneuse des modèles ici présentés dans notre ouvrage. L'Université française tient en ses rangs une femme de grande qualité morale et professionnelle, de rigueur et d'ingéniosité.

Je remercie l'ensemble des auteurs de l'ouvrage. Ils furent tous particulièrement réceptifs, mobilisés et soucieux de porter le projet à terme. En outre, nous avons la chance d'intégrer des préfaciers de talents théorique et pratique.

Je tiens également à rendre hommage aux (chapitres) absents de l'ouvrage, à Pascal LEROY et Denis LAFORTUNE. Ils devaient écrire respectivement une préface et un chapitre dans notre ouvrage, mais leur quotidien demeure trop chargé aujourd'hui. Quiconque eut la chance de se tenir à leurs côtés durant une réunion connait l'opiniâtreté, la persévérance et la qualité d'engagement de Pascal et Denis. Pour tous les projets qu'ils engagent et mènent à bien, parfois à contre-courant, et qu'importent les idéologies individuelles, la Direction de l'Administration Pénitentiaire et l'Université de Montréal tiennent aussi dans leurs lieux avec des professionnels de rare qualité. Nous parlons souvent au quotidien de politique pour Pascal et scientifique pour Denis, rendons plutôt hommage ici aux techniciens connaisseurs des sujets dans l'ombre des mouvements pénaux.

J'ai proposé à mes collègues que nous découpions arbitrairement en deux le livre que vous tenez entre les mains. La première partie concerne davantage le processus d'évaluation (qui bien des fois est aussi un process d'accompagnement) lorsque la seconde partie se concentre sur les types d'accompagnement des sujets (individuels ou groupaux). Fort heureusement, certainement par souci de ma santé mentale et de ma vie sociale, mes collègues n'y voyèrent pas d'objection. Evidemment, ces deux parties s'entrecroisent. Il s'agit d'un découpage factuel vous facilitant l'appropriation des chapitres et de leurs objectifs intrinsèques.

La partie 1 s'attèle à circonscrire des modèles pour l'entrée en relation avec l'auteur et la victime (via une appréciation des besoins des sujets en demande ou sous contrainte). M.E. Evans débute le livre dans un chapitre introductif en présentant les différents modèles criminologiques de l'ouvrage, leurs apports mais aussi les éléments à contrôler au sein de ces modèles. Pour ma part, je démarre la partie 1 en complétant cette entrée en matière par le glissement actuel de la criminologie dite du « risque » à la criminologie « positive » : « Qu'est-ce donc que prévenir la récidive ? Des facteurs de risque aux facteurs de protection » (Chap.1). Pour rendre concret et pratique ce chapitre, je poursuis dans le chapitre 2 ces questionnements autour de la prévention de la récidive avec la présentation d'outils/manuels mobilisables (« 6PO » et « ANI ») au sein des entretiens initiaux d'évaluation et d'accompagnement avec les sujets (Chap.2).

Dans le chapitre 3, nos collègues belges S. Corneille et N. Henrard, pour le groupe ANTIGONE, nous présentent une autre lecture de la psycho-criminologie à travers le « Good Lives Model » (modèle des vies épanouissantes -ou cohérentes). A. Hirschelmann, L. Villerbu et P. Pignol, tous trois de l'Université Rennes 2 en psycho-criminologie, invitent à un renouvellement conceptuel des approches dynamiques dans le cadre agressologique (chap.4) et victimologique (chap.5). Dans le chapitre 6, je vous offre plusieurs outils pratiques possibles directement en application de ce « GLM » et des renouvellements conceptuels (ex : « SPHERES », « INDICE ») ou en complément (ex : outil « MC-FLY » du modèle Temporaliste « TIME »).

Pour finir, croisant agressologie et victimologie pour en quelque sorte une pleine criminologie, L. Walgrave et E. Zinsstag, grands connaisseurs des approches restauratives, investiguent les liens entre le droit pénal, la criminologie et la justice restaurative. Ils nous orientent notamment sur les perspectives « maximalistes » de la Justice restaurative, méconnues en France, et leurs implications concrètes dans le traitement judiciaire (chap.7).

La partie 2 de notre ouvrage se focalise sur des modèles d'accompagnement des auteurs et victimes suivis en individuel et en collectif. De nouveau huit chapitres tenteront de vous proposer des éléments appropriables suivant vos besoins : travailler sur la motivation et la disposition au changement, appliquer une approche positive en détention, accompagner en individuel ou en groupe sur des habiletés à acquérir et/ou à renforcer, soutenir le désengagement à l'égard d'un processus de radicalisation, mettre en place un processus de Justice restaurative, etc.

A mes infatigables collègues du Service de Criminologie-Victimologie Appliquées ARCA, je rends encore davantage visible leur travail avec les applications du protocole « PRATIC » dont l'objectif est de structurer au mieux les accompagnements individuels et collectifs lorsque ceux-ci visent des objectifs cliniques et/ou criminologiques particuliers dans l'interaction avec le sujet auteur ou victime. En France et à l'étranger, l'ARCA a pu constituer, expérimenter et préciser un « Parcours initiatique pour savoir qui je suis » (programme collectif SERA du protocole général PRATIC), accompagnement positif en groupe à destination des personnes placées sous main de Justice, basé sur l'approche temporaliste, le GLM, les principes du RBR et les ICC et psychodrames éducatifs (chap.1). Je serai très heureux de vous immerger dans ce programme qui a déjà conquis un grand nombre de services pénitentiaires, conseillers pénitentiaires, psychologues et éducateurs.

A la suite de ce chapitre sur les entretiens individuels, N. Charbon, CPIP parisienne expérimentatrice, réelle force novatrice des services pénitentiaires, vous fera part de son programme de groupe pour personnes placées sous main de Justice afin de susciter malgré la contrainte une motivation individuelle au changement par l'effet du groupe (chap.2). Orientée sur l'approche GLM, l'expérimentation italienne en milieu carcéral par C.M. Xella du CIPM (chap.3) avec le soutien d'A. McKibben se montre particulièrement intéressante à découvrir, connaître et dupliquer.

Le chapitre 4 de notre ouvrage questionne l'accompagnement des processus de radicalité en France. Nous aurions pu vous proposer la découverte du programme « CéSURE » (Cercles SUR l'Emphase/Emprise identitaire) actuellement en expérimentation dans les préfectures, SPIP, DISP, DAP, en France comme à l'étranger. Toutefois, nous avons estimé d'une part ne pas avoir suffisamment de résultats pour valider les apports, et d'autre part que d'autres expériences méritaient en elles-mêmes un chapitre. Ainsi par leur mission de terrain depuis plusieurs années, D. Bouzar et M. Martin nous proposent un retour d'expérience sur les suivis mis en place et leur proposition que l'individualisation de l'engagement radical entraîne l'individualisation du suivi en désengagement.

Les trois derniers chapitres portent sur la Justice restaurative, ou plus précisément sur des orientations et applications de Justice restaurative : l'intégration possible du processus de Justice restaurative au sein des pratiques professionnelles françaises actuelles (chap.5), les médiations restauratives dans les situations de violences conjugales –audacieuses et positives expérimentations italiennes pour l'Europe- (chap.6 par F.Garbarino et P. Giulini), l'adéquation entre le modèle RBR et la Justice restaurative à travers les « Cercles de Soutien et de Responsabilité » (chap.7 par H. Lefebvre que je fus ravi d'accompagner dans ce chapitre).

Aux nouveaux venus dans ce champ, je vous souhaite la plus agréable des découvertes. Aux connaisseurs et aux anciens, je vous souhaite au mieux une révision et un soutien à vos pratiques et connaissances. Je ne peux désirer pour vous une confirmation de vos acquis : quelle déplorable idée serait de ne rien découvrir ou de ne pas s'ouvrir aux autres horizons! Finalement, il n'est de plus grandes explorations que celles qui soutiennent l'effort de persévérer dans l'âme. A mon sens, la (psycho)criminologie n'a autre sens que d'aider nos usagers, nos citoyens, nos amis, nos familles, nous-mêmes. Plus que la prévention de la récidive, des faits d'infraction, des situations-problèmes, c'est la qualité de vie personnelle et sociale qui est en jeu. Se donner un sens de vie, c'est expérimenter en soi son potentiel identitaire, c'est tout simplement exister.

Si vous aviez quelques questions, besoins, partages, à demander ou à effectuer, requêtes concernant des modèles, outils ou programmes présentés, n'hésitez pas à contacter directement le Service de Criminologie-Victimologie Appliquées & Observatoire des Violences « ARCA » en France : arca.asso37@gmail.com

Tous les outils, manuels, programmes développés par l'ARCA sont libres d'accès et gratuits. Des formations, supports et supervisions/évaluations sont également possibles.

Introduction au modèle : La PCC, les CCP et les autres, intégrer mais contrôler

M.-H. EVANS, Université de Reims, faculté de droit, Laboratoire CEJESCO

Nota Bene.

> My main message is that new ventures into offender treatment are important, but they would profit by learning from, rather than by attacking (Cullen, 2012).

Après la conférence de consensus, divers signes apparaissent, de ce que la probation « à la française » amorce enfin sa révolution « What Works » (Benbouriche et Guay, 2015) et effectue les premiers pas d'une intégration des *evidence-based practices* (ci-après EBP – pratiques assises sur les données acquises de la science) et cet ouvrage en est la manifestation. Dans sa hâte brouillonne et son contexte institutionnel centralisé, elle adopte néanmoins une approche patchwork, listant comme un poème de Prévert différentes théories et méthodes, comme si celles-ci se valaient toutes et sans voir leurs guerres internes fratricides. Il est donc important que nous sachions de quoi nous parlons et ne mélangions pas tout et tenions compte des niveaux de démonstration scientifique propre à chacun d'entre eux. Les modèles de traitement criminologiques sont eux-mêmes nés d'autres champs et d'autres théories, ce qui démontre qu'une approche intégrative est possible et indispensable.

Précisément, il tout aussi essentiel que nous ne négligions pas d'autres champs de recherche, dans notre course au prêt-à-porter criminologique, sous peine d'oublier l'éthique professionnelle – dont il ne suffit pas de souhaiter qu'elle soit observée par tous (DAP, à paraître ; Probation Institute, 2014). Le risque est que soient négligées les études qui montrent que ce qui assure la collaboration et la soumission aux décisions des praticiens du champ pénal demeure une intervention dans un cadre légitime sur le plan de la procédure pénale et du comportement de l'individu. A défaut, les incantations institutionnelles et criminologiques appelant au respect de la PPSMJ et à la collaboration avec elle seront vouées à l'échec. A défaut encore, les conservateurs de l'ordre établi qui s'opposent par principe à la criminologie – que ce soit au sein de l'institution, notamment portée par certains syndicats, ou dans la nôtre, portée par des collègues monothéistes du droit, de la sociologie ou tout simplement de leur pré carré – auront raison de dire que nous nous dirigeons vers un prêt-à-porter inhumain et répressif, ou à tout le moins, monopolistique, 'prisonbation' (H-Evans, 2015a) et néo-paternaliste.

1. Prendre du recul par rapport aux camps retranchés

La France semble prête à absorber *et* la PCC – *Psychology of Criminal Conduct* (de l'ouvrage d'Andrews & Bonta, 2010 – également connue sous la dénomination RBR – v. *infra*) et, une partie du moins des CCP (*Core Correctional Practices*, sous leur forme développée par Trotter, 2015) et le GLM – *Good Lives Model* de Tony Ward et ses collègues (par ex. Yates et al., 2010), *et* la désistance (par ex. Farrall et al., 2014 ; en français : Mohammed, 2012). Dans son attachant et naïf enthousiasme, elle ne perçoit pas que ces différentes théories correspondent à des approches en conflit ouvert. Si la France a raison de se tenir à l'écart de ces guérillas académiques marquées en grande partie par les luttes d'ego et les idéologies politiques, il importe qu'elle sache différencier le niveau de support empirique fortement différencié de ces théories, leurs objectifs, et notamment leurs capacités à éclairer la pratique. Ce n'est qu'à ce prix qu'elle pourra s'appuyer sur leurs forces et les pratiquer de manière complémentaire, sans tomber dans les travers de leurs excès ou insuffisances respectives.

Elle doit donc d'abord mesurer pourquoi la structure et la protocolisation sont nécessaires, sans pour autant perdre sa tradition de l'individualisation.

1.1. Structure ou individualisation ?

Parmi les théories sus-évoquées, s'affrontent, des modèles protocolisés (PCC), des modèles dits holistiques et individualisés (désistance, CCP) et des modèles qui, en réalité, affirment adhérer au second, mais sont proches du premier (GLM et d'une certaine manière CCP). Les modèles partisans du « sur mesure » (les seconds) reprochent à celui qu'ils qualifient de « prêt à porter » (les premiers) de ne pas tenir compte des particularités personnelles et de ranger les individus dans des catégories statistiques. La PCC réplique, quant à elle, que l'absence de protocole est « irrationnelle, non-scientifique, non-éthique et non-professionnelle » (Zinger, 2004 : 607 – à propos de l'évaluation). Sur le terrain, les praticiens habitués à travailler comme ils l'entendent, peuvent avoir de compréhensibles résistances à accepter une protocolisation de leurs pratiques (Benbouriche et al., 2012). Il est donc essentiel de faire la lumière sur le choix qui s'offre à nous.

A ce stade, nous proposerons provisoirement une métaphore médicale. Le patient atteint d'un cancer préfèrera que sa pathologie soit approchée avec une théorie solide du cancer, avec une évaluation rationnelle du stade de sévérité de sa pathologie, plutôt qu'en mode holistique-« Maigret » et qu'elle soit traitée sur la base des données acquises de la science, soit notamment par la chimiothérapie plutôt que l'homéopathie ou la saignée.

Cela étant, la question de la relation clinique est également importante. Si le patient ne fait pas confiance à son cancérologue, et si ce dernier adopte à son égard une attitude infantilisante, autoritaire ou paternaliste, le malade omettra de lui faire part d'informations essentielles (alimentation, tabagie, isolement…) et sera non-compliant dans sa prise de médicaments ou dans les indispensables modifications de son mode de vie (par ex. Benjamin, 2015). Certes la métaphore présente des limites ; elle permet toutefois de comprendre en un clin d'œil que protocoles et humanité, science et individualité, compétence et respect de l'autonomie, peuvent et doivent se complémenter. Non point d'ailleurs que l'un soit réellement opposé à l'autre. Comme nous le verrons, en réalité PCC et GLM sont aujourd'hui très proches.

Dans le domaine de la probation, comme le mot précité de Zinger l'énonce brutalement : ne pas évaluer le niveau de risque de manière rigoureuse est irresponsable, dangereux et d'ailleurs non éthique. Deux débats s'opposent ici aujourd'hui. Un débat utile, sur la scène internationale, entre évaluation structurée totale (actuarielle) et évaluation sinon purement clinique – plus personne n'ose sérieusement tenir ce discours ailleurs que dans l'hexagone – du moins structurée, en sorte que nous ne reviendrons même pas sur cette évidence. S'il est à peu près certain que restituer une partie de pouvoir discrétionnaire aux cliniciens n'améliore pas la qualité de l'évaluation, et peut réinsuffler de la discrimination et des biais, dans certains domaines ou pour certains objets, cela peut rendre des services (v. par ex. Otto et Douglas, 2010). La scène internationale est également le lieu de discours sur l'utilisation d'outils actuariels prévus pour les hommes blancs d'Amérique du Nord, sur les femmes (Shaw et Hannah-Moffat, 2005), et sur d'autres continents. Ces débats ont le mérite de faire avancer la science ; l'on a pu ainsi replacer la question des femmes sur le terrain de la réceptivité avec une bonne transférabilité des outils actuariels, du moins généralistes, tels que le LSI-R (Smith et al., 2009).

En France, toutefois, nous en sommes encore à contester l'évaluation du niveau risque en tant que telle (Gautron et Dubourg, 2014) en affirmant que cela fige les individus en « risques ambulants » et participe d'une vision punitive en croissance paraît-il constante en matière pénale ; une vision fonds de commerce de la sociologie criminologique, pourtant démentie (Matthews, 2005 ; Listwan et al., 2008). Ces opposants nient aussi que l'évaluation soit possible ; encore que certains d'entre eux admettent étonnamment les limites de l'évaluation clinique préhistorique tout en écartant l'idée d'une évaluation structurée moderne (Harcourt, 2007). Ce faisant ils ne voient pas qu'en réalité, l'évaluation est bel et bien réalisée tous les jours : par des experts statuant pour beaucoup « depuis leur chapeau » sans structure ni d'ailleurs bien souvent sans démonstration – une chance que les juges de l'application des peines (JAP) ne les prennent pas trop au sérieux (H-Evans, 2015b) –; par des agents de probation lors de la réalisation de leurs rapports écrits.

Pire encore, l'évaluation pré-décisionnelle est réalisée en Commission de l'Application des Peines (CAP) par une diversité de praticiens pressés par les deux minutes chrono (recherche de l'auteur en cours sur la « libération sous contrainte ») qu'ils peuvent accorder à chaque dossier, avec une clinique holistique se résumant bien souvent à « monsieur n'a pas du tout progressé depuis la dernière fois » ou « il est odieux à l'étage ». Il faut donc structurer pour éviter ces rejets et appréciations à l'emporte-pièce, et contraindre les praticiens à rechercher des informations objectives et avérées. Il convient aussi de structurer pour protéger des biais racistes, sociaux, culturels, langagiers et de genre, que la plupart des acteurs nient en toute conscience avoir, mais qu'ils ont néanmoins et qui nourrissent leur prise de décision. Ces biais passent en effet par le cerveau réflexif (Tversky & Kahneman, 1974), celui des « experts » que tout praticien rodé et expérimenté mobilise (Kahneman, 2012). La réalité est au demeurant que les préjugés peuvent encore trouver à se loger dans la cotation même des outils actuariels et, sur ce point, les détracteurs ont raison de dire que les systèmes répressifs négligent de prendre en compte les préjugés systémiques (Hannah-Moffat, 2016). Reste qu'en déduire qu'il faudrait moins de protocole et non point plus est foncièrement illogique, pour ne pas dire absurde. Le contrôle de ces biais répond, au demeurant, nous le verrons *infra* (3), d'autres mécanismes qui échappent à la criminologie ou à la psychologie.

En dépit de ce que nous venons d'écrire, l'individualisation est toutefois nécessaire. Une approche en mode prêt-à-porter constitue d'autant plus un risque dans un contexte institutionnel centralisé, hiérarchisé, managérial (Dubourg, 2015) et prisonnisé (H-Evans, 2013a, 2015a) tel que le nôtre. En outre, dans le traitement, c'est entre cet être singulier-ci et ce thérapeute-là que la relation thérapeutique doit se jouer. Il faut donc parvenir à concilier science, protocoles, mais aussi humanité, autodétermination et légitimité ; ce chapitre y reviendra en plusieurs points.

1.2. Théories, méthodes de traitement, société et individu

L'on aura compris qu'une bonne partie des oppositions en présence s'explique par la circulation de mythes qu'il est essentiel de déconstruire (voir en mode comique dans Andrews et Bonta, 2010 : 336-339 . v. aussi Jonson et al., 2013) chez ceux dont l'idéologie centrale consiste à voir de la répression partout (Matthews, 2005) ou à cultiver le « charlatanisme » professionnel (Latessa et al., 2002 – certains ayant d'ailleurs en réponse confirmé qu'ils le cultivaient sans vergogne : Lee & Stohr, 2012).

En toile de fond, il existe une opposition entre les champs de la sociologie et de la psychologie (Cullen et Gendeau, 201), la première comprenant la délinquance et son traitement en tant que phénomène social et appelant souvent en conséquence à sa transformation politique ; la seconde comprenant la délinquance sous un angle individuel, soit une personne à traiter, sans attendre que survienne un hypothétique « grand soir révolutionnaire ». Il semble pourtant aller de soi que les deux sont compatibles : l'on doit pouvoir traiter les individus prisonniers de la délinquance tout en militant en vue des transformations sociétales nécessaires. Il existe au-delà des différences méthodologiques parfois indépassables – souvent qualitatives ou relevant quasiment du sondage (questionnaires écrits) chez les sociologues ; quantitatives et évaluatives pour la psychologie, du moins la psychologie internationale, devenue science dure. Il est amusant de constater au demeurant que les Français qualifient de « criminologiques » les travaux issus de la PCC, alors que leurs auteurs rejettent violemment ce qualificatif, qu'ils prêtent aux sociologues (v. Andrews et Bonta, 2010) ! Il existe aussi des guerres entre psychologues, rivalisant en termes de « systémisme ». Ainsi la PCC et le GLM sont-ils désormais extrêmement proches, les deux ayant évolué positivement, l'une en intégrant les CCP et quelques considérations éthiques, du moins en mode déclaratif ; l'autre en admettant désormais la nécessité d'évaluer et de structurer au point que la prétention à proposer un modèle systémique alternatif qui était celle du GLM n'ait aujourd'hui plus guère de pertinence (Andrews et al., 2011 – et la réponse de Ward et al., 2012).

L'opposition est plus molle entre la CCP à l'australienne (Trotter), et la PCC, dès lors que cette dernière a adopté la plupart de ses composants, sinon de manière intégrée, du moins de manière déclarative (Andrews et Bonta, 2010), certaines des critiques de la première ayant toutefois pour intérêt de guider pragmatiquement le praticien entre traitement dirigé des besoins criminogènes et traitement collaboratif des besoins perçus par les probationnaires eux-mêmes.

Reste à faire état de l'opposition qui demeure forte entre désistance et PCC. Au vrai, la PCC ignore pour l'essentiel les théories de la désistance (v. toutefois, avec son ouverture d'esprit habituelle : Cullen, 2012), même si les deux approches partagent certains auteurs et en particulier Sampson et Laub (1993), cités par tous. Les spécialistes de la désistance, essentiellement influencés par les théories du capital social de Bourdieu (par ex. 1979) et Field (2008), reprochent à la PCC, un peu comme certains auteurs français, d'imposer une « taille unique » ne tenant pas compte de la complexité des individus et de l'éthique (McNeill, 2009). Si le reproche éthique n'est pas totalement dénué de pertinence, il affecte à notre sens au moins autant la probation proposée par les partisans de la désistance que par ceux de la PCC, aucun ne se posant les questions adéquates, nous y reviendrons.

Quoi qu'il en soit en dépit de la qualité croissante de ses travaux, si la connaissance du processus de désistance gagne en sophistication et intérêt, elle n'en fournit toutefois toujours pas un modèle de traitement. Tout au plus peut-on tirer de l'exceptionnelle étude de Sheffield, dans son dernier sweep (Farrall et al., 2014), qu'il convient de donner espoir aux condamnés et que la probation consiste à « planter un germe » qui poussera plus ou moins tard. Plus directement utiles sont les recherches tirées de la désistance, ayant théorisé la soumission aux obligations et au suivi (*compliance theories* – v. par ex. Bottoms, 2001 ; Robinson et McNeill, 2008) et commençant à théoriser la notion de consentement (par ex. Raynor, 2014 ; H-Evans, 2015c). Le lien avec la Théorie de l'Autodétermination (*Self-Determination Theory* – Deci et Ryan, 1985 et 2002), elle-même largement soutenue empiriquement, et hors champ criminologique (mais v. pour la clinique psychologique : Sheldon, 2003), n'ayant d'ailleurs pas été fait par ces auteurs (v. cependant Laws et Ward, 2011), bien que les partisans de la désistance parlent volontiers *d'agency*, une notion similaire, mais ni théorisée ni déclinée sur le plan pratique (King, 2013). Les théoriciens de la désistance reprochent aussi à la PCC de véhiculer une vision répressive (punitive) du traitement pénal (par ex. McNeill et al., 2009) alors qu'il suffit de lire leurs écrits majeurs (not., encore et toujours, Andrews et Bonta dans leurs diverses éditions) pour en voir transparaître l'humanité intrinsèque, et d'un peu de recul pour voir que sans eux, la réinsertion (*rehabilitation*) ne serait jamais revenue sur le devant de la scène en Amérique du Nord, où, inversement le *Nothing Works* avait malencontreusement rencontré le grand retour de la droite républicaine sur la scène politique et pénale.

En somme, il reste à construire une théorie intégrée totale, comprenant tout ce qui marche ou est prometteur ou éthique, tout en en écartant les excès et en complétant les insuffisances.

2. Savoir de quoi l'on parle

Dans les développements qui vont suivre, nous nous bornerons à traiter des modèles saillants ayant véritablement vocation à offrir un traitement.

2.1. Un modèle systémique de prise en charge : la PCC

La PCC n'est pas seulement une méthode d'évaluation et de traitement ; elle est un modèle systémique. Ainsi repose-t-elle sur une théorie agrégeant les connaissances accumulées, d'une part, dans la théorie de l'apprentissage social (Ackers, 1973) et, d'autre part, dans le domaine cognitif et comportemental, dont le postulat combiné est que l'homme apprend ses comportements, cognitions et attitudes par l'observation, ainsi que le renforcement (faisant ici référence à la théorie du conditionnement opérant de Bandura, 1977). Leurs instruments d'évaluation ont été élaborés sur cette base et le traitement proposé, cognitif et comportemental (v. not. les travaux de Beck, par ex. 1975), en dérive tout aussi logiquement. L'on peut discuter de ce modèle ; notamment de la causalité entre les besoins criminogènes principaux ainsi isolés comme devant être prioritairement traités et la récidive (Ward & Fortune, 2016), mais pour l'heure, aucun modèle alternatif suffisamment crédible ne lui a cédé la place.

Nous nous bornerons à un rappel rapide, le reste de ce volume ayant suffisamment présenté les trois composants principaux de la PCC, en répondant rapidement aux critiques habituelles des opposants sociologues. Il ne fait plus le moindre doute que ne pas aligner le traitement sur le niveau de risque peut conduire à des résultats ou nuls ou nuisibles (par ex. Bonta et al., 2000). C'est en outre une question de bon sens dans les temps de disette économique qui sont les nôtres. L'argument selon lequel les personnes seraient ainsi traitées en « risque ambulant » ne tient pas, dès lors qu'il s'agit simplement de déterminer l'intensité du traitement. Les opposants confondent au demeurant ici allègrement risque de commettre une nouvelle infraction et dangerosité, un concept mobilisé en France sur la scène juridique à l'appui de mesures de sûreté. Il convient toutefois de rappeler que la France n'est ni capable pour sa part de proposer de suivi intensif, ni même un suivi moyen. Ce qu'elle qualifie de suivi intensif correspond en réalité vu de l'étranger à un suivi léger (Worrall et al., 2014). Transposer en conséquence la PCC supposera une révolution institutionnelle et une mobilisation allant largement au-delà des seuls services de probation.

Les opposants avancent ensuite que le traitement de « besoins criminogènes » est par essence répressif car il catégoriserait les gens au regard de leurs failles. Il est vrai que le terme choisi est quelque peu violent, à moins sans doutes et l'aspect symbolique est ici important, qu'il ne soit compensé » par des « forces ».

Certes, les Huit Essentiels se composent d'abord de Quatre Principaux dont le premier est en effet statique : le passé pénal. Toutefois, personne, même les sociologues, ne peut ignorer le poids, ni feindre de croire, qu'il s'agit là d'une prédiction absolue et rédhibitoire. S'ils prenaient vraiment la peine d'étudier dans le détail les trois autres facteurs centraux, ils s'offusqueraient sans doute néanmoins de ce qu'ils renvoient tous à des éléments antisociaux, une terminologie, celle du DSM V d'ailleurs, qu'ils trouveraient sans doute ostracisant et qui est sans doute simplificatrice (comment, par ex., expliquer le très grand nombre de personnalités borderlines en détention – Sansone et Sansone, 2009 ou impliquées dans des faits de violence domestique - Holtzworth-Munroe & Stuart, 1994). Si nos opposants français y regardaient de plus près, ils trouveraient sans doute matière à discussion dans le fait que leurs facteurs favoris (not. l'emploi et, à un moindre degré, l'addiction) sont relégués dans les facteurs secondaires des Huit Essentiels et y verraient la marque de ce que l'on place sur les victimes d'inégalités sociales la responsabilité de ce qu'ils considèrent comme étant ses conséquences (en ce sens par ex. Hannah-Moffat, 2016).

Des critiques plus sérieuses peuvent toutefois être adressées à la PCC, dont le modèle n'est ni sans faille, ni complètement achevé. Dans leur désir de proposer une thèse généraliste expliquant tout, ses créateurs forcent souvent le trait. Ainsi, dans leur PCC, Andrews et Bonta (2010) nient-ils par exemple tour à tour que les femmes aient des besoins criminogènes au moins partiellement distincts des hommes et que les délinquants sexuels ou violents domestiques présentent des traits suffisamment particuliers pour nécessiter une approche différente. S'agissant des femmes, et avec une agressivité toute particulière envers les féministes qui ont pourtant fait avancer spectaculairement la connaissance des questions de genre, y compris de la masculinité, ces auteurs affirment que le genre ne modifie rien aux « besoins », mais relève de la « réceptivité ». A supposer ce postulat fondé, il faut observer qu'ils se gardent cependant bien de puiser dans l'énorme champ de connaissances féministes pour en tirer un modèle de traitement concret des femmes (v. par ex. Sheehan et al., 2007), laissant les praticiens largement démunis. Or ce point est particulièrement problématique en France où les questions de diversité ne sont pas même identifiées. Un constat similaire peut être fait chez nous quant à la diversité ethnoculturelle sur laquelle Andrews et Bonta sont un peu plus bavards. De manière pour le moins limitée, le champ criminologique n'a hélas su pour l'heure que s'offusquer – à juste titre bien entendu – de la discrimination, et soulever des questions quelque peu simplistes de type : « faut-il un agent de probation jamaïcain pour suivre un probationnaire jamaïcain » (Lewis et al, 2006), sans, de manière prévisible, apporter de réponse dès lors que la question est bien évidemment plus complexe.

Les sciences du travail social et des *caring* professions ont été bien au-delà depuis longtemps. En prenant appui sur les théories de la *nigrescence* (négritude) et les phases de l'acquisition de l'identité ethnoculturelle (Cross, 1991), des auteurs tels que Robinson (1998) nous apportent depuis bien longtemps des conseils bien plus précis et avisés, invitant les praticiens à prendre conscience de la phase identitaire dans laquelle ils se trouvent eux-mêmes, tant il est vrai que « noirs » – entendus comme « toutes personnes dont la couleur de leur peau les rendent susceptibles de faire l'objet de racisme, quelle que soit leur ethnicité » (Dominelli, 1997 : 10, notre traduction) – et blancs doivent se construire à cet égard (Helms, 1984, 1990), dans un monde dominé et conçu pour les *hommes* blancs. Ce qui est certain est que la CCP ne s'appuie pas sur ces champs d'étude ; pas plus qu'elle ne se préoccupe réellement des questions de discrimination, alors que comme souligné *supra*, elle peut parfaitement se dissimuler dans la cotation des outils actuariels réalisée dans le monde réel. Par exemple, on tend à voir plus d'ASPD chez les noirs que chez les blancs (Rebeta, 2015).

S'agissant de catégories de délinquant spécifiques, et pour ne citer dans les limites de ce texte que les violents domestiques, comment la PCC explique-t-elle que les méta-analyses révèlent que les programmes de traitement habituels ne marchent pas (Feder et al., 2008 ; Smelsund et al., 2011) ?

Il est aussi remarquable que les auteurs rejettent les modèles intégrés de traitement tels que les juridictions résolutives de problèmes, alors que les preuves de leur efficacité ne sont plus à faire (pour un point, v. Marlowe, 2011) et qu'au demeurant l'addition de ces modèles et du modèle PCC est particulièrement prometteuse (Marlowe et al., 2006).

Un long chemin reste à accomplir pour que le RBR soit une théorie achevée à égalité sur tous ses plans du risque, des besoins, de la réceptivité et quant au traitement adapté. Elle peut toutefois être heureusement complétée par les CCP, dont elle se revendique d'ailleurs en partie (Andrews et Bonta, 2010).

2.2. Un agglomérat de techniques et positionnements : les CCP

Une confusion doit être immédiatement éclairée ici. Andrews et Bonta parlent de CCP pour décrire leur méthodologie (empruntant not. à Palmer, 1995 et Andrews, 2011, qui renvoient aussi à des « facteurs non-programmatiques » - un concept tout aussi peu défini, travaillé ou conceptualisé : H-Evans, à paraître); toutefois ce terme est aussi mobilisé pour décrire l'agglomérat de méthodes et approches qui sont notamment proposées par Chris Trotter (2015) et d'autres.

Pour compliquer encore la présentation des labels, Andrews et Bonta ont présenté comme prometteurs certains des composants de la CCP « à la Trotter », et notamment l'entretien motivationnel (EM), pourtant inventé par d'autres (Miller et Rollnick, 2012). Nous entendrons donc ici la CCP comme renvoyant à l'agglomérat proposé par Trotter, qui tranche avec Andrews et Bonta, d'une part, en ce qu'il s'appuie sur une variété d'autres champs et méthodes et, d'autre part, en ce qu'il est particulièrement pragmatique et didactique. Quoi qu'il en soit, PCC et CCP, et ce n'est pas qu'un effet subliminal, sont à notre sens particulièrement complémentaires.

Les composants proposés par Trotter sont empruntés à divers domaines de la psychologie, des sciences de l'éducation, de la parentalité, ainsi que du traitement de l'addiction. L'EM, par exemple, est apparu dans ce dernier domaine et a permis de ne plus rester bloqué face à un « client involontaire » selon la terminologie de Trotter, tout en répondant aux inquiétudes des partisans de la désistance en matière *d'agency*, encore que l'EM peut parfois paraître un brin manipulateur. Il peut dès lors servir de phase préparatoire, puis de complément à la participation à un programme d'un probationnaire résistant. L'EM est manifestement inspiré des TCC, mis en avant dans la PCC, tout en s'appuyant mieux que celles-ci sur l'autodétermination des personnes (v. *supra*). A cet égard il n'est pas non plus sans lien avec les techniques de communication enseignées en travail social depuis longtemps, le lien entre les deux devra d'ailleurs être réalisé un jour (par ex. Lishman, 2009).

Précisément, les CCP tiennent compte de la nécessité de réaliser une alliance thérapeutique avec l'intéressé, tant il est vrai que la qualité de cette relation a bien souvent été isolée comme étant au moins aussi importante que la méthode de traitement utilisée (Martin et al., 2000) ; un point intégré par la PCC (Dowden et Andrews, 2004), mais auquel il convient d'ajouter « la bonne pose de l'autorité », elle-même très proche des théories de la bonne parentalité (Baumrind, 1967). Trotter présente également un modèle dit de « modelage prosocial » tiré de ses propres recherches, qui n'est pas si éloigné du substrat de l'apprentissage social et conditionnement répondant, dès lors qu'il donne à voir l'agent de probation ou thérapeute en modèle et s'appuie sur des récompenses et sanctions adaptées. Trotter propose, tout comme la PCC, de traiter des besoins des probationnaires, ce qu'il appelle la « résolution des problèmes », approche également revendiquée par les juridictions du même nom. Cependant, à la fois par pragmatisme, par volonté de renforcer la relation thérapeutique et pour respecter *l'agency*, il suggère de négocier avec l'intéressé l'ordre et la nature du traitement desdits besoins, et non de s'en tenir à un focus rigide sur les seuls besoins *criminogènes*, dans l'ordre de leur importance. Ainsi, si la PPSMJ considère que son absence de logement fixe est sa priorité, l'agent sera-t-il invité à traiter de cette difficulté en première intention ?

Enfin la clarification des rôles suggérée par Trotter renvoie, quant à elle, à des pratiques antédiluviennes, mais toujours délicates à mettre en œuvre en matière de travail social (par ex. Kadushin et Kadushin, 2013) et qui, pour la France, soulève la difficile question du secret professionnel, notamment partagé ; une question à propos de laquelle, comme pour bien d'autres, nous préférons faire l'autruche.

3. Ne pas écarter ce qui dérange

Déjà pointe le risque considérable que la transposition hâtive de la PCC se fasse dans l'ignorance –délibérée ? – de champs de recherche tout aussi essentiels dans le traitement pénal, au motif qu'ils ne délivrent pas des messages qui satisfont institutionnellement. Tout aussi gênante et à risque de mise à l'écart, est la nécessité de contrôler les actes et acteurs et sur ce point, le lecteur nous pardonnera de rechausser nos lunettes de juriste avec modération.

3.1. L'urgence à contrôler les actes et les acteurs

Les Règles Européennes de la Probation, lesquelles servent actuellement d'outil promotionnel à la réforme institutionnelle, indiquent que les services de probation doivent être régulièrement inspectés de manière indépendante (R15 et R103) et que des procédures impartiales de dépôt de plainte sont possibles concernant la pratique probatoire (R14 et 99 à 101). Pour autant, rien n'est prévu en droit français à cet égard ; seules les décisions du JAP sont – en partie seulement – prises dans des conditions contradictoires et peuvent faire l'objet de recours. Or, il ne suffit pas de décréter « la gentillesse » et les droits de l'homme (van Zyl Smit et al., 2015) ; cela est vain sans garanties processuelles fortes (H-Evans, 2015d et en cours).

Hélas, le point commun de toutes les théories criminologiques suscitées est qu'elles sont totalement silencieuses sur le contrôle des actes, des sources, sur l'objectivité et la preuve des items cotés et constatés et sur leur critique contradictoire, y compris chez ceux s'étant penchés sur les droits de l'homme (Connolly et Ward, 2008). Tous sont manifestement certains qu'il suffit de déclarer que les pratiques doivent être éthiques pour qu'elles le soient (Andrews et Bonta, 2010 tombent souvent dans ce travers) et qu'il suffit de transmettre la bonne technique à leurs praticiens, pour qu'ils respectent une éthique, dont le contenu précis est par ailleurs laissé largement flou. A minima, l'idée que les agents en charge du suivi dans un contexte pénal font nécessairement le bien des condamnés, renvoie au paternalisme d'antan (H-Evans, 2015c). L'incantation en vertu de laquelle « il convient de faire collaborer les probationnaires » ne saurait suffire ; de solides garde-fous sont vitaux.

Par ailleurs et surtout, quasiment aucune théorie criminologique ne s'interroge sur le risque fort que n'importe quelle technique de traitement soulève en termes humains et éthiques, lorsqu'elle est mise en œuvre dans des services rattachés à une institution pénitentiaire (H-Evans, 2013a et 2015a) centralisée, secrète et hiérarchisée (voir pour l'Australie : Harker et Worrall, 2011 et l'Angleterre : Bailey et al., 2007), monopolistique et corporatiste (un trait français bien vu de l'extérieur : Cavadino et Dignan, 2005, spe ; chap. 9) et managériale (Dubourg, 2015). Hélas, lorsque les spécialistes de la PCC s'interrogent sur les facteurs institutionnels, c'est uniquement pour rechercher ce qui peut venir au soutien de la mise en œuvre de la méthode (par ex. avec l'élaboration de l'outil CPAI. Lowenkamp et al., 2006), plutôt que pour s'inquiéter de considérations éthiques. Dans un futur proche où les évaluations et la détermination du traitement approprié vont s'appuyer sur l'autorité de meilleures connaissances, la tentative corporatiste, monopolistique, du « je sais pour vous » va être considérable et les biais réflexifs sus-signalés non contrôlés.

Il est donc vital que les juristes, mais aussi les criminologues humanistes, se réveillent. Au lieu de critiquer la PCC-CCP dans son *principe*, dès lors que le respect des droits de l'homme passe aussi par le bien travailler et, comme évoqué *supra*, par des protocoles, ces critiques seraient mieux inspirés de travailler au détail du contrôle des actes et décisions professionnelles dans la probation. Pour ce faire, il est de leur devoir de contribuer à un nouvel essor de la « guérilla juridique » menée naguère dans le champ carcéral stricto sensu (CNCDH, 2014) ; de se battre pour que les décisions importantes soient prises dans un contexte contradictoire (la tentation institutionnelle ayant de tout temps été de s'en préserver) sous contrôle judiciaire. Ce dernier n'est certes pas sans ses propres tares, mais a au moins le mérite d'apporter avec lui le procès équitable, la recherche des preuves et d'empêcher les institutions d'opérer dans le secret et l'absolutisme. Il sera par exemple du devoir des juristes et criminologues humanistes d'exiger que les preuves des données cotées pour réaliser l'évaluation actuarielle soient objectives et enregistrées, afin a minima d'être mises au contradictoire, notamment en vue d'y déceler et discuter les biais heuristiques et discriminatoires sus-évoqués, ainsi que les insuffisances. L'on s'interroge par exemple sur la capacité de praticiens débordés à évaluer actuariellement alors qu'ils sont la plupart du temps dans l'impossibilité de vérifier des données aussi simples que la réalité d'une promesse d'embauche. La guérilla juridique devra également tendre à développer la pratique de la contre-évaluation (avec un autre praticien, voire un autre instrument).

Là sont les véritables batailles qu'il conviendra de mener et non dans un discours théorique stérile et dépassé sur les outils d'évaluation. Elles sont également dans la poursuite de la lutte pour que les PPSMJ soient véritablement consultées. Imagine-t-on l'institution apte à réellement « collaborer » avec celles-ci dans l'élaboration d'un projet de traitement, alors que pour toute application du très modeste article 50 des Règles Pénitentiaires Européennes (Vacheret, 2009), elle met péniblement en place la consultation sur les repas ou les activités (v. art. 29 de la loi n° 2009-1436 du 24 novembre 2009). L'imagine-t-on consulter la collectivité des usagers sur leurs véritables attentes (par ex comme dans le London Probation Trust) alors qu'elle n'a jamais toléré la moindre organisation collective de détenus (H-Evans, 2012-2013) ?

Sur le plan sociétal, les questions de moyens, mais aussi de culture professionnelle, devront être traitées. L'on ne doit qu'au milieu associatif et à la société civile, eux aussi exsangues matériellement –et hélas dans des conditions de « référencement » séquentiel trop souvent non collaboratif (H-Evans, 2013b)–, que les PPSMJ ne soient pas totalement abandonnées. « Reprogrammer » à la mode PCC-CCP les cognitions d'un SDF ou d'un addict sévère « soigné » par un généraliste et sans quasiment de contrôle de sa consommation, est naturellement voué à l'échec. Ces réalités du terrain constituant notre « mode réel » (Bonta et al., 2010) ne sont pas seulement des facteurs « non programmatiques » (Andrews, 2011), – ou relevant de la réceptivité extrinsèque (H-Evans, à paraître) – mais constituent le cœur de nos difficultés. Ce faisant, la légitimité personnelle et institutionnelle des acteurs va être un autre défi à relever.

3.2. C'est un système légitime qui doit mettre en oeuvre « What Works »

Le silence entourant les recherches empiriques relatives à la « légitimité de la justice », tant chez les opposants à la PCC que chez leurs promoteurs, mais aussi du côté des institutions qui envisagent de les mettre en œuvre, est pour le moins surprenant. Une fois de plus, proclamer que la probation doit être éthique, sans prendre en compte les données considérables amassées dans ce champ de recherche marque une forme de pensée monolithique tout à fait suspecte. Du côté institutionnel, il est naturellement plus confortable de se dispenser d'une réflexion sur la dimension processuelle, car comme déjà signalé, toute forme de contrôle et de contradiction y a toujours été peu tolérée. Au mieux est-il perçu qu'il est souhaitable que les praticiens ne soient pas dans le jugement et recherchent l'adhésion des PPSMJ (DAP, à paraître).

Les opposants, tout occupés qu'ils sont à larmoyer sur la « gouvernance du risque » ne voient pas que, comme dans l'institution hospitalière, l'instauration de protocoles d'aide au diagnostic et au traitement ne constitue pas une telle « gouvernance » en soi, mais qu'en revanche, le fonctionnement institutionnel hospitalier « total » et les docteurs Mabuse ou infirmières agressives joints à une sécurité sociale aux poches vides, constituent les véritables risques (sic) humains et éthiques. Pour rappel, la puissante et également empiriquement fondée théorie de la légitimité de la justice (ci-après LJ - v. par ex. Tyler, 2006), démontre depuis déjà bien longtemps, après avoir été répliquée dans de nombreux domaines (justice, police, impôts, travail...) que l'être humain se soumet et adhère aux décisions, notamment dans la justice pénale et y compris lorsqu'elles sont négatives pour lui, dès lors qu'un certain nombre de composants sont présents, dont cinq principaux, se découpant en trois de nature juridico-processuelle et deux de nature comportementale, les deux dimensions se recoupant toutefois (H-Evans, 2016 b).

Au titre des éléments processuels, l'on trouve la « voix » qui représente la possibilité pour le justiciable d'exprimer formellement son point de vue, ce qui implique aussi que celui-ci soit véritablement entendu et qu'il puisse être « traduit et interprété » par un conseil (H-Evans, à paraître a). L'on trouve ensuite la « neutralité », bien théorisée par les juristes en deux dimensions : l'impartialité et l'indépendance, toutes deux devant être à la fois objectives et apparentes (Guinchard et Buisson, 2014). La France est de ce point de vue plutôt bien placée par rapport à d'autres pays, elle conserve encore une part de contradictoire et de séparation des fonctions entre services de probation et auteurs des décisions les plus importantes (H-Evans, 2016 a). Cette dimension doit être conservée et améliorée pour renforcer la légitimité du processus pénal et de la probation (*Ibid*). Le troisième facteur processuel, ajouté récemment par l'auteure belge de Mesmeacker (2014), est le « fact-finding » également bien théorisé par les juristes : il correspond à la nécessité d'asseoir les décisions sur des preuves collectées avec rigueur. La nécessité de ces considérations en matière d'évaluation a déjà été soulignée *supra*. La recherche rigoureuse des éléments objectifs permet aussi de limiter les biais et préjugés ; elle manifeste en outre envers les justiciables que leurs dossier et cas personnels sont dignes de respect, puisque la chaîne pénale y travaille sérieusement. Le respect, justement, est l'élément comportemental central de la LJ : l'être humain a des attentes universelles de respect, qui lui signifient sa place d'humain dans le groupe (Lind et Tyler, 1988). Les rituels judiciaires contribuent d'ailleurs à signifier ostensiblement ce respect ; tout comme le décorum, l'accueil et la propreté des lieux, toutes choses fortement malmenées dans la justice miséreuse actuelle, ainsi d'ailleurs que dans les nouvelles architectures proposées dans certains SPIP, en mode « parloirs de prison ».

Enfin, le cinquième élément, de nature comportementale, de la LJ, renvoie au « care », soit à l'écoute, à l'intérêt, voire à la compassion portés au justiciable. Or, comme l'éthique, le « care » ne se décrète pas (van Zyl Smit et al., 2015) et requiert de manière urgente, outre une refonte institutionnelle, une réflexion et une révolution dans les modes de recrutement – la formation n'étant à cet égard pas suffisante – afin que les bonnes personnes (Paparozzi and Guy, 2015), et non seulement les têtes bien pleines, soient en place. En somme, la LJ confirme empiriquement que l'on sera plus efficace en plaçant des garde-fous devant le risque de toute-puissance thérapeutico-contrôleuse. Une autre raison de militer en ce sens tient aux travaux, certes de nature qualitative, mais non moins intéressants, du champ de recherche émergent de la *compliance theory* susmentionnée (v. auteurs cités *supra*). Si l'on impose ou dicte, sans collaborer et surtout, sans obtenir l'adhésion, l'on n'obtient qu'une soumission instrumentale, voire résistante, plutôt qu'une collaboration et adhésion. A minima, le risque est d'obtenir des résultats à court terme, limités au temps du suivi. Au demeurant, ces constats qualitatifs, sont confortés par des résultats quantitatifs et empiriques ceux-là, portés par la théorie susmentionnée de la SDT. Leurs recherches montrent que la motivation « extrinsèque contrôlée » (pour ne pas être sanctionné ou pour obtenir un avantage) et par conséquent non intégrée (« motivation autonome intrinsèque ») obtient des résultats faibles et toujours de courte durée (pas au-delà de la durée dudit contrôle). Précisément, un reproche fait très souvent à la PCC par les auteurs de la désistance est que ses évaluations portent sur des courtes durées, alors même que les études longitudinales montrent que ladite désistance peut en réalité prendre bien des années (Farrall et al., 2014). A maxima, le risque est d'avoir des taux d'attrition considérables. Si ce risque a été étudié de manière approfondie dans le champ de la PCC avec des conséquences peu enviables sur la récidive (Hatcher et al., 2012), l'absence de travaux dans la probation classique « à la française » sur ce sujet ne nous permet certes pas de nous illusionner que ceux qui fuient le suivi seraient moins à risque de récidive.

L'adhésion des sujets semble facilitée avec les « juridictions résolutives de problèmes » (Marlowe, 2011), sans doute parce qu'elles constituent le modèle le plus abouti d'intégration de tout ou partie des théories exposées dans le présent chapitre : niveau de risque, traitement des besoins criminogènes (notamment lorsqu'elle est croisée avec la PCC : Marlowe et al. 2006), mais aussi sociaux et matériels ; approche « jurisprudence thérapeutique » (Winick & Wexler, 2003) et LJ ; rituels « de désistance » (Maruna, 2001) ; collaboration (H-Evans, 2013a), mais aussi, plus pragmatiquement, proximité du suivi et traitement en mode « guichet unique », tant il est vrai que chaque kilomètre parcouru supplémentaire augmente considérablement l'attrition (Lockwood, 2012). La dimension multi-partenariale intégrée apparaît particulièrement essentielle en période de disette économique, de désengagement progressif des services de probation de nombreuses activités et interventions (H-Evans, 2014) et d'éclatement du « travail social » (Larminat, 2012), à le supposer encore existant. Elle doit inclure les familles, qui doivent être supportées de manière professionnelle et non artisanale (Trotter, 2015). L'urgence est au local et non au national : les PPSMJ ne se réinsèrent pas « en France », mais à Reims, à Paris ou à Rennes.

Conclusion

Notre propos principal aura été qu'il convient naturellement de s'appuyer sur la science, mais ce en mode non point « prêt à porter », mais multidisciplinaire, et faisant appel à l'ensemble des méthodes et approches « qui marchent » ou sont « prometteuses », en dehors de toute polémique en camps retranchés. Nous avons à cet égard milité pour une vision intégrative et complémentaire plutôt que sur un catalogue à la Prévert. Chacune des méthodes et théories existantes pèche par des lacunes fortes que les autres peuvent en partie compenser. Le champ de la criminologie, au sens où nous l'entendons en France et, qu'il nous pardonne, dans lequel nous rangeons donc James Bonta, doit s'appuyer sur les connaissances accumulées depuis des décennies dans le champ de la psychologie empirique, mais aussi, quoi que sous un angle distinct, de la sociologie criminologique et critique, du féminisme, du travail social, de la communication et de la *cultural awareness*. L'on devra aussi faire preuve de prudence, lorsque l'on expérimentera, notamment sur notre territoire, et exiger notamment que ces expérimentations soient évaluées sérieusement. Faut-il rappeler pendant que nous y sommes que les recherches-action, la grande mode actuelle du côté du ministère de la Justice, n'ont jamais permis d'évaluer quoi que ce soit ?

Disposer des évaluateurs rigoureux permettant de mesurer par la science ce que réalisent de manière souvent hélas secrète et fermée nos institutions, supposera immanquablement que les facultés de criminologie (Cario et al., 2012), lâchement abrogées par le présent gouvernement dès son entrée en fonction, soient réinstaurées. A défaut, l'on ne saura pas si « cela marche en France », laissant le terrain libre aux opposants persuadés qu'Astérix est intrinsèquement différent du reste du monde. C'est que la science, la vraie, comme au demeurant la procédure équitable, sont de puissants garants contre la toute-puissance institutionnelle et sa « boite à outils », face à laquelle la France, adoratrice depuis Louis XIV du gigantisme centraliste, est aveugle.

Des questions institutionnelles, justement, non programmatiques, mais majeures, doivent inévitablement être posées : celle par exemple, de la formation EBP des « autres acteurs de la probation » en France qui réalisent en pratique l'essentiel du traitement et surtout du travail social, soit le secteur associatif, mais aussi les JAP, les procureurs, les avocats, les experts et les soignants. Celle encore, des qualités humaines pour mettre en œuvre la relation thérapeutique, la communication en mode EM, ainsi que la collaboration multi-partenariale. Des formations de trois jours (Bonta et al., 2010) ne suffisent certainement pas à dispenser les connaissances nécessaires, ni encore moins à recruter les personnes idoines, une solide expérience étant par exemple nécessaire pour mettre en œuvre les méthodes cognitives et comportementales (Gannon & Ward, 2014). Une refonte totale du management s'impose par ailleurs sans aucun doute ; celui-ci, outre un « leader, charismatique, compétent et enthousiaste », comme nous aimons à le formuler, doit aussi être un référent clinique pour ses praticiens et savoir mettre en place des pratiques professionnelles permettant de gérer le stress professionnel important dans ces métiers (Clarke, 2013) et susciter dans cette optique une indispensable « emotional literacy » (Knight, 2014). Enfin, la contribution de la société tout entière va devoir être recherchée : les condamnés s'insèrent dans cette société (McNeill, 2010) et non dans la justice pénale.

Partie 1 : Des modèles d'entrée en relation avec l'auteur et la victime : l'évaluation

Chapitre 1 : Qu'est-ce donc que prévenir la récidive ? Des facteurs de risque aux facteurs de protection.

Chapitre 2 : Outils « 6PO » et « ANI » ? L'approche globale de l'évaluation et de l'accompagnement au sein des entretiens initiaux, approches connues de la prévention de la récidive.

Chapitre 3 : Le Good Lives Model : un modèle alternatif au modèle de prévention de la récidive.

Chapitre 4 : « Guide INFO » : Croiser les éléments de vie pour envisager les dynamiques sous-tendues.

Chapitre 5 : Psycho-victimologie, émergence de la victimologie générale en sciences humaines cliniques. Renouvellement conceptuel, invention de pratiques.

Chapitre 6 : Outils « MC-FLY », « SPHERES », INDICE » ? L'approche globale de l'évaluation et de l'accompagnement au sein des entretiens initiaux, approches méconnues de l'Entretien Temporel et du GLM.

Chapitre 7 : Le droit pénal, la criminologie et la justice restaurative.

Chapitre 1 : Qu'est-ce donc que prévenir la récidive ? Des facteurs de risque aux facteurs de protection

E. DIEU, Chercheur en psycho-criminologie et directeur du Service de criminologie-victimologie appliquées ARCA

1. Les modèles « relapse prevention » et « self-regulation »

A partir de l'identification des conditions de maintenance de l'abstinence (Marlatt & Gordon, 1985), le modèle de la prévention de la rechute a proposé d'intervenir avec des techniques cognitivo-comportementales sur la continuité processuelle de l'absence d'un comportement jusqu'au maintien de cette absence (Larimer, et al., 1999 ; Marlatt, et al., 2002). Basé sur la théorie de l'apprentissage sociocognitif et du *modeling* (Bandura, 1963, 1980), le modèle de prévention de la rechute offre au sujet les moyens d'interroger ses interprétations des *stimuli* du quotidien pouvant le faire chuter (Laws, 1989 ; François & Botteman, 2002). Le « sentiment d'efficacité personnelle » (Bandura, 2002) est au cœur de cette démarche qui place le sujet au centre, acteur de ses apprentissages et ainsi acteur de son changement. Face à une situation de stress (Jackson, 2005), le ou les élément(s) déclencheur(s) externe(s) doivent être repérés par le sujet (Laws, 1989) afin d'y proposer des alternatives internes de compensation psychique (économique) (Brickman, et al., 1982). Cinq catégories de situations à risque conduiraient à la rechute : l'état émotionnel désagréable, les conflits interpersonnels, les pressions sociales, les états émotionnels agréables et enfin les niveaux d'adaptation.

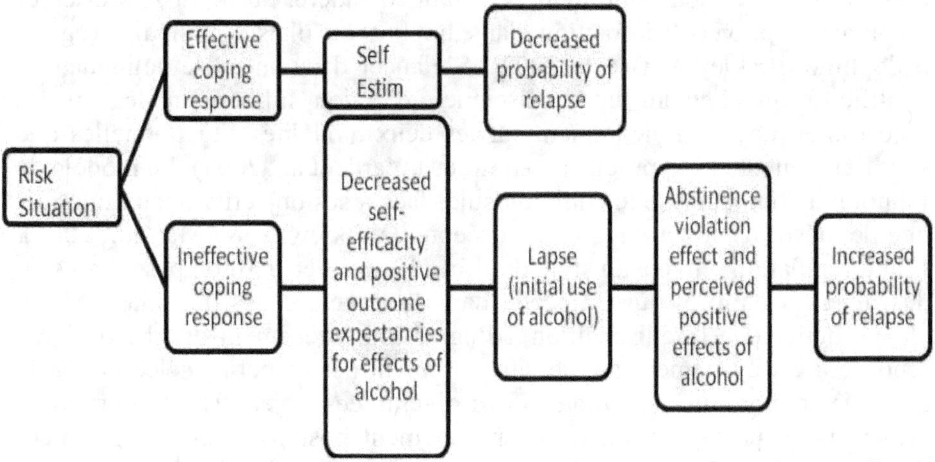

FIGURE 1 : PROCESSUS DE RECHUTE SELON LATIMER ET AL. (1999)

Palaric (2014) synthétise le processus de la façon suivante : « *Une réponse adaptée entraine un sentiment d'efficacité personnelle plus important puisque le sujet s'est donné la preuve qu'il savait réagir de façon conforme à une situation ; à l'inverse, une stratégie de coping inadaptée, par un mécanisme inverse, peut entrainer une chute (lapse). Se distinguent alors la chute et la rechute, la première se définissant comme une première reprise du comportement de façon épisodique, la seconde constituant une reprise totale du comportement, en termes d'intensité notamment. Cette distinction entre chute et rechute implique une évolution, un cycle de processus entrainant la rechute ; cette théorisation tranche radicalement avec les conceptions de l'addiction conceptualisant jusque-là la rechute comme un processus rapide, franc. Il est maintenant envisagé une reprise du comportement inadéquat de façon ponctuelle, comme réponse à une situation que le sujet n'arrive pas à gérer par lui-même.* »

L'intérêt du modèle tient à la capacité de gestion de la rechute (Wheeler, et al., 2006) afin de ne pas entamer la motivation du sujet ayant produit des efforts cognitifs et émotionnels (voire sociaux) importants. Au sein de cette modélisation, la rechute se planifie. Pourtant les programmes basés sur ce modèle ne réduisent pas autant la récidive que nous pourrions l'espérer (Downden, et al., 2003). L'analogie postulée entre la rechute addictive et la récidive infractionnelle en est certainement une des causes majeures, avec l'hypothèse de l'aversion du comportement interdit difficile à retrouver de manière intelligible dans la délinquance et la grande motivation du sujet en demande d'abstinence (Laws, 2003).

C'est sur constat que le modèle de l'auto-régulation naquit (Laws et al., 2000), supplantant en partie le modèle de prévention de la rechute. Le sujet n'aurait pas de déficits émotionnels, il faut considérer qu'il puisse s'orienter volontairement vers l'infraction dans un but de plaisir immédiat (eg. la pédophilie, Bickley & Beech, 2002). S'élancer dans un cycle délinquantiel qualifie éventuellement une conscience d'action infractionnelle, où les objectifs et moyens fonctionnent sur les deux modalités situationnelles que sont l'évitement et l'approche du stimulus (Ward, et al., 2004). Le modèle de l'autorégulation analyse le choix du sujet face à ses objectifs finaux une fois que le désir d'infraction ait été accepté (Witkiewitz & Marlatt, 2007). L'autorégulation renvoie au style de contrôle du sujet, actif ou passif, au sein des divers « choix » qu'il procède dans la traversée des dix phases de la chaine délictuelle (prédisposition à l'agression, évènement de vie, désir en réponse à cet évènement de vie, établissement des objectifs, sélection de la stratégie, opportunité situationnelle d'obtenir ces objectifs, comportement pré-criminel, passage à l'acte, positionnement post-criminel et ajustement des futurs plans délinquantiels, intentions futures et ajustements des futurs objectifs).

Yates et Kingston (2006) en retirent quatre cheminements contextuo-étiologiques du passage à l'acte : i) le cheminement évitant – passif (eg. déficit d'habiletés du sujet lui permettant de réguler ses envies), ii) le cheminement évitant – actif (eg. mise en place par le sujet de stratégies inadaptées d'évitement) ; iii) le cheminement approche – automatique (eg. entrée dans l'action de manière automatique et impulsivité) ; iv) le cheminement approche – explicite (eg. plannification des comportements d'action infractionnelle). Le déficit de sentiment d'auto-efficacité lié aux rechutes constantes proposeront au sujet d'adapter son schéma cognitif vers l'acceptation de la récidive et la planification ou l'évitement propice à celle-ci (Ward, et al., 2004). La limite du modèle de l'auto-régulation revient à rappeler en continu au sujet pourquoi il est là et contre quoi il doit résister, ce qui ne permet de le voir autrement que comme un délinquant en potentielle récidive en centrant sa vie autour d'un évènement négatif qu'il devrait pourtant ne plus produire, et donc écarter de son plan de vie.

2. Entrevue PCC, GPSPP, PIC-R : les modélisations sous-tendant le modèle R.B.R.

Le modèle « *Risk-Need-Responsivity* » (Risque-Besoin-Réceptivité) consiste en une technique précise d'évaluation structurée et d'intervention réhabilitative cognitivo-comportementale et émotionnelle des auteurs d'infraction (Andrews & Bonta, 2010). Accompagnés d'un jugement clinique de la part de l'intervenant, des principes forts soutenus scientifiquement encadrent la pratique de la réhabilitation et de la prévention de la récidive (Mann & Gannon, 2007). Le modèle « R.N.R. » (ou « R.B.R. » en français) s'appuie sur la modélisation de la psychologie de la conduite criminelle (« *Psychology of Criminal Conduct –PCC* ») développée par Andrews et Bonta (2010), fondateurs du modèle R.B.R. et des instruments d'évaluation et d'accompagnement (eg. LS/CMI). Pour ces auteurs, la modélisation psychologique proposée définit une « *approche compréhensive de la conduite criminelle individuelle à travers (a) l'application éthique et humaniste des méthodes empiriques, et (b) la construction de systèmes exploratoires rationnels.* » (Andrews & Bonta, 2010).

Empruntant des références psychologiques, criminologiques, sociologiques (entre autres), la théorie du PCC rend compte d'une analyse différencielle, individualisée et multifactorielle, en corrélation avec la récidive. Le modèle R.B.R. se base ainsi sur une théorie de la personnalité et des processus cognitifs de l'apprentissage social du comportement criminel (Andrews & Bonta, 2010). Cette approche reste sous-jacente au modèle de l'évaluation et de la réadaptation du délinquant, fondé sur le risque, les besoins et la réceptivité. Trois aspects y sont essentiellement présentés :

i) Le premier aspect, la personnalité en général, fait référence à la personnalité antisociale. « *Le concept de personnalité antisociale n'est pas limité au diagnostic psychiatrique du trouble de la personnalité antisociale ou à l'étiquette médico-légale de psychopathie. C'est un concept plus global qui tient compte des antécédents de violations généralisées des règles et de perturbations, de certains traits de personnalité qui agissent à la manière de facteurs criminogènes [...] et de facteurs de réceptivité...* » (Bonta & Andrews, 2007).

ii) Le deuxième aspect concerne les processus cognitifs du sujet, en y intégrant la notion de maîtrise de soi basée sur la prise en considération de son existence et de ses capacités. Le retour sur soi prend ici en compte le vaste champ des attitudes, valeurs et croyances potentiellement dysfonctionnelles et facilitant l'occurrence du passage à l'acte.

iii) Le troisième aspect central du modèle d'Andrews et Bonta (2010) reprend les théories de l'apprentissage social. Le modèle accorde une grande place aux apprentissages sociaux (eg. amis, famille, conjugalité, scolarité, travail, loisirs). « *Les évaluations des récompenses et des coûts du comportement criminel et du comportement prosocial, dans ces contextes sociaux, ainsi que des récompenses et des coûts automatiquement liés à certains comportements [...] nous fournissent un portrait complet des facteurs criminogènes et des points forts du délinquant.* » (Bonta & Andrews, 2007).

Il s'agit d'une position scientifique éthique devant faire fi de toute idéologie et référence sociale et politique potentiellement biaisée. La PCC s'étudie en situation individuelle sous l'angle de la théorie étiologique du passage à l'acte qu'est le « *General Personality and Social Psychological Perspective on Criminal Conduct* » (GPSPP). Pour Andrews et Bonta (2003), les données à travailler demeurent individuelles dans la propension à l'acte (Andrews, 1995). Il est donc nécessaire de placer l'auteur au centre d'une analyse différentielle inter-individuelle (Andrews & Bonta, 2010 ; Ward, et al., 2007) afin d'en étudier i) la situation à risque (balance actionniste rationnelle coûts/bénéfices), ii) les risques constitués par les groupes de pairs facilitant dans les actions délinquantielles, et iii) les schémas dysfonctionnels en tant qu'attitudes et cognitions du sujet permettant d'envisager le passage à l'acte. Effectivement, « *le comportement criminel est probable lorsque les récompenses et les coûts de la criminalité l'emportent sur les récompenses et les coûts du comportement prosocial. Les récompenses et les coûts peuvent venir des autres [...], ils peuvent venir de l'intérieur de soi [...] et parfois émaner automatiquement du comportement lui-même...* » (Bonta & Andrews, 2007).

L'inscription délinquantielle est donc personnelle suivant des attentes particulières et conséquences réelles, avec une intensité individuelle d'acte et de temps soumis aux facteurs circonstanciels des situations (Andrews, 2006). « *Le comportement qui est récompensé ou que la personne espère voir récompenser est un comportement probable, et le comportement qui est puni ou que la personne s'attend à voir punir est un comportement peu probable.* » (Bonta & Andrews, 2007). Alors que le « GPSPP » présente les facteurs impliqués dans la commission d'une infraction, le dosage individuel de chacun des facteurs interrogés et les trois processus présentés s'évaluent au sein du « *Personal Interpersonal Community-Reinforcement -PIC-R* » (Ward et al., 2007). Les mécanismes d'apprentissage socio-cognitifs (eg. bénéfices à usiter tel ou tel comportement dans telle ou telle situation) tiennent une part importante du processus « PIC-R ». « *Toutefois, la PIC-R reste aujourd'hui en état de développement et un certain manque de précision se fait ressentir. Si la PIC-R identifie les facteurs liés au crime, la véritable interaction entre ces facteurs et le passage à l'acte n'est pas décrite.* » (Palaric, 2014).

Les facteurs envisagés ne discriminent pas un comportement délinquantiel, un sujet auteur d'infraction comme un sujet sans infraction peuvent connaître les mêmes péripéties factorielles (eg. difficultés économiques, sociales, individuelles) (Ward et al., 2007). Alors qu'une identification des facteurs de risque (besoins) internes et externes et les mécanismes liant ces facteurs au comportement semblent être la priorité du modèle R.B.R., les caractéristiques individuelles du sujet ne se différencient pas autant que la théorie l'envisage. Bien que particulièrement complexe et toujours perfectible, l'objectif reste en grande partie acquis, à savoir que les facteurs de risque identifiés par la PIC-R déterminent les cibles d'intervention aux programmes réhabilitatifs avec un désir d'individualisation de l'accompagnement. La volonté d'adapter l'intensité de l'intervention aux besoins individuels (facteurs de risque identifiés chez le sujet) illustre cette personnalisation de la théorie PIC-R et de la pratique R.B.R. « *Au sens le plus large, l'optique de la théorie basée sur la personnalité en général et sur les processus cognitifs de l'apprentissage social renvoie à la compréhension du comportement humain. L'on s'attend à ce que cette optique et le modèle subsumé, fondé sur le risque, les besoins et la réceptivité soient applicables à une certaine catégorie de délinquants. Le plus souvent, à quelques petites exceptions près, les faits tendent à montrer que le modèle d'évaluation et de traitement, fondé sur le risque, les besoins et la réceptivité, peut être appliqué aux délinquantes [...], aux délinquants souffrant de troubles mentaux [...], aux jeunes délinquants [...] extrêmement pauvres et à ceux qui n'ont pas de problèmes financiers [...], aux délinquants sexuels [...] et aux délinquants autochtones […]. Le modèle RBR est incontestablement un modèle solide.* » (Bonta & Andrews, 2007).

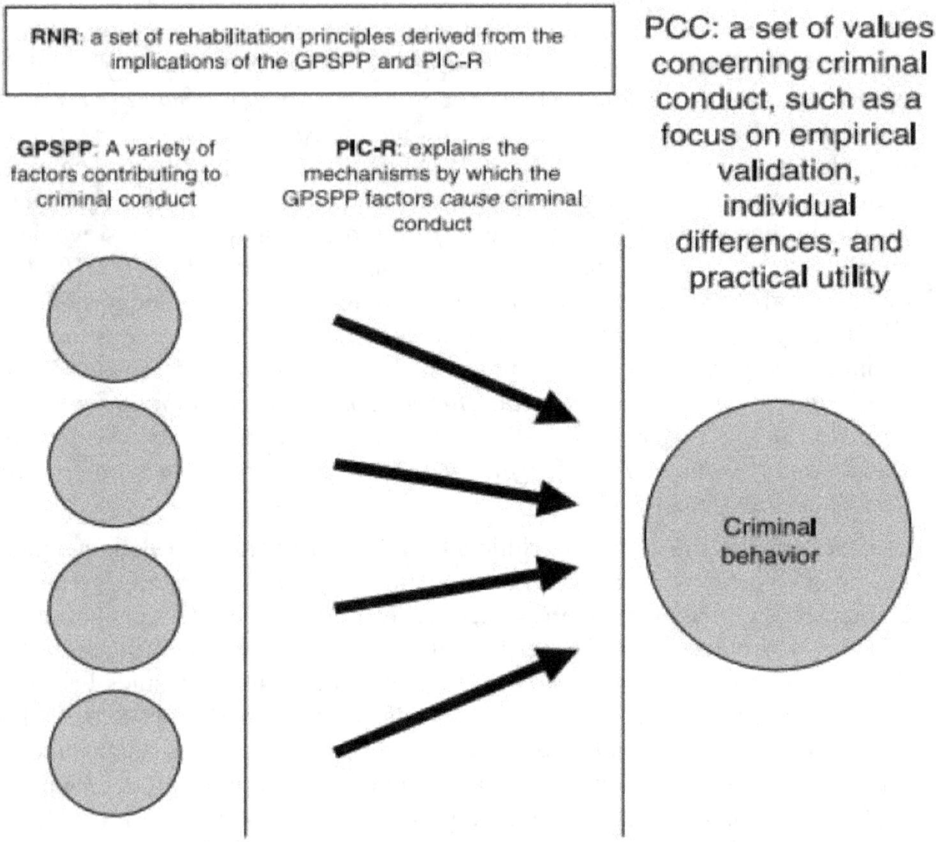

FIGURE 2 : LIENS RÉALISÉS PAR WARD ET MARUNA (2006) DES MODÈLES D'ANDREWS ET BONTA (2010)

3. Les principes du risque, des besoins, et de la réceptivité

Le principe du risque

Le premier principe est celui du risque. Selon ce principe, il s'avère indispensable d'adapter l'intensité et le type d'accompagnement du service en charge au niveau de risque de récidive du sujet, c'est-à-dire de proposer une intervention qui s'intensifie suivant l'élévation du niveau de risque présenté par le sujet. Il s'agit de faire coïncider les deux éléments séparés que sont le niveau de traitement offert par un professionnel/service et le risque de récidive présenté par le sujet auteur d'infraction. « *Grâce aux instruments d'évaluation du risque, de troisième et quatrième génération, notre capacité prédictive s'améliore lorsqu'il y a réévaluation [...]. Aujourd'hui, nous pouvons compter sur la technologie de l'évaluation pour établir des distinctions entre les délinquants qui présentent des probabilités différentes de récidive...* » (Bonta, et al., 2010). Dans l'analyse du risque, les facteurs criminogènes dits statiques, historiques et factuels, donc immuables, sont régulièrement les plus recherchés. La rapidité de l'évaluation de ces facteurs reste d'autant plus non négligeable.

Les instruments d'évaluation de ces facteurs se répandent largement depuis la création du modèle R.B.R. L'outil actuariel statique d' « Information statistique générale sur la récidive » (ISR –Nuffield, 1982) s'utilise par exemple pour l'évaluation des facteurs de risque d'un sujet auteur de délinquance dite générale. Dans le cadre de l'évaluation rapide des auteurs d'infraction sexuelle, l'outil « Static99 » (cf. version révisée de Lachance en 2013) analyse les facteurs statiques de risque de récidive. Devenu une référence dans l'évaluation, cet outil est préconisé dans le cadre des Cercles de Soutien et Responsabilité afin d'harmoniser sur le territoire européen le diagnostic du risque de récidive des auteurs de violence sexuelle. Les outils issus des premières générations de l'évaluation du risque soutiennent les professionnels dans le choix d'un premier tri lorsque cela s'avère nécessaire (eg. surpopulation infractionnelle pour le service d'intervention –Cambell, et al., 2009). La compréhension du comportement du sujet en action semble néanmoins limitée (Guay, 2006), comme les possibilités éventuelles d'évolution de ce comportement (eg. éléments historiques sans intervention envisageable).

Université de Montréal

ÉCHELLE RÉVISÉE D'INFORMATION STATISTIQUE SUR LA RECIDIVE (ISR-R1)

NORMES AJUSTÉES POUR LES PEINES DE + ET - 2 ANS
Version 2.0 - 14 mars 2014

Veuillez attribuer un score à la personne à l'égard de chacun des 15 éléments suivants en vous reportant aux notes explicatives. Chaque élément peut avoir une valeur positive, neutre ou négative. Lisez chacune des descriptions et si l'une d'elles s'applique à la personne, choisissez la valeur correspondante. Si aucune description n'est pertinente, entrez la valeur zéro. Pour calculer le score total, il faut additionner les scores attribués aux 15 éléments.

Il faut s'assurer de l'exactitude de l'information en consultant toutes les sources disponibles (le dossier, la personne, des proches qui sont fiables, etc.). Il importe cependant d'attribuer un score à l'égard de chacun des 15 éléments. Ainsi, faute de données exactes, il vaut mieux donner un score approximatif qu'omettre un élément.

Dans la notation des éléments, il faut tenir compte des démêlés avec la justice durant l'adolescence si la personne était alors âgée de 16 ans ou plus. En outre, il ne faut pas négliger les renseignements qui ne sont pas consignés au dossier officiel. À titre d'exemple, lorsque dossier indique violence, mais que d'autres sources fiables nous permettent de croire que la personne a en fait commis une agression sexuelle, il faut choisir le score en conséquence.

Cet instrument d'évaluation s'applique uniquement aux hommes. Les normes proposées à la page 11 sont celles ont obtenues a) par Nafekh et Motiuk (2002. *L'ISR-R1 : un examen psychométrique*. Ottawa : Service Correctionnel du Canada) auprès de personnes condamnées à **des peines de plus de deux ans** et b) par Morselli et al. (2013. *Profil des personnes condamnées à une courte peine d'incarcération en 2010-2011*. Québec : Ministère de la Sécurité publique) auprès de personnes **condamnées à des peines deux ans et moins.**

Nom de la personne:

Identifiant de la personne:

Sexe: ○M ○F

DISP:

Nom de l'évaluateur :

Statut/milieu (évaluateur) :

Date(s) où l'IRS-R1 a été complété :

j/mm/aa

Université de Montréal

Nom:

Identifiant:

Compléter Tableau | Enregistrer | Réinitialiser Tableau | Réinitialiser Formulaire | Imprimer tableau | Imprimer formulaire

INDICES	SCORES												
ANTÉCÉDENTS													
1. ÂGE LORS DE LA 1ère CONDAMNATION COMME ADULTE				-2		0		2	3			6	7
2. NOMBRE D'INCARCÉRATIONS ANTÉRIEURES				-2	-1	0				4			
3. NOMBRE DE CONDAMNATIONS ANTÉRIEURES POUR VIOLENCES			-3	-2		0							
4. NOMBRE DE CONDAMNATIONS ANTÉRIEURES POUR INFRACTION SEXUELLE AVEC VIOLENCE		-4				0							
5. NOMBRE DE CONDAMNATIONS ANTÉRIEURES POUR INTRODUCTION PAR EFFRACTION	-6		-3	-2				2					
6. RÉVOCATION ANTÉRIEURE DE LA LIBERTÉ SOUS CONDITION				-2	-1								
7. ÉVASIONS ANTÉRIEURES			-3			0							
EXPOSITION AU RISQUE													
8. INTERVALLE D'EXPOSITION AU RISQUE					-1	0		2					
CARACTÉRISTIQUES SOCIO DÉMOGRAPHIQUES													
9. ÂGE AU DÉBUT DE LA PEINE ACTUELLE				-2		0		2					
10. SITUATION MATRIMONIALE AU DÉBUT DE LA DERNIÈRE PEINE						0	1						
11. NOMBRE DE PERSONNES À CHARGE LORS DE LA DERNIÈRE PEINE						0		2					
12. SITUATION D'EMPLOI LORS DE L'ARRESTATION						0	1						
INFRACTION ACTUELLE													
13. INFRACTION A L'ORIGINE DE LA PEINE ACTUELLE		-4		-2	-1	0		2	3	4			
14. DURÉE DE LA PEINE TOTALE ACTUELLE						0		2	3				
15. NIVEAU DE SÉCURITÉ					-1	0							
TOTAL													

RISQUES DE RÉCIDIVE (trois prochaines années)	Morselli et al. 2013 (peines de deux ans et moins)	Nakekh et Motiuk 2002 (peines de + de deux ans)
Risque très faible (ex. : 80% ne récidiveront pas).	Entre +10 et +27	Entre +6 et +27
Risque faible (ex. : 66% ne récidiveront pas).	Entre +6 et +9	Entre +1 et +5
Risque moyen (ex. : 50% ne récidiveront pas).	Entre +2 et +5	Entre -4 et 0
Risque élevé (ex. : 40% ne récidiveront pas).	Entre -3 et +1	Entre -8 et -5
Risque très élevé (ex. : 33% ne récidiveront pas).	Entre -30 et -4	Entre -30 et -9

Sexe: DISP:

Nom de l'évaluateur: Statut/milieu:

Complété le :

Feuille de décision - Statique-99R

Nom du sujet:	0	Lieu de l'évaluation :	0
Nom de l'évaluateur :	0	Date:	00/01/1900

Établir le niveau de risque relatif :

Rang percentile estimé	*19*	
Pourcentage de délinquants sexuels se situant au même rang percentile	*10*	
urcentage de délinquants sexuels se situent sous et au-dessus du rang percenti	*13,60*	*76,1*
Rapport proportionnel du risque associé au score du sujet	*0,52*	
La catégorie nominale de risque	*Faible*	

Établir le niveau de risque absolu

Énumérer les critères qui ont guidé votre choix du groupe d'appartenance

Déterminer le groupe d'appartenance du sujet en fonction des divers types d'échantillons de la Statique-99R

Échantillons correctionnels routiniers

Taux de récidive actuariels empiriques prévus (régression logistique)

Récidive sexuelle

5 ans	*2,8*
10 ans	*nd*

Taux de récidive actuariels empiriques prévus (régression logistique)

Récidive violente (incluant sexuelle)

5 ans	*7,4*

FIGURE 3 : ISR (ÉLÉMENTS 1 ET 2) ET STAT99

Le principe du besoin

Le deuxième principe évalue les besoins (criminogènes). Les besoins dits criminogènes représentent les facteurs de risque de récidive (dynamiques) présents chez le sujet et devant impérativement faire l'objet d'un ciblage d'intervention par le professionnel ou dans un programme adapté dans l'objectif de diminuer la probabilité d'une récidive. Ici encore, deux éléments sont à concilier, l'identification de ces besoins d'une part, et leur ciblage dans l'intervention professionnelle/institutionnelle d'autre part. Dans ce cas, « *les besoins non liés aux facteurs criminogènes (p. ex. de vagues sentiments de détresse personnelle, l'estime de soi sans attitudes procriminelles) ne sont pertinents que dans la mesure où ils peuvent nuire aux changements aux besoins liés aux facteurs criminogènes.* » (Bonta, et al., 2010). Pour beaucoup de professionnels de l'accompagnement, ce deuxième principe paraît contre-intuitif. Il convient de préciser qu'il n'est en rien jugé innoportun pour le sujet de travailler avec lui sur des besoins « personnels ». Le modèle R.B.R. précise seulement qu'il est plus efficace, dans un but de prévention de la récidive, de l'accompagner en priorité sur des besoins « criminogènes ». Puisque dynamiques, ces facteurs criminogènes fluctuent dans le temps, à la grande différence des facteurs dits statiques, propres à l'histoire du sujet. « *Les délinquants peuvent avoir de nombreux besoins nécessitant un traitement, mais ces besoins n'ont pas tous un lien avec leur comportement criminel. Ces facteurs criminogènes sont modulés en fonction des principaux prédicteurs du comportement criminel, présentés comme les « huit facteurs centraux » de risque et de besoin...* » (Bonta, et al., 2010). Le principe des besoins commande à une évaluation précise des facteurs criminogènes présents chez le sujet au moment de la première rencontre avec le professionnel, évaluation devant être effectuée avec des instruments d'évaluation du risque de troisième et quatrième génération.

L'outil « 6 Problématiques Ouvertes » (6PO) et l'« Inventaire des besoins d'intervention » (FACILES rx) correspondent à cette génération d'analyse des besoins criminogènes dynamiques. Présentant par la suite « 6PO » dans ses détails et applications, nous décrivons ici brièvement le FACILES rx, élaboré par Lafortune (2014), en s'inspirant du « Processus d'évaluation initiale » du Service Correctionnel canadien (Brown & Motiuk, 2005). Il comprend les huit facteurs criminogènes dynamiques que sont les relations avec les proches et les pairs, l'attitude envers la loi et envers autrui, l'impulsivité et la capacité à résoudre les problèmes, les émotions et agressivité, la situation scolaire ou d'emploi, la situation familiale et conjugale, l'inscription dans le tissu social et loisirs, la consommation de produits, ainsi que les facteurs personnels liés à la sexualité, les obstacles au suivi et à une alliance de travail, et ceux liés à l'accès aux services de droit commun.

Pour l'analyse, ces facteurs se divisent en sous-composantes à remplir, dans le cas où la dimension constitue un élément criminogène pour le sujet. Le FACILES rx se décline en un inventaire co/auto-remplissable des besoins personnels pour le sujet. Lafortune (2014) mit au point cet instrument d'identification personnelle des problématiques rencontrées les six derniers mois que le sujet aimerait voir modifier. Pour les auteurs d'infraction sexuelle, l'outil STABLE (cf. version révisée de Lachance en 2013) est un complément à la STATIC99 pour l'analyse des besoins criminogènes dynamiques.

Le principe de la réceptivité

Le troisième principe renvoie à la réceptivité du sujet et du service correctionnel à son égard. Ce principe indique que mettre en adéquation l'intervention aux capacités du sujet optimise les résultats en matière de prévention de la récidive. En proposant une intervention efficace basée sur la thérapie cognitivo-comportementale et en l'individualisant au sujet, à ses ressources, ses capacités intellectuelles, son style d'apprentissage, sa motivation, le principe de la réceptivité donne à l'intervention des probabilités de réussite plus intéressantes (Bonta, et al., 2010). En incorporant dans l'évaluation et l'intervention des facteurs personnels et interpersonnels, le modèle R.B.R. offre au sujet la possibilité de donner du sens et ainsi de s'y engager pleinement. Le principe de réceptivité considère tant la généralité que la spécificité de l'intervention.

La réceptivité générale conseille les méthodes cognitivo-comportementales de l'apprentissage social dans l'intervention afin de travailler avec le sujet ses attitudes et comportements (Andrews & Bonta, 2006). « *Les stratégies cognitives de l'apprentissage social sont les plus efficaces, quel que soit le type de délinquant [...]. Les pratiques correctionnelles de base, telles que les modèles prosociaux, l'utilisation appropriée du renforcement et de la désapprobation et la résolution de problèmes, [...] précisent les compétences particulières représentées dans une approche cognitive de l'apprentissage social.* » (Bonta, et al., 2010). La réceptivité spécifique pondère les pratiques générales cognitivo-comportementales en fonction des caractéristiques du sujet. « *Elle tient compte des points forts, du style d'apprentissage, de la personnalité, de la motivation et des caractéristiques biosociales (p. ex. le sexe, la race) de la personne.* » (Bonta, et al., 2010). Les stratégies doivent respecter un principe relationnel (eg. l'alliance de travail, l'élan motivationnel, le partage empathique) et un principe structurel (eg. guidance dans l'acquisition des comportements prosociaux, renforcement et soutien dans la résolution de problèmes et le sentiment d'auto-efficacité).

Selon la réceptivité spécifique, « *les thérapeutes doivent parfois commencer par libérer la personne de l'anxiété débilitante ou du trouble mental dont elle souffre afin qu'elle puisse participer pleinement à un programme ciblant ses facteurs criminogènes.* » (Bonta, et al., 2010). La réceptivité spécifique, ou individualisée, demande une réciprocité de la part du professionnel aux aptitudes intellectuelles, verbales et relationnelles du sujet en besoin. « *L'essence de ce principe est que le traitement peut être amélioré si l'intervention thérapeutique s'intéresse aux facteurs personnels susceptibles de favoriser l'apprentissage. Presque tout le monde a entendu parler du conseil pédagogique invitant les enseignants à varier leurs méthodes d'enseignement afin de tenir compte à la fois des étudiants visuels et des étudiants auditifs. Les programmes de traitement des délinquants consistent notamment à enseigner aux délinquants de nouveaux comportements et processus cognitifs, et l'optimisation de cette expérience d'apprentissage exige de porter attention non seulement au fait que le délinquant est un étudiant visuel ou un étudiant auditif, mais aussi à une gamme complète de facteurs personnels, cognitifs et sociaux.* » (Bonta, et al., 2010).

L'« Inventaire des indices de réceptivité au suivi » (IREC) est un outil d'évaluation et d'accompagnement à ces éléments de réceptivité. Il fut développé par Lafortune (2014) à partir des travaux de Serin et Kennedy (2001) du Service correctionnel du Canada. L'IREC comprend douze éléments à questionner via une échelle allant de 0 à 2 et des questions ouvertes semi-directives. Les douze indices comprennent la prise de conscience, la compréhension, l'appropriation et la responsabilisation du (des) problème(s), les soutiens extérieurs par rapport à la nécessité de recevoir de l'aide, l'expression verbale d'un besoin d'aide, la définition d'objectifs réalistes, le sentiment d'efficacité personnelle, les attentes positives par rapport au plan d'intervention, la qualité de l'expression des affects et sentiments, la conscience des exigences de l'intervention sur le plan émotionnel, le respect général des engagements verbaux, ainsi que les efforts visibles pour amorcer un changement.

4. Le modèle de la disposition au changement

Etre motivé vs. se disposer au changement

Le modèle transthéorique de la disposition au changement de Prochaska et al. (1992, 1994, 2010) intervient sur cette troisième modalité de la désistance marunienne. Dans ce modèle fortement opérationnel, le professionnel est invité à identifier le processus d'ouverture cognitive chez le sujet à travers un cycle de répétition à différentes phases que la personne traverse avant de mettre fin au comportement problématique.

i) Phase de pré-contemplation : le sujet ne prend pas conscience de sa problématique, mais il se focalise sur les bénéfices secondaires ;

ii) Phase de contemplation : le sujet commence à percevoir les préjudices liés à son comportement, il manifeste alors une certaine ambivalence avec la prise de conscience d'un changement qui est nécessaire mais il n'y parvient pas ;
iii) Phase de préparation : le sujet quitte l'ambivalence pour une position active, avec la mise en place d'actes concrets pour résoudre la problématique initiale ;
iv) Phase d'action : le sujet met en œuvre des résolutions à travers des démarches concrètes. Au sein de cette phase, le sujet peut poursuivre son action en consolidant cette nouvelle trajectoire de vie (phase de maintien) ou chuter (phase de rechute) dans ses consolidations. Ces rechutes s'envisagent comme une possibilité logique (non désirée) dans la construction du changement.

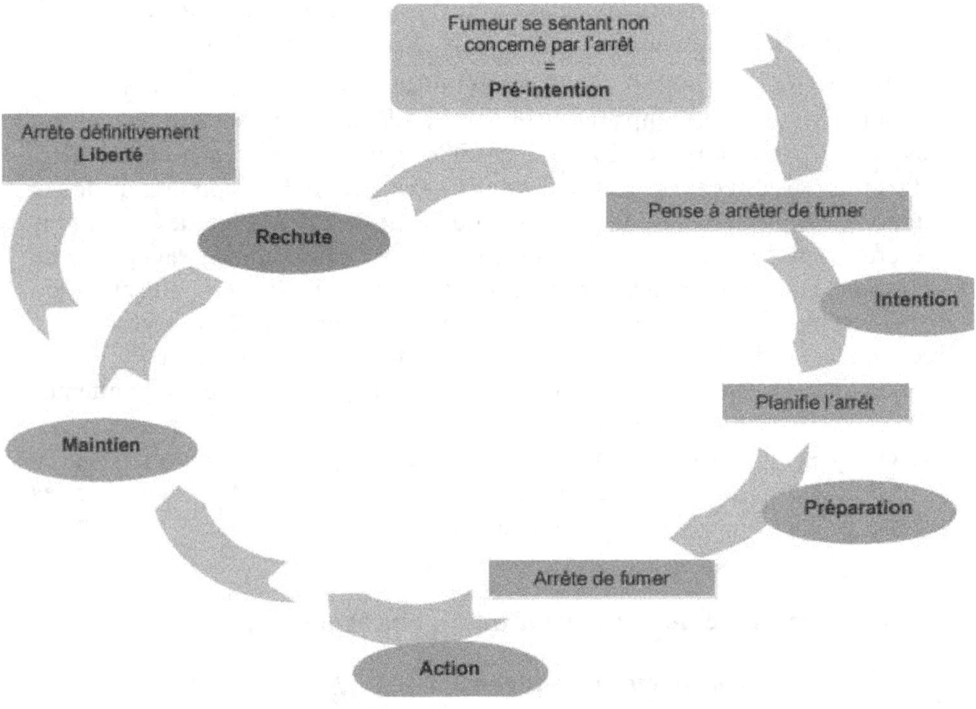

FIGURE 4 : MODÈLE DES CHANGEMENTS DE COMPORTEMENTS DE PROCHASKA ET DICLEMENTE (HAS, 2014)

En parallèle de Prochaska et Nocross (2010), Miller et Rollnick (1991) ont opérationnalisé la motivation au changement comme un processus à susciter au sein des entretiens (« l'entretien motivationnel ») et en émettant des principes régulateurs à l'échange : l'intervenant doit aider le sujet à découvrir librement son ambivalence via un partage empathique des conséquences mais aussi des avantages de la situation pour le sujet. Cette ambivalence face au changement étant un état normal partagé par de nombreuses personnes. Lorsque les personnes sont à un stade de « contemplation » (Prochaska, et al., 1992), l'ambivalence dans le discours s'analyse aisément. Le discours se voit constitué de sous-discours dits de « changement » et de « maintien ». Par exemple, une auteure de violences intrafamiliales et victime de violence conjugale qui soulève que : « *Je dois faire quelque chose pour ma situation* [discours-changement] *mais j'ai absolument tout essayé et ça n'a jamais marché* [discours-maintien]. *Je veux dire que je sais que je dois en sortir, arrêter, pour ma santé et ma famille* [discours-changement] *mais j'en ai vraiment trop besoin* [discours-maintien]. »

Deux sous-discours « changement » et deux sous-discours « maintien » en un bref moment qui révèle la complexité de la motivation, de son évolution, et finalement des efforts à produire pour modifier une identité sociale qui n'est pas que problématique. Pour Miller et Rollnick (1991) donc, l'ambivalence face au changement serait loin d'être une mauvaise volonté ou une résistance négative du sujet, mais une protection répandue et non pathologique avec laquelle le professionnel compose, échange volontiers. L'affrontement direct, jusqu'ici couramment pratiqué, est contredit par cette approche motivationnelle « centrée sur le participant » qui accompagne stratégiquement le sujet dans le changement de ses valeurs et de ses comportements (eg. intervention « FRAMES » : *Feedback*, Responsabilité, *Advice*, Menus, Empathie, *Self-efficacity*).

L'évaluation globale des problématiques criminogènes et de la réceptivité du sujet

« *Nous résumons les éléments probants qui montrent comment le comportement criminel des délinquants peut être prédit de manière fiable, pratique et utile. Nous démontrons également comment les programmes de réadaptation peuvent réduire considérablement la récidive lorsqu'ils s'en tiennent au modèle RBR.* » (Bonta, et al., 2010). Actuellement peu d'outils répondent à cette exigence d'Andrews et Bonta d'une évaluation globale des problématiques du sujet, à la fois des risques et besoins et de la réceptivité, et applicables à tous les types d'infraction.

Nous comptons le « Processus d'évaluation initiale » du Service correctionnel du Canada (Motiuk, 1997), le « *COMPAS risk & need assessment system* » aux Etats-Unis (Brennan & Oliver, 2000), l' « *Offender Assessment System –OASys* » en Angleterre[1], et l'« Inventaire de niveau de service et de gestion des cas –LSCMI » canadien répondant logiquement aux principes R.B.R. puisque mis au point par Andrews et al. (2004). Ce dernier (LS/CMI) comporte onze sections à remplir à partir de l'évaluation du

[1] Home Office (2006). The Offender Assessment System: an evaluation of the second pilot, (en ligne): http://rds.homeoffice.gov.uk/rds/pdfs06/r278.pdf

dossier et d'entretiens semi-structurés réalisés entre le professionnel et le sujet. La section 1 de l'outil, partie essentielle de l'évaluation, détient quarante-trois items séparés suivant les huit grandes familles de facteurs de risque scientifiquement corrélées à la récidive. Ces huit familles (« *Big Eight* ») sont les antécédents de délinquance, le réseau social du sujet, ses attitudes, ses tendances antisociales, son emploi/formation, ses relations familiales/conjugales, ses loisirs/activités récréatives, ses consommations d'alcool/drogues.

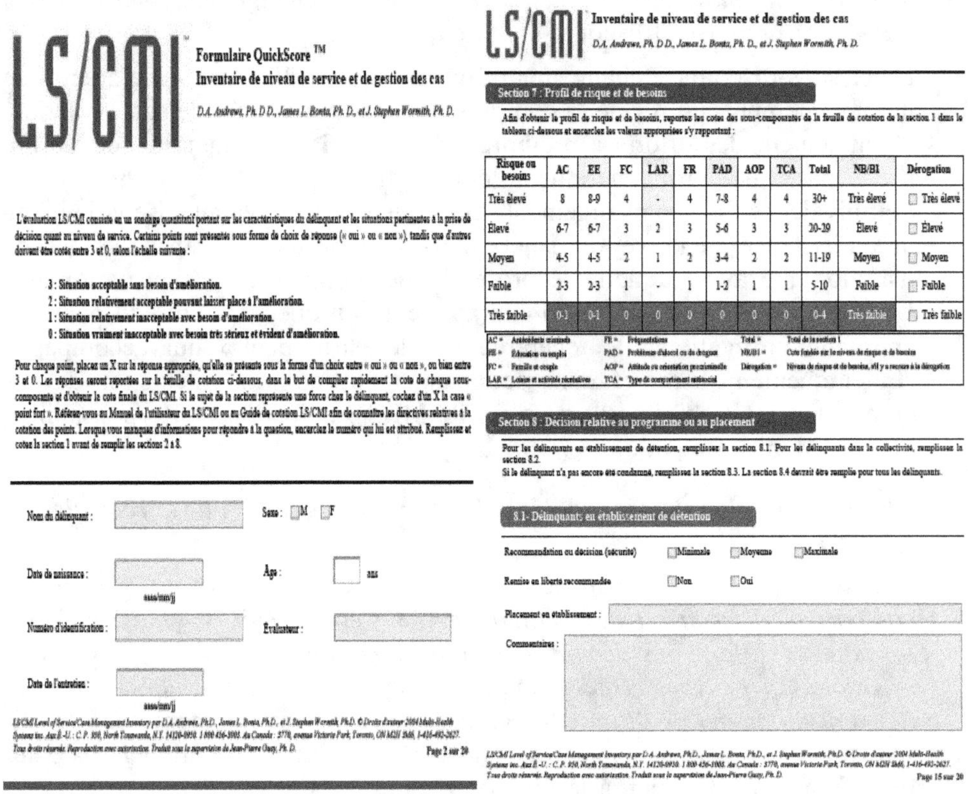

LS/CMI

Formulaire QuickScore™

Inventaire de niveau de service et de gestion des cas

D.A. Andrews, Ph. D.D., James L. Bonta, Ph. D., et J. Stephen Wormith, Ph. D.

L'évaluation LS/CMI consiste en un sondage quantitatif portant sur les caractéristiques du délinquant et les situations pertinentes à la prise de décision quant au niveau de service. Certains points sont présentés sous forme de choix de réponse (« oui » ou « non »), tandis que d'autres doivent être cotés entre 3 et 0, selon l'échelle suivante :

- **3 : Situation acceptable sans besoin d'amélioration.**
- **2 : Situation relativement acceptable pouvant laisser place à l'amélioration.**
- **1 : Situation relativement inacceptable avec besoin d'amélioration.**
- **0 : Situation vraiment inacceptable avec besoin très sérieux et évident d'amélioration.**

Pour chaque point, placez un X sur la réponse appropriée, qu'elle se présente sous la forme d'un choix entre « oui » ou « non », ou bien entre 3 et 0. Les réponses seront reportées sur la feuille de cotation ci-dessous, dans le but de compiler rapidement la cote de chaque sous-composante et d'obtenir la cote finale du LS/CMI. Si le sujet de la section représente une force chez le délinquant, cochez d'un X la case « point fort ». Référez-vous au Manuel de l'utilisateur du LS/CMI ou au Guide de cotation LS/CMI afin de connaître les directives relatives à la cotation des points. Lorsque vous manquez d'informations pour répondre à la question, encerclez le numéro qui lui est attribué. Remplissez et cotez la section 1 avant de remplir les sections 2 à 8.

Nom du délinquant : Sexe : ☐M ☐F

Date de naissance : aaaa/mm/jj Âge : ans

Numéro d'identification : Évaluateur :

Date de l'entretien : aaaa/mm/jj

Page 2 sur 20

LS/CMI

Inventaire de niveau de service et de gestion des cas

D.A. Andrews, Ph. D.D., James L. Bonta, Ph. D., et J. Stephen Wormith, Ph. D.

Section 7 : Profil de risque et de besoins

Afin d'obtenir le profil de risque et de besoins, reportez les cotes des sous-composantes de la feuille de cotation de la section 1 dans le tableau ci-dessous et encerclez les valeurs appropriées s'y rapportant :

Risque ou besoins	AC	EE	FC	LAR	FR	PAD	AOP	TCA	Total	NB/BI	Dérogation
Très élevé	8	8-9	4	-	4	7-8	4	4	30+	Très élevé	☐ Très élevé
Élevé	6-7	6-7	3	2	3	5-6	3	3	20-29	Élevé	☐ Élevé
Moyen	4-5	4-5	2	1	2	3-4	2	2	11-19	Moyen	☐ Moyen
Faible	2-3	2-3	1	-	1	1-2	1	1	5-10	Faible	☐ Faible
Très faible	0-1	0-1	0	0	0	0	0	0	0-4	Très faible	☐ Très faible

AC = Antécédents criminels; EE = Éducation ou emploi; FC = Famille et couple; LAR = Loisirs et activités récréatives; FR = Fréquentations; PAD = Problèmes d'alcool ou de drogue; AOP = Attitude ou orientation procriminelle; TCA = Type de comportement antisocial; Total = Total de la section 1; NB/BI = Cote fondée sur le niveau de risque et de besoins; Dérogation = Niveau de risque et de besoins, s'il y a recours à la dérogation

Section 8 : Décision relative au programme ou au placement

Pour les délinquants en établissement de détention, remplissez la section 8.1. Pour les délinquants dans la collectivité, remplissez la section 8.2.

Si le délinquant n'a pas encore été condamné, remplissez la section 8.3. La section 8.4 devrait être remplie pour tous les délinquants.

8.1- Délinquants en établissement de détention

Recommandation ou décision (sécurité) ☐Minimale ☐Moyenne ☐Maximale

Remise en liberté recommandée ☐Non ☐Oui

Placement en établissement :

Commentaires :

Page 15 sur 20

FIGURE 5 : L'INVENTAIRE DE NIVEAU DE SERVICE ET DE GESTION DES CAS (LSCMI)

Bonta et Andrews (2007) élaborent un modèle approfondi composé de principes généraux, de principes spécifiques, d'une évaluation structurée, d'une préconisation de soutiens organisationnels et de programmes (cf. figure). Les interventions cherchent l'accroissement de l'efficacité de la prévention de la récidive en favorisant la motivation du sujet et la diminution de ses obstacles possibles quant à la participation à l'accompagnement.

Principal facteur de risque et de besoin	Indicateurs	Buts de l'intervention
Personnalité antisociale	Impulsivité, recherche aventureuse du plaisir, énergie agressive fébrile et irritabilité	Développer le savoir-être, enseigner la maîtrise de la colère
Attitudes procriminelles	Rationalisations de la criminalité, attitudes négatives à l'égard de la loi	Contrer les rationalisations par des attitudes prosociales; construire une identité sociable
Soutien social de la criminalité	Amis criminels, à l'écart des personnes prosociales	Remplacer les amis et relations procriminels par des amis et relations prosociales
Toxicomanie	Abus d'alcool et/ou de drogues	Réduire l'abus d'alcool et/ou de drogues, promouvoir des solutions de remplacement à la toxicomanie
Relations familiales/conjugales	Surveillance parentale et discipline déficientes, piètres relations familiales	Enseigner les compétences parentales, valoriser les relations chaleureuses et la sollicitude
École/travail	Piètre rendement, faibles niveaux de satisfaction	Valoriser les compétences professionnelles et les aptitudes aux études, cultiver les relations interpersonnelles dans le cadre du travail et des études
Activités récréatives prosociales	Absence de participation aux activités récréatives et de loisirs prosociales	Encourager la participation aux activités récréatives prosociales, enseigner des passe-temps et des sports qui favorisent la sociabilité

FIGURE 6 : LES FACTEURS DE RISQUE DE RÉCIDIVE (BONTA & ANDREWS, 2007)

Principes généraux	
Respect de la personne	Les services sont offerts de manière éthique, légale, juste, morale, humaine et décente.
Théorie	Utiliser une théorie fondée sur la personnalité en général et sur les processus cognitifs de l'apprentissage social.
Service humain	Offrir des services humains au lieu de miser sur la sévérité du châtiment.
Prévention du crime	Le fondement théorique et empirique d'un service humain fondé sur le risque, les besoins et la réceptivité devrait être largement diffusé afin d'améliorer la prévention du crime dans l'ensemble du système de justice et au-delà (p. ex. les services généraux de santé mentale).
Risque, besoins et réceptivité	
Risque	Adapter le niveau de service au risque de récidive du délinquant.
Besoins	Évaluer les facteurs criminogènes et les cibler lors du traitement.
Réceptivité :	Optimiser la capacité du délinquant de tirer des enseignements d'une intervention réhabilitante en lui offrant une thérapie cognitivo-comportementale et en adaptant l'intervention à son style d'apprentissage, à sa motivation, à ses aptitudes et à ses points forts.
Générale	Utiliser des méthodes cognitives d'apprentissage social pour influencer le comportement.
Spécifique	Opter pour les interventions cognitivo-comportementales qui tiennent compte des points forts, du style d'apprentissage, de la personnalité, de la motivation et des caractéristiques biosociales (p. ex. le sexe, la race) de la personne.
Évaluation structurée	
Évaluer le risque, les besoins et la réceptivité	Utiliser des instruments structurés et validés pour évaluer le risque, les besoins et la réceptivité.
Points forts	Évaluer les points forts de la personne et les intégrer dans les interventions.
Portée	Évaluer les facteurs liés au risque, aux besoins et à la réceptivité ainsi que les facteurs non criminogènes qui peuvent faire obstacle au changement prosocial, mais continuer de centrer les interventions sur les facteurs liés au risque, aux besoins et à la réceptivité.

Appréciation professionnelle	Déroger aux principes du risque, des besoins et de la réceptivité pour des raisons précises.
Prestation des programmes	
Dosage	Faire participer les délinquants à risque plus élevé et réduire au minimum l'abandon des programmes qui adhèrent aux principes du risque, des besoins et de la réceptivité.
Pratiques du personnel :	
Capacités de communication interpersonnelle	Employés respectueux, prêts à collaborer et bienveillants qui ont recours aux entrevues de motivation (étapes 1 et 2).
Capacités de structuration	Recourir à l'apprentissage social par observation, utiliser à bon escient le renforcement et la désapprobation, la structuration cognitive, les entrevues motivationnelles (étapes 3 à 6).
Soutien organisationnel	
Communautaire	Les services basés sur les principes du risque, des besoins et de la réceptivité sont plus efficaces lorsqu'ils sont donnés dans la collectivité, bien que ces mêmes services offerts en résidence ou en établissement puissent aussi réduire la récidive.
Continuité du service	Prestation des services et surveillance constante des progrès réalisés.
Direction des organismes	Les gestionnaires sélectionnent et forment les employés en fonction de leurs capacités de communication interpersonnelle et de leurs capacités de structuration, assurent une supervision clinique conformément au modèle RBR, veillent à ce que des mécanismes organisationnels soient en place pour maintenir le contrôle, l'évaluation et l'intégrité des évaluations et des programmes.
Liaison avec la collectivité	L'organisme hôte du programme entretient de bonnes relations avec les autres organismes et organisations.

FIGURE 7 : MODÈLE D'ÉVALUATION FONDÉ SUR LES PRINCIPES DE RISQUES, BESOINS, ET RÉCEPTIVITÉ DU SUJET

5. L'évaluation du modèle R.B.R.

En termes d'évaluation et d'intervention de prévention de la récidive, le modèle R.B.R. se présente comme un accompagnement solide (Blanchette & Brown, 2006 ; Ward, Mesler & Yates, 2007), s'intéressant tant à la personnalité du sujet qu'à ses processus cognitifs de l'apprentissage social en direction du comportement criminel (Andrews et Bonta, 2006). Dans l'espoir d'une intervention efficace à l'encontre de la récidive, le modèle R.B.R. soulève régulièrement l'importance pour les professionnels de l'accompagnement criminologique d'établir des relations de travail fondées sur la collaboration et le respect avec les sujets et les organismes d'intervention (Andrews, 2001 ; Andrews & Bonta, 2006 ; Bonta & Andrews, 2007). Bonta et Andrews (2007) constatent que les interventions thérapeutiques actuelles à l'encontre des auteurs d'infraction ne respectent aucun des trois principes du modèle R.B.R. C'est-à-dire que l'accompagnement en vue du changement n'évalue, et donc ne se centre pas, sur les facteurs criminogènes. L'effet pervers énoncé par les concepteurs du modèle R.B.R. est que les thérapies s'appliquent à des sujets n'ayant que peu de facteurs criminogènes, donc peu de besoins d'intervention. De plus, des méthodes autres que les approches cognitivo-comportementales et émotionnelles se montrent peu efficaces face aux problématiques criminogènes. Le résultat se retranscrit dans les analyses ci-dessous de Bonta et Andrews (2007), les pratiques ne prenant en compte les principes R.B.R. (ni évaluation des facteurs criminogènes ni pratique d'interventions cognitivo-comportementales) auraient pour effet d'augmenter le taux de récidive.

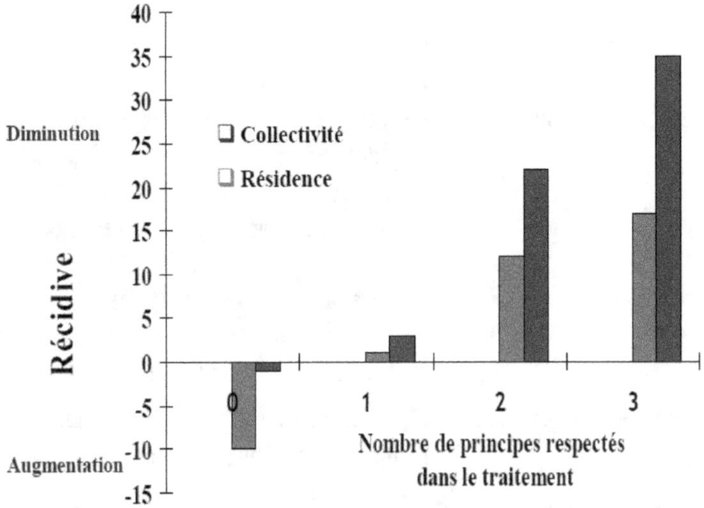

FIGURE 8 : L'ÉVALUATION DES EFFETS DES PRINCIPES R.B.R. SUR LA RÉCIDIVE DANS LA PRISE EN CHARGE DES AUTEURS (BONTA & ANDREWS, 2007)

Toutefois, le constat positif revient à observer qu'à chaque principe -et surtout cumul- R.B.R. respecté par l'intervenant une diminution du taux de récidive s'en ressent.

« *Lorsque les trois principes sont manifestement intégrés dans un programme de réadaptation, nous constatons, entre les délinquants traités et les délinquants non traités, des différences moyennes de 17 % dans les taux de récidive lorsque les traitements sont offerts dans un milieu résidentiel ou de détention, et de 35 % lorsque les traitements sont dispensés dans un milieu communautaire. Le traitement peut donner de bons résultats dans un milieu résidentiel ou de détention, mais son efficacité est optimisée lorsqu'il est offert dans la collectivité.* » (Bonta & Andrews, 2007)

Le modèle R.B.R. s'évalue à l'aune de sa réussite à l'encontre de la récidive délinquantielle, puisqu'il s'inscrit dans la démarche « *What works ?* » de la question de l'efficacité des interventions de traitement sur la récidive en réaction scientifique aux analyses « *Nothing works* » de Martinson (1974) et de Lipton et al. (1975). Les défenseurs de l'idéal réhabilitatif, que sont Andrews et Bonta parmi d'autres, cherchent par la démonstration scientifique les circonstances favorables à la réadaptation efficace (Gendreau & Ross, 1979, 1987 ; Lipsey, 1989, 1995 ; Lösel, 1995). L'effectivité d'une évaluation structurée et rigoureuse raisonne systématiquement comme point de départ de l'efficacité de l'intervention sur la récidive (Lipsey, 2009), complétée ensuite par une conceptualisation de l'accompagnement (Bonta, et al., 2010) et des stratégies claires d'intervention (Andrews & Bonta, 2007). Ce modèle devint par la suite, pour Ogloff et Davis notamment (2004), l'un des modèles les plus efficaces et pratiques dans les stratégies d'accompagnement délinquantiel. Bien que structuré et visant par celle-ci la diminution du risque de récidive, le principe de discrétion professionnelle d'Andrews et Bonta (1998) recommande que les principes de base du modèle R.B.R. restent secondaires au jugement clinique de l'intervenant en cas de circonstances spécifiques et individualisées.

6. La prise en considération des facteurs de protection du sujet

Tous les sujets rencontrant dans leur vie des facteurs de risque pathogènes et criminogènes ne commettent évidemment pas des passages à l'acte infractionnel. Cette réalité sociale fonctionne comme une sorte d'énigme criminologique, puisque si les facteurs de risque favorisent l'action délinquantielle, quels sont les facteurs qui la retiennent ? Les facteurs positifs, dits de protection (face au passage à l'acte), tentent de répondre à cette énigme persistante.

Ces facteurs positifs de la vie des sujets diminueraient la probabilité de (re)commettre une infraction, en modérant ou compensant des éléments de vulnérabilité. Bien que les facteurs de protection ne rencontrent pas de consensus scientifique (De Vires, et al., 2011), De Vogel et al. (2011) les considèrent sous la forme de caractéristiques propres à un sujet, à son milieu ou à sa situation, qui viennent précisément diminuer le risque infractionnel.

Trois courants expliquent l'impact positif de ces facteurs sur le sujet en situation de vulnérabilité. Le premier courant envisage les facteurs de protection et de risque comme des variables dépendantes exclusives et disjonctives, c'est-à-dire que le sujet manifesterait des protections dès lors qu'il ne rencontrerait pas de facteur de risque (De Vogel, 2011). Le deuxième courant les théorise en tant que variables dépendantes à l'extrémité d'une même variable indépendante et processuelle. Les facteurs de protection seraient dans ce cas des apprentissages ou capacités positives opposées à des facteurs de risque concernant une même problématique (eg. famille harmonieuse vs. famille dysfonctionnelle).

Sprott et al. (2000) estiment par exemple que les effets compensatoires des facteurs positifs sur le risque de récidive font d'eux des éléments de protection. Le dernier courant estime que les facteurs de protection et de risque de délinquance sont des variables indépendantes. Ils envisagent que deux facteurs, de protection et de risque, puissent être rencontrés en même temps chez un sujet pour une même problématique. Pour ce dernier courant, « *une double prise en charge se dégage ainsi : d'une part, une prévention de l'influence négative des facteurs de risque, d'autre part une mise en exergue des facteurs protecteurs qui permettront au sujet d'éviter la récidive. [...] Au-delà de la disparition des facteurs de risque, les chercheurs ont en effet identifié certains éléments de vie, extérieurs à toute intervention sociojudiciaire, liés à l'arrêt d'une trajectoire criminelle.* » (Palaric, 2014).

Toujours selon De Vogel et al. (2011), les facteurs de protection infractionnelle se définissent plus largement comme des « *influences qui modifient, améliorent ou changent les réactions d'une personne aux risques environnementaux qui prédisposent à une mauvaise adaptation* ». Ils indiquent des protections internes (eg. l'intelligence, l'empathie ou le contrôle de soi), externes (eg. réseaux sociaux ou relations intimes) ou motivationnelles (eg. travail, loisirs, gestion financière, attitude envers l'autorité ou buts dans la vie). Même si la recherche n'est qu'à ses commencements et les résultats encore limités, que les outils sont peu nombreux et récents, plusieurs instruments existent afin de mesurer les facteurs de protection conduisant à la désistance du sujet auteur d'infraction. L'outil « Structured Assessment of Protective Factors –SAPROF » (De Vogel, et al, 2009) propose un jugement clinique structuré des facteurs de protection catégorisés en fonction de leur provenance interne (empathie et maîtrise de soi), externe (réseau social et relation affective), mixte motivationnelle (activités de loisirs et gestion du budget).

imer le
ROF

Feuille de cotation du SAPROF
Facteurs de protection liés au risque de violence

À utiliser seulement en association avec le HCR-20
ou les outils d'évaluation du risque structurés apparentés

Nom : Numéro : Date :

Age : Homme Femme

Contexte de l'évaluation du risque :

Facteurs internes		Côte	Acquis	But
1.	Intelligence		☐	
2.	Attachement sécure dans l'enfance		☐	
3.	Empathie		☐	☐
4.	Habiletés d'adaptation		☐	☐
5.	Maîtrise de soi		☐	☐

Facteurs liés à la motivation		Côte	Acquis	But
6.	Travail		☐	☐
7.	Activités de loisir		☐	☐
8.	Gestion des finances		☐	☐
9.	Motivation au traitement		☐	☐
10.	Attitudes envers l'autorité		☐	☐
11.	Objectifs de vie		☐	☐
12.	Médication		☐	☐

Facteurs externes		Côte	Acquis	But
13.	Réseau social		☐	☐
14.	Relation intime		☐	☐
15.	Soins professionnels		☐	☐
16.	Condition de vie		☐	☐
17.	Contrôle externe		☐	☐

Autres considérations :

Jugement final sur la protection et	Protection	Risque
jugement final intégré du risque	☐ Faible	☐ Faible
SAPROF + HCR-20		

Noms des évaluateurs :		Postes occupés :	
Signature :			

Vivienne de Vogel, Corine de Ruiter, Yvonne Bouman et Michiel de Vries Robbé

FIGURE 9 : ADAPTATION INFORMATIQUE AUTOMATISÉE FRANÇAISE DE LA SAPROF, PAR GUAY (2015)

7. La place des facteurs de protection dans le parcours désistanciel du sujet

Les facteurs de protection favorisent la désistance à travers des éléments tant personnels que sociaux et communautaires. Les facteurs de désistance préalables à l'arrêt de la délinquance (McNeill, 2009), fortement positifs, sont dynamiques, objectifs (eg. environnementaux) et subjectifs (eg. psychologiques). Ils concernent la maturité psycho-sociale du sujet, les événements positifs de sa vie (eg. mise en couple, valeur donnée à la parentalité), le renforcement du capital humain (eg. les capacités interactionnelles de communication non violente, la régulation des émotions), ainsi que le développement du capital social (eg. mécanismes d'intégration sociale) (Manura, 2001). La jonction entre les aspects positifs psychologiques internes et environnementaux externes reste la disposition au changement et la motivation du sujet.

Pour Owers et al. (2011), la « *Desistance theory, by contrast, puts the individual at the centre – rather like the model of personalised social care now being developed. Since desistance is about discovering the ability to take responsibility for steering the direction of one's life, offender management processes and interventions need to encourage and respect self-determination. This means working with prisoners, not on them, to plan and sequence the interventions, support and opportunities that need to be available.* » Dans leur étude sur les prisons nord-irlandaises, Owers, et al. (2011a) rapportèrent sept facteurs de désistance à promouvoir dans les pratiques correctionnelles :

i) favoriser la maturation psycho-sociale, notamment à travers les relations sociales positives (eg. familiales, conjugales parentales) ;
ii) soutenir la sobriété du sujet et la distance avec l'alcool et les drogues, régulièrement présents dans les passages à l'acte ;
iii) travailler « l'employabilité » du sujet, ses capacités d'engagement et d'investissement sociaux ;
iv) inciter l'espoir et la motivation nécessaire à la sortie du processus délinquantiel ;
v) défaire l'identité criminelle que le sujet s'attribue pour une image de soi positive ;
vi) laisser une chance « de donner », se mettre en action et reprendre le contrôle, qu'ils aient de buts et objectifs à réaliser ;
vii) attribuer une place sociale positive insérée dans un groupe soutenant leurs capacités individuelles.

Tandis que les travaux d'Andrews et Bonta (2010) mettent en exergue les huit grandes familles de facteurs de risque criminogènes, les familles de facteurs de protection se présentent tout autant pertinentes pour la désistance.

Les fréquentations de pairs prosociaux soutiennent directement ou indirectement le processus de désistance du sujet (Pyrooz & Decker, 2011) ; ils attirent par effet centrifuge le sujet à valoriser les avantages d'une vie conventionnelle, les opportunités positives de la norme, et ainsi à déployer une énergie orientée vers le changement. Les représentations du sujet, facteur de protection dynamique interdépendant, s'acculturent dans le temps et dans l'espace à vie conventionnelle. L'intimité psycho-sociale nécessaire aux relations familiales et conjugales intègre ou désintègre le sujet à grande vitesse. L'exclusion subie et/ou ressentie par le sujet dans le cadre affectif stigmatise le sujet, tandis que le soutien de ses proches renforce une identité positive et la motivation au changement (Calverley & Farral, 2012). Les responsabilités assumées de la parentalité (Cobbina, 2012) comme l'engagement conjugal (Rönkä, et al., 2002 ; Kensey, 2012) révèlent derrière le contrôle social informel et les opportunités sociales (Sampson & Laub, 1993). Ce sont bien les valeurs positives associées aux événements de vie qui contrecarrent la trajectoire délinquantielle (Kazemian & Farrington, 2012).

Des éléments externes tels que la disposition d'un emploi stable, la reprise d'étude, l'insertion dans des pratiques associatives régulières et soutenantes ou encore la spiritualité, soutiennent la désistance suivant le niveau de valeurs et d'intérêts portés par le sujet (Kazemian & LeBel, 2012). La stabilité sociale offre au sujet la possibilité de réviser et réguler ses positions subjectives, et inversement les croyances réorientées facilitent l'investissement du sujet dans ses activités sociales. Le bénéfice revient à l'estime de soi, compte économique de l'identité sociale du sujet en action. Owers, et al. (2011) intègrent ainsi ces éléments : « *They need the support of the rest of society. Desistance from crime is a process, not an event, and has two aspects: the individual and the social. Plans and interventions should place individuals at the centre, working with, not on, them and aiming for change, not just control. Decisions about the services that should be provided should be informed by assessments of the prison population's risks, needs and resources. It is equally important to identify and strengthen prisoners' 'social capital': the relationships, communities and economic circumstances to which they will return. This requires partnerships with and across government, civil society, voluntary and community organisations and families.* »

Pour McNeill (2006, 2009), la désistance se trace dans le temps sous la forme d'un processus non linéaire de renoncement psychologique et social du sujet, au terme duquel celui-ci cesse de commettre des infractions. En croisant les positions des divers auteurs sur le sujet (Farrington, 2007, 2009 ; McNeill, et al., 2010 ; Gobbels, et al., 2012 ; Maruna & Lebel, 2010, 2012), le paradigme de la désistance revient à la problématique de l'identité « cohérente » (individuelle et sociale) pour le sujet.

La désinsertion du cheminement délinquantiel, primaire (interruption totale des agissements délinquants depuis la dernière occurrence), secondaire (période d'arrêt éventuellement marquée par des épisodes de réitération), et surtout tertiaire (mouvement profond et pérenne du schéma cognitivo-comportemental), implique pour le sujet de devoir faire face à une énigme et intrigue identitaire : pourquoi et comment changer ? En ce sens des facteurs comme la religion ou les activités artistiques soutiennent la désistance ; le mouvement draine l'engagement dans la construction de sa propre identité. Weaver et McNeill (2007, 2010) suggèrent que différents principes guident la justice pénale afin d'envisager la désistance de celui qui est condamné : favoriser les approches informelles, établir des relations positives à la fois personnelles et professionnelles, respecter l'individualité, reconnaître l'importance du contexte social du sujet et ce à quoi il accorde de l'intérêt.

Chapitre 2 : Outils « 6PO » et « ANI » ? L'approche globale de l'évaluation et de l'accompagnement au sein des entretiens initiaux de la prévention de la récidive

E. DIEU, Chercheur en psycho-criminologie et directeur du Service de criminologie-victimologie appliquées ARCA

1. Principes théoriques et modélisations opérationnelles

Le modèle théorique opérationnel : La théorie du processus criminogène

Le modèle biopsychosocial propose une analyse des interactions entre le biologique, le psychologique et le sociologique. Selon Steinert et Whittington (2013), la violence qu'exprime un sujet devient ainsi la résultante de ces trois types de facteurs. Si le sujet a des dispositions relatives au modèle biopsychosocial, des différences interindividuelles font jour en situation, une situation particulière à analyser qui revise l'ensemble du processus biopsychosocial du sujet. Pour cela, le modèle d'attribution causale de Kelley (1972) articule la constance, le consensus et la distinctivité :

- La constance réfère à la violence systématique dont un individu pourrait faire preuve dans une situation bien précise et qui se répète ;
- Le consensus renvoie à l'apparition d'un même comportement violent de la part d'autres individus dans la même situation ;
- La distinctivité, quant à elle, correspond au fait que l'individu soit (non)violent dans d'autres situations que celle étudiée.

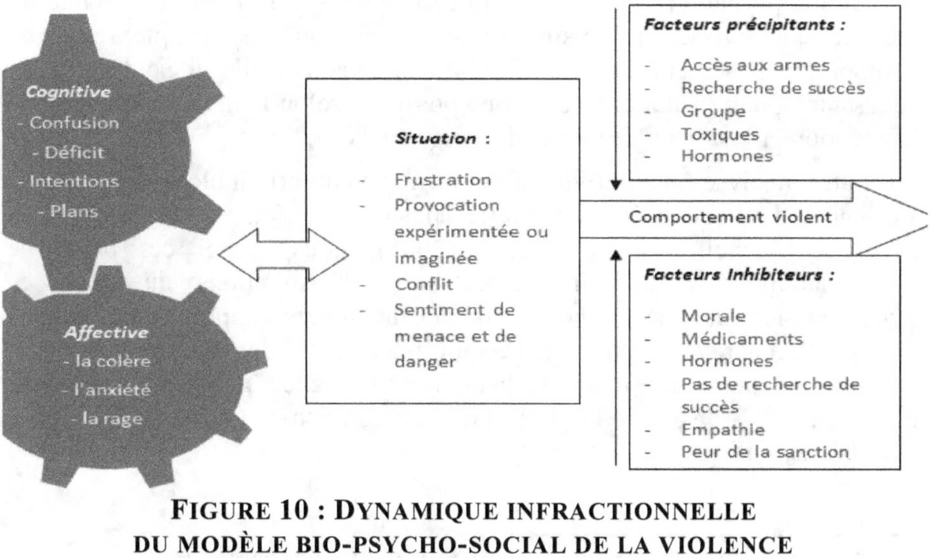

FIGURE 10 : DYNAMIQUE INFRACTIONNELLE DU MODÈLE BIO-PSYCHO-SOCIAL DE LA VIOLENCE (D'APRÈS STEINERT & WHITTINGTON (2013).

Tant sur le plan cognitif que sur le plan affectif, le sujet se sent en dissonance, en contradictions, en ambivalence, ou simplement en souffrances. Son émotion négative associée à des biais cognitifs d'attribution l'amène à considérer la situation dans laquelle il se trouve comme un danger. Les auteurs listent des facteurs précipitant le comportement violent tels qu'un libre accès à des armes, un groupe de pairs qui incite, ou encore la prise de certaines substances toxiques. *A contrario*, certains facteurs peuvent inhiber l'expression d'une attitude violente. C'est le cas par exemple d'une morale qui n'autorise pas ce comportement, de l'empathie ressentie à l'égard de la victime, ou d'une peur de la sanction liée à cette violence. Les mécanismes cognitifs (Fontaine, 2003) ont alors six grands rôles possibles : filtrage / abstraction sélective, analyse et attribution causale, inférence des points de vue d'autrui / biais d'attribution, évaluation de la probabilité que le but soit atteint, évaluation de l'exactitude dans des échanges sociaux antérieurs, inférence des significations des échanges sociaux, présents et passés.

Nous voyons ici que les théories de l'attribution ont un impact majeur, tant les attributions internes/externes (Heider, 1958) que les variations consensus/consistance/distinctivité et covariations (Kelley, 1972). Cette modélisation fait lien avec la théorie de l'action situationnelle[2], que nous verrons intégrée à la TPC (Théorie du Processus Criminogène), selon laquelle l'individu choisit et sélectionne dans son répertoire comportemental le registre de la violence. La prise en compte de la distinctivité évoquée précédemment pose la question de la part de responsabilité de l'individu dans un contexte déterminé. Steinert et Whittington (2013) reprennent la conception psycho-criminologique du coping sous la forme d'un modèle bi-factoriel qui envisage qu'un sujet prédisposé à la violence n'optera pour un comportement violent que si la situation dans laquelle il se trouve est stressante. Quatre solutions sont donc possibles selon le niveau de risque de la situation et le niveau de vulnérabilité du sujet.

Surtout, l'analyse intégrative globale en psycho-criminologie permet de s'éloigner de l'action infractionnelle en soi et se centrer sur le sujet en général. L'échelle de Schwartz (2006) nous évite ce problème « localisationniste » en s'intéressant sur les aspirations du sujet, en regroupant les valeurs profondes selon des thématiques appropriables dans la pratique : recherche du pouvoir, accomplissement, hédonisme, recherche de stimulations, autonomie, universalisme (ex : tolérance, générosité, sagesse), bienveillance, sens de la tradition, conformisme (ex : contrôle des impulsions, politesse) et sécurité.

---

[2] Pour plus de détails sur cette théorie, lire Dieu, E., & Sorel, O. (2013). L'interprétation du crime. Paris : Studyrama.

Une approche des différents éléments biologiques, psychologiques et environnementaux (Schwartz, 2006) qui vont influencer (positivement ou négativement) les valeurs du sujet. Tout d'abord, l'influence s'effectue via des éléments qui permettent (ou non) leur présence dans la conscience du sujet ; ensuite, ensuite en influant leur mise en application dans la vie du sujet. C'est donc le résultat, le produit en situation des éléments en interaction, qui offre au sujet le sentiment du sens de sa vie, l'expérience cognitivo-émotionnelle de l'existence (Heidegger, 1927). La TPC (Tthéorie du Processus Criminogène, Dieu et al., 2013) propose une analyse structurelle du séquençage des dynamiques du passage à l'acte, sous la forme suivante :

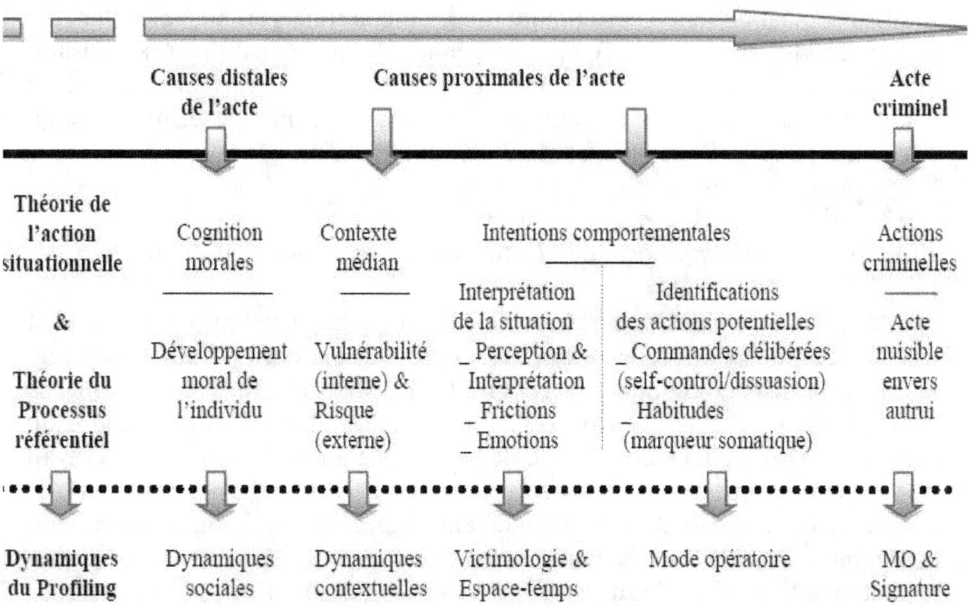

FIGURE 11 : DYNAMIQUES SITUATIONNELLES DE LA THÉORIE DU PROCESSUS CRIMINOGÈNE « TPC » (DIEU & SOREL, 2014).

La structure globale d'étude du passage à l'acte dans la vie du sujet regroupe l'ensemble des considérations psychodynamiques (Born, 2005) et situationnelles (Wikström, &Treiber, 2009) de l'action, en y incorporant l'analyse psycho-criminalistique idéo-déductive. Ce processus criminogène (Dieu, et al., 2011) reconstruit la structure d'analyse méthodologique avec six étapes (cognitions morales –causes distales de l'acte-, contexte médian de l'acte, interprétation de la situation et identification des actions potentielles –causes proximales de l'acte-, actes criminels, comportements après les actes criminels). Le processus du passage à l'acte s'envisage suivant les différentes phases traversées par l'auteur jusqu'au retour individuel et social sur le crime.

Surtout, l'analyse intègre à la structure les dynamiques de la situation-problème et les dynamiques sociales auteur/victime situées sur le *continuum* du passage à l'acte afin de comprendre les questions empiriques et de les contextualiser spatio-temporellement. En situation, sous trois périodes temporelles distinctes (pré, action, post) six variables sont à appréhender : violente-agressivité (ex : destruction de biens, incendie, blessures, acharnement), émotionnelle-affectivité (ex : impulsivité, colère/rage, angoisse, dépression, désorganisation), opérationnelle-technicité (ex : rationalité, cognitif/instrumental, organisation, préméditation), sexuelle-génitalité (ex : fantasmes déviants, déshabillage, viol, activité sexuelle, sadisme), relationnelle-personnalité (ex : interaction verbale/émotionnelle, résistance victime, sélection), et circonstancielle-imprévisibilité (ex : hasard, opportunités, éventualités, coïncidences, témoins). Ces variables d'analyse sont issues des différents travaux de la psycho-criminologie d'investigation (Bénézech, 2004 ; Bénézech, et al., 2006, 2008, 2010).

Principes déontologiques de l'utilisation des outils d'évaluation de l'évolution de la PPSMJ

Les troubles ou modes généralisés de fonctionnement pathologique ne sont pas à rechercher ici. Il ne s'agit pas d'un protocole d'outil psychiatrique (eg. D.S.M.IV), psychologique (eg. BIG FIVE INVENTORY) ou encore de psychologie légale de cotation (eg. PCL-r). 6PO et ANI dans le cadre du protocole P.R.A.T.I.C. (Protocole Relationnel d'Aide au Travail d'Intervention Criminologique) sont des supports pour le professionnel de justice dans un cadre non directement thérapeutique, dans son travail d'accompagnement avec un sujet pour qui des problématiques infractionnelles. Il ne s'agit pas de viser nécessairement des problématiques dites d'antisocialité. Si à l'aide des outils 6PO (Six Problématiques Ouvertes) et A.N.I. (Antisocialité, Impulsivité, Narcissisme) des problématiques d'antisocialité sont identifiées, nous recommandons fortement des prudences.

Par exemple, nous proposons de ne pas évoquer « *trouble ou structure de type antisociale* », mais « *des problématiques de type antisocial semblent côtoyer le sujet* », puisqu'il ne s'agit pas d'un diagnostic psychiatrique porté par le professionnel. 6PO ou A.N.I. s'adressent à des sujets majeurs, ou exceptionnellement dans un cadre infractionnel particulier à des sujets de plus de 16 ans.

Précisons ici à titre indicatif que selon le D.S.M.IV la personnalité antisociale (axe II) renvoie à un sujet qui « *ne manifeste pas de préoccupations pour les droits d'autrui, allant jusqu'à les transgresser, et ce depuis l'âge de 15 ans. Le sujet est âgé d'au moins 18 ans [et des] critères du trouble des conduites sont rencontrés pour des comportements apparus avant 15 ans ; [en précisant que le] comportement antisocial n'est pas manifesté exclusivement dans le cadre d'un épisode de schizophrénie ou de manie. »*

De plus, le calcul prédictif du risque de récidive n'est le principal objectif recherché ici. Il ne s'agit pas d'un outil actuariel/de calcul statistique (ex. ISR, LC/SMI). 6PO et ANI est un support pour le professionnel dans son travail d'accompagnement avec un sujet ayant commis une infraction de type délictuel ou criminel, en période pré-sentencielle ou post-sentencielle, en travaillant en priorité sur les facteurs de risque et de protection de la personne au regard de sa réceptivité et son plan de vie.

Bien que nous reviendrons sur ces notions, à titre indicatif Proulx et Lussier (2001) et Farrington (2007) estiment que les « facteurs de risque » renvoient à des facteurs préexistants à l'acte chez le sujet, pouvant être catégorisés, qui viennent augmenter la probabilité d'adoption de cet acte en tant que comportement criminogène, mais également sa récurrence, fréquence, persistance/durée, et gravité. Les résultats issus des outils 6PO et ANI doivent être interprétés de manière positive à l'égard de la personne en besoin d'intervention, en sachant que la problématique de la récidive dépasse le champ criminologique de l'accompagnement individuel et renvoie également à des questions politiques, sociologiques et philosophiques. Aussi avec la même prudence professionnelle que pour le caractère antisocial des faits, nous recommandons de ne pas évoquer « risque de récidive » mais « des problématiques de type criminogène semblent côtoyer le sujet » ou « besoins d'intervention », puisqu'il ne s'agit pas d'un diagnostic actuariel criminologique porté par le professionnel.

Nous rappelons que les scores des outils ne sont qu'à titre indicatif pour structurer le jugement du professionnel concernant le niveau d'intensité dans le travail, les besoins d'intervention du sujet, et ses motivations dans le changement. Ils n'ont dès lors aucune valeur prédictive. Le professionnel est formé et prévenu de ne pas transmettre la fiche ou les résultats tels quels, mais des remarques constructives issues des résultats d'évaluation et réévaluation(s) en insistant sur les pistes de travail envisagées, explorées ou abouties, sous la forme d'une argumentation claire. Par exemple, si les résultats suivants se dégagent de l'outil 6PO :

« H.I.E.R. » → *Dimension « Histoire Infractionnelle, Evénementielle et Relationnelle »*

- F.RP : (2)4/(1)1 → *Facteurs de risque-Besoins / Facteurs de protection*
- F.Réc. : (3)0 → *Facteurs de réceptivité-disposition au changement*

« A.N.I. » : → *Dimension « Antisocialité, Narcissisme, Impulsivité »*

- F.RP : (4)6 /(1)1
- F.Réc. : (5)12

Voici de manière synthétique l'interprétation que nous pourrions en dégager et partager afin d'établir une stratégie de travail :

> « *Le sujet présente un niveau modéré de besoins, et quelques éléments positifs pouvant faciliter le travail sur les problématiques. Ces difficultés sont essentiellement de l'ordre de la gestion de l'émotion et de l'agressivité, c'est-à-dire des éléments présents et dynamiques. Toutefois, des problématiques passées sont aussi décelables et mériteront également un travail avec le sujet. La réceptivité de la personne concernant ces problématiques est moyenne, aidante pour les éléments dynamiques du présent (gestion de l'émotion), absente pour l'antériorité du parcours. Nous envisageons dès lors un travail d'intensité modérée, en débutant par les éléments dynamiques, dont le sujet souffre en majorité et pour lesquels il semble prêt à s'investir.* »

2. « 6PO » et « ANI » : un « GPS » dans l'accompagnement (ou l'entretien d'analyse globale)

« 6PO » ou l'entretien initial du conseiller pénitentiaire d'insertion et de probation orienté sur les facteurs de risque, les besoins spécifiques, la réceptivité et les facteurs de protection

L'outil « 6PO » se présente en six dimensions, chacune d'elles recouvrant plusieurs thématiques de facteurs de risque de récidive :

- H.I.E.R. : Histoire Infractionnelle, Evénementielle et Relationnelle ;
- A.F.F.E.C.T. : Analyse des Facteurs Familiaux, Conjugaux, et Tiers ;
- J.O.B. : Jugement de la personne sur ses Ouvertures et Besoins ;
- A.N.I. : Antisocialité—Narcissisme—Impulsivité ;
- S.A.D.E. : Situation d'Addictions, Dépendance et Evolution ;
- R.E.L.A.X. : Rapport Emotionnel à LA Sexualité.

La version auto-réflexion ou auto-passation du 6PO consiste pour le sujet à « *Faire le point : qui je suis et où j'en suis ?* ». Il s'agit d'une version simplifiée et appropriable par le sujet afin de réfléchir et déterminer ses besoins d'accompagnement. La version auto-réflexion, comme la version d'entretien, interroge le sujet sur ses besoins dynamiques lors des 12 derniers mois –à l'exception des facteurs statiques de son histoire passée. Cette méthodologie permet au sujet et au professionnel d'être à la fois directement opérationnels, de renforcer ainsi le sentiment d'auto-efficacité personnelle, à la fois préventive à l'encontre des biais cognitifs (ex : mémoire sélective). Comme pour l'outil FACILE-auto de D. Lafortune, 6PO intègre les grands facteurs de risque dynamiques (pour une valeur prédictive criminogène de tous les domaines qui varie de modérée à élevée), mais également l'histoire du sujet (facteurs statiques) « *Mon parcours de vie ? » et les aspirations futures du sujet sous la forme « Mes aspirations en général ?* » 6PO auto est donc au carrefour des modèles RBR, GLM et TIME (temporaliste). De plus, sa rédaction dirigée vers le sujet se présente via les techniques de l'Entretien Motivationnel. A la fin de l'auto-réflexion, le sujet partage avec le professionnel qui utilise la version « 6PO » entretien, puis ils croisent ensemble les éléments issus du partage et les éléments issus de l'auto-réflexion pour co-déterminer le plan d'accompagnement.

Pour introduire la version auto-réflexion de l'outil « 6PO », nous recommandons de présenter le questionnaire au sujet, par exemple sous la forme suivante :

> « *Ce questionnaire est prévu dans le cadre de l'évaluation que vous intégrez. Il est confidentiel et son usage est réservé au cadre de l'évaluation. Il ne s'agit pas d'un document judiciaire en soi, mais d'un soutien qui vise deux objectifs : vous exprimez sur qui vous êtes et vos besoins, et permettre aux professionnels de vous accompagner au mieux. Dans le cadre de cette évaluation, le questionnaire ici présent est en lien avec un entretien que vous aurez prochainement avec un professionnel. Dans ce questionnaire, il n'y a pas de bonne ou de mauvaise réponse. Nous vous demandons simplement de donner la réponse qui vous correspond le mieux et qui est la plus proche de ce que vous pensez. Nous vous demandons d'être le plus honnête possible. Vous aurez sept pages où vous pourrez vous exprimer. Toutes les pages sont organisées de la même manière, afin de vous aider au mieux. Vous aurez à chaque page trois questions avec une échelle allant de 0 à 10. « 0 » signifie « pas du tout » et « 10 » « totalement ». Les autres questions vous demandent votre point de vue, ce que vous en pensez sincèrement. Nous vous remercions de votre implication.* »

Trois parties composent chaque dimension du questionnaire d'auto-réflexion « 6PO », une dimension équivaut à une page. Les trois parties de chaque dimension sont P1) l'identification, P2) l'alternative, P3) le sentiment d'efficacité.

Partie 1 : Est-ce que j'estime avoir des problèmes sur lesquels travailler ?

- Pensez à votre parcours de vie, sur une échelle de 0 à 10, à quel niveau estimez-vous avoir été en difficulté ? (« 0 » sans difficulté, jusqu'à « 10 » grande difficulté)
- Sur une échelle de 0 à 10, à partir de quel niveau pensez-vous qu'il soit nécessaire d'apporter des changements pour se sentir bien ?

Partie 2 : Est-ce que je pense pouvoir changer ?

- Comment pensez-vous que vous pouvez gérer pour ne jamais dépasser un niveau de difficulté de 5 à partir de maintenant ?
- Que pourriez-vous avoir besoin de changer concrètement afin de rester ou descendre en dessous de 5 ? Comment pensez-vous vous y prendre ?

Partie 3 : Est-ce que je me sens capable de changer ?

- En prenant en compte ces réponses, jusqu'à quel point vous sentez-vous capable de procéder à des changements ou de poursuivre des changements que vous avez initiés ?
- Comment vous imaginez-vous plus tard avec ou sans ces changements ?

Pour l'entretien « 6PO » en lui-même avec le professionnel, sans ou en parallèle de « 6PO-auto », il est proposé au professionnel d'échanger concernant six grandes dimensions (1-HIER, 2-AFFECT, 3-JOB, 4-ANI, 5-SADE, 6-RELAX) présentée de la façon suivante :

- une page « guide » pour le professionnel, contenant à la fois les questions essentielles, les facteurs de risque selon la littérature scientifique, les stratégies de travail potentielles concernant la dimension, ainsi que des « guidelines » pour approfondir tant l'évaluation (ex. d'outils d'évaluation structurée) que l'accompagnement (ex. d'outils d'accompagnement) ;
- une page « prise de notes » pour le professionnel, lui permettant de rapidement annoter les points importants tels que les possibles besoins de la PPSMJ (criminogènes ou personnels), leurs évolutions, les facteurs de protection et la réceptivité de la PPSMJ, et une partie ouverte pour les commentaires.

Les dimensions 5 (SADE) et 6 (RELAX) se présentent sur la même dimension générale du fait des liens qu'elles entretiennent l'une et l'autre : la sexualité en tant que dépendance potentielle, le travail avec la sexualité comme une addiction, l'addiction via des produits psychoactifs afin de compenser des (croyances) dysfonctionnements sexuels, etc.

Pour chaque dimension de travail, « 6PO » guide la stratégie d'entretien du professionnel avec des questions (non exhaustives). Précisons évidemment qu'il ne s'agit pas de limiter le travail plus global de l'accompagnement et échanges possibles, « 6PO » n'est qu'un soutien.

Dimension 1 « H.I.E.R. » : Histoire Infractionnelle, Evénementielle et Relationnelle

- Pour commencer, à quel âge avez-vous commis votre première infraction (judiciairement reconnue ou non) ? Quelle était sa nature ? Et concernant votre dernière infraction, à quand remonte-t-elle ? Quelle était sa nature ? (exemple d'autres échanges : Si vous avez déjà été incarcéré(e) par le passé, pouvez-vous m'indiquer le nombre de fois où cela a eu lieu ainsi que l'âge que vous aviez lors de votre première incarcération ? Comment l'avez-vous vécue ? Concernant votre dernière sortie de prison, à quand remonte-t-elle ? Depuis, avez-vous commis une nouvelle infraction et si oui, combien de temps après ?)
- Concernant la nature de la peine, avez-vous déjà bénéficié de peines alternatives ou d'autres mesures de suivi en milieu ouvert ? Comment se sont-elles passées ? (exemple d'autres échanges : Si cas de révocation ou retrait de mesure) Je vois que vous avez fait l'objet d'une révocation de sursis avec mise à l'épreuve, sur quel motif ?
- Maintenant nous allons regarder votre casier judiciaire ensemble et plus spécifiquement les périodes au cours desquelles vous avez commis des infractions et leur nature. Vous avez commis plus d'infractions au cours des années…, pouvez vous m'indiquer quelles peuvent en être les raisons ? De plus, je remarque que vous n'avez commis aucun délit pendant diverses périodes, par exemple en…, est-ce que vous pensez pouvoir l'expliquer ?
- Parlons un peu des infractions en elles-mêmes si vous le voulez bien, lorsque l'on regarde votre casier judiciaire on constate que vous avez toujours commis le même type d'infraction/ou jamais commis le même type d'infraction/ou que vos infractions ont changé de nature avec le temps. Est-ce que vous pourriez l'expliquer ? (exemple d'autres échanges : Vous avez commis de nombreux faits de violence (si c'est le cas)/d'infraction à caractère sexuel (si c'est le cas). Qui étaient les victimes par rapport à vous ? Des parents ? Des inconnus ?)

Dimension 2 « A.F.F.E.C.T. » : Analyse des Facteurs Familiaux, Conjugaux, et Tiers.

- Dans votre entourage, famille/conjoint(e)/amis, quelqu'un a-t-il déjà vécu une accusation/arrestation/incarcération ? (exemple d'autres échanges : Quand cela s'est-il produit, l'avez-vous vécu directement ou appris plus tard ? Pouvez-vous me décrire ce que vous avez compris et ressenti de(s)/la situation(s) ? Qu'en pensez-vous aujourd'hui ?)
- Avez déjà été/êtes-vous en couple ? avec combien de personnes, pendant combien de temps ? Viv(i)ez-vous ensemble ? (exemple d'autres échanges : Dans cette/vos relations de couple, avez-vous déjà connu une situation de séparation ? Combien de fois ? Quels étaient les motifs de rupture ? S'agissait-il de relations qui vous semblaient importantes, dans ce cas qu'en entendez-vous ? Était-ce de votre fait ?)
- La police est-elle déjà intervenue au sein de vos rapports de couple ? Pour quelles raisons ? Cela se produit-il régulièrement / s'est produit plusieurs fois, si oui combien ? (exemple d'autres échanges : Quand ils n'interviennent pas, comment réglez-vous vos disputes ? Une hospitalisation a-t-elle déjà suivi l'une de vos disputes ?)
- Comment occupez-vous votre temps avec votre/vos enfants ? Racontez-moi comment vous gérez leurs envies et leurs besoins. Et quand ils n'écoutent pas, que faites-vous ? (exemple d'autres échanges : Que pensez-vous de la correction dans le cadre de l'éducation ? Cela vous arrive-t-il, si oui régulièrement ? Avec quelle force ?)
- Dans vos connaissances/amis, certains consomment-ils des drogues ou de l'alcool de manière excessive ? Pouvez-vous me le quantifier sur une journée ou une semaine ? Qu'en pensez-vous ? (exemple d'autres échanges : Pour ces connaissances / amis, pouvez-vous me dire à quel point ils sont importants dans votre vie, vous aident-ils régulièrement ?)

Dimension 3 « J.O.B. » : Jugement de la personne sur ses Ouvertures et Besoins.

- Scolarité : nous allons parler un peu de votre parcours scolaire, si vous le voulez bien... A l'école, comment cela se passait pour vous ? Quel diplôme ou formation avez-vous, et la dernière année que vous êtes parvenue à finaliser ? Que pensez-vous de votre parcours scolaire, comment l'avez-vous vécu ? Avec les notes, les enseignants, les camarades de classe, les redoublements ? Y a-t-il des difficultés qui persistent (ex: écriture / lecture), ou des choses que vous auriez aimé faire ?

- Emploi : nous en venons logiquement à votre métier actuel, ou ce que vous aimeriez faire... Quel est votre emploi actuel, depuis quand ? Est-ce l'emploi que vous avez occupé le plus longtemps ? Avez-vous connu plusieurs types d'emploi, de votre fait, ou avez-vous été dans l'obligation de changer ? Comment vous sentez-vous dans votre emploi, auriez-vous exercé une autre profession ? Vous arrive-t-il d'être en difficulté avec des collègues, votre supérieur ? Et par le passé ? Comment gérez-vous cela, y a-t-il déjà eu des conséquences pour vous?
- Loisirs : nous sommes d'accord, il n'y a pas que la question du travail dans la vie, il y a aussi vos loisirs... Lorsque vous ne travaillez pas, ou que vous ne vous occupez pas de vos enfants, que faites-vous ? Vous arrive-t-il d'avoir l'impression de perdre votre temps, ou de pouvoir faire autre chose à la place ? Ces activités-là, vous ont-elles déjà mené(e) vers des difficultés ? Avez-vous une activité dans laquelle vous vous sentez bien ? Qu'est-ce que cela vous apporte ? Y a-t-il une activité qui pourrait vous soutenir davantage, dans laquelle vous vous épanouiriez ? Qu'est-ce qui vous empêcherait d'y accéder et de vous y impliquer ? Comment pourrions-nous faire pour aller dans cette direction, de manière concrète et réaliste ?

Dimension 4 « A.N.I. » : Antisocialité—Narcissisme—Impulsivité.

- Parlons un peu de ce que vous ressentez vis-à-vis de l'autorité et des infractions, que pensez-vous de la loi et de la police en général ? Et concernant vos infractions, que ressentez-vous à ce sujet ? Et sinon dans quelles circonstances la violence est-elle acceptable pour vous ? Que pensez-vous des personnes qui volent des biens par exemple ? Est-ce que d'une manière générale ça vous est difficile de respecter la loi ?
- Dans un cadre plus général, est-ce que vous avez déjà eu l'impression de perdre le contrôle ou de vous sentir très en colère dans certaines situations ? Si oui, jusqu'à quel point ? Cela se produit-il souvent ? Par exemple, à quand remonte la dernière situation ? Et lorsque vous êtes en colère, que faites-vous habituellement ? En parlez-vous à quelqu'un ? Vous arrive-t-il d'y penser beaucoup, mais sans ne jamais faire quoi que ce soit ? Dans ces situations, avez-vous tendance à réagir sous le coup des émotions ou prenez-vous le temps de réfléchir sur la façon de

réagir ? Une fois que vous avez réagi, comment vous sentez-vous ? Plutôt soulagé, apaisé, excité, nerveux, triste, etc. ?

- Dans la vie de tous les jours, quelles sont les choses qui vous frustrent ? Quand vous êtes face à une de ces situations, comment réagissez-vous ? Au vu de ces exemples, vous décririez-vous plutôt comme une personne irritable ou détendue ? Décrivez-moi un événement récent de votre vie qui vous a causé du stress ainsi que la façon dont vous avez pu réagir face à celle-ci. Comment les autres pensent-ils que vous faites face à ses situations ?

Dimension 5 S.A.D.E. : Situation d'Addictions, Dépendance et Evolution.

- A quelle fréquence consommez-vous ? Et sur 1an ? Est-ce qu'il vous arrive de consommer plus de deux jours d'affilés ? Qu'en pensez-vous ?
- Est-ce que votre consommation affecte votre travail ou votre scolarité ? Est-ce que vous avez déjà été absent à cause de ça ? Est-ce qu'il vous arrive de consommer au travail ou à l'école ? Avez-vous déjà été congédié ou renvoyé pour ce motif ?
- Quel peut-être l'impact sur votre santé ? Est-ce que vous avez déjà été hospitalisé à cause de votre consommation ? Avez-vous déjà fait une cure ? Avez-vous des problèmes de sommeil liés à ça ? Une hausse ou une perte d'appétit ?
- Quel impact peut avoir votre consommation sur vos comportements, vos humeurs et vos émotions ? Avez-vous déjà ressenti de l'irritabilité et de la culpabilité à cause de votre consommation ? Quelqu'un a-t-il déjà fait état de ses préoccupations au sujet de votre consommation ? Votre famille a-t-elle déjà dit que vous aviez un problème ? Quelqu'un vous a-t-il déjà dit que vous deveniez agressif lorsque vous consommiez?
- Il est possible de décliner ensemble les sept critères de dépendances reconnus (nous parlons de dépendance quand il est constaté la présence d'au moins trois critères sur les sept) : tolérance, syndrome de sevrage, perte de contrôle, tentative d'arrêt ou de contrôle infructueuse, beaucoup de temps passé à utiliser / à se procurer / à récupérer, néglige ou renonce à des activités, utilisation malgré des conséquences négatives.

Dimension 6 « R.E.L.A.X. » : Rapport Emotionnel à LA Sexualité.

- Qu'est-ce qu'une vie sexuelle épanouie pour vous ? Que pensez-vous de la vôtre ? Est-ce qu'en général vous partagez un lien affectif avec vos partenaires ?
- En matière de séduction et d'avances sexuelles, vous est-il déjà arrivé de vivre des refus ? Comment avez-vous réagi à ce moment-là?
- Avez-vous en général plus de difficultés dans vos relations avec les hommes ou avec les femmes ? Notamment dans les situations de critique ou d'autorité ?
- Avez-vous en général plus de facilité dans vos relations avec les enfants ou avec les adultes ? Comment comprenez-vous cela ?
- Que pensez-vous des personnes qui commettent des infractions sexuelles ? D'après vous, quel est l'impact des agressions sexuelles sur les victimes ?
- Vous est-il déjà arrivé de ressentir une excitation sexuelle à la vue d'un enfant ou d'un(e) adolescent(e) de moins de 14ans ?
- Vous est-il déjà arrivé de ressentir une excitation sexuelle devant une scène violente ? Comment comprenez-vous cela ?
- Lorsque vous êtes confronté(e) à des situations difficiles, stressantes ou bouleversantes, vous arrive-t-il d'avoir des fantaisies sexuelles ? D'avoir des rapports sexuels pour décompresser ? De visionner du matériel pornographique pour décompresser? Si oui, de quelle nature et à quelle fréquence ?

A partir de ces échanges et questionnements partagés basés sur les éléments probants de la littérature scientifique psycho et socio-criminologique, des pistes d'accompagnement vont être analysées et priorisées *avec* le sujet. Pour chaque dimension, il existe des éléments pouvant mettre le sujet en situation de vulnérabilité, et ne pas lui permettre de surmonter une situation à risque. Il ne s'agit pas de réduire ces éléments à une récidive. Rappelons que d'un point de vue méthodologique « 6PO » n'est pas un outil actuariel mais un « Jugement Professionnel Structuré » et qu'il faut considérer ces *éléments combinés* comme des sources de vulnérabilité à accompagner *avec* le sujet.

Dimension 1 « H.I.E.R. » : Histoire Infractionnelle, Evénementielle et Relationnelle

Les antécédents et parcours infractionnels sont des facteurs de risque statiques importants, notamment si :

- si nature de la peine est l'emprisonnement plutôt que le milieu ouvert, et ce d'autant plus si l'incarcération est longue (habitudes criminelles et désinsertion liées au milieu fermé) ;
- si multi-récidiviste ou multi-réitérant, taux de recondamnation plus élevé que si récidiviste ou réitérant simple.

Les facteurs environnementaux peuvent être des facteurs de risque selon l'environnement social, dans le sens où les sujets sont en situation vulnérable et rencontrent des éléments à risque parfois difficile à surmonter :

- comme la pauvreté familiale, les quartiers défavorisés ou le climat d'insécurité mais aussi la pauvreté de la personne contrevenante adulte liée à une instabilité d'emploi ;
- la collectivité peut avoir également une influence ;
- lien entre insécurité ou violence dans la collectivité et comportement antisocial et délinquant *(le fait d'être témoin de violence augmente le risque de délinquance mais aussi de récidive).*

Les facteurs personnels peuvent être des éléments problématiques quand ils sont corrélés avec d'autres facteurs (comme les facteurs environnementaux) :

- l'âge est un facteur de risque statique qui culmine à l'adolescence et qui est corrélé à d'autres facteurs de risque (exemples : fugue, consommation précoce de drogue et d'alcool, comportements sexuels précoces, agressivité) ;
- selon certaines méta-analyses criminologiques, le genre est considéré comme un facteur statique biologique, le risque de commettre des infractions est plus élevé chez les hommes mais cela varie selon le type d'infraction.

Dimension 2 « A.F.F.E.C.T. » : Analyse des Facteurs Familiaux, Conjugaux, et Tiers

Les relations familiales en tant qu'apprentissage peuvent être des vulnérabilités pour le sujet dans un trajet délinquantiel, comme par exemple:

- vivre avec un/des proches ayant déjà commis des infractions (« continuité intergénérationnelle »),

- avoir été « exposé aux conflits conjugaux », avoir subi directement par négligence ou violence active,
- avoir des parents « consommateurs de substances illicites »,
- avoir connu un « éclatement de sa famille » et le vécu associé, peu importe la taille/niveau socio-économique,
- en lien notamment avec un « encadrement problématique » dans le style éducatif et la supervision,
- ne pas avoir de soutien fort/conflits dans le présent avec les membres de sa famille.

Les relations amoureuses ou intimes sont également des éléments à analyser, ils peuvent être sources de difficultés du quotidien en lien avec des situations problèmes, particulièrement pour les femmes avec par exemple :

- encouragement antisocial de la part de leur partenaire,
- souvent des relations avec d'anciens toxicomanes et d'anciens délinquants.

Les relations amicales peuvent influer vers l'occurrence de situation-problème ou le maintien dans des trajectoires délinquantielles, à l'exception des auteurs d'infraction sexuelle :

- sous la forme d'un processus de « formation à la déviance » (amis délinquants renforçant ce comportement),
- à l'entrée comme à la sortie d'un groupe (l'exclusion s'associe au comportement agressif),
- notamment chez les hommes majeurs, d'autant plus s'il s'agit d'une bande ou d'un gang.

Dimension 3 J.O.B. : Jugement de la personne sur ses Ouvertures et Besoins

La scolarité caractérise un ensemble possible de problématiques rencontrées qui empiètent sur la vie en reconstruction du sujet. Parmi les différents éléments existant dans la littérature scientifique, sont régulièrement cités :

- les piètres résultats scolaires (notamment début d'adolescence), sachant que ces résultats représentent éventuellement des problématiques accumulées dans le parcours de vie ;
- le manque d'assiduité scolaire, en lien avec d'autres problématiques telles que les conflits intrafamiliaux ;
- le faible engagement envers l'école (homme ou femme), lié à une attitude négative envers l'autorité ou les relations, les faibles valeurs accordées à la scolarité et d'investissement dans cours et examens.

L'emploi met en exergue les problématiques socio-individuelles qui touchent le sujet, comme :

- le rapport à l'emploi, dans le sens du manque d'épanouissement, de l'instabilité récurrente ou la précarité fréquente, le manque d'investissement en termes de valeurs et de croyances (employabilité) mettant à mal les savoir-faire et savoir-être ;
- la gestion de son budget personnel, en ce qu'il représente la capacité à organiser ses besoins, planifier et répondre à des impératifs.

Les loisirs questionnent la manière d'occuper son temps libre, ses expériences, ses styles de vie, les valeurs possibles, ainsi que les vulnérabilités rattachées à ces éléments :

- inoccupation (ou occupation problématique / non structurée) du temps personnel disponible, c'est-à-dire hors travail, engagement dans la famille, obligation, de soin, etc. L'occupation dans des activités épanouissantes (divertissement, sportif—exercices physiques en détention, associatif, musical, artistique, touristique, etc.) ? Notamment en lien avec des expériences de vie et de socialisation durant la vie ;
- L'incapacité à identifier l'importance des loisirs (ex : jeux d'argent/hasard, soirées festives) ou de l'absence de loisir (ex : ennui) sur le comportement et les situations à risque.

Dimension 4 « A.N.I. » : Antisocialité—Narcissisme—Impulsivité

Les attitudes, les représentations et les croyances sont estimées facteurs dynamiques du risque de récidive, nous les présentons ici tels des perturbateurs de la vie du sujet dans son projet de réinsertion et son bien-être :

- la rationalisation des faits de violence,
- la justification ou les attitudes défensives à l'égard de l'infraction qui se traduit en techniques de neutralisation *(déni ou blâme de la victime, déni de responsabilité de l'auteur, déni des conséquences pour la victime, appel à des loyautés supérieures, défiance à l'encontre du système)*,
- ou s'ils sont renforcés par des comportements et perdurent dans le temps, par exemple la culture groupale ou les récompenses positives des actes.

L'impulsivité et l'agressivité (ex : manque de contrôle) sont également jugées comme des facteurs dynamiques de risque de récidive. Nous les envisageons de la même manière que les problématiques cognitives, c'est-à-

dire des éléments perturbateurs pour le sujet dans son interaction au monde social, notamment si les difficultés :

- se traduisent par une incapacité à se conformer aux normes, un manque d'empathie, une absence de considération d'autrui,
- sont rattachés à une personnalité dite antisociale, dureté, froideur, mensonge pathologique, manipulation, absence de remords et d'empathie sont à prendre en considération,
- sont associés à des troubles mentaux ou à la dépendance de substances psychoactives.

Dimension 5 « S.A.D.E. » : Situation d'Addictions, Dépendance et Evolution & R.E.L.A.X. :

Les addictions sont ici à entendre au sens large, la toxicité, l'abus et la dépendance de produits psycho-actifs en tant qu'éléments situationnels et individuels à risque pour le sujet, sur le court et long terme :

- la consommation en grande quantité de drogues, médicaments et/ou alcool *(poly consommation) ;*
- des antécédents, avec un risque plus élevé s'ils sont précoces ;
- une consommation pouvant nuire aux relations sociales qu'elles soient conjugales, familiales mais aussi professionnelles ;
- un impact sur l'estime de soi, mais également la désistance.

Dimension 6 « RELAX » Rapport Emotionnel à LA Sexualité :

La sexualité en tant que telle n'est pas un facteur de risque ou une vulnérabilité, mais les éléments suivants peuvent devenir des problématiques existentielles portes ouvertes de situations-problèmes :

- l'absence de sexualité générant une frustration ;
- la difficulté d'épanouissement de la sexualité peut être à l'origine du développement d'autres facteurs de risque ;
- les intérêts ou pratiques sexuelles dont l'assouvissement peut amener à enfreindre la loi.

L'analyse des informations recueillies s'opère à l'aide de la fiche « 6PO » par dimension, qui propose pour chacune des familles vulnérables (6 dimensions) d'analyser si des besoins d'accompagnement ont été identifiés. Certains besoins apparaîtront comme non criminogènes, c'est-à-dire sans corrélation (actuelle) avec la récidive dans la littérature scientifique –donc non présentés précédemment dans les dimensions. Pour autant, cela ne signifie pas l'absence de lien possible dans la vie du sujet ou encore une souffrance du sujet à l'égard de ces éléments. Nous appelons ces besoins « personnels », ils méritent également une attention dans l'accompagnement.

Dans les deux cas (besoin estimé criminogène ou personnel), il est important de signaler si ces besoins sont susceptibles d'être accompagnés et d'évoluer. Pour cela, il est proposé d'indiquer si les besoins sont « statiques », c'est-à-dire historiques ou fixes, ou bien « dynamiques », propices au changement. Le changement peut alors s'envisager de manière rapide (dynamique « aigüe ») ou lente (dynamique « stable »).

« 6PO » propose aussi d'identifier les facteurs de protection du sujet, soit des facteurs positifs/ressources qu'il pourrait activer pour contrecarrer les besoins criminogènes repérés au sein de la dimension interrogée. Ces facteurs de protection peuvent être « personnels » (internes au sujet) ou « contextuels » (externes au sujet). A l'instar des besoins d'accompagnement du sujet (criminogènes ou personnels), il est recommandé d'indiquer l'évolution possible de ces facteurs de protection (statique ou dynamique). Une analyse partagée de la réceptivité du sujet s'exige avec précision, par exemple en croisant l'auto-réflexion « 6PO » et l'entretien « 6PO ».

Dans la cadre de la réceptivité (spécifique au sujet), il s'agit d'envisager :

- les « capacités » du sujet, qui désignent les ressources individuelles qui motivent le sujet et lui offrent les moyens de comprendre sa problématique et l'accompagnement ;
- les « soutiens extérieurs » pour le sujet, qui sont les ressources extérieures pouvant lui offrir les mêmes bénéfices ;
- le « stade motivationnel » du sujet, qui se rapporte au stade de la disposition au changement auquel le sujet semble se trouver : pré-contemplation (absence de prise de conscience de la problématique), contemplation (prise de conscience sans changement envisagé), détermination (plan d'action envisagé), action (maintien ou rechute éventuelle).

arca

6PO *Analyses*

Axe 1
Evolutions des besoins d'accompagnement

Evolution de l'alliance de travail

Rapport à la mesure judiciaire	0: Acceptation de la mesure judiciaire 1: Rejet de la mesure judiciaire et/ou de l'accompagnement 2: Rejet de la mesure judiciaire et de l'accompagnement
Rapport à la mesure de suivi	0: Acceptation du suivi PPR 1: Difficulté à s'investir en groupe ou individuel 2: Refus de s'investir dans le groupe ou individuel
Rapport à l'accompagnant	0: Aucune remarque particulière 1: Se montre méfiant/défiant à l'égard du CPIP, mais sans incident notable dans le suivi 2: Se montre méfiant/défiant à l'égard du CPIP, ayant pour conséquence un incident de suivi

Evolution des besoins généraux

AFFECT : Liens familiaux, conjugaux et amicaux	0: Aucune problématique criminogène 1: Une sphère (famille, conjugal, amis) connaissant des problématiques criminogènes 2: Plusieurs sphères connaissant des problématiques criminogènes
JOB : Formation, emploi et loisirs	0: Aucune problématique criminogène 1: Une sphère (formation, emploi, loisirs) connaissant des problématiques criminogènes 2: Plusieurs sphères connaissant des problématiques criminogènes
ANI : versant impulsivité et émotions	0: Aucune problématique criminogène 1: Sphère connaissant des problématiques criminogènes sans conséquence pour autrui/Loi 2: Sphère connaissant des problématiques criminogènes avec des conséquences pour autrui/Loi
ANI : versant attitudes et convictions	0: Aucune problématique criminogène 1: Sphère connaissant des problématiques criminogènes sans conséquence pour autrui/Loi 2: Sphère connaissant des problématiques criminogènes avec des conséquences pour autrui/Loi

Evolution des besoins spécifiques

Trajectoire du (dés) engagement	0 : Aucune problématique judiciaire en lien avec le(s) produit(s) ces douze derniers mois 1 : Réitération ou récidive durant les 12 derniers mois 2 : Réitération ou récidive durant les 12 derniers mois malgré des modalités de soins investies
Positionnement face au produit / une personne	0: Le sujet établit un lien entre la consommation/comportement et les difficultés judiciaires 1: Neutralise les conflits moraux / n'estime pas sa consommation/comportement problématique 2: Rationalise et valorise la consommation/produit ou le comportement
Place du produit / une personne dans le mode de vie	0: Rapport équilibré au produit ou à la personne dans la vie quotidienne 1: Rapport / consommation nocive et/ou festive au produit ou à la personne 2: Rapport / consommation à risque du(es) produit(s) ou de la personne
Impact du produit / une personne dans la vie du sujet	0: Aucune conséquence de la consommation (santé, sociale, légale) ou du comportement 1: Conséquence uniquement judiciaire et/ou santé-sociale 2: Conséquence judiciaire et santé-sociale

Facteurs généraux de réceptivité concernant la dimension évaluée

☐ **Pré-contemplation :** ....

☐ **Contemplation :** ....

☐ **Détermination :** ....

☐ **Action :** ....

Commentaires : ....

....

....

Axe 2—*Evolutions des ressources positives*

Evolution des ressources positives motivationnelles

Responsabilisation	0 : Aucune compréhension du problème 1 : Prise de conscience du (des) problème(s) 2 : Appropriation et responsabilisation face au problème
Internalisation	0 : Attribue ses actes et son destin à autrui 1 : Sentiment de maîtrise de son avenir (« je sais que ça vient de moi ») 2 : Confiance en sa capacité à changer (« je sais que je peux »)
Disposition au changement	0 : Aucune volonté actuelle à changer 1 : Efforts visibles pour amorcer un changement 2 : Concrétisation du changement des habitudes/modes de vie
Motivation au suivi	0 : Aucun intérêt manifesté pour le suivi 1 : Identification des gains et pertes dans la balance décisionnelle 2 : Attentes positives par rapport à l'accompagnement avec Conscience des exigences de l'intervention sur le plan émotionnel

Evolution des ressources positives externes

Appuis sociaux positifs	0 : Aucun proche faisant office de soutien social 1 : Présence de relations sociales aidantes 2: Capacités du sujet à se saisir de ces soutiens
Ouverture vers autrui	0 : Aucune manifestation vers autrui 1 : Expression verbale générale d'un besoin d'aide 2 : Capacité effective à se dévoiler à autrui
Soutien professionnel, thérapeutique et/ou social	0 : Aucun soutien spécifique 1 : Contrôle externe soutenant ou soutien professionnel 2 : Contrôle externe soutenant et soutien professionnel
Engagement du sujet	0 : Aucun engagement 1 : Engagement dans les mesures de suivi 2 : Investissement dans les mesures de suivi

Evolution des ressources positives internes

Théorie de l'esprit	0 : Grande difficulté à comprendre autrui 1 : Empathie cognitive 2 : Qualité de l'expression des affects et sentiments
Habiletés sociales	0 : Grande difficulté à se maîtriser et s'affirmer 1 : Habiletés d'adaptation en général (ex : gestion partielle des émotions, des pensées) 2 : Maîtrise de soi et assertivité (ex : positionnement affirmé face aux autres)
Projet et planification	0 : Aucun ou projet ni réaliste ni concret 1 : Capacité à définir des objectifs de vie réalistes 2 : Capacité à définir des moyens concrets correspondant aux objectifs de vie
Ressources intellectuelles et distorsions	0 : Grande difficulté de compréhension 1: Compréhension générale 2 : Compréhension du (des) problème(s) criminogène(s)

Facteurs généraux de réceptivité concernant la dimension évaluée

☐ **Pré-contemplation :** ....
☐ **Contemplation :** ....
☐ **Détermination :** ....
☐ **Action :** ....

Commentaires : ....
....
....

Exemple de réflexion pour évaluer dans le temps : les cibles d'accompagnement ?

Différents items sont proposés concernant les vulnérabilités et les protections.

- **Les cases foncées/grises** concernent la première appréciation effectuée (évaluation initiale) et détermine la situation actuelle du sujet, tant dans ses problématiques criminogènes que l'alliance de travail, sa réceptivité, ses ressources, ses capacités de changement, etc.
- **Pour chacun des critères, il est proposé au professionnel d'apprécier l'intensité** des problématiques et des protections suivant une cotation « 0-1-2 ». Il s'agit d'une cotation qualitative, chacun des chiffres correspondant à un aspect particulier.
- A partir de ces critères, **il sera utile de déterminer les cibles d'accompagnement**, là où le professionnel (ex. son savoir-faire et sa disponibilité), le service (ex. programme existant) et l'institution en général (ex. entrave/liberté possible) peuvent intervenir. Il s'agit des étoiles à cocher suivant que le besoin va être accompagné ou non. Le sens de l'évaluation réside dans les objectifs d'évolution du sujet.
- **Les cases bleues** fonctionnent comme les cases foncées, mais pour la ré-évaluation (minimum 6 à 12 mois après la première). Il faut également apprécier leur intensité, toujours en fonction des trois niveaux « 0-1-2 ».
- **Concernant la réceptivité (spécifique),** chaque grande dimension (vulnérabilité / protection) contient en bas de page une réflexion pour le professionnel : à quel stade de disposition au changement le sujet en est-il vis-à-vis des éléments de travail soulevés ? (cf. ci-dessous les stades de Prochaska et DiClemente).

Evaluer l'évolution des besoins d'accompagnement (Axe 1) et des ressources positives (Axe 2) ?

L'évolution des besoins d'accompagnement réfère à trois évolutions possibles, celle de i) l'alliance de travail, des ii) besoins généraux (dits criminogènes) et des iii) besoins spécifiques (rapport du sujet à des éléments problématiques particuliers tels qu'un produit addictif ou une personne). Dans ce chapitre, nous présenterons essentiellement ces besoins de l'Axe. A titre indicatif pour le lecteur, pour des raisons de taille de chapitre nous ne pouvons aborder exhaustivement l'Axe 2 en pus de l'Axe 1. Toutefois il est possible de saisir le service ARCA pour se voir retourner l'outil dans sa globalité.

Brièvement, **l'Axe 2 vise l'évolution des ressources positives et regroupe trois champs :**

- *L'évolution des ressources positives motivationnelles* (comprenant la conscientisation/responsabilisation face au problème, l'internalisation des actions, la disposition au changement, et la motivation au suivi) ;
- *L'évolution des ressources positives externes* (comprenant les appuis sociaux positifs, l'ouverture vers autrui, le soutien professionnel, thérapeutique et/ou social, l'engagement du sujet) ;
- *L'évolution des ressources positives internes* (comprenant la théorie de l'esprit –c'est-à-dire la capacité à comprendre la position de l'autre-, les habiletés sociales comme la maitrise de soi et les habiletés d'adaptation, le développement d'un projet de futur et sa planification, les ressources intellectuelles) ;

Nous présentons ici plus en détail l'analyse de **l'Axe 1 : l'évolution des besoins d'accompagnement en lien avec les problématiques de récidive :**

Question 1 : L'évolution de l'alliance de travail ?

Il s'agit pour le professionnel de saisir le rapport qu'entretient le sujet à son suivi et comment il pourrait s'y investir au mieux. L'évolution de l'alliance de travail se matérialise tant dans le rapport du sujet à i) la mesure judiciaire qu'à ii) la mesure de suivi et à iii) l'accompagnant. Par exemple, je peux être en accord avec la mesure judiciaire, mais en désaccord avec le suivi proposé ou à distance du professionnel qui m'accompagne. Inversement, je peux être en désaccord avec la mesure judiciaire, mais en adhésion avec le professionnel qui me suit et sa philosophie de travail.

- La mesure judiciaire peut être acceptée, rejetée sans impact sur l'accompagnement, ou rejetée dans son ensemble (avec l'accompagnement).
- Si le rapport à la mesure judiciaire permet d'envisager le suivi sereinement, il n'est pourtant pas dit que cela soit aisé pour la personne. Effectivement, la mesure de suivi quant à elle peut être acceptée dans un format individuel ou groupal sans soucis particuliers, acceptée mais avec une difficulté pour s'y investir, voire un refus d'investissement. L'acceptation ne conditionne pas l'investissement chez le sujet, pour diverses raisons.

- Le rapport à l'accompagnant est primordial dans cet ensemble complexe. Une alliance s'envisage-t-elle (aucune remarque particulière) ou bien une méfiance ou défiance est manifeste à l'égard du CPIP ? Même dans ce cas, la réserve est-elle avec ou sans incidence notable dans le suivi ?

Question 2 : L'évolution des besoins (criminogènes) généraux ?

Nous entendons par « besoins généraux » les facteurs de risque de récidive autres que les rapports violents aux personnes en tant que comportements-problèmes en soi. Il s'agit donc des familles de risque de récidive du « Big8 » telles que les liens familiaux et conjugaux, les amis à risque, le parcours éducatif, le rapport à l'emploi, la gestion des loisirs, les consommations, enfin les éléments de la personnalité comme l'aspect antisocial et la gestion difficile des émotions à risque. « 6PO » regroupe les familles de risque citées, toutes « dynamiques » (non statiques-historiques) suivant qu'elles interrogent les relations interpersonnelles (AFFECT : Liens familiaux, conjugaux et amicaux), le lien social (JOB : Formation, emploi et loisirs), l'individualité (ANI : versant impulsivité et émotions, versant attitudes et convictions), les consommations/addictions (SADE : Situations Addictives, Dépendances et Evolutions).

- Il s'agira de savoir si, au sein de ces regroupements (AFFECT, JOB, ANI, SADE), des problématiques se retrouvent (cf. sections précédemment présentées), aucune, une des sphères (ex : familiale, conjugale, amicale) ou plusieurs des sphères.
- Le regroupement « ANI » (versant impulsivité et émotions, versant attitudes et convictions) questionne à la fois la présence de sphères problématiques, mais également l'impact sur autrui ou sur la Loi. Avoir des convictions antisociales par exemple peut constituer une problématique en soi, toutefois cela est d'autant plus impactant s'il s'agit de la raison de la présence du sujet dans le suivi judiciaire (ex : impulsivité avec ou sans conséquence pour autrui/Loi ?).

Question 3 : L'évolution des besoins spécifiques ?

Les besoins spécifiques vont regrouper à la fois des éléments dits « criminogènes » (ex : comportements problématiques), mais aussi les positionnements indirectement criminogènes en lien avec cette famille à risque, mettant le sujet en situation de vulnérabilité face à une situation (ex : place et impact de la relation aux autres, mode de vie, positionnement et trajectoire). Il faut entendre « objet » de manière générale ici, il peut s'agir tant d'un produit « toxique » que d'une personne « victime » (ex. dans le cas des violences conjugales). L'évolution des besoins spécifiques s'envisage sous quatre relations : la trajectoire du (dés)engagement, le positionnement face à une personne, la place de la personne dans le mode de vie, l'impact de la personne dans la vie du sujet.

- La trajectoire du (dés)engagement s'analyse sur les douze derniers mois glissants. Le sujet témoigne-t-il d'une problématique judiciaire en lien avec le(s) produit(s) ces douze derniers mois ? d'une réitération ou récidive durant les 12 derniers mois ? ou encore d'une réitération ou récidive durant les 12 derniers mois malgré des modalités de soins investies ?
- Le positionnement face au produit / une personne propose au professionnel d'analyser avec le sujet la manière dont il investit son lien au produit ou à la personne toxique. Le sujet établit-il un lien entre la consommation/comportement et les difficultés judiciaires ? ou bien neutralise-t-il les conflits moraux / n'estime pas sa consommation/comportement problématique ? voire rationalise et valorise-t-il la consommation/produit ou le comportement ?
- La place du produit / une personne dans le mode de vie s'entend comme l'équilibre possible trouvé par le sujet. Le sujet parvient-il à un rapport équilibré au produit ou à la personne dans la vie quotidienne, ou entretient-il plutôt un rapport (ou une consommation) nocif, festif et/ou à risque au produit ou à la personne ?
- Puisqu'il s'agit d'un élément dynamique, l'impact du produit / une personne dans la vie du sujet peut aujourd'hui est nulle, c'est-à-dire une consommation ou un comportement sans réelle conséquence. Toutefois, il peut aussi présenter une ou plusieurs conséquences, santé, sociale, légale.

« ANI » ou l'entretien complémentaire concernant les problématiques d'antisocialité, narcissisme et d'impulsivité

« A.N.I. » (Antisocialité-Narcissisme-Impulsivité) est une dimension déjà intégrée à l'outil « 6PO », concernant les problématiques psychologiques individuelles du sujet. Deux possibilités d'utilisation de l'outil « ANI » se présentent aux professionnels et aux services :

- Une utilisation complémentaire de l'outil « ANI » à l'analyse « 6PO », afin d'approfondir cette dimension qui regroupe les croyances/convictions, niveaux moraux, difficultés de gestion émotionnelle, comportements agressifs et/ou transgressifs ;
- Une utilisation spécifique de l'outil « ANI » dans un but identifié, comme préalablement à l'entrée dans un groupe psycho-éducatif sur l'impulsivité, la colère, l'agressivité, les convictions, ou thématisé

« Violences », « Violences sexuelles » ou « Violences conjugales » et dont les sujets rencontrent les problématiques citées.

A l'instar de « 6PO », « ANI » est un outil de Jugement Professionnel Structuré conçu par le Service de Criminologie-Victimologie Appliquées – Observatoire des Violences (A.R.C.A.) visant à soutenir le professionnel en intervention clinique criminologique ou socio-judiciaire dans l'identification d'aspects situationnels, psycho-sociaux, comportementaux et cognitivo-émotionnels chez le sujet sous-main de Justice afin de faciliter les stratégies d'accompagnement. « ANI » est alors un instrument permettant le repérage de problématiques spécifiques, mais ne vise pas non plus une évaluation initiale actuarielle ouvrant sur un décompte statistique-prédictif du risque de récidive. Il permet une homogénéisation du diagnostic professionnel en le structurant selon des éléments problématiques reconnus, et une harmonisation des pratiques au sein du service (identification commune et méthode uniformisée du recueil de données) tout en laissant au professionnel un jugement personnel dans le travail à privilégier, l'intensité à mener, et l'appréciation du niveau d'occurrences problématiques.

Les théories de la désistance sous-tendent la création de l'outil, afin d'agir sur deux dimensions : une désistance dite « primaire-situationnelle » d'arrêt des actes transgressifs, et « secondaire-identitaire » de changement des valeurs et croyances à l'égard du processus menant aux actes problématiques. Les items retenus furent choisis en considération de la littérature scientifique[3] et en fonction des cinq axes souhaités par les professionnels socio-judiciaires et les cliniciens dans le travail de suivi auprès des sujets exposés ou à risque d'exposition de la délinquance.

Un axe est dit statique (historique) et quatre axes sont dits dynamiques afin d'identifier et travailler sur des facteurs à la fois « aigus » (susceptibles de changement rapide) et « stables » (changements lents) inscrits dans une démarche « Risque-Besoins-Réceptivité » (R.B.R., Andrews & Bonta, 2010). Les cinq axes sont :

1) Les « antécédents transgressifs » (ne se limitant pas à infractionnel) ;
2) Les « ajustements psychosociaux vis-à-vis de la Loi et l'autorité » ;
3) Les « ajustements psychosociaux vis-à-vis d'autrui » ;
4) Les « ajustements cognitifs concernant l'impulsivité et la résolution des problèmes » ;
5) Les « ajustements de l'ordre des fonctions exécutives concernant la gestion des émotions et de l'agressivité ».

3 Outil inspiré des travaux de Hare, Meloy, Coie et Hodgins, Lafortune, Guay, Proulx, Andrews et Bonta, Prochaska, DiClemente, Miller et Rollnick, Serin et Kennedy, et le DSM-IV.

Comme pour « 6PO », « ANI » est un support qui envisage l'accompagnement dans le temps et l'évolution du sujet. Nous conseillons au professionnel de se centrer sur les douze, voire au mieux les six derniers mois, et de procéder à des réévaluations après des espaces de travail d'au minimum six mois. Il n'existe aucune bonne ou mauvaise réponse, mais des possibilités de travail et d'élaboration de stratégies en lien avec des problématiques manifestes. Si des items de travail (besoin d'intervention) sont identifiés, il faut qualitativement les énoncer, et compléter la « réceptivité » du sujet en lien avec la problématique ciblée suivant les stades de la motivation au changement : pré-contemplation (non-accès à la problématique), contemplation (accès partiel et ambivalent à la problématique), détermination (volonté d'agir), action. Cela ne suffit pas, nous recommandons aussi de repérer des facteurs de protection du sujet (éléments positifs) qui compenseraient éventuellement les problématiques identifiées.

D'un point de vue qualitatif, une dichotomie « personnel / contextuel » des facteurs de protection est soumise à l'appréciation de l'évaluateur. Les facteurs de protection dits « personnels » sont des facteurs internes forts, intrinsèques au sujet, venant contrecarrer la(les) vulnérabilité(s) ; tandis que les facteurs de protection dits « contextuels » sont externes modérés-faibles, c'est-à-dire extrinsèques à l'individu, venant le protéger temporairement de cette(ces) même(s) vulnérabilité(s). A l'image des besoins d'intervention (problématiques), le professionnel doit également se prononcer sur l'intensité du facteur de protection et sur le niveau de conscience du sujet à l'égard du facteur.

Les items se présentent ainsi au professionnel, qui doit évaluer leur intensité et surtout la réceptivité du sujet à l'item s'il est relevé :

- Le sujet manifeste-t-il clairement une volonté de se déresponsabiliser vis-à-vis de la situation-problème ?
    - *Si oui, le sujet vous semble-t-il en incapacité à assumer une responsabilité de ses faits et gestes suite à des situations conflictuelles ?*
- Le sujet tient-il des propos ou un comportement défiant à l'égard de la Loi ou l'autorité ?
    - *Si oui, pour la sanction ou contrôle judiciaire actuel lors de son suivi, le sujet a-t-il défié les conditions judiciaires (ex : non-respect des obligations, outrages envers le conseiller) ?*
- Le sujet paraît-il superficiel dans son discours, ses affects et/ou ses attitudes ?
    - *Si oui, le sujet vous paraît-il largement surestimer ses capacités ou son image personnelle ?*

- Le sujet use-t-il de manipulation, mensonge, etc. de manière systématique ?
    - *Si oui, le sujet présente-t-il dans ses rapports avec autrui des empiétements réguliers ?*
- Le sujet vous semble-t-il être indifférent à l'égard des faits nuisant à autrui qu'il a pu commettre ?
    - *Si oui, s'agit-il selon vous d'un manque d'empathie généralisé dans la vie du sujet ?*
- Le sujet connaît-il actuellement / a-t-il récemment connu *(hors procédure judiciaire)* des problèmes dans ses relations sociales *(ex : maintien d'un emploi durant un an)* ?
    - *Si oui, ces problèmes vous semblent-ils en lien avec une difficulté à se responsabiliser socialement ?*
- Le sujet connaît-il des problématiques d'impulsivité et de maîtrise de soi depuis plus d'un an ?
    - *Si oui, ces problématiques sont-elles présentes depuis la minorité ? Sont-elles en lien avec des difficultés cognitives de planification d'actions concrètes ? Sont-elles en lien avec un besoin d'activité, stimulation, une lutte contre l'ennui ou un sentiment de vide ?*
- Le sujet connaît-il des accès répétés de colère (phases d'irritabilité) dans son quotidien, confirmés par des situations-problèmes avérées ?
- Le sujet présente-t-il des émotions envahissantes, des détachements avec la réalité ou une lutte intense contre l'angoisse ?
- Durant la dernière année, le sujet a-t-il connu des phases d'intoxication (alcool/drogues, aiguës/chroniques) ?
- Le sujet vous fait-il part d'idées de violence allant jusqu'à l'homicide, de soi ou d'autrui ?

Et enfin, sur l'axe global et concernant les items identifiés :

- Avez-vous relevé des facteurs positifs chez le sujet pouvant le protéger contre les facteurs de risque identifiés ? Sont-ils personnels ou contextuels ?

Pour les quatre axes dynamiques, en mettant le cinquième « historique » de côté donc, un préalable est à réaliser en alliance professionnelle auto ou co-passation avec le sujet. Un questionnaire d'auto-réflexion « ANI » peut être laissé au sujet, qu'il conserve, et qui ouvre sur une première élaboration de pensée accélérant l'entretien avec le professionnel en termes relationnels. Le professionnel débute chaque axe de l'outil « ANI » par une question générale au sujet, sur l'ensemble de l'axe et sur la considération d'une problématique présente ou non, et jusqu'à quel point elle la problématique semble présente selon le sujet.

Par exemple pour l'« *Evaluation personnelle des problématiques* » dans la gestion des émotions et l'impulsivité, nous demandons au sujet s'il ressent des gênes, des choses à résoudre, et à quel point cela affecte sa qualité de vie. Si l'intensité de cette problématique s'élève aux yeux du sujet en partage avec le professionnel, la deuxième étape consiste à l'amener à expliquer en quoi cela l'affecte et comment il peut amorcer un changement (« *Evaluation personnelle de la capacité à changer* »). Enfin, la troisième étape d'échange de l'axe voit avec le sujet s'il s'estime capable de surmonter la(es) problématique(s) (« *Evaluation personnelle du sentiment d'efficacité* »).

Chacun de ses trois éléments de réflexion est sous-tendu par deux hypothèses de travail, qui ouvrent sur la possibilité d'une incompréhension ou résistance de la part du sujet et pour le professionnel de « *rouler avec cette résistance* » (cf. Entretien motivationnel). Suivant les travaux portant sur les stratégies motivationnelles et la réceptivité, c'est la subjectivité qui se travaille ici en accord avec le sujet. Ces éléments pourront être comparés par la suite avec les items davantage détaillés. Cela se présente ainsi :

Etape 1 : Evaluation personnelle des problématiques

- Hypothèse 1 : Si vous deviez évaluer vos comportements vis-à-vis de la Loi/Justice sur une échelle de 0 à 10, vous estimez-vous en difficulté et à quel niveau ?
- Hypothèse 2 : Sur une échelle de 0 à 10, à quel niveau de conséquences/problèmes selon vous serait-il important d'apporter des changements ?

Etape 2 : Evaluation personnelle de la capacité à changer

- Hypothèse 1 : Dans ce cas, comment pouvons-nous nous garantir que vous ne dépassiez jamais 5, de votre côté ou du côté de la Loi ?
- Hypothèse 2 : Dans ce cas, que pourriez-vous changer dans votre comportement afin de descendre en dessous de 5 ? et comment pensez-vous vous y prendre ?

Etape 3 : Evaluation personnelle du sentiment d'efficacité

- Hypothèse 1 : En prenant en compte ces éléments et vos possibilités, jusqu'à quel point vous sentez-vous capable de procéder à ces changements (poursuivre ainsi) ?
- Hypothèse 2 : Comment vous verriez-vous (quelle image) plus tard en admettant que vous acceptiez de procéder à ces changements (ou sans changement) ?

A la fin de l'outil, le professionnel trouvera un indice de score total des besoins d'intervention et des motivations au changement : un score élevé signifie un haut seuil de vulnérabilités, et pour la réceptivité, une motivation manifeste pour le changement. A titre indicatif, nous proposons une lecture processuelle des niveaux d'intensité des vulnérabilités (18 items possibles) : faible intensité d'accompagnement, intensité modérée d'accompagnement, forte intensité d'accompagnement. Les facteurs de protection interviennent dans le cadre d'une stratégie de travail qualitative en compensation/modération des besoins ciblés. L'intensité des facteurs de réceptivité éclaire sur les possibilités d'action et les démarches déjà engagées par le sujet.

De la synthèse « PRATIC-EVA » au plan d'accompagnement « GPS »

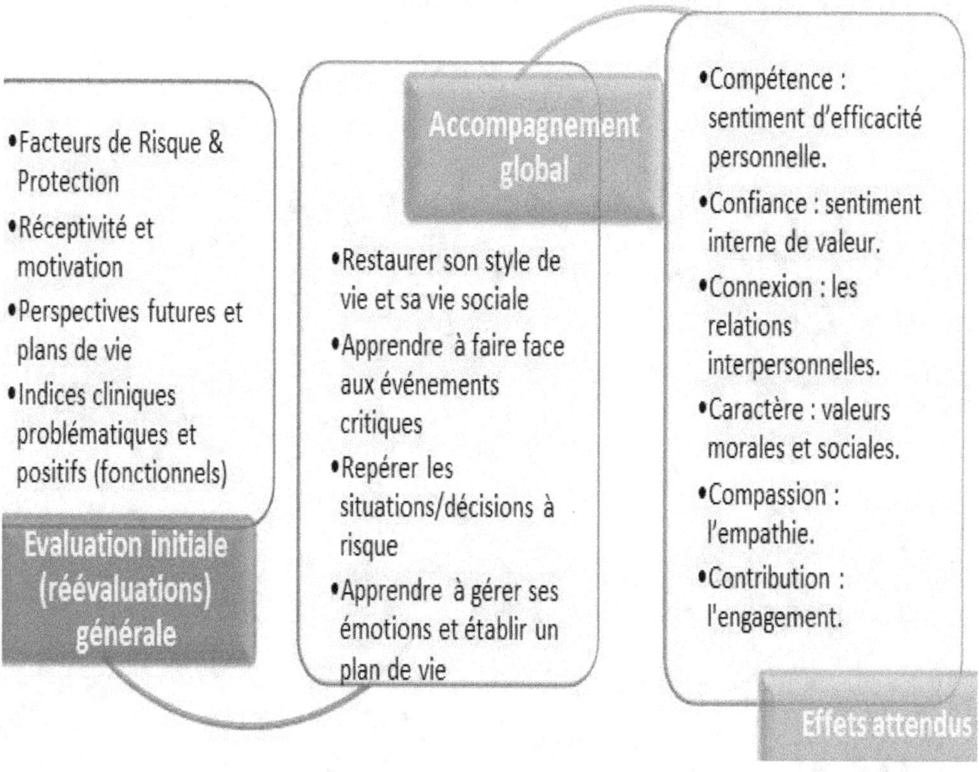

FIGURE 12 : EVALUATION, ACCOMPAGNEMENT ET EFFETS ATTENDUS

Plusieurs questions du « GPS » (Guide Plan de Suivi) ci-après proposent aux sujets de réfléchir sur leurs aspirations. Il s'agit d'envisager rapidement ces différentes interrogations. Puis les professionnels (ici CPIP) expliquent les différentes colonnes de réponse pour les participants :

- La première colonne « ce qui soucie mon professionnel » a été complétée par le CPIP et expliquée lors des entretiens individuels. Les autres colonnes sont à la réflexion et au remplissage par le participant ;
- La deuxième colonne « ce qui me soucie » concerne la réceptivité du participant, ce qu'il pense de la problématique ciblée par le professionnel ;
- La troisième colonne « ce qui peut me protéger ou me soutenir » concerne les facteurs de protection face à la problématique soulevée, les ressources facilitant le travail ;
- Les quatrième et cinquième colonnes envisagent les objectifs et moyens mis en place pour dépasser la problématique en question.

"GPS" Guide de Protection de Soi

Nom et Prénom du sujet	Ce qui soucie mon 2e Cercle	Ce qui me soucie Moi	Ce qui peut me protéger ou me soutenir	Ce que je fais de ces soucis : mes objectifs	Comment j'atteints mes objectifs : mes moyens
1. *Ce qui fait mon futur ? comment je m'y prépare…*	Remarques :	Remarques :	Remarques :	Remarques :	Remarques :
2. *Ce dont j'ai profondément besoin ? celui que je veux être…*	Remarques :	Remarques :	Remarques :	Remarques :	Remarques :
3. *Ce qui me fait souffrir ? trouver un soutien…*	Remarques :	Remarques :	Remarques :	Remarques :	Remarques :
4. *Ce qui me dérange ? bénéficier d'un soutien…*	Remarques :	Remarques :	Remarques :	Remarques :	Remarques :
5. *Ce qui me rend vulnérable à une rechute ? je dois travailler…*	Remarques :	Remarques :	Remarques :	Remarques :	Remarques :
6. *Ce qui pourrait me rendre vulnérable ? je dois surveiller…*	Remarques :	Remarques :	Remarques :	Remarques :	Remarques :

Commentaires :

Commentaires de la PPSMJ :

FIGURE 13 : GUIDE DE PLAN DE SUIVI « GPS »

Chapitre 3 : Le Good Lives Model : un modèle alternatif au modèle de prévention de la récidive.

S. CORNEILLE & N. HENRARD, psychologues du Groupe Antigone - Unité d'Expertise en Psycho-traumatismes et Psychologie Légale, Université de Liège, Belgique.

Introduction

Jusqu'il y a peu, nous évoluions dans un contexte de justice rétributive, laquelle impose que, en cas de commission d'un crime ou délit, le justiciable se voit redevable d'une dette envers la société, dette dont il s'acquitte sous la forme d'une peine. Dans ce contexte, un très faible intérêt était porté aux victimes ou à la prévention de la récidive si ce n'est pour avertir le justiciable qu'en cas de récidive, la dette dont il aurait à s'acquitter serait plus importante encore. Depuis plusieurs années, d'autres modèles pénologiques se sont développés : les modèles de justice réparatrice et/ou restaurative. Dans le modèle de justice réparatrice, l'accent n'est plus mis sur la dette du justiciable, mais sur son obligation à réparer les séquelles que ses crimes et délits ont occasionnées à sa victime. Dans le modèle de justice restaurative, l'accent n'est plus mis sur la dette du justiciable, mais sur sa capacité à restaurer un lien social dont on estime que les crimes et délits en seraient la manifestation de l'altération. Cette évolution des modèles pénologiques va avoir des conséquences sur les liens entre le monde de la justice et celui des traitements :

- la prévention de la récidive devient capitale dans le procès comme dans les modalités d'exécution de la peine avec ce paradoxe que, contrairement au modèle de justice rétributive, ce ne sont plus tant les crimes et délits qui ont été commis, mais plutôt les crimes et délits potentiellement susceptibles d'être commis dans le futur qui vont contingenter les modalités d'exécution de la peine;
- va se développer une sorte d'inversion logique : le parcours judiciaire étant présenté comme doté de vertus thérapeutiques (la victime ne peut se « reconstruire » que si elle parvient si le parcours judiciaire est mené à son terme) tandis que le parcours thérapeutique est présenté comme une sanction (aide contrainte à laquelle le justiciable doit se soumettre pour bénéficier d'aménagements de peine) ;

C'est dans ce contexte que la justice va faire appel à de nombreux psychologues soit pour encadrer les relations entre les justiciables et les victimes, soit pour évaluer le risque de récidive, soit pour assurer des traitements qui permettront de réduire ce même risque.

1. Le modèle de prévention de la récidive

Va apparaître alors le premier modèle thérapeutique spécifique de traitement des délinquants sexuels et il porte un nom non équivoque : le modèle de prévention de la récidive. S'inspirant des modèles de prévention de la rechute en addictologie (Marlatt & George, 1984), il sera appliqué aux délinquants sexuels par Pithers (Pithers, Marques, Gibat & Marlatt, 1983). Dans ce modèle, tout délinquant sexuel est défini comme souffrant d'une addiction à une déviance sexuelle. Les intervenants se revendiquant de ce modèle vont donc se focaliser sur la déviance sexuelle supposée des usagers et travailler au seul objectif de son abstinence (Wheeler, George & Marlatt, 2006). Le modèle de prévention de la récidive s'appuiera sur des méthodes d'intervention strictement cognitivo-comportementales : utilisation de chocs aversifs (électriques ou olfactifs), réorientation fantasmatique. Les délinquants sexuels étant considérés de façon homogène comme des personnes souffrant du même comportement addictif, ce modèle favorisera des interventions groupales et manualisées.

Ce modèle, fortement réducteur, fera vite preuve de ses limites au regard même des objectifs qu'il prétend poursuivre. En effet, si les délinquants sexuels constituent une catégorie légale homogène, ils présentent, par contre, la plus grande hétérogénéité du point de vue psychopathologique. Pédophiles fixés, parents incestueux, proxénètes, exhibitionnistes, violeurs conjugaux présentent les profils des fonctionnements psychologiques excessivement divers et des problématiques des plus variées, les uns souffrant effectivement d'une aliénation à leurs pulsions sexuelles lorsque d'autres souffrent d'immaturité affective, de pulsions violentes ou de déficience mentale.

2. Les principes risques-besoin-réceptivité (Andrews et Bonta, 2007, Bonta, 1997)

Il faudra attendre les années 1990 pour voir émerger, sous l'impulsion principale d'Andrews et Bonta, un courant de recherche plus nuancé. Ce courant consiste en l'énoncé d'un certain nombre de principes d'intervention qui, s'ils sont correctement appliqués, rendront les prises en charge de délinquants sexuels plus efficaces en termes de prévention de la récidive. Les trois principes majeurs de ce modèle, sont les principes de risques, de besoin et de réceptivité d'où son appellation communément admise de R.B.R. en français ou de R.N.R en anglais.

- **le principe de risque**: « *un programme de traitement réussi mesure le risque de récidive chez le délinquant et prévoit en conséquence le niveau de service qui réduira ce risque. Les délinquants à risque élevé nécessitent des services intensifs alors que les délinquants à risque faible n'en ont à peu près pas besoin. La recherche démontre même que des services intensifs pour délinquants à risque faible n'ont aucun effet sur la récidive et peuvent même l'augmenter* » ;
- **le principe de besoin**: « *le principe du besoin, part du fait qu'il y a deux types de besoins chez les délinquants : les besoins criminogènes (attitudes pro-criminelles, relations avec des criminels, toxicomanie, personnalité antisociale, aptitudes à la résolution de problèmes, hostilité/colère) et les besoins non criminogènes (estime de soi, anxiété, sentiment de désaffection, malaise psychologique, amélioration du voisinage, cohésion du groupe). Les besoins criminogènes sont ces besoins du délinquant qui, lorsqu'ils changent, entraînent des changements dans la récidive. Les besoins criminogènes seront donc ciblés de manière prioritaire afin d'endiguer la récidive* » ;
- **le principe de réceptivité** : « *le principe de la réceptivité générale fait référence au fait que les interventions fondées sur des stratégies cognitives de l'apprentissage social sont les plus efficaces pour enseigner de nouveaux comportements, quel que soit le type de comportement. Le principe de la réceptivité spécifique veut que les interventions thérapeutiques tiennent compte des atouts personnels du délinquant ainsi que des facteurs d'ordre sociologique, biologique et liés à la personnalité. Le traitement doit alors être adapté à ces facteurs, car ceux-ci peuvent faciliter ou compromettre sa réussite* ».

Notons que le principe de besoin doit être entendu au sens strictement quantitatif. Il s'agit de dispenser entre 100 à 300 heures de traitement aux délinquants sexuels selon le taux de risque de récidive qu'ils présentent. Les principes du R-B-R n'impliquent donc pas de modification des techniques de traitement par rapport au modèle de prévention de la récidive, mais plutôt une moindre standardisation des interventions en fonction du niveau de risque de récidive. Le R-B-R ne propose pas de paradigme alternatif au modèle de prévention de la récidive. Nous entendons par paradigme, une réflexion sur l'objet même de nos interventions : Qu'est-ce que la délinquance sexuelle ? Quelle est son étiologie ? Qu'est-ce qu'un délinquant sexuel ? Quelle doit être la nature des traitements ? Contrairement à d'autres (Andrews, Bonta et Wormith, 2011, Looman et Abracen, 2013, Ward, Melser & Yates, 2007, Ward, Yates & Willis, 2012), contrairement même à ce qu'il nous est arrivé d'écrire (Coco & Corneille, 2009), nous contestons que le R-B-R soit, à proprement parler, un modèle théorique de la délinquance sexuelle. Il constitue, plutôt, l'énoncé d'un certain nombre de principes d'application des traitements. Cet énoncé est trans-théorique et donc applicable à quelque modèle théorique que ce soit. Mais si le simple énoncé de principes d'opérationnalisation, aussi pertinents soient-ils, ne peut suffire à constituer un modèle théorique, par contre, le fait que ces principes soient trans-théoriques constitue, à nos yeux, l'intérêt majeur du RBR.

Ajoutons que de nombreux intervenants ayant intégré les principes R-B-R vont se décentrer du strict comportement sexuellement déviant et enrichir leur pratique de nouvelles cibles d'intervention (régulation des émotions, empathie par rapport à la victime, motivation au traitement, renforcement de l'alliance thérapeutique…) mais sans désavouer formellement le modèle de prévention de la récidive. Les interventions qui s'inspireront de ces principes du R-B-R démontreront une efficacité accrue en matière de prévention de la récidive sans pour autant être exemptées d'un certain nombre de critiques :

- le fait que la plupart des traitements sont centrés sur la prévention de la récidive sexuelle alors que les délinquants sexuels lorsqu'ils récidivent le font habituellement sur un mode généraliste et non sur un mode sexuel (Hanson & Morton-Borgon, 2004);
- le fait qu'il n'existe pas de lien avéré entre la réduction de la récidive et les cibles habituelles des programmes de traitement comme :
    - la reconnaissance des faits ou d'une problématique sexuelle (Hanson & Morton-Borgon, 2005, Harkins, Beech & Goodwill., 2010, Harkins, Howard, Barnet, Wakeling & Miles, 2015, Ware & Mann 2012);
    - les distorsions cognitives (Gannon, Wright, Beech & William., 2006, Maruna & Mann, 2006) ;
    - l'empathie par rapport à la victime (Hanson & Morton-Bourgon, 2005) ;
    - la motivation au traitement (Hanson & Morton-Bourgon, 2005) ;
- le fait que l'on constate un échec de la complétion des programmes par les délinquants aux risques de récidive les plus élevés (Olver, Stockdale & Wormith., 2011, Rice & Harris, 2006) alors que selon les recommandations du R-B-R c'est à ces derniers que devraient s'adresser prioritairement les traitements ;
- le fait que ces programmes étant centrés sur les besoins de la communauté et non du participant, le taux d'abandon y est fort élevé. Or, le risque de récidive est plus élevé lorsqu'un traitement est abandonné que lorsqu'il n'a pas été entamé (Hanson K. & al., 2009).

3. Le « Good Lives Model » ou G.L.M.

C'est au début des années 2000 que, sous l'impulsion principale de Tony Ward, va se développer un modèle alternatif au modèle de prévention de la récidive : le « Good Lives Model » ou « modèle des vies fondées sur la satisfaction des besoins humains fondamentaux ». Pour une facilité de lecture, nous le désignerons, dans ce texte, par son acronyme : G.L.M.

Fondé sur les bases de la psychologie positive, le G.L.M. sera, au fur et à mesure, de son développement largement influencé par deux courants de la psychologie contemporaine (Willis, Prescott & Yates, 2013):

- Le modèle intégré de l'autorégulation: centrées sur les ressources de l'individu plutôt que sur ses déficits (Yates & Ward, 2008) ;
- Les théories de la désistance : promouvoir le processus d'abandon de la délinquance plutôt que prévenir la récidive (Göbbels, Ward & Willis, 2012).

L'intervention G.L.M. visera deux objectifs :

- inciter à l'acquisition de ressources plutôt qu'à la réduction des déficits;
- réduire la récidive en tant qu'obstacle à l'accomplissement personnel et non en tant que cible unique et ultime du traitement.

Selon Ward, le G.L.M. n'est pas simplement un modèle thérapeutique, mais plutôt un modèle de réhabilitation qui peut être considéré comme tel car il associe:

- un modèle étiologique spécifique et multifactoriel ;
- un ensemble de principes généraux, d'hypothèses qui spécifient les valeurs sous-tendant la pratique de réhabilitation et d'objectifs généraux que les cliniciens devraient viser ;
- un ensemble d'implications psychothérapeutiques.

4. Le GLM comme modèle, principes et clinique

4.1 Le G.L.M. : un modèle étiologique spécifique

Selon ce référentiel étiologique, le délit sexuel résulte de l'interaction continue entre trois ensembles de facteurs de causalité :

- des facteurs biologiques (héritage génétique et développement cérébral) ;
- des facteurs écologiques, proximaux et distaux (milieu social, culture, valeurs…) ;
- des facteurs neuropsychologiques en trois systèmes: émotionnel/motivationnel, sélection et contrôle de l'action, perception et mémoire.

4.2 Le G.L.M. : un ensemble de principes généraux:

En 2006, Ward et Gannon vont proposer un ensemble de principes généraux qui constitue la rupture paradigmatique d'avec le modèle de prévention de la récidive (Ward & Gannon, 2006):

- En tant qu'être humain et comme tout autre être humain, le délinquant sexuel tente d'acquérir des « bonnes choses » en soi émanant des besoins humains. Ces « bonnes choses en soi » sont des activités, des dispositions d'esprit, des caractéristiques personnelles, des états, ou des expériences qui sont susceptibles d'augmenter le bien-être psychologique s'ils sont atteints;
- Ces « bonnes choses en soi » sont constituées de besoins primaires et de besoins secondaires.
- Ward identifie 11 types de besoins primaires:
    - La vie (ce qui comprend le fait d'avoir une vie saine au niveau psychologique et physique);
    - le savoir (les connaissances);
    - l'accomplissement dans les loisirs;
    - l'accomplissement dans le travail (sentiment d'excellence);
    - l'autonomie (capacité de décider pour soi-même);
    - l'équilibre émotionnel;
    - l'amitié (comprenant les relations intimes amoureuses ou familiales);
    - la communauté (sentiment d'appartenance à un environnement social);
    - la spiritualité (trouver un sens et une raison à sa vie);
    - le bonheur;
    - la créativité.
- Les besoins secondaires constituent les moyens concrets de répondre aux besoins primaires et prennent la forme de buts à atteindre. Par exemple, le fait de suivre une formation (besoin secondaire) peut satisfaire pour une personne plusieurs de ses besoins primaires tels que le savoir, l'accomplissement dans le travail et l'amitié à travers de nouvelles rencontres;
- Le délinquant sexuel est un être humain qui comme ses pairs tend à atteindre un état de bien-être psychologique via la satisfaction de certains besoins humains fondamentaux ;

- Chez les délinquants sexuels, le délit sexuel n'est pas une fin en soi, mais un moyen inadapté de parvenir à satisfaire des besoins humains fondamentaux;
- La satisfaction de besoins déviants est considérée comme un frein à l'élaboration d'un « *Good Live Plan* » ou plan de vie satisfaisante et fondé sur les besoins humains fondamentaux et universels.
- Dans le G.L.M., deux voies mènent à la délinquance:
  - **La voie directe** dans laquelle l'acte délinquant est en soi une des cibles du plan de vie personnel: la personne peut intentionnellement rechercher à satisfaire certains besoins au travers d'actes délinquants. Par exemple, une personne cherchant à combler des manques en matière de relations intimes avec des adultes peut intentionnellement s'engager dans des conduites pédophiliques;
  - **La voie indirecte** dans laquelle la poursuite d'un objectif de vie augmente la pression à délinquer: en cas, notamment, de conflit entre les besoins personnels. Par exemple, un conflit entre le besoin d'autonomie et le besoin d'amitié peut amener à des ruptures relationnelles, suscitant elles-mêmes à des sentiments d'abandon et d'isolement qui favorisent la consommation de drogues ou d'alcool qui, éventuellement, provoqueront des passages à l'acte délinquant.

Il y a donc une inversion logique fondamentale dans la façon dont le modèle de prévention de récidive et le G.L.M. conçoivent le délit sexuel :

- dans la logique de prévention de la récidive, le délinquant sexuel utilise des moyens efficaces pour satisfaire des besoins déviants ;
- dans la logique G.L.M., le délinquant sexuel utilise des moyens déviants inefficaces pour satisfaire des besoins humains fondamentaux.

4.3 Le G.L.M. : les implications cliniques

Un tel paradigme aura des implications cliniques spécifiques que Ward détaillera en 2007 (Ward, Mann & Gannon, 2007). L'intervention G.L.M. visera deux objectifs :

- L'incitation aux acquisitions de ressources;
- La réduction de la récidive en tant qu'obstacle à l'accomplissement personnel.

Ward va préciser les quatre étapes que doit suivre toute intervention se revendiquant du G.L.M. :

- Pondération des besoins primaires : identification du poids accordé par le délinquant à chacun des besoins primaires permettant d'avoir une idée de ce que pourrait être pour lui une vie satisfaisante
- Identification des objectifs et valeurs qui soutiennent la délinquance : quels sont les besoins que le délinquant sexuel tente de combler au travers de ses comportements sexuellement délinquants?
- Formulation des besoins secondaires : travail conjoint entre participant et clinicien afin d'identifier les façons socialement acceptables d'atteindre ses besoins primaires.
- Elaboration du plan de vie : formulation du plan d'actions concrètes qui permettront au délinquant sexuel d'avoir accès à une vie plus épanouissante selon des modalités non-délinquantes et signification des objectifs et valeurs qui sous-tendent les comportements sexuellement délinquants.

En outre, l'approche groupale et manualisée que proposait le modèle de prévention de la récidive va être largement critiquée (Marshall, 2009) au profit d'une approche plus individualisée qui prenne en compte les particularités, besoins et aspirations de chacun des bénéficiaires.

Aux concepts de compliance puis de motivation au traitement, le G.L.M. va substituer le concept de « *readiness to change* » que nous traduirons par disposition/accessibilité au changement. Au travers du Multifactor Offender Readiness Model (Casey, Day, Howells & Ward, 2007, Day, Howells, Casey, Ward, Chambers & Birgden, 2010, Ward, Day, Howells & Birgden, 2004), Ward va tenter de déterminer quels sont les facteurs qui peuvent favoriser positivement l'implication d'un usager dans le traitement. Il en définira de deux ordres, internes (propres à l'usager) et externes (propres aux caractéristiques de l'environnement ou de l'intervention) :

Facteurs internes	Facteurs externes
Facteurs cognitifs: croyances, pensées et aptitudes relatives à la capacité qu'a l'usager de reconnaître qu'il a un problème, ses croyances en l'efficacité d'une thérapie, mais aussi ses croyances à propos de ses propres ressources ;	Facteurs contextuels : incluant le fait de déterminer si le traitement est légalement contraint ou volontaire;
Facteurs motivationnels tels qu'avoir la volonté de s'engager dans un traitement et avoir l'intention de poursuivre certains objectifs;	Facteurs géographiques : incluant la distance séparant le lieu de dispense du traitement du lieu de résidence de l'usager;
Facteurs comportementaux tels qu'avoir les compétences comportementales et intellectuelles pour pouvoir s'engager dans une thérapie;	Facteurs temporels : incluant que, tant du point de vue du client que des intervenants, suffisamment de temps sera disponible afin que le traitement puisse être mené à son terme;
Facteurs affectifs tels qu'une extrême détresse émotionnelle, une dérégulation émotionnelle ou une incapacité à avoir accès aux émotions	Facteurs de ressources : incluant que l'équipe dispose non seulement des compétences suffisantes, mais également d'un environnement physique adéquat (nombre de bureaux suffisants, salle d'attente…) pour mener à bien le traitement ;
Facteurs identitaires qui sont relatifs à la représentation que l'usager a de lui-même, à ses valeurs fondamentales et au type d'existence à laquelle il aspire.	Facteurs liés aux caractéristiques du traitement: incluant le fait que les interventions soient conçues sur mesure en regard des besoins cliniques de l'usager, mais également de ses préférences (intervention individuelle ou groupale);
	Facteurs liés au support social: incluant le fait qu'un support interpersonnel puisse être apporté à l'usager durant le traitement (amis, famille, équipe d'intervention…

FIGURE 13 : FACTEURS INTERNES ET EXTERNES DU SUIVI GLM

Dans une perspective G.L.M.., il devient donc, aussi, de la responsabilité des intervenants de rendre le changement plus accessible et surtout, d'en favoriser la complétion (Levenson, Prescott & D'Amora, 2010, Levenson, 2011, Sturgess, Woodhams & Tonkin, 2015). Ce sera aux intervenants d'adapter leurs traitements aux besoins des usagers plutôt que d'exiger des usagers qu'ils adaptent leurs besoins aux compétences limitées des intervenants. Une importance particulière sera accordée à :

- la perception du traitement par l'usager ;
- la satisfaction de l'usager par rapport au traitement.

Cependant, en termes concrets d'opérationnalisation, tout restait à inventer en ce qui concerne des outils d'évaluation et/ou d'intervention spécifiques au G.L.M. Et selon quelles règles ? Très récemment, un certain nombre de clarifications ont été apportées par Willis, Ward & Levenson (2014) quant à ce qui était compatible ou non avec un programme de traitement se revendiquant du G.L.M. :

Caractéristiques du programme	Compatible avec le G.L.M.	Non-compatible avec le G.L.M.
Objectifs du programme	Communication explicite sur le double objectif de réduction du risque de récidive et d'amélioration du bien-être	Contrats de traitement orientés vers des objectifs d'évitement
Evaluation	Processus d'évaluation consistant à passer en revue de façon exhaustive un éventail de besoins humains fondamentaux	Evaluation minimale des besoins prioritaires du client. Absence d'évaluation structurée des facteurs de risques dynamiques
Organisation de l'intervention	Traitement individualisé / Programme d'intervention spécifique pour chaque client	Programmes d'interventions génériques ou Pas de programme d'intervention
Contenu du programme	Programme d'autodétermination incorporant le G.L.M. Tâches basées sur le G.L.M. Articulation des modules autour de l'atteinte des besoins humains fondamentaux	Trop lourde insistance sur la reconnaissance de la responsabilité dans le délit Trop lourde centration sur la prévention de la récidive
Exécution du programme	Caractéristiques positives du thérapeute Approche participative Attention portée aux objectifs du client	Utilisation rigide de manuels Approche pédagogique Confrontation avec le client

FIGURE 14 : CRITÈRES DES PROGRAMMES « GLM »

A la lecture de ce tableau, si nous pouvons identifier ce qui peut différencier une pratique clinique s'inspirant du G.L.M. d'une autre s'inspirant du modèle de prévention de la récidive, par contre, nous ne remarquons pas de contradiction majeure avec les principes du R-B-R. Afin de développer le G.L.M. en francophonie, notre équipe a soit adapté en langue française, avec l'autorisation de leurs auteurs originaux, un certain nombre d'outils anglo-saxons, soit développé des outils originaux en nous inspirant des recommandations citées plus haut. Nous nous proposons de vous présenter, succinctement, deux d'entre eux et de les mettre en perspective avec les fondements théoriques du G.L.M.

5. Exemples d'outils d'évaluation et/ou d'intervention

5.1. Inventaire des souhaits et préoccupations personnels à destination des délinquants

Il s'agit d'une adaptation en langue française (2011) du « *Personal Aspirations and Concerns Inventory for Offenders* » (Campbell, Sellen & McMurran, 2010) qui est lui-même une adaptation pour délinquants incarcérés du « *Personal Concerns Inventory – offenders adaptation* » (Sellen, Mc Murran, Cox, Theodosi & Klinger, 2006). A l'heure actuelle, cet outil clinique est cité comme étant un des outils recommandés pour travailler le Good Live Plan (Ward et al., 2012, Willis, Yates, Gannon & Ward, 2013).

Description de l'outil

Il s'agit d'un entretien semi-structuré explorant 6 domaines de vie à l'aide de questions fournissant une base de discussion sur les préoccupations, les souhaits et les objectifs propres au délinquant. Ces 6 domaines de vie recouvrent les 11 besoins humains fondamentaux définis par Ward.

Les 6 domaines de vie explorés sont : le mode de vie passé, actuel et futur ; les relations personnelles proches ; l'état physique et psychologique ; les loisirs ; les changements et l'évolution personnelle ; l'emploi, formation, ressources financières et éducation. Pour chaque domaine de vie, le délinquant est invité à identifier, de façon précise, ses préoccupations, souhaits et objectifs. En outre, il devra situer un certain nombre de sentiments sur une échelle de 1 à 10. Parmi ces sentiments, nous avons notamment : le degré d'importance d'atteindre tel objectif, connaître les stratégies à mettre en place afin d'y parvenir, le sentiment de contrôle pour atteindre un objectif.

La finalité de cette pondération est non seulement prioriser les objectifs de l'usager, mais surtout de permettre une ouverture supplémentaire à la discussion et à la réflexion. Sont explorés, également, les obstacles ou empêchements que la personne devrait vaincre avant de pouvoir réaliser un objectif particulier et enfin, la façon dont l'incarcération et la récidive participent positivement ou négativement à la réalisation de chacun de ses objectifs.

Objectifs

Cet outil permet une évaluation et une quantification précises, d'une part, des préoccupations, souhaits et objectifs du délinquant ainsi que de l'influence positive/négative de l'incarcération et de la récidive sur l'atteinte de ces objectifs. Au-delà de cette simple évaluation, cet outil permet au délinquant sexuel de s'interroger, avec le soutien de l'intervenant, sur les moyens socialement acceptables qu'il doit mettre en place afin d'atteindre ses objectifs de vie globaux et ses besoins humains fondamentaux, sur les ressources dont il dispose pour y parvenir, mais également des obstacles éventuels auxquels il risque d'être confronté.

En quoi l'inventaire des souhaits et préoccupations formalise-t-il le Good Lives Model dans la pratique ?

Selon Sellen (2013), l'inventaire des souhaits et préoccupations personnels à destination des délinquants permet une approche cohérente avec celle de la réhabilitation des délinquants basée sur les besoins humains fondamentaux ou G.L.M.

Nous vous proposons, ci-dessous, une mise en parallèle des implications cliniques telles qu'énoncées par Ward et al. (2007) avec les caractéristiques de l'inventaire des souhaits et préoccupations personnels :

Implications cliniques du GLM	Inventaire des souhaits et préoccupations personnels
Pondération des besoins primaires	Permet au délinquant sexuel de s'interroger sur le degré d'importance d'atteindre tel ou tel objectifs et ainsi identifier, pour chaque domaine de vie, ses besoins prioritaires.
Identification des objectifs et valeurs qui soutiennent la délinquance	Permet de mettre en évidence à quel besoin humain fondamental répond un comportement délinquant, ce dernier représentant un moyen d'atteindre cedit besoin.
Formulation des besoins secondaires	Permet au délinquant sexuel à s'interroger sur les différentes stratégies à mettre en place pour atteindre ses objectifs et ainsi identifier, pour chaque domaine de vie, les moyens concrets pour y arriver ;
Elaboration du plan de vie	A la fin de la passation de l'inventaire, l'intervenant reprend, avec le délinquant sexuel, les différents moyens concrets non-délinquants identifiés qui permettront à celui-ci de répondre à ses besoins et donc d'avoir accès à une vie plus épanouissante.

FIGURE 15 : IMPLICATIONS CLINIQUES DU « GLM »

Dans le tableau ci-dessous, nous avons voulu mettre en évidence en quoi l'inventaire des souhaits et préoccupations personnels est adapté aux pratiques compatibles avec le G.L.M. (Willis et al., 2014) en lien avec les caractéristiques.

Caractéristiques du programme	Compatible avec le G.L.M	Inventaire des souhaits et préoccupations personnels
Objectif du programme	Communication explicite sur le double objectif de réduction de risque de récidive et de l'amélioration du bien-être	Permet de situer l'intervention en termes de gains de ressources et non en termes de renoncements Explore, par rapport à chaque objectif de vie, en quoi la récidive permettrait ou, au contraire, en empêcherait l'atteinte.
Evaluation	Processus d'évaluation consistant à passer en revue de façon exhaustive un éventail de besoins humains fondamentaux	Permet de situer directement l'intervention en termes d'objectifs de vie globaux et de besoins humains fondamentaux Permet de passer en revue de façon exhaustive les 11 besoins humains fondamentaux
Organisation de l'intervention	Traitement individualisé / Programme d'intervention spécifique pour chaque client.	Co-construction avec l'usager dans une approche non-confrontante et individualisée.
Contenu du programme	Programmes d'autodétermination incorporant le G.L.M. Tâches basées sur le G.L.M. Articulation des modules autour de l'atteinte des besoins humains fondamentaux	Permet la planification de la sortie en termes de logement, d'emploi, de traitement ambulatoire, de support social et de besoins secondaires (voies pro-sociales pour parvenir à satisfaire les besoins primaires) > directement liée à une diminution de la récidive (Scoones, Willis & Grace, 2012, Willis & Grace, 2009)
Exécution du programme	Caractéristiques positives du thérapeute Approche participative Attention portée aux objectifs du client	Représente un média thérapeutique non négligeable sur lequel les intervenants peuvent s'appuyer pour construire la relation avec le délinquant sexuel et susciter l'intérêt et l'entrée en traitement (Sellen, Gobbett & Campbell, 2013), Outil centré sur les aspirations et besoins personnels du délinquant

FIGURE 16 : CARACTÉRISTIQUES DES PROGRAMMES « GLM »

Cet outil clinique est reconnu compatible avec l'approche G.L.M. dans le sens où il permet au patient de mettre en avant un éventail de besoins humains fondamentaux dans une approche individualisée tout en suscitant une réflexion sur les moyens socialement acceptables pour atteindre les besoins identifiés et ce, dans une approche participative et coopérative avec l'intervenant. Il ne s'agit donc pas uniquement d'élaborer un plan de vie, mais également de définir très précisément les moyens de le mettre en œuvre.

Par ailleurs, cet instrument est actuellement reconnu comme étant le plus rigoureux pour évaluer et renforcer l'engagement du patient dans un traitement (Palmer, Heggs & Sellen, 2013, Sellen et al., 2013).

5.2. Guide d'entretien à destination des délinquants sexuels en désaccord avec l'accusation

Le modèle de prévention de la récidive, fondé sur le traitement des conduites addictives, a toujours posé comme une condition exclusive pour bénéficier d'un traitement, la reconnaissance des faits ou d'une problématique sexuelle par le bénéficiaire. Aujourd'hui, nombreux sont encore les programmes de traitement qui excluent les délinquants sexuels en désaccord avec les motifs d'inculpation ou de condamnation (Blagden, Winder, Gregson & Thorne, 2013, Levenson, 2011, Ware, Marshall & Marshall, 2015).

Ces dernières années, un certain nombre de chercheurs et d'intervenants ont tenté de mettre sur pied des modules à destination des délinquants sexuels en désaccord avec les motifs de leur inculpation ou de leur condamnation. Cependant, la plupart de ces interventions avaient pour objet de favoriser, in fine, une reconnaissance minimale des faits ou d'une problématique sexuelle.

C'est au début des années 2000 qu'émergeront les premiers programmes qui permettent d'inclure, dans nos interventions, des délinquants sexuels en désaccord catégorique (Marshall, Thornton, Marshall, Fernandez & Mann, 2001) et ce sans viser à une quelconque modification de celui-ci. Une telle approche est compatible avec les recommandations du G.L.M. puisque, d'une part, elle amène les intervenants à adapter leurs compétences aux besoins particuliers des usagers et non l'inverse, et que, d'autre part, elle permet de se décentrer du seul comportement sexuellement délictueux pour se recentrer sur des objectifs de vie plus généraux et qu'enfin cela permet de faire bénéficier de traitements à une plus large population de délinquants sexuels

C'est dans ce même esprit que nous avons développé le guide d'entretien à destination des délinquants sexuels en désaccord et qui vise, non pas à une quelconque reconnaissance que ce soit, mais plutôt à amorcer chez les délinquants sexuels en désaccord un intérêt à s'impliquer dans un traitement. Qu'il soit parfaitement clair que de notre point de vue, travailler en dépit d'un désaccord ne signifie nullement que nous légitimions ou ne légitimions pas ce désaccord. Nous nous bornons à en faire le constat et à adapter notre pratique à ce contexte particulier afin d'optimaliser l'accessibilité au traitement.

Le désaccord avec l'accusation doit être considéré comme un concept multidimensionnel plutôt que comme une variable dichotomique. En effet, il y a plusieurs dimensions sur lesquelles le désaccord peut porter. Notre outil permet d'identifier le(s) type(s) de désaccord au travers d'une typologie établie :

- Désaccord total ;
- Désaccord partiel : le délinquant sexuel reconnaît globalement les faits, mais est en désaccord sur certains points à propos de certains faits, d'éléments circonstanciels, de l'interprétation des faits ;
- Doute : le délinquant sexuel dit ignorer ce qui s'est passé, mais admet ce dont il est accusé ;
- Non-crédibilité : le délinquant sexuel affirme n'être cru de personne.

Le guide d'entretien est un outil composé de deux parties : d'une part, un guide d'évaluation et, d'autre part, un guide d'intervention.

- Guide d'évaluation : il s'agit d'un questionnaire structuré d'auto-évaluation du désaccord composé de 54 propositions regroupées en fonction du type de désaccord qu'elles évaluent (désaccord de type 1, 2, 3 et 4) qui permettent d'identifier le(s) type(s) de désaccord.
- Guide d'intervention : il s'agit d'un guide d'entretien semi-structuré spécifique au désaccord avec l'accusation ou la condamnation à l'usage de l'intervenant composé des questions exemptes d'à priori sur la fonction psychique du désaccord et qui permet d'entamer un travail avec l'usager malgré le désaccord et servir de levier pour une prise en charge. Comment construire une vie épanouissante ? Quel projets de vie construire lorsque l'on a été accusé ou condamné, à tort ou à raison, pour des délits à caractère sexuel ? Quels bénéfices l'usager espère-t-il obtenir de l'expression de son désaccord ? Comment pourrait-il obtenir ce même bénéfice autrement que par l'expression de son désaccord ?

Le guide d'évaluation permet aux intervenants d'identifier le plus précisément possible la présence de désaccord(s) avec l'accusation ou la condamnation en repérant le type de désaccord, l'étendue du désaccord ainsi que l intensité du désaccord afin d'orienter précisément l'intervenant dans le guide d'entretien lorsqu'un désaccord est identifié.

En effet, il ne s'agit pas simplement de « répertorier » le(s) désaccord(s), mais surtout de solliciter la réflexion du délinquant quant à son (ou à ses) désaccord(s) avec l'accusation et de faciliter l'intervention auprès du délinquant sexuel en lui donnant la possibilité d'exprimer ses émotions, sa perception et/ou sa représentation des faits et donc, renforcer l'alliance thérapeutique dans une relation fondée sur la coopération plutôt que la confrontation.

Conclusions et perspectives

Le G.L.M. représente un modèle alternatif au modèle de prévention de la récidive (Barnett, 2014) qui connaît un succès croissant dans les pays anglo-saxons puisque, en 2010, plus de 50% des programmes nord-américains de traitement de délinquants sexuels s'inspiraient du G.L.M. (Mc Grath, Cummings, Burchard, Zeoli & Ellerby, 2010). Il reste, par contre, bien plus confidentiel dans le monde francophone, bien que quelques programmes pilotes s'en soient inspirés (Corneille, 2013). Aujourd'hui encore, le G.L.M. est régulièrement opposé au R-B-R (Andrews et al., 2011, Ward et al., 2012, Wormith, Gendreau & Bonta, 2012). A l'instar de Wilson & Yates (2009), le G.L.M. nous semble compatible avec les principes du R-B-R, mais aussi avec le contexte d'une justice restaurative puisqu'il concilie les intérêts de sécurité publique avec les intérêts des délinquants sexuels eux-mêmes.

Par sa prise en compte des facteurs non-criminogènes, le G.L.M. réhabilite une approche à la fois plus humaniste et plus holistique de la problématique du traitement des délinquants sexuels permettant l'inclusion dans les traitements d'une plus large population de délinquants sexuels quand la tentation de certains est plutôt d'en limiter l'accès à bon nombre d'entre eux pour se concentrer sur les seuls présentant les plus hauts taux de risque de récidive (Bonta, 2003).

Certes, le G.L.M. fait l'objet de critiques et notamment quant à son a priori pro-social. Ainsi, certains ont contesté le fait que l'accès à une vie plus épanouissante et à un plus grand bien-être psychologique soit automatiquement lié à une réduction des besoins criminogènes et donc, de la récidive (Andrews, Bonta & Wormith, 2011). Cette critique est assez paradoxale quand, dans le même temps, les mêmes auteurs affirment que travailler aux facteurs non-criminogènes (anxiété, estime de soi...) permet d'augmenter la réceptivité aux traitements et par là-même l'efficacité de ceux-ci. Et ce, à un tel point que des auteurs, au nom des principes R-B-R, ont recommandé que, pour certains délinquants, le traitement ne doive pas

« *empiéter sur la pratique d'activités favorisant un mode de vie non-délinquant* » (Wakeling, Mann & Carter, 2012).

Est-ce à dire qu'en termes mêmes de stricte prévention de la récidive, il serait, parfois, plus efficace d'aller à la pêche avec quelques amis plutôt que de suivre un traitement ? Si c'est le cas, il y aura, peut-être, à s'interroger sur la pertinence des traitements proposés.

D'autres critiques (Andrew et al., 2011) ont porté sur la faible plus-value du G.L.M. au vu des résultats encourageants, mais contrastés auxquels avaient donné lieu les premières évaluations des interventions s'inspirant du G.L.M. (Barnett, Manderville-Norden & Rakestrow, 2014, Harkins, Flak, Beech & Woodhams, 2012, Willis et al. 2014, Yates, 2013). Soulignons, cependant, que le critère principal d'évaluation de cas interventions restait celui de leur efficacité en termes prévention de la récidive (sexuelle).

Or, l'efficacité d'un traitement, aussi puissante soit-elle, ne peut, à elle seule, légitimer sa pratique (Glaser, 2011). Si c'était le cas, il suffirait de considérer l'euthanasie de nos consultants comme une modalité de thérapie brève amenant, incontestablement, à des résultats inégalables en termes de prévention de la récidive. Encore faut-il que les traitements dispensés satisfassent à nos obligations éthiques et déontologiques (Birgden & Cucolo, 2011, Glaser, 2003).

A ce titre et contrairement à d'autres (Wakeling, 2012), nous considérons qu'un traitement ne peut pas être dispensé au seul bénéfice d'un tiers (la société ou une victime), mais doit impérativement apporter un gain à la personne à qui en bénéficie. C'est pourquoi, en surplus, des seuls critères portant sur la récidive (sexuelle), il conviendrait donc, dans le futur, d'inclure, dans les évaluations sur l'efficacité des traitements, des critères relatifs à la qualité de vie ou au bien-être psychologique des bénéficiaires.

Chapitre 4 : « Guide INFO » : Croiser les éléments de vie pour envisager les dynamiques sous-tendues

A. HIRSCHELMANN, Maitre de conférences HDR en psycho-criminologie, Univ.Rennes 2

1. Principes de l'outil

INFO sert essentiel comme **référentiel d'évaluation clinique et criminologique** partagé par les professionnels et a été construit au plus proche de leurs visions et pratiques. Ce référentiel vise la mise en évidence des éléments cliniques relevant de la situation et de la problématique individuelle d'une part, et des éléments criminologiques relatifs à la dangerosité et au risque de récidive, d'autre part. Autrement dit, **l'outil proposé ne constitue pas une grille d'évaluation de la dangerosité ou du risque de récidive, mais un support d'investigation à destination des professionnels** en charge de l'évaluation de la dangerosité et plus largement, de tous les acteurs intervenants auprès de la personne placée sous main de justice, durant son parcours judiciaire[4]. Le caractère dit « clinique » des éléments qu'il convoque insiste sur la dimension de singularité souhaitée dans la reconstruction du parcours individuel. Le caractère dit « criminologique » renvoie pour sa part au souci d'inclure au cœur de ce référentiel, les indicateurs et appréciations en jeu dans l'évaluation de la dangerosité et du risque de récidive telles que les professionnels CPIP, psychologues, psychiatres, surveillants, juges et tout autre intervenant auprès de la PPSMJ, les rencontrent.

Compte tenu des constats faits grâce aux travaux précédents, la présente démarche résulte d'un **triple enjeu** :

1. **Recréer une trajectoire singulière**, dans le temps (histoire de vie, histoire institutionnelle, etc.) et dans l'espace (sphères existentielles) tout en permettant de faire le point sur une situation ;
2. **Rentabiliser le travail d'investigation** au long court en valorisant les pratiques existantes ;
3. **Aboutir à l'élaboration d'un support « dynamique »** – parce que espace d'articulation des connaissances produites – **et « complexe »** – parce que permettant une pondération et/ou une relativisation de ces connaissances compte tenu de l'importance que leur accordent les professionnels (*quelle information est importante pour qui ?*).

[4] Le guide INFO ne peut ni ne doit être considéré comme un guide d'évaluation de la dangerosité ou prescrivant celle-ci.

L'architecture proposée, qui pourrait éventuellement prendre la forme d'une interface numérique dynamique (en opposition à un logiciel informatique figé), s'inscrit par sa forme et son contenu, dans une démarche que nous qualifierons de bioscopique. La **méthode bioscopique** (Villerbu & Lebas, 2008 ; Lebas, 2011) consiste à organiser les évènements de vie identifiables par un sujet, selon une datation repérable et objective. Elle réfléchit la trajectoire existentielle non plus de façon chronologique, tel que préconisé dans des entretiens d'anamnèse, mais dans une dimension logique de dynamique de fonctionnement psychique et des modes d'élaboration. En effet, sociologiquement et factuellement, la lecture chronologique des événements amènerait à penser que l'acte préexiste au sujet comme un déterminisme ou une fatalité qui devait arriver. Mais rarement est comprise la logique sous-jacente à ce qui fait qu'un acteur est toujours un auteur qui s'ignore. L'idée est ici qu'au cours de la vie des positions existentielles s'adoptent. Elles sont toujours en mouvement et changent selon les contextes et situations, mais pas de façon aléatoire. Une position change certes, mais « jusque dans certaines limites parce qu'elle se trouve contrainte par notre histoire et ses *aléas, nos expériences physiques, psychiques et effectives, positives et négatives ou traumatiques, qui représentent autant de contraintes à penser, à dire, à faire ou non et qui vont venir constituer ce que l'on peut appeler un principe d'existence ou axiome de vie* » (Le Bas, Le Masson, 2007).

Le repérage de la phase avant, et qui envisage le passage à l'acte comme une conséquence possible, introduit outre la dynamique relationnelle ou situationnelle, la temporalité qui semble être la grande absente dans les recherches. Pourtant la clinique nous a appris qu'il est moins difficile de provoquer un changement, en termes de succès thérapeutique que de le maintenir. Et nous savons bien que le sujet qui est confronté après son hospitalisation ou son incarcération à l'instabilité professionnelle ou relationnelle est plus enclin à récidiver que le sujet qui parvient à se construire une vie stable. L'observation selon laquelle le récidiviste explique sa rechute par une incapacité à gérer ou à faire face à la situation a constitué le point de départ de la recherche sur le *processus de la récidive* menée par E. Zamble et L. Quinsey (1997). L'originalité de l'approche cognitivo-comportementaliste qu'utilisent ces deux auteurs américains, consiste à formuler l'hypothèse que le sujet n'est pas conscient de ses choix, décisions et anticipations qui précèdent ou accompagnent leurs comportements habituels. C'est aussi la raison pour laquelle la situation du danger, voire son ou ses passages à l'acte échappent à sa compréhension. Or, en reconstruisant avec lui l'acte dans une dynamique de logiques existentielles et temporelles, le sujet sera amené à adopter une position active et analytique devant son acte, à le considérer comme lui appartenant car résultant d'une succession de choix ou d'actes posés par lui-même face aux différentes situations rencontrées. Devenant maître de la situation *a posteriori*, il pourra dorénavant s'y reconnaître et éventuellement se munir de stratégies pour faire face aux nouveaux dangers.

L'exploitation ou la lecture des données recueillies avec le guide INFO consistera à *« reconstituer pour chacun des champs les événements de vie reconnus marquants par le sujet dans une dimension chronologique, et d'y repérer les événements coïncidents. L'histoire laisse des traces, à la fois positives et négatives, qui viennent se marquer en « pointes et en creux », en trop-plein, prégnance ou vide, béance ou énigme, dans les différents champs d'existence que l'on peut représenter sous la forme d'une bioscopigraphie* » (Le Bas, Lemasson, op.cit.)

Les données recueillies à l'aide du guide INFO pouvant être statiques comme dynamiques sont resituées dans la dynamique dangereuse générale et plus précisément dans une perspective temporelle, processuelle.

Concrètement, l'analyse des données vise à lier et retracer, dans ce qui fait évènement, les aléas significatifs ayant ponctué les trajectoires observées au niveau des dimensions socio-existentielles et à pointer les différentes réponses apportées par les institutions. Elle nous permet de repérer les points de vulnérabilité psychiques et sociétaux auxquels il convient d'être attentif en vue d'un aménagement possible des (modes de) prises en charge. Le Guide INFO entend en ce sens **soutenir et systématiser une méthode de recueil et d'agencement des données déjà identifiées par les professionnels ; une méthode qui tienne compte des spécificités de leurs professions et pratiques et tout à la fois, du caractère transversal (et transférable) des connaissances qu'ils produisent sur la situation des PPSMJ**.

Avant de définir plus avant les modes de lecture et d'utilisation envisageables pour cet outil, il importe de pouvoir le schématiser :

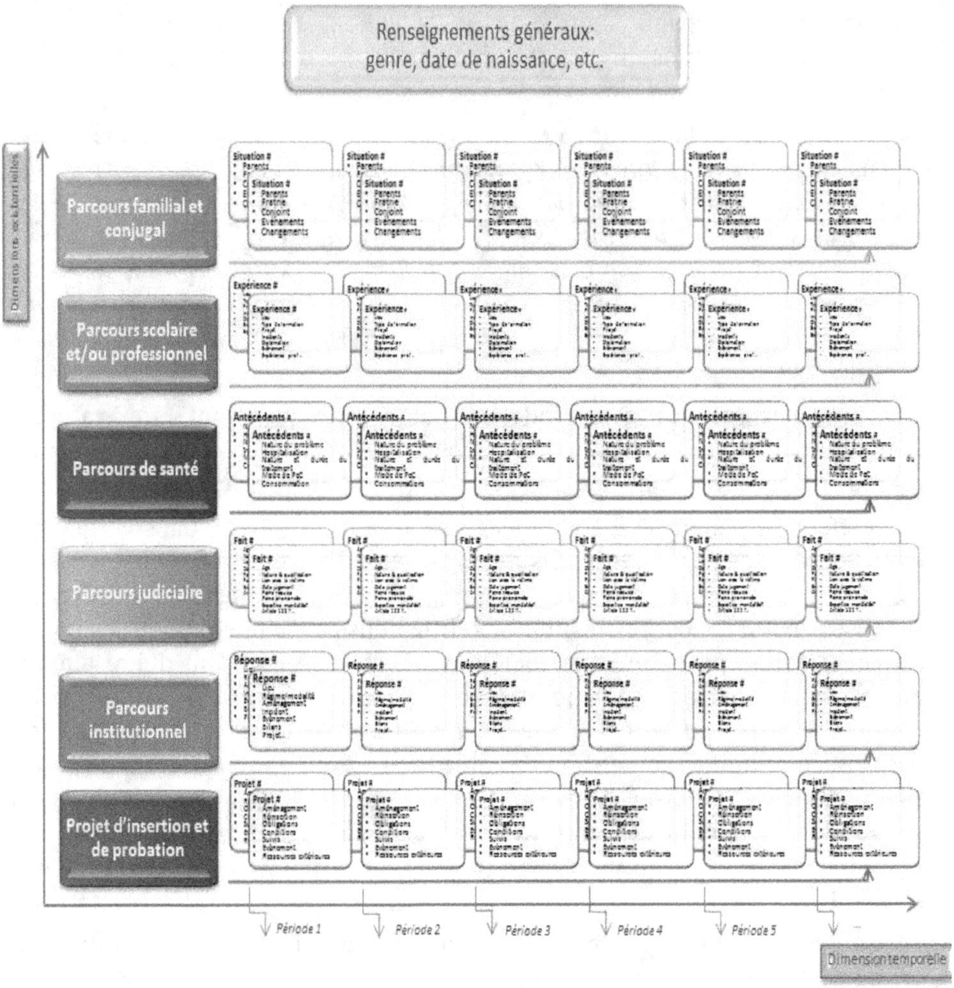

FIGURE 17 : APPROCHE SÉRIELLE BIOSCOPIQUE

2. Mode de lecture de l'outil

Deux axes organisent l'agencement des informations[5]. **Le premier, horizontal, représente la dimension temporelle**. Il fait apparaître successivement et dans le temps, les éléments ponctuant la trajectoire de la PPSMJ. Aussi définit-il des périodes repérables datables, et dont la durée

[5] Il importe de préciser que les éléments figurant au Guide INFO, sur les axes orthogonaux présentés, résultent d'un premier recensement des éléments d'information renseignés par les corps professionnels rencontrés. L'expérimentation de l'outil permettra dans le temps d'enrichir la présente formalisation, tant au niveau de sa forme (axes) que dans son contenu (items ponctuant les axes).

reste à déterminer avec les professionnels destinataires de l'outil. **Le second axe figure les différentes sphères existentielles** susceptibles d'être renseignées à mesure du parcours de la PPSMJ. Ordonné de manière verticale, il permet une lisibilité en parallèle des données renseignées chronologiquement. Sur la base des éléments recueillis lors des entretiens, nous pouvons identifier 6 dimensions significatives et pertinentes, lesquelles trouvent à s'opérationnaliser *via* des « blocs d'informations » (ou « cellules ») de contenus factuels (présentés ici de manière non exhaustive) et s'échelonnant au fur et à mesure des périodes définies horizontalement :

1. **Les renseignements généraux** : Ces éléments permettent d'identifier la personne placée sous main de justice. Ils reprennent : la date de naissance, le genre et un numéro ou une référence de dossier (à déterminer).
2. **Le parcours familial et conjugal** : Ce parcours renseigne les items concernant la situation familiale et/ou conjugale. Pour la définir, figurent les éléments relatifs : aux parents, à la fratrie, au conjoint, éventuellement à la vie sentimentale (et sexuelle), aux évènements (marquants ou manquants), aux changements (ruptures, pertes, gains, etc.).
3. **Le parcours scolaire et/ou professionnel** : Ce parcours renseigne les expériences liées à la formation et/ou au parcours professionnel, hors et dans les murs. Il fait mention des éléments relatifs : au type de formation et aux lieux concernés, au projet ayant initié la formation, aux incidents éventuellement rencontrés, aux qualifications ou diplômes obtenus, aux emplois occupés et à la carrière professionnelle, aux évènements marquants de cette trajectoire.
4. **Le parcours des relations sociales** : Ce parcours interroge les compétences sociales du sujet, son inscription dans un réseau social (association, religion, parti politique, club (sportif), groupe militant…), ses liens d'amitié, mais aussi les déceptions, ruptures ou changement survenus dans le réseau relationnel.
5. **Le parcours de santé** : Le parcours de santé reprend les différents antécédents dans le champ de la santé somatique et mentale, en et hors détention. Il rend compte : du type de problème rencontré, de la consommation ou non de toxique (et leur nature), des suivis, des hospitalisations et/ou traitements qui lui ont fait suite (psychologique, psychiatrique ou somatique), la durée de ceux-ci et leur lieux d'exécution (SMPR, UCSA, UHSA, etc.), des modes de prise en charge rencontrés sur ces structures.
6. **Le parcours des loisirs** : Ce parcours tient compte des hobbys, intérêts et occupations dans le temps libre. Représentant des moments où le

sujet peut se ressourcer, dépenser ou relaxer, ces activités canalisent l'énergie et peuvent créer des sensations de bien-être ou de dépassement de soi.

7. **Le parcours judiciaire** : Le parcours judiciaire fait état des faits dont la PPSMJ a été l'auteure. Il inscrit ces derniers dans le temps (âge au moment de la commission des faits), en présente la nature et la qualification retenue, notamment la commission des faits en auteur unique ou en réunion, et la correctionnalisation le cas échéant, précise le lien avec la victime, la date et le lieu de la ou des mises en examens, de la ou des condamnations prononcées, les peines encourues, requises (en précisant les éléments du réquisitoire) et prononcées, le mandat ou non d'expertise (type et date), la convocation ou non de l'article 122-1 al. 1 du CP, al. 2, ou autre mentionné.
8. **Le parcours institutionnel** : En parallèle du parcours judiciaire, le parcours institutionnel donne à voir les réponses apportées aux situations visées. Sont alors présentées : les institutions vers lesquelles la PPSMJ a été orientée, les lieux, régimes et/ou modalités d'exécution de la peine ou de la prise en charge ordonnée, les aménagements qui ont été prononcés, le respect de la mesure/peine et de ses obligations, les incidents éventuellement rencontrés, les bilans réalisés, les projets envisagés.
9. **Le projet d'insertion et de probation** : Le projet d'insertion et de probation, qui fait l'objet d'une dimension à part entière compte tenu des enjeux du guide et du souci des professionnels rencontrés, fait état des projets engagés à mesure du parcours. Il reprend : les aménagements, mais également, développe les objectifs de réinsertion convenus, les obligations attenantes, les conditions mobilisables à la réalisation de ce projet, les ressources extérieures disponibles (relationnelles, sociales, locatives et financières), les suivis tenus, les évènements ayant influé sur la réalisation du projet, l'accès aux activités.

Le choix fait de **contenus factuels réside dans le souci de préserver le caractère** objectif, rationnel et lisible des informations rapportées. Celles-ci ne doivent en cas aucun cas être le support d'interprétations directes, de jugements professionnels et *a fortiori* de valeurs. Pour exemple, ne pourront y figurer les éléments de personnalité. Néanmoins, **afin de ne pas promouvoir un « outil-catalogue », un espace pourra être réservé à l'expression d'appréciations professionnelles explicatives et argumentées propices à la mise en lien des informations et à la (re)construction d'une trajectoire**. L'insistance ici faite sur le caractère explicatif et argumenté des commentaires additionnels témoigne d'une volonté partagée de se garder des projections et prescriptions négatives régulièrement liées aux enjeux de l'écrit, plus encore lorsqu'il s'agit d'évaluer la dangerosité et le risque de récidive (Cf. Hirschelmann et coll., *Évaluation Transversale de la Dangerosité*, 2012). Privilégier des items fonctionnels revient à soumettre aux professionnels un cadre dont ils peuvent se saisir dans leur pratique tout en les gardant de s'exposer à une évaluation de leur pratique.

À ces deux dimensions (orthogonales) s'ajoute une troisième alimentant une formalisation en perspective – une configuration en « 3D » en quelque sorte – et par conséquent, une vue autrement enrichie de **l'évolution témoignée : à travers le temps, mais aussi, à travers les institutions qui se succèdent**. En effet, cette représentation permet d'envisager que chaque bloc d'informations peut être renseigné et complété à mesure des accompagnements, suivis ou prises en charge, par les différentes structures missionnées et/ou les différents professionnels intervenants auprès de la PPSMJ[6]. **Ces ajouts ou compléments, datés, peuvent être apportés de manière rétroactive, à différents moments du parcours bien que sur un temps judiciaire ou institutionnel donné, et sans supposer la modification du contenu précédemment consigné**. Nous pouvons imaginer que chaque cellule renseignée, datée et signée institutionnellement soit verrouillée après validation du responsable de service concerné, pour demeurer consultable et toujours sujette à enrichissements par la suite, mais non modifiable. L'objectif étant de renforcer la continuité et la mise en lien des informations recueillies.

3. Intérêts et limites de l'outil et son usage

La mise en œuvre et l'usage du guide ne peuvent se faire sans tenir compte des réflexions et des échanges avec les terrains de recherche. Les professionnels – en premier lieu ceux de l'administration pénitentiaire – doivent se reconnaître acteurs de la construction de leurs outils afin d'optimiser leur effectivité sur les terrains et leurs efficiences auprès des PPSMJ. Seul un travail de co-construction peut garantir qu'un outil remplisse les effets escomptés, aussi pertinent soit-il.

Les intérêts de l'outil découlent des préoccupations premières des professionnels. L'intérêt majeur de ce guide réside dans la place centrale accordée à la prise en compte de l'histoire de vie et son évolution en structurant les grandes sphères du parcours de vie des PPSMJ (*parcours*

[6] L'éventualité d'un agencement organisé sur la base des institutions traversées et non des périodes chronologiques a été discutée. Certes, elle faciliterait l'appréhension de l'outil par les différents professionnels, néanmoins, elle présenterait le désavantage de tronquer l'histoire de la PPSMJ et *a fortirori*, son parcours, en distanciant des évènements proches dans le temps et en rapprochant d'autre, distants dans le temps.

scolaire, familial, professionnel, antécédents judiciaires, médicaux, réflexion par rapport aux faits, aux victimes, parcours carcéral et situation en détention). L'arborescence proposée soutient et encourage le décloisonnement, la continuité et la complémentarité des connaissances produites. Elle se présente comme une réponse possible au besoin accru de formalisation et de cadrage méthodologique commun et flexible, fonction des formations et spécificités professionnelles. Cet élément rejoint l'absence de théorisation concernant les différentes entités évaluées (dangerosité/risque de récidive) et ce malgré une convergence des critères retenus pour réaliser leurs évaluations (trajectoire de vie, évolution, vécu, perspectives).

Ce guide entend ainsi permettre une optimisation du travail mené par les différents acteurs exerçant auprès des PPSMJ (judiciaire, pénitentiaire, sanitaire, médico-psychologique, etc.) à partir du corpus d'informations dont ils pourraient disposer. Il vient ainsi pallier les principales difficultés énoncées par les professionnels (*constats d'un manque d'éléments figurant dans les dossiers, parcours d'exécution des peines incomplets, éléments peu exploitables, perte de temps consécutive à la collecte d'informations manquantes, etc.*). Pour cela, le Guide INFO est un outil qui se renseigne dans le temps, et à plusieurs. Il dépasse l'enceinte des établissements et des structures traversés par la PPSMJ et est garant de la connexion entre les services des milieux ouvert et fermé. Cette mutualisation des pratiques contribue à éviter le renforcement d'approches sociologisantes, judiciarisantes, psychologisantes ou psychiatrisantes.

Pour ces raisons, **plusieurs points devront faire l'objet d'une discussion concertée entre professionnels, services ou structures, administrations, autorités et commissions spécialisées** dont la Commission Nationale de l'Informatique et des Libertés (CNIL). D'ores et déjà, nous pouvons être attentifs aux aspects suivants :

Le mode d'identification de la PPSMJ **:** Les objectifs et intérêts évoqués supposent de recueillir des informations et de pouvoir les conserver dans le temps. Aussi le guide doit-il permettre, en situation d'incarcération par exemple, de se fonder sur une identification qui n'est pas celle du numéro d'écrou, modifié à chaque mouvement.

L'identification du professionnel et/ou du service utilisateur **:** Le souci de continuité et de mutualisation des informations recueillies doit pouvoir s'accompagner d'une optimisation de la recherche desdites informations. La majorité des professionnels rencontrés ont souligné l'importance du temps perdu à rechercher les informations elles-mêmes et plus avant, ce qui pouvait venir les compléter. Il serait important d'envisager que les professionnels renseignant les rubriques puissent être situés par les utilisateurs qui les consultent, *via* leur service d'appartenance notamment. Plus avant, ce point pose la question du *Qui remplit quoi ? Pour qui ? Quand ? Comment ? En quel contexte ? Et dans quel but ?* et à laquelle il faut pouvoir répondre légitimement et légalement, de manière concertée et avisée.

Les conditions nécessaires au respect du secret professionnel : Dans la continuité de ce propos, et avec le souci de pouvoir mettre au travail cet outil de manière effective, nous ne pouvons négliger la question de la confiance vis-à-vis de l'autre, professionnel collègue plus ou moins proche. Elle apparaît primordiale afin que les acteurs intervenants auprès des PPSMJ se saisissent du support proposé, l'alimentent et l'enrichissent dans le temps. Les rapports qui nous ont été témoignés avec les services de soin notamment, illustrent tout à fait le caractère délicat de la situation. Pourrait être envisagée en ces conditions la création d'habilitations spécifiques pour renseigner certaines rubriques, particulièrement pour celles qui supposent des informations couvertes par le secret médical. Au risque d'épuiser le champ de collaboration possible, le projet serait à soumettre au Conseil National de l'Ordre des médecins. Ceci permettrait d'engager une réflexion sur les enjeux et limites relatifs à la nature de l'information que chacun des professionnels est amené à renseigner. Doit-on limiter les informations partagées aux données factuelles ? Y inclure les avis des professionnels ? Autrement dit, quel niveau de connaissance est attendu par tel ou tel professionnel dans l'intérêt de la prise en charge de la PPSMJ et du respect de son intégrité ?

Le dispositif de coordination des informations recueillies : La mise en œuvre de ce vaste dispositif suppose la désignation d'un professionnel coordonnateur, en lien sur le terrain avec toutes les structures et services compétents. Cette place semble fondamentale dans la phase inauguratrice de lancement puis d'appropriation de l'outil. Parmi les acteurs au plus près de ces conditions, les psychologues PEP, en charge du parcours d'exécution des peines, pourraient être un atout du milieu fermé ; en milieu ouvert, il pourrait s'agir d'un CPIP référent ou d'un psychologue exerçant en SPIP.

La plus-value du guide INFO au regard des autres outils informatiques : L'opérationnalisation du guide ne peut se penser indépendamment de la prise en compte des outils informatiques déjà existants. A ce jour, les professionnels de l'administration pénitentiaire disposent des logiciels GIDE et CEL. Si ces derniers sont amenés à être remplacés par l'application GENESIS (gestion nationale des personnes écrouées pour le suivi individualisé et la sécurité), il convient de la distinguer précisément du guide INFO. D'ores et déjà, il convient de préciser que le guide INFO n'a pas pour vocation la gestion administrative de la situation pénale (gestion de la détention, calcul des fins de peine, établissement des listes d'éligibilité à la libération conditionnelle, gestion du travail, de la formation, des comptes des détenus...). Il permet de reconstituer, à travers une seule lecture, la trajectoire de vie de la PPSMJ, et dans celle-là la trajectoire complète depuis son passage à l'acte, autrement dit dès le début de la chaîne pénale.

4. Mise en perspective de l'outil INFO : l'analyse sérielle

Contrairement à l'**anamnèse** classique qui consiste en une mise en récit ou une histoire qui se raconte de façon générale formelle et surtout linéaire, la **bioscopie** recherche les trous dans l'information, ce qui n'a pas eu lieu, les manques. Autrement dit, elle repère les effets d'événements ou de non-événement sur la logique existentielle du sujet. Ce qui importe est de connaître la cohérence dans un parcours de vie, donc le modus vivendi qui offre le contexte du *modus operandi.* Si nous pouvons admettre l'idée du **polymorphisme** infractionnel, alors il convient aussi d'être attentif à un polymorphisme existentiel. En parcourant les différents parcours ou dimensions de vie, on procède par rapprochement et plus précisément par une analyse systématique des **discontinuités** avec les parcours et trajets. A ce titre il convient de rapporter ce qui est de l'ordre du changement, donc des discontinuités. Le but est de concevoir quel est l'impact des effets d'un parcours sur un autre. Cette manière d'analyser le récit amène une autre lecture du passage à l'acte qui est moins événementielle que fonctionnelle ou téléologique. Ce qui importe n'est donc pas l'infraction en elle-même, mais ce à quoi elle porte sélectivement atteinte : aux 2 A et aux 2 I : l'**A**utonomie, l'**A**utorité, l'**I**ntégrité ou l'**I**ntimité physique et/ou psychique.

L'information qui est entendue est projetée sur un axe temporel, et comme on ne peut pas faire tenir toute l'information sur un seul axe, ce premier schéma donne le sens au parcours qui va être répété en autant de schémas qu'il y a de parcours à explorer (scolaires et acquisitions, somatiques, sexuelles). Grâce aux répétitions et séquences, il est possible de comparer différents parcours à partir de ce que sujet peut rapporter sur le ressenti du début, de la première fois ou de la première expérience et ce qu'il se passe aujourd'hui. Par exemple, si le sujet indique un accident dans son parcours somatique, quelle influence ce dernier a-t-il eu sur le parcours sentimental, professionnel... Grace à la mise en ligne des parcours, il est possible de procéder par rapprochement systématique, parcours par parcours. Ils vont pouvoir être rapportés sur le parcours général de telle façon que le sujet puisse dans le cours de l'entretien et à la fin de l'entretien visualiser, faire des rapprochements en dessinant, écrivant, fabriquant des rapports non intuitifs, mais formels et surtout visuels. INFO constituera ainsi une aide à l'élaboration et pour le professionnel et pour le sujet, et ce de manière collaborative. Ce procédé peut être comparé à l'image de puzzle, ce que chacun de nous entend est une forme de puzzle sans jamais parvenir à la figure terminale car elle évolue tout le temps avec la vie du sujet.

Un autre aspect important dans la mise en série ou **l'analyse sérielle** (Lebas, Villerbu, 2003 et 2011) à laquelle INFO permet de procéder, concerne l'analyse de la **position existentielle** que le sujet adopte dans sa trajectoire. Le terme de position permet de rendre compte de la plasticité nécessaire, d'un aménagement dynamique d'un rapport au monde, de notre manière d'être au monde et qui se trouve organisée par un principe existant. La position permet de rendre compte du fait qu'elle est toujours en mouvement, non fixe, et c'est la forme par laquelle se manifeste le maintien de notre équilibre psychique. Si nous faisons le lien entre la position existentielle et l'analyse sérielle, il faut regarder à la fois ce que le sujet investit et ce qu'il n'investit pas, ce qui rejoint l'idée du plein et du creux, évoquée ci-dessus.

La logique infractionnelle et l'atteinte sélectivement portée de l'infraction se constituent par les investissements infractionnels sélectionnés, mais aussi tous ceux qui en sont exclus. Dans cette dialectique, ce qui est n'est pas atteint ou transgressé est autant important pour lui que ce qu'il transgresse ou atteint de façon sélective. C'est le point qui marque la différence avec le regard juridique ou normatif. En effet, la justice ne regarde que le caractère infractionnel. En revanche, le regard criminologique incite à observer la manière dont l'organisation dynamique se met en œuvre, il faut interroger ce que la personne exclut, sinon on n'adopte qu'un regard judicaire qui néglige la dimension psychologique car la dynamique s'entretient aussi sur ce qui ne se voit pas.

Pourtant à partir de l'infraction et de l'atteinte, on peut rechercher **l'analogue** dans d'autres trajets d'existence, par exemple de l'atteinte portée dans le champ familial, professionnel, somatique, psychiatrique, etc. S'il y a une atteinte à l'intimité d'un côté, on peut poser l'hypothèse qu'on trouvera une atteinte à l'intimité dans d'autres champs, son équivalent analogique dans d'autres champs d'existence. Pour qu'une analyse sérielle soit opérationnelle, il faut voir l'évolution d'un phénomène dans le temps, mais aussi à un moment donné (synchronique et diachronique). Quels creux ? Quelles absences donnent à voir la reconstitution de cette trajectoire ?

La trajectoire renvoie à la logique d'existence, la polymorphie des expressions de soi le modus vivendi (Villerbu, 2007). L'axiome de l'existence est constitué par une contextualisation d'éprouvés de l'histoire, de ses aléas qui contraignent à un axe d'existence qui s'appuie sur des modalités d'équilibre étant à la fois des modalités d'investissement électives et sélectives qui garantissent l'équilibre. On est dans quelque chose de dynamique, car même et peut-être surtout, une résistance est un déséquilibre qui constitue le maintien de l'équilibre. Par conséquent, l'infraction donne à lire la désorganisation d'un équilibre qui est paradoxalement la manière dont l'équilibre se restaure. Le paradoxe de l'infraction est qu'elle émerge d'une mise en impasse, mais est la condition pour sortir de cette mise en impasse, ce par quoi on se restaure. L'infraction, comme on la lit, permet de représenter la dangerosité et la vulnérabilité comme deux mêmes pôles de cet équilibre. Dans cette logique, la victime est porteuse de la vulnérabilité de l'auteur qui cherche à atteindre chez elle sa propre vulnérabilité, d'où le fait qu'il n'y a pas de victime aléatoire, elle doit nécessairement porter sa vulnérabilité sans quoi il n'y aura pas d'agression. Dans le cas d'infraction de bien, c'est le contexte et la situation qui renvoie à sa vulnérabilité.

En conclusion, l'analyse sérielle est sous-tendue l'hypothèse qu'il y a un polymorphisme intra-délinquantiel comme extra-délinquantiel. Ce dernier devient visible par des séries d'équivalence. On dira par exemple qu'il y a une équivalence dans les interpellations faites à la justice, faites à la santé, faites à toutes les structures de formation et faites à ce qui constitue le lien social. A partir de là, il n'existe aucune différence formelle, structurelle dans l'objet d'un énoncé pénal, médical, éducatif, ou un énoncé concernant l'intégration sociale. Je peux manifester la même difficulté dans des formes sociales très différentes. J'aurai des troubles différents lorsque j'interpelle la justice ou le corps médical, mais c'est bien le même problème que j'agis à chaque fois ou encore différents problèmes, mais de la même manière. Je dis ainsi la même chose de mon état psychique quel que soit le site interpellé, la réponse n'est évidemment pas la même et c'est bien la réponse que j'obtiens qui crée une autre histoire. Le lieu où s'exprime le symptôme construit en retour une histoire spécifique.

Chapitre 5 : Psycho-victimologie, émergence de la victimologie générale en sciences humaines cliniques. Renouvellement conceptuel, invention de pratiques.

L.-M. VILLERBU & P. PIGNOL, Pr émérite, Psychologie, Psycho-Criminologie. U-R2 & Psychologue, Dr psychologie, Psycho-Victimologie, Cellule de Victimologie, CHGR Rennes, Chargé de cours U-R2.

Nota Bene.

Entendons ici la référence à la victimologie générale comme ce que l'on entend lorsque l'on parle de criminologie : la thèse avancée est qu'il s'agit d'un champ de savoirs hétérogènes sans objet propre, ensemble hétéroclite tant de pratiques que de positions éthiques et épistémologiques. Concevons qu'il s'agit de savoirs et de savoirs faire, de références théoriques et de praxéologies qui cherchent leur statut dans un conflit permanent, dans des contextes historiquement datables et culturellement déterminants, entre sciences, gouvernances et interventions sur la base d'objets empiriques : l'agresseur/la victime en référence à la loi. C'est dire à quel point et avec quelle intensité ces savoirs et pratiques sont soumis aux enjeux disciplinaires, politiques et professionnels (Villerbu, 1993). C'est ce qui fait cette présence, si particulière en France par rapport à d'autres cultures[7], de courant criminologiques/victimologiques tantôt abhorrés, tantôt engagés, mettant à l'épreuve, toujours et fondamentalement, les narcissismes territoriaux, disciplinaires ou professionnels.

Qu'on ne se trompe pas : on ne peut pas faire une histoire de la criminologie ou de la victimologie sinon à méconnaitre la diversité de leurs objets référentiels, diversité engendrée par l'histoire des disciplines et des pratiques institutionnelles[8]. C'est en mettant bout à bout ces entrées disciplinaires, historiques et datables, que s'esquissent ces variations d'appréhension théorique qui récusent l'hypothèse d'un objet spécifique non identifiable (Pires, 1995). L'approche de la criminologie générale par les sciences humaines cliniques, ce que nous pouvons désigner comme la clinique criminologique (et non la criminologie clinique), rend compte d'une autre invention, la psycho-criminologie. Sa complexité va bien au-delà du seul rapport au droit pénal : elle oblige à penser le lien social comme un appareil

[7] Le Québec est aussi un exemple très actuel de ces difficultés à prendre place dans. C'est seulement cette année qu'a été reconnu le registre criminologue avec ses acteurs, ses missions (CICC, 2105)

[8] Comparer à ce sujet les discours sur l'open door en asiles psychiatriques aux études institutionnelles contemporaines (Christian, 1897).

spécifique donnant lieu à des dispositifs spécifiques. Dans ce contexte et par extension nait la psycho-victimologie.

1. Récits organisateurs de la psycho-victimologie contemporaine

Pour penser la criminologie par le biais des sciences du psychisme il a fallu reconsidérer son objet issu du positivisme médical et sociologique ou de l'écriture pénale. La victimologie s'inscrit pour une large part dans ce processus. Quatre grands récits (Villerbu, 1995, 2013a, 2013b, 2014, 2015) se mettent en perspective, chacun s'exerçant sur une théorisation des causes premières, motifs fondateurs de la trace déterminante, des préventions comme des traitements possibles, et s'ordonnant autour de deux axes fondamentaux, un état (atavisme et sociologie) ou un acquis (plasticité et histoire). Ces quatre grands récits, ordonnés sur des objets référentiels, sont nés des emprises disciplinaires, des idéologies sociétales, des expériences professionnelles.

1.1. Ere pré-victimologique.

Récit 1 : le criminel-né, atavisme et criminalité, catégorisations criminologiques.

Au centre de cette construction se trouvent les thèses de la dégénérescence, de l'entropie des systèmes. Ici la cause première est le système nerveux central et, par extension, tout ce qui peut avoir une influence sur le développement et l'avenir de l'homme (hérédité, climat, nature, région, etc.) Le désordre qui s'installe plus ou moins précocement est dû à la nature même du système. Il ne peut y avoir de victime au sens où l'on entend aujourd'hui cette référence puisqu'il n'y a aucune intentionnalité, directe ou indirecte, en cause : tout au plus cette victime-là serait analogue à celle que produisent les grands événements naturels catastrophiques. *C'est la faute à personne*... La cause est dans le système et ce système, nul ne le choisit. Il échappe à toute intervention. C'est la recherche du criminel type. Une invention en découle, celle de *l'homme criminel* dont les stigmates seraient repérables et avec eux les prédictibilités à court ou à moyen terme. Le corollaire en est l'invention contrastée d'autres criminels, sur la base d'une autre rationalité : ce qui fait *l'occasion* par rapport à ce qui fait référence à un *état* ; le criminel-né et les autres.

Cette perspective anthropologique a rompu avec un savoir fondé sur la prédestination, la vision philosophique et transcendantale ou morale du mal. Il n'y a pour cet homme-là, le criminel-né, le criminel atavique, guère d'autres solutions que de l'isoler des autres hommes. Il n'y a pas de traitements possibles. Mais cela ouvre à la possibilité de penser des dispositifs pour les autres hommes qu'un énoncé pénal vient définir pour leurs comportements illégaux (les non criminels-nés). Notons que ce sera un temps où s'invente, a contrario, le scepticisme à l'égard des prisons et l'idée d'y substituer des peines ou des mesures instauratrices d'un autre état : prévention primaire et prévention secondaire.

Récit 2 : le criminel par adaptation interne et externe. Plasticité et adaptation.

A l'hérédité statique fait place la notion d'adaptation et d'imitation en référence à ce que l'on pourrait nommer une hérédité dynamique. Ainsi prendra-t-on comme hypothèse l'adaptation *relative* de la biologie au social, l'intra adaptation de la biologie à elle-même.

D'un côté, l'Homo Biologicus s'auto interprète et interagit dans ses propres possibilités ; le « biologique » est un système d'auto interprétation en vue d'objectifs d'équilibrage/rééquilibrage. De l'autre côté, c'est la plasticité de l'homme « moral », c'est l'imitation et ses lois, le rôle de la contagion, de la suggestion morale. Si l'homme apprend, ce qui est appris peut donner lieu à des modifications et transformations.

A l'entropie d'un système s'oppose une éventuelle néguentropie ; les circonstances sociales peuvent intervenir dans la modification des atavismes biologiques ou sociaux. La connaissance de ces différents déterminismes n'entame pas les conceptions sur la sévérité indispensable/exemplaire de la peine.

Il n'y a pas encore de pensée victimale. L'hypothèse d'une genèse criminelle est essentiellement conduite par un besoin sémiologique. La criminogénèse est celle du criminel et non de la personne dans le crime. Le criminel est toujours pensé comme une entité, absolue ou relative. On chercherait encore vainement l'impact des travaux pourtant déjà entrepris sur les effets des agressions subies et de leur destin.

Récit 3 : le phénomène criminel. Normativités sociétales.

Les thèses criminologiques rompent brutalement avec les implicites médico-légaux et aliénistes, socio-moraux. La *réaction sociale pénale* est l'organisateur catégoriel d'un ensemble d'actes classés crimes. Il y a moins des criminels que des déviants à une norme intrinsèque à toute collectivité, une norme allant de soi. Le déviant est de ce fait plus enjeu d'un conflit de pouvoir et de domination. Que vaut alors une analyse qui s'interrogerait sur les motifs individuels du crime sinon de raisonner sur une hypostase, pire une aliénation des chercheurs à une idéologie conservatrice. Un postulat : aucun mobile individuel ne donne une information valide sur les motifs réels d'une agression réalisée. Les déterminations sont micro ou macro collectives.

Une même positivité rassemble pénalistes et sociologues : l'objet en est le comportement déviant manifeste. Le criminel comme *phénomène criminel* est né et avec lui la production sociale de la criminalité.

S'il y a des victimes, les stigmatisées/stigmatisables, ce sont celles produites par un système, dans un système. La norme et ses avatars fondent cette coupure épistémique. L'homme individuel sera dès lors un laissé-pour-compte tandis que travailleront les modalités normatives engendrées par une position à l'écart.

Deux orientations vont se rendre visibles :

- Une *sociologie quantitative* dont le fondement le plus explicite est socio-économique ; le système fabrique ses déviants. La révolution introduite dans le système serait seule apte à modifier un état (Szabo, 1970). Le moyen de transformation est essentiellement politique et subversif. La sortie d'une situation victimale (et victimaire) s'effectue par la lutte de groupes ;

- *Une sociologie des émotions ou des interactions* (Coulon, 1992) (De Queiroz & Ziolowski 1994), dont l'intérêt va se porter sur les parcours, les carrières délinquantes, l'intra-adaptatif à une condition faite, sinon imposée : interaction symbolique, construction groupale, parcours spécifiques. Le projet porte sur ce qui est fait de la norme par des groupes ou des individus qui vont transformer leurs conditions par le jeu qu'elle suppose. Si l'analyse statistique se substituait aux examens médicaux-légaux, ici il s'agit de procéder à une analyse stratégique des parcours et de leurs trajets ;

La sociologie du phénomène criminel va de pair avec les sciences criminelles d'une discipline juridique, à travers le traitement de la sanction pénale, de ses philosophies, de sa légitimité et des systèmes économiques textuels de peines, dans un code de la hiérarchie des peines. Sociologie et droit pénal sont organiquement liés au registre de la gouvernance et très peu au traitement de la personne. Celle-ci ne peut être que de surplus. On conçoit que dans ce récit il ne puisse être question de criminologie ou de victimologie sinon comme accessoires, secondarisées ou fétichiques.

1.2. Ere victimologique.

Récit 4. Elaborations subjectives. Vivre ensemble, co-construction, vulnérabilité, pratiques de soi. Altérité. Lien social.

Cette 4e trajectoire prend ses origines dans toutes les références aux accidentés du chemin de fer ou du travail, aux victimes de guerres, aux maltraitances familiales et aux agressions de type sexuel, et elle coïncide avec l'émergence de la psycho-criminologie. Les références médico-légales, médico-psychologiques, psychanalytiques, l'atteinte faite à la personne dans ses conditions de vie familiale ou professionnelle, privée ou publique, actualisent et réactualisent les interrogations éthiques, politiques et cliniques.

Il ne s'agit plus seulement de tenter une explication d'un phénomène ou d'un homme devenu criminel, mais de proposer à la fois une intervention et une compréhension de parcours et de trajectoires que l'ensemble des écarts aux codes révèle : loi (code pénal, civil, famille, etc.), règle (les règlements intérieurs), us (les formes de voisinages dans les cadres publics et privés) et coutumes (la religion, le sacré, etc.). Il s'agit alors d'étudier des *pratiques de soi* élaborées et construites sur les effets d'une situation agie ou subie. L'homme criminel a été remplacé par le phénomène criminel et les comportements criminels (notions positives socio-juridiques ou développementales). A contrario, ce sont des pratiques criminelles qui sont dès lors conceptualisées, des lieux de stratégies, des pratiques de soi, des autres et du monde, en référence à des processus et non plus seulement à des états. C'est dire que celles-ci sont saisies dans une violence qui fait écart aux codes de régulation du lien social et dont la gravité met en cause celui-ci, le rapport à l'autre, l'altérité. Un site d'observation est privilégié, *le vivre-ensemble* et ses empêchements criminels et/ou victimologiques.

Les problèmes soulevés relèvent d'un complexe qui ne peut se tenir dans une seule dimension compréhensive. En définissant l'objet de la Psycho-criminologie non plus par le phénomène criminel, mais par une pratique de soi, des autres et du monde dans un univers normatif, ce n'est plus d'un individu X anonyme qu'il s'agit, mais d'une relation, d'une *co-construction.* De même qu'en psycho-criminologie la question de la dangerosité pour les autres (et secondairement pour soi) se transformait en l'étude des systèmes vulnérants, ici la dangerosité pour soi, inhérente au fait d'avoir été victime de violences subies, va redoubler la dangerosité pour les autres ; c'est à ce moment que la clinique découvre les survictimations et les systèmes de victimisation secondaire, criminalisant, et contribue à inventer politiquement des dispositifs cliniques à plus ou moins grande échelle.

Pour penser le risque à venir pour soi et/ou pour les autres, un nouveau pas était à franchir, celui de l'hypothèse d'un état persistant de *vulnérabilité* (Villerbu, 2008) aux effets singuliers. La violence criminelle s'y développait sur un mode exploratoire et mimétique. Loin d'être répétition, c'est une tentative de subversion, répétée, vouée à l'échec parce qu'incapable de se séparer de ses conditions originaires, sues et non sues (la dissociation traumatique) et, avec l'hypothèse de cette dissociation, les retentissements ; amnésie, violences et agressions, positions suicidaires, automutilations, structurations psychopathologiques toujours aux limites, dessinent un atlas des comportements qui profilent tantôt des positons de criminels, tantôt des positions de victimes. Il ne s'agit pas seulement d'aller voir sous les comportements, mais de composer les stratégies qu'ils explicitent et l'objet initial de ces stratégies.

Que ce recours s'inscrive dans l'espace agressologique/victimologique rend possible de décrire et de prendre en compte des figures de victimité, de survictimation, dont les incidences sont parfois pénales, parfois psychiatriques. *Des parcours victimaux vont être approfondis :* intra familiaux, intra-scolaires, intra-entreprise, liés aux dynamiques sectaires, à l'usage terroriste des croyances, à l'usage toujours destructeur du lien social et des intégrités psychiques. Les intimidations agies ou subies, la ré interrogation de leur mode opératoire au vu des savoirs psychopathologiques développés, permet l'analyse des trajets de destruction et de leurs cibles privilégiées, des abus de confiance et d'autorité, des atteintes spécifiques sur les climats et les ambiances sociétales.

Là où *les criminologies de homme criminel et du phénomène criminel,* secondarisaient par « nature » la position victimale, la criminologie contemporaine (Agressologie/Victimologie) entre dans une nouvelle conceptualisation : le rapport *Victimant/Victimé, Vulnérant-Vulnéré,* dont chacune des places peut être occupée à des moments différents par la même personne, sur la base d'un *axiome existentiel (injonction à être sur une décision subjective)* créateur de néoréalités ou d'une logique de positions « étranges ».

2. Les difficultés à penser l'approche psycho-victimologique

S'il n'est pas aisé de rassembler en une modélisation homogène l'ensemble des apports contemporains (et plus anciens, mais toujours actuels) en la matière, la raison ne tient pas à la masse de travaux à disposition, mais aux recouvrements permanents entre les trois enjeux fondamentaux décrits précédemment que sont, le disciplinaire, le politique et le professionnel. Ils font obstacle à l'émergence de nouveaux concepts, pratiques, cliniques et inventions institutionnels exigés par la prise en compte de leurs singularités et de leur irréductibilité à toutes autres problématiques. La tendance à tout ramener à ce qui est déjà connu fait une nouvelle fois obstacle.

2.1. Des références écran.

- *Le traumatisme psychique.* Cette notion condense toutes les ambiguïtés en la matière, du fait de sa surdétermination ou de sa polysémie. La tentation syncrétique n'est jamais loin puisque la notion renvoie tout aussi bien aux aléas de l'ontogenèse, de la rencontre avec le sexuel (traumatisme 1), qu'aux événements de vie faisant rupture (traumatisme 2) ; d'où cette aisance à faire du trauma 1 les conditions de possibilité du trauma 2.

Conséquences : re-parcourir l'histoire infantile pour y rechercher ce qui y serait demeuré d'insymbolisé et d'énigmatique et méconnaitre la nature délictuelle ou anormale de l'événement au profit d'une scène inconsciente résolutive. La névrose traumatique serait alors, en toutes occasions, interprétable dans la référence herméneutique[9].

Dans la mesure où la notion est tout à la fois descriptive et explicative, elle donne lieu à des essais ambigus (sur le plan épistémologique) de clarification. Par exemple, il faut distinguer les différents registres que sont : trauma froid vs trauma chaud chez C. Janin (1996), traumatique-traumatisme-trauma chez T. Bokanowski (2002), sujets « sous trauma »... au sein desquels on reconnaît l'usage à visée scientifique. Toutefois, l'objet n'est pas remis en question, ni dans l'étude de l'intensité de sa présence versus l'étude descriptive et catégorielle de son profilage, ni dans les deux façons de faire du profil.

Il en résulte des dispositifs qui n'interrogent pas leur opérativité, des concepts extensifs, des territoires disciplinaires hégémoniques. Les données cliniques recueillies dans le cadre de dispositifs cliniques pour le moins hétérogènes allant de la cure analytique « classique », de psychothérapies d'orientations multiples à des consultations spécialisées en psychotraumatologie ou en victimologie, n'offrent pas leur condition de pertinence (biais méthodologiques), si bien que les résultats sont peu exploitables.

Considérons d'autre part que ce n'est pas l'émergence du trauma qui crée la victime[10]. Il faut pour cela une analyse politique et éthique du lien social mis en difficultés, une analyse clinique des formes d'empêchement d'être pour le « sujet en-situation », pour reprendre une formule de D. Lagache, ou encore de « présence » dans le registre phénoménologique de L. Binswanger.

- *La demande.* Les règles économiques de l'offre et de la demande : l'offre crée la demande, mais aussi l'inverse. Est-ce une si parfaire symétrie ou escalade selon que l'on prenne l'offre ou la demande comme point de départ? Attendre la demande et considérer toute autre position comme un

---

[9] C. Barrois, sans cesse renvoyé par ses interlocuteurs à la question des fondements infantiles de la névrose traumatique, va opposer le complexe d'Orphée au complexe d'Œdipe, affirmant que « *la révélation que propose une catastrophe c'est une révélation de l'Apocalypse, ça révèle qu'on est rien, il ne faut même pas chercher, il n'y a même pas de réminiscence* » (Barrois, 2014). Heureuse distinction entre la perte d'une capacité ontique, (ne pas/plus savoir où se poser) et une panne ontologique face à une perte de sens ou d'intentionnalité.

[10] Cette confusion est particulièrement repérable, et en ce sens démonstrative, dans le texte de P.P. Costantini (2012) lors d'un colloque organisé par un laboratoire de psychanalyse sur le thème des violences conjugales où le conflit conjugal s'efface au profit de ce que la théorie donne d'évidence à penser.

forçage normalisant et aliénant n'est-ce pas aussi attendre une hypothétique adéquation entre une forme d'offre et une certaine façon par le sujet de se représenter son problème ? Que deviennent alors ceux qui, ne s'y identifiant pas, ne s'y reconnaissent pas[11] ? Aménager le cadre déjà là en procédant à des ajustements internes, est-ce promouvoir un cadre incorporant les problématiques complexes dans lesquelles se tient une position victimale ?

Dans la mesure où une position victimale ne peut se réduire à une organisation psychopathologique classique, la contrainte à organiser un autre cadre se fait plus exigeante ; la problématique psychopathique en serait un exemple (Villerbu, 2015). Et cela à la manière dont H. Searles, D. Winnicott, S. Ferenczi, D. Anzieu et bien d'autres ont inventé une présence en phase avec les organisations complexes qu'ils ont inventées/rencontrées au contact de patients se révélant singuliers dans les résistances qu'ils présentaient à se laisser comprendre dans et par le dispositif initialement promu. Plus particulièrement, dans l'approche psycho-victimologique, ce qui fait demande ne réside pas toujours là où le monde psy promeut le plus souvent ses offres : du côté de la justice, du social (marginalisation), de la reconnaissance quelle qu'elle soit (sinistroses, comportements procéduriers), du somatique (anorexie, boulimie, conduites autolytiques, prises de toxiques, scarifications…), dans la recherche de confrontation à la loi (conduites à risques, transgressions), dans des atteintes au lien social…

Dans l'approche psycho-victimologique, il ne saurait y avoir d'aide psychologique se légitimant d'elle seule : son champ ne saurait être celui d'une psychothérapie désarrimée d'autres considérations juridiques, sociales, médicales…(comme par exemple « la psychothérapie des névroses traumatiques », « la psychanalyse des traumas psychiques », « le traitement cognitivo-comportemental du stress post-traumatique »…), sans s'accompagner d'une réflexion sur le sens et l'importance de ces autres considérations, comme celle des modes politiques de gestion du dommage consécutif à un événement qui bouleverse l'ordre social.

On en trouvera exemple dans la création d'espaces nouveaux dans les dispositifs collectifs d'aide déjà existants (médicaux, juridiques, assuranciels, médecine du travail…) dont la vocation n'est pas seulement de venir *en plus*, mais aussi de proposer une lecture trans-professionnelle trans-institutionnelle, trans-clinique de l'intervention psycho-victimologique (Pignol & Villerbu, 2004). L'appellation de l'offre ne saurait être anodine et doit être pensée puisqu'elle est prescription et fait prescription. L'identifiant choisi propose une attention spécifique. Non que cette offre soit seulement

[11] En ce sens le drame d'AZF à Toulouse est exemplaire des possibles dérives liées aux cadres a priori. Il en reste des formules délétères que l'on peut schématiser ainsi : « il faut être au clair avec son désir avant de demander réparation, sinon celle-ci peut être recherche de jouissance » (voir notamment Pechikoff, et al, 2004).

au plan axio-linguistique une anticipation de la demande : elle est une information sur l'existence possible de troubles qui, en insistant, formalise les réponses à trouver[12]. En conséquence, il faut créer les conditions de possibilité de la demande conçue comme recherche d'étayages. Elle permet de faire greffe sur ce qui d'un état de catastrophe intime et collectif et reste mobilisable, malgré tout (Pankow, 1969). Et cette offre doit être repérable dans un réseau qui lui donne sens et dont aucun des acteurs ne saurait prétendre détenir un savoir et un savoir-faire plus pertinent qu'un autre. Leurs visées sont à différencier et *à articuler*, non réductibles à des découpages institutionnels et professionnels préétablis.

2.2. Spécificités de l'évaluation psycho-victimologique.

Tout diagnostic a au moins deux visées hétérogènes : une pratique de la théorie d'un côté, une théorisation de la pratique de l'autre. La première cherche à vérifier les liens systémiques entre des éléments d'un appareil théorique, l'autre à promouvoir du changement dans une existence concrète. Confondre l'une et l'autre invite à s'exposer aux effets d'une interprétation sauvage (Mannoni, 1982). En l'occurrence ici le diagnostic est double, d'orientation et de traitement (DOT) (Villerbu, (2011) ; son organisation va de facto, emprunter ses formulations et interprétations aux terrains connus (orientations) et aux pratiques identifiées et valorisées (les thérapies et leurs variétés). Les dispositifs cliniques en seront différents en fonction des prescriptions et proscriptions que chacun soutient ; le matériel clinique qui en sera construit variera donc en proportion.

Exemple : la surdétermination politique et socio-judiciaire. La psycho-victimologie opère un déplacement lourd de conséquences, substituant à la question métapsychologique du caractère endo ou exogène du traumatisme (voir à ce propos la querelle Freud/Ferenczi, (Harrus-Revidi, 2004), celle *politique* de décider de considérer ces traumas autant du côté de la psychologie que du droit pénal (Villerbu & Laurent, 2009).

Du côté du droit, le trauma devient d'abord la conséquence d'un délit et renvoie aux actes criminels, délictuels, dont ils étaient les effets possibles, c'est-à-dire un préjudice et non un aménagement psychique dont seul est responsable le sujet. Considérant l'une et l'autre des entrées, ce déplacement, dans sa dimension anthropologique, invente et affirme la *victimité.* La pratique diagnostique expertale renforce cette perspective par ce que l'on peut désigner comme étant la surdétermination expertale.

---

[12] Avec les risques encourus comme la création de marchés de la victimation (voir notamment Romano & Cyrulnick, 2015).

Au plan clinique, il s'est agi d'appréhender les troubles psychiques consécutifs à des violences se déployant dans un temps long et dans le cadre d'une relation établie, familiale, conjugale, de travail, éducative, de type sectaire ou encore une prise d'otage. De nouvelles configurations ont dû s'inventer sous la forme de syndromes différenciés et, les violences se faisant locales (rue, routes, maison, lieux de formations, entreprise, etc.), elles ont été identifiées de façon empirique (Villerbu, 2014) : syndrome de la femme battue, syndrome de Stockholm, syndromes psycho-traumatiques, d'adaptation, du survivant.

Syndromes différenciés usant là encore de biais méthodologiques expertaux spécifiques donnant lieu à une déclinaison en différents types de trauma : traumas simples versus traumas complexes, trauma type 1, 2, 3, voire 4 et 5, à partir de critères variés privilégiant par exemple la durée d'exposition aux violences ou encore le fait d'y être encore ou non confronté, ou bien par privation des besoins essentiels versus sur le mode violences actives, etc. Autant de reports à des classifications ayant, d'un point de vue expertal, l'intérêt de pouvoir soutenir une imputabilité. Mais cette logique diagnostique, empruntant partiellement au positivisme du droit, éloigne des premières observations selon lesquelles les troubles avaient à voir avec les modes de violences subies et leur contexte. Quant à la notion de trauma dans la logique expertale, elle n'en retient que certains des aspects les plus phénoménaux et objectivables, sans mettre en avant leur caractère d'aménagements.

3. Les objets d'une lecture psycho-victimologique et leurs dispositifs cliniques d'observation.

3.1. Une lecture sérielle à deux niveaux.

Dire l'impensable ou le non élaborable pour le sujet, par ce qu'il donne à voir : c'est par une lecture sérielle (Villerbu & Pignol, 2007) que les modifications existentielles se rendent apparentes, dans le contexte d'une *analyse bioscopique*. Celle-ci consiste à appréhender les trajets inhérents aux parcours anthropologiques significatifs dans une culture donnée ; ce qui fait séparation, passage, acquisition, insertion et transgressions, au nombre desquels : les récits sur son propre milieu familial, les acquisitions scolaires et professionnelles, les accès et découvertes du milieu non familial, les expériences relationnelles et sexuelles, les morts et les détachements, les formes et les choix des personnes et lieux d'attachement, les récits sur d'éventuelles infractions, la santé somatique et psychique, les loisirs et la vie imaginaire recherchée, etc. La mise en série des modifications subjectives et psycho-sociales mène à une *lecture sérielle polymorphe* (Villerbu & Le Bas 2007).

De mêmes processus psychiques peuvent se lire dans des sites subjectifs et psychosociaux différents et donner lieu à des interpellations sociétales dont les autorités (politiques) sont variées (la santé, le social, l'éducation, l'emploi, l'insertion, etc.) ; les lectures sont polymorphes et ce polymorphisme pourra être intra-délinquantiel (l'ensemble ordonné des formes et types d'infraction), intra-victimal (l'ensemble ordonné des formes et situations victimales), extra-victimal et extra-délinquantiel. La lecture sérielle met en évidence la synergie rattachant des formes existentielles variées et souvent identifiées en termes statiques de comorbidité.

La lecture sérielle se fera ainsi à deux niveaux : *quelles situations se répètent ou se reproduisent dans le temps ? Sur la base de quelles injonctions subjectives ?* Cette question ne trouvera réponse que dans la mise en évidence du ou des axiomes existentiels : ce sur quoi chacun fait se reposer ses choix, la décision axiomatique qui est la sienne avec son économie propre et les soutiens ou non qu'il en trouve dans le quotidien, ce qui le met en impasse et comment se retrouve (s'aménage) une homéostasie bouleversée, à quels coûts, avec quels bénéfices, avec quelle aide et contre quoi ou qui ?[13] .

3.2. Des signes cliniques d'alertes.

Omniprésents dans la clinique victimale, trois dimensions subjectives fécondes s'imposent : culpabilité, responsabilité, honte. Leur statut est complexe puisqu'il relève pour les deux premiers à la fois du droit pénal et de la psychologie, pour le dernier uniquement d'une approche sur le versant psychologique.

	Culpabilité	**Responsabilité**
Juridique	Sur la base d'une intention dont les conditions sont décrites et les éléments objectivables.	Sur la base d'un état psychologique sain ou mature. En fonction de ce qui caractérise les circonstances infractionnelles.
Psychologique	Une donnée structurelle dans un développement permettant la différenciation nosographique, A la base d'échecs situationnels ou de tout sentiment d'insuffisance, plus ou moins aménagé.	Perceptible avec l'émergence de l'altérité et rendue apparente dans la pudeur et la honte, l'exposition aux regards.

FIGURE 18 : SIGNES CLINIQUES

[13] Bien que différent de la théorisation axiomatique, on se référera aussi à la théorisation des croyances et à la systématisation qu'ont pu en faire (Young & Klosko, 2005) (Jeffrey & Young, 2013).

Les affects liés à ces trois dimensions opèrent comme autant d'intrusions. Le sujet donne du sens avec ce qui lui reste, des ruines, des bribes d'expérience, et cela à partir de ce qui psychiquement demeure comme processus mobilisables : la culpabilité et la responsabilité (Pignol, 2013) qui donnent lieu à un procès intérieur dans lequel le sujet tient simultanément ou successivement toutes les places. Et de même que sur le versant psycho-criminologique il a été possible de décrire et de systématiser des stratégies de décriminalisation (Villerbu, Le Bas, Pignol 1996) (Pignol, 2004), il est possible de mettre en avant de semblables stratégies en psycho-victimologie : stratégies de dé-victimisation/désaveu[14] , en contraste aux positions victimales repérables.

Négation des atteintes / Affects	**Versant plaignant**	**Versant du code et de la valeur**
Responsabilité juridique	- Négation de toute responsabilité en termes d'absence de motif personnel de la part du victimant. - Imputation des faits au victimé.	- Négation du caractère délictueux des actes incriminés. - Mise au rang de délinquant du victimé au nom d'un autre code, personnel ou interne à un groupe faisant référence (familial, de pairs…).
Culpabilité juridique	- Négation de tout préjudice chez le supposé victimé. - Affirmation d'un gain au lieu d'un préjudice pour le victimé	- Attaque des valeurs à partir desquelles le délit se constitue. - Déni ou défi de l'interdit ; affirmations de toute puissance.

FIGURE 19 : STRATÉGIES DE DÉ-VICTIMISATION OU DE DÉSAVEUX, VÉCUS DU POINT DE VUE DE LA VICTIME

[14] Dans l'usage du terme qu'en fait S. Ferenczi (1931).

Soi-même / L'évènement	Implication personnelle	Nature de l'événement
Responsabilité	- Qu'ai-je fait ou pas fait pour que cela m'advienne ? - Qu'ai-je fait, ou pas fait, pour que cela se soit déroulé ainsi ?	- Qu'était-ce ? - Que s'est-il passé ?
Culpabilité	- Qu'ai-je fait pour mériter cela ? Me suis-je trompé dans mes engagements existentiels ? - Ai-je fait les mauvais choix ? Que n'ai-je pas fait pour mériter cela ? Comment aurais-je dû me conduire dans mon existence ?	- Que dois-je sacrifier à mes valeurs et idéaux pour qu'ils continuent à être ? - Se peut-il que je me sois trompé sur les fondements à donner à mon existence ?

FIGURE 20 : QUESTIONS-SYMPTÔMES DE POSITIONS VICTIMALES

3.3. L'exemple paradigmatique des effets du harcèlement. Atteinte des dimensions paritaires (Villerbu, Pignol, Winter, 2014 ; Villerbu, 2014, 2015 ; Villerbu & Lebas, 2007).

C'est sans doute dans le domaine des violences itératives se développant dans le cadre de relations de longue durée que la Psycho-victimologie, éclairée par les acquis récents de l'Agressologie, est susceptible d'apporter un regard renouvelé sur les troubles psychiques dont elles peuvent être à l'origine. Il s'agit ici de penser les troubles en lien avec les modalités d'atteinte au lien social, formes contraintes (Pignol, 2016) desquelles le sujet tente psychiquement de se dégager et qui le réduisent à un statut d'accessoire ou de complément, réduit à n'être qu'un objet de l'autre. Contraintes visant tantôt la capacité contributive de la personne (exister comme personne autonome), tantôt sa capacité rétributive (tirer de la valeur de ce qu'il entreprend). Si donc l'on admet que les dimensions structurelles d'une structure paritaire sont les suivantes, cela donne :

	Thématisations	**Thématisations**
Axe de l'ALTERITE, ou de la capacité contributive de la personne. Dimensions de l'Identité et des Appartenances. Répartition des responsabilités, des rôles et des places.	Identité et Compétences S'accorder sur ce qui fait différences afin de les rendre complémentaires. Ce que je consens que l'autre est et que je ne suis pas : la différence sexuelle, de culture, de compétences, ce dont chacun assume la responsabilité et ce qu'il délègue à l'autre partenaire…	Appartenances et Partages S'accorder sur ce qui est à soi et ce qui est en commun et à partager : l'intime, les relations, les familles d'origine, les héritages, les acquis personnels…
Axe de l'ECONOMIE de l'ALTERITE, ou de la capacité rétributive de la personne. Répartition des gains et des coûts, des avoirs et des pertes. Dimensions du Prestige et des Mérites, des performances et de leur efficience.	**Prestige et Performances** S'accorder sur une hiérarchie des responsabilités et de leurs normes d'exercice **Prestige** : hiérarchisation des identités et compétences **Performances** : normes de mise en œuvre des compétences	**Mérites et Efficience** S'accorder sur une hiérarchie des mérites et de l'efficience de chacun dans sa place et dans son efficience **Mérites** : ce qu'on donne de soi, de ses énergies, de ses biens…, dans la mise en œuvre de ses responsabilités **Efficience** : valeur ou qualité accordée aux performances réalisées

FIGURE 21 : LES DIMENSIONS OPÉRATOIRES DE LA STRUCTURE PARITAIRE

Leur instrumentalisation dans la contrainte harcèlement, abusant à la fois du pouvoir et de la confiance dans les cibles Contribution et Rétribution, est perceptible, avec une symptomatologie référente :

Positions relationnelles symptomatiques d'une instrumentalisation de la capacité contributive	Positions relationnelles symptomatiques d'une instrumentalisation de la capacité rétributive
L'utilité : celui qui n'a pas de place propre, autonome, et qui comble sans cesse les absences, manquements, lacunes, laissées par l'autre	**Le bouche-trou :** celui est mis en demeure de combler les déficits de gestion de l'autre, qui comble les déficits en puisant dans ses propres avoirs et acquis
Le sous-fifre : celui dont les compétences sont inutiles, sinon à remplir des fonctions subalternes : « tu n'es rien sans moi » ; remplaçable à merci	**Le faire-valoir :** celui qui sert à valoriser l'autre aux dépens de sa propre valeur : « tu ne vaux rien sans moi »
Le placardisé : celui qui est exclu de toute participation	**Le laissé-pour-compte :** celui qui est en permanence dépossédé de ses avoirs et de ses acquis. « Ce qui est à toi est à moi, ce qui est à moi est à moi »
Le pis-aller : celui qui n'est là que par défaut	**La tête de Turc :** celui qui office d'antivaleur, d'anti modèle

FIGURE 22 : POSITIONS RELATIONNELLES SYMPTOMATIQUES D'UNE INSTRUMENTALISATION

4. Les spécificités de prise en charge du dispositif psycho-victimologique

4.1. Des temps et des enjeux à différencier, trois plus un.

La psychotraumatologie a insisté sur les trois temps de la clinique et de la prise en charge, leur continuité dépendant selon L. Crocq des postulats de l'approche cathartique (Crocq, 2012) : le temps de l'immédiat et du défusing, le temps du post-immédiat et du débriefing, le temps du différé et de la psychothérapie.

Leur rationalité s'expose ainsi : Enjeu 1 : le temps de survenue d'un tiers avec lequel un partage est possible ; Enjeu 2 : le temps de création d'une histoire individuelle/collective (témoignage) ; Enjeu 3 : le temps de l'intégration à l'histoire intérieure de la vie (psychothérapie).

Chacun de ces temps a un enjeu distinct ; soit ils peuvent s'auto-suffire, soit ils peuvent initier un quatrième temps, celui de la demande d'aide qui ne se confond pas avec la thérapie. Par exemple, certaines victimes de violences conjugales peuvent s'adresser à la consultation avec la demande explicite de les aider à se détacher de leur partenaire. Elles ont compris, ou en ont eu l'intuition, que les scénarios violents se répèteraient immanquablement si elles restaient avec lui. C'est le ici et maintenant d'une présence catastrophique qui est objet de demande et condition d'un suivi psychologique focalisé sur la situation symptôme. Dit autrement, la prise en charge passe par un « en compte », celui de la typicité de la situation victimale. C'est l'une des taches de la psycho-victimologie de prendre en compte ces formes de demande, et c'est en ce sens que cette approche ne se réduit pas aux perspectives d'une offre généraliste de changement qui trop souvent crée les absences et les échecs des analyses classiques (Pignol, 2013).

Enjeu 4 (Pignol, 2011) : le temps de la résistance à la répétition, qui s'ordonne des fondamentaux cliniques en termes de dispositif, de prescriptions et de proscriptions. L'objectif est de lier et non pas de délier, la liaison est privilégiée au lieu de la déliaison associative. *Relier afin de permettre la déliaison et la formation d'une autre liaison* serait l'autre formule. Lier pour favoriser et promouvoir la sortie de l'auto-intoxication obsessive, sidérante, délétère ; lier, que ce soit sur le mode oral d'un échange ou sur le mode projectif d'un média psychologique. *Scénariser* est la forme typique de cette approche contextualisante. Une même tension insistante pour favoriser les processus de désistance (Villerbu & Pignol, 2012).

Si la *désistance* comme issue et résistance à la réitération d'une pratique infractionnelle vient rendre compte de la manière dont se réinvestit une *présence ratée*, elle est aussi issue à la persistance d'une néo-réalité envahissante et persécutrice (*une présence en trop)* productrice des états psychiatriques, des échecs existentiels ou des positions victimales, comme des échappée criminelles (victimaires), des malaises psychosomatiques (polymorphisme et non-comorbidité). Si la résilience a pu faire barrage à la destruction intime et empêcher une issue dans des pratiques d'auto- ou d'hétéro-destruction, elle a de façon corollaire contribué à fermer, souvent à jamais, d'autres proximités avec soi-même et les autres.

Une analyse systémique de ce qui est à proscrire et à prescrire est dès lors possible.

Proscriptions	Prescriptions
Analyse de la demande	Analyse du problème qui amène le sujet ; solliciter des questions ; ne pas laisser sans réponse
Attention flottante	Proposer des représentations générales compréhensives du problème amené dont il puisse se saisir positivement ou de façon contrastée, voire contradictoire
Association libre	Ecoute centrée sur l'événement ou le contexte victimisant, ses retombées…
Silence	Travail actif de constitution d'une cohérence. Présence active, relances, restitutions synthétiques, propositions d'images signifiantes
Tout symptôme est une formation de compromis renvoyant à une conflictualité psychique inconsciente	Toute manifestation symptomatique est à mettre en lien avec l'événement, comme une tentative de dégagement qui emprunte aux atteintes subies par auto-désaveux
A propos d'un fait de réalité, il n'y a de vérité que subjective dont les fondements sont à rechercher dans l'inconscient, l'appareil psychique et les avatars de sa formation	Donner une représentation sociale, juridique de l'événement ainsi que de sa gravité

FIGURE 23 : ATLAS DES PRESCRIPTIONS ET PROSCRIPTIONS POUR LA MISE EN CONTEXTES ET EN LIENS

4.2. Le matériel clinique de mise au travail : le contextuel.

4.2..1. Le matériel clinique, deux registres.

Il est multiforme, fonction de ce que spontanément apporte le sujet : une question, une incompréhension, de la confusion, une certaine présentation de sa situation, ses attentes vis-à-vis de la consultation, le moment dans lequel il est de son « parcours » psychique et/ou juridique… Dans tous les cas il s'agit de faire des liens :

- entre des bribes d'expérience, un vécu fragmenté de l'événement (c'est le principe des entretiens centrés sur l'événement dits débriefings) ;
- entre l'événement et le vécu actuel et ses différentes expressions problématiques pour le sujet (en quoi il ne se reconnaît plus dans l'expérience qu'il a maintenant de lui-même et du monde).

Les méthodes pour cette contextualisation sont variées : la bioscopie orientée sur les incidents subjectifs,- le génogramme projectif ; l'analyse criminelle séquentielle existentielle, les axiomes existentiels ; les distinctions des temps « détectives » et des temps subjectifs,- l'analyse proximale concernant les agirs infractionnels ; l'étude des fantaisies infractionnelles, la notion d'Avatar dans l'analyse criminelle cyber pédopornographique ; le Schéma Sociométrique Infractionnel ; les facteurs facilitateurs et déclenchant des agirs infractionnels groupaux, domestiques, urbains ; les durées de vie des moments vulnérants, leurs caractéristiques ; les dynamiques criminogènes des mouvements sectaires, dynamiques criminelles des agirs sectaires et terroristes, etc. -postvention- désistance-réseaux, parrainage...

De nouveaux protocoles psycho-victimologiques doivent construire un diagnostic aux doubles effets, judiciaires et de réintégration de soi-même : une clinique à la fois judiciaire, et somatique, thérapeutique et éducative. Et pour cela l'insistance sur les contextes et sur les expériences en retour des événements vécus est essentielle.

Les ruminations et les constructions spontanées	Les questions qui font l'objet de ruminations obsédantes et les réponses auto-toxiques que tente d'élaborer en réponse le sujet. Exemple très fréquent de « l'arbre des causes », consistant à refaire l'histoire point par point, en faisant varier chacun de ceux-ci, pour rechercher ce qu'il aurait dû faire et/ou ne pas faire pour que ne soit pas arrivé et/ou ne se soit déroulé comme que cela s'est déroulé
Les symptômes	Ce en quoi il ne se reconnaît plus dans ses comportements, pensées, réactions... Dans la sémiologie des syndromes psycho-traumatiques de L. Crocq, cela recouvre les symptômes non spécifiques (phobiques, hystériques, obsessionnels, toxico, conduites à risque, phénomènes dissociatifs, troubles du caractère...)
Les reviviscences	Images flashes, « hallucinations », dont il faut rechercher ce qui dans le moment où elles surviennent permet d'en rendre compte
Les rêves	Certains rêves donnant accès à des pans entiers de l'expérience victimale, et auxquels peuvent faire suite des levées de certaines amnésies, dénis...
Les sensations	Cela va de kinesthésies et cénesthésies corporelles ne faisant pas sens à un vécu d'étrangeté du monde ambiant (naturel et humain), vécu sur un mode « paranoïde » comme hostile...

Les émotions	Effroi, colère, vécu d'injustice, détresse, panique, honte, culpabilité, états dépressifs mélancoliformes, impuissance…
Le rapport à la procédure judiciaire réelle ou imaginée	Le parcours judiciaire et ses aléas, ce qu'il fait surgir comme angoisses, effondrements, auto-désaveux, etc.

FIGURE 23 : ATLAS DES EXPÉRIENCES VÉCUES EN RÉACTION À L'ÉVÉNEMENT ET MISES AU TRAVAIL

4.2.2. Les dimensions de l'événement.

Considérant que ce dispositif, dans sa construction, propose des variations d'une expérience initiatique de la destruction, on conçoit que chacune d'entre elles est à prendre dans une lecture séquentielle d'un ensemble hétérogène et clivant d'expériences et de positions subjectives ; et que celles-ci sont à entendre (à prendre en compte) et à mettre en expérience dans le cadre de la prise en charge, avec les dimensions de l'événement originaire et les stratégies[15] de destructions repérables qui y sont incluses.

Avant	L'événement ou le contexte initial, etc.
Pendant	Le mode opératoire de l'agresseur ; mise en échec des systèmes de sécurité du victimé, etc.
Après versant position du Victimant	Ses stratégies de décriminalisation, etc.
Après versant position Victimé	Les positions et tentatives de désaveu, etc.
Avant l'évènement Après l'évènement	Positions des proches…
Ici et maintenant	Positions des proches…

FIGURE 24 : ATLAS DES EXPÉRIENCES VÉCUES EN RÉACTION À L'ÉVÈNEMENT ET MISES AU TRAVAIL

Atlas des dimensions analysables de l'événement et des incidences sur les proches.
Exemple de protocole expertal psycho-victimologique prenant en compte les fondamentaux de l'analyse :

[15] De manière analogue à ce qu'avaient pu développer Pery & Orchard, 1992.

1- Organisations des constantes de présence à travers les pratiques de soi, des autres et du monde, commentaires axiomatiques et psychopathologiques ; Le patrimoine immatériel, génogramme et relations de transmission ; La bioscopie : les rapports à la parentalité, fratrie, aux acquisitions, à la santé, aux autorités, à la sexualité, à soi-même comme confidence et intimité, à l'imaginaire, etc. ; Les facteurs inter-dynamiques d'exposition et de protection de soi ; L'analyse des vulnérances et ressources (Axiomatique, ce qui fait injonction et l'économie psychique de ces injonctions/décisions).

2- Examen Psycho-Victimologique : L'avant-scène infractionnelle subie ; Contextes : la scène infractionnelle subie ; les réactions auto-observées quant aux faits, à soi-même et au présupposé agresseur ; L'impact direct, les modes de réactivités immédiats ; L'après scène infractionnelle. Retentissements psychiques et sociaux (Kédia et al. , 2012). Les modes de présence de l'entourage proche et connaissance sont des réactivités à des faits similaires.

3- L'après expertise : Commentaires et analyses qui vont être faits ; Perceptions à moyen et court terme des réactions suscitées par le moment expertal et ses significations ; Commentaires sur les postures qui vont être proposées par la victime pour elle-même, quant aux autres, en face de cette situation.

4.2.3. La dimension groupale et l'articulation des acteurs impliqués dans la scène de destruction. Les effets de la victimisation secondaire et leur prise en compte.

Le passage par le procès pénal apparaît souvent incontournable du fait de la loi, mais aussi du fait des attentes qui s'y trouvent symboliquement et de façon imaginaire, déposées.

Dans la scène formelle que constitue le procès lui-même, les acteurs n'ont guère de place puisque celle-ci est souvent réduite à celle d'une fonction, dans la mesure où leur parole, saisie par le biais de la défense, de l'accusation et des textes, se trouve systématiquement instrumentalisée, technicisée. Ni leur position subjective (inter-subjective) ni leur position anthropologique (dans le contexte du lien social) ne se trouvent discutées, sujets de débats, dans le lien qui les lie/délie à l'environnement total. La dimension groupale est la plus grande absente dans la mesure où l'individualisation de la peine va rarement jusqu'à la personnalisation (Dréan-Rivette, 2005).

Sans doute convient-il de ne pas faire un mélange des genres (Pignol, 2012) et confondre ce qui relève du droit pénal et des psychologies. C'est la reprise de ce *vivre-ensemble* que le dispositif psycho-victimologique met en œuvre comme formes de pare excitation aux processus délinquantiels, aux processus victimaux, toujours susceptibles de surgir faute d'avoir été *suffisamment* entendus et pris en compte. C'est le rapport structurel Victimant/Victimé, Vulnérant/Vulnéré, qui en est l'organisateur, un pari sur le possible jeu des places indument imparties et la possibilité de faciliter l'accès à l'expérience d'un autre dissymétrique, expérience du don et de la dette, expérience de la réciprocité et de la mutualité.

Deux pans du lien social, comme *vivre ensemble*, sont engagés dans cette prévention et postvention (Le Quellec, 2015) :

Partager une expérience entre soi semblables	par de mêmes vicissitudes (la sexualité, les accidents de la route, le harcèlement, les contextes conjugaux violents, les maltraitances, etc. : groupes de paroles (quel que soit les techniques mises en œuvre) où sont convoqués les témoignages et leurs effets, parfois les grands témoins par et pour la transformation dont ils peuvent rendre compte.
Partager une expérience entre acteurs Victimé/Victimant d'une même situation	dont les traces perdurent, exigeantes, ordonnant des rencontres d'explications et de compréhension en vue d'un bien autant personnel que commun et d'un retour à ses propres cadres de références sociaux, psychologiques et moraux. La justice restaurative met en scène cette réparation. Il n'est pas sûr que le pardon soit le terme le plus approprié à ce qui s'y construit. Il est probable que s'y apprend un lâcher-prise et la subversion de ce laisser-tomber dans d'autres projets de vie.
Partager d'autres réseaux sociaux	Parrainage, cercles de soutien, etc.

FIGURE 24 : ATLAS DES DIMENSIONS EXISTENTIELLES SOLLICITÉES PAR LES ÉTATS VICTIMAUX ET LEUR TRANSFORMATION.

Pour obtenir la bibliographique complète des travaux Psycho-Victimologiques de Villerbu L.M. et Pignol P., voir le site : villerbu-crimino.fr
Consulter à partir de mars 2016, le site de la Société Bretonne de Psycho-Criminologie et Psycho-Victimologie (SBPCPV).

Chapitre 6 : Outils « MC-FLY », « SPHERES », INDICE » ? L'approche globale de l'évaluation et de l'accompagnement au sein des entretiens initiaux, approches méconnues de l'Entretien Temporel et du GLM

E. DIEU, Chercheur en psycho-criminologie et directeur du Service de criminologie-victimologie appliquées ARCA

« P.R.A.T.I.C. » (Protocole Relationnel d'Aide au Travail d'Intervention Criminologique) est un outil de Jugement Professionnel Structuré conçu par le Service de Criminologie-Victimologie Appliquées – Observatoire des Violences (A.R.C.A.) visant à soutenir le professionnel en intervention clinique, pénitentiaire ou socio-judiciaire dans l'identification d'aspects situationnels, psycho-sociaux, comportementaux et cognitivo-émotionnels chez le sujet sous-main de Justice afin de faciliter les stratégies d'accompagnement. L'outil de jugement professionnel structuré est un instrument permettant le repérage de problématiques spécifiques, mais ne vise pas à une évaluation initiale actuarielle ouvrant sur un décompte statistique-prédictif du risque de récidive. « P.R.A.T.I.C. » permet une homogénéisation du diagnostic professionnel en le structurant selon des éléments problématiques reconnus, et une harmonisation des pratiques au sein du service (identification commune et méthode uniformisée du recueil de données) tout en laissant au professionnel un jugement personnel dans le travail à privilégier, l'intensité à mener, et l'appréciation du niveau de risque d'occurrences problématiques.

1. La question temporelle dans la criminologie actuelle

A présent, où est passé le futur en psycho-criminologie et psycho-victimologie?

Les approches psychologiques d'identification d'aspects situationnels, psycho-sociaux, comportementaux et/ou cognitivo-émotionnels chez les sujets placés sous main de Justice ou les victimes sont ici interrogées dans leur rapport à la temporalité. L'appréciation et le repérage de problématiques spécifiques, non structurées ou structurées (psychométrique ou actuarielle), ne questionnent bien souvent pour le futur du sujet que sa rechute potentielle (du risque traumatique ou de la récidive). L'appréciation des vulnérabilités, la réhabilitation dans le champ de l'insertion et probation, le soin psychothérapeutique ou les ateliers psycho-éducatifs concernant les traumatismes, situations à risque, symptômes, jettent sur le patient un regard qui n'interroge que peu son identité dans le temps ou sous un futur obstrué et mono-centré sur ce qu'il ne faut pas y placer : la problématique.

Qui est ce sujet, c'est-à-dire que veut-il être profondément, quelles sont ses ressources pour y accéder dans le temps, quel est le sens de ses valeurs à travers un voyage mental « dans » le temps… ? Ces interrogations paraissent être des thèmes éloignés de nos modèles thérapeutiques. Et nos modèles criminologiques n'y témoignent pas plus *directement* d'intérêt.

La « Justice restaurative » (Zehr, 1990, 2002 ; Braithwaite, 1989 ; Walgrave, 1999), pourtant inclusive et fortement sociale, n'interroge pas la question du futur ou de l'identité dans le temps. La « désistance » (Maruna, 2001 ; King, 2013 ; Farrall et al., 2014 ; McNeill, 2009, 2010) établit le constat rétrospectif des éléments psycho-sociaux et sociaux ayant permis au sujet de se désinvestir, dans la durée et de manière non linéaire, d'une trajectoire de vie délinquantielle. Le modèle des « pratiques correctionnelles fondamentales » (Trotter, 2015) offre un ensemble de préconisations positives bénéfiques au développement d'interactions prosociales chez le détenu. Enfin, le modèle réhabilitatif de prévention de la récidive « Risque-Besoins-Réceptivité » (Andrews & Bonta, 2010) propose des stratégies d'évaluation et d'intervention basées sur « What works », essentiellement centrées sur une rééducation des besoins d'accompagnement criminogène, c'est-à-dire les éléments problématiques dans la vie du sujet étant établis en lien avec la récidive. Le modèle des « Vies Saines » (Good Lives Model) (Ward, 2007 ; Ward & Langlands, 2009) est le seul qui sort en partie de cette impasse en soutenant l'hypothèse positive que les sujets ne cherchent pas seulement à entrer dans le processus de sortie de problématique, les humains désirent avant tout atteindre une vie favorable et cohérente. La différence dans l'orientation est manifestement fondamentale, la première possibilité propose soit un futur absent soit un futur réduit à un versant aversif ou pare-négatif, lorsque le second regard interroge un versant attractif de soi dans l'avenir. L'identité n'est pas lue à la négative (*« ce que je ne veux pas être »* ou bien *« je ne suis plus ainsi »*], mais de manière positive (*« ce que je veux »* ou *« voici ce que je suis aujourd'hui »*).

Toutefois le « Good Lives Model » (Ward et al., 2012) ne va actuellement aussi loin, il propose d'établir un plan de vie en correspondance aux besoins fondamentaux présents aujourd'hui, sans projeter le sujet dans le temps sous la forme d'un voyage identitaire plus intense. L'intérêt des principaux modèles d'intervention se porte sur les perceptions psychosociales du sujet, notamment vis-à-vis d'une situation particulière passée ou présente ; sur son rapport aux « causes distales de la situation » (eg. développement moral de l'individu) et la « phase d'action » à travers les biais de perception (Born, 2005) ou les choix comportementaux (Wikström & Treiber, 2009).

Le présent de l'acte est passé vs. L'avenir de l'acte est le présent… Un décalage horaire qui questionne : Où est le vrai futur ?

Chose étrange que le décalage temporel dans nos entretiens. Si la question du décalage entre le temps psychique et le temps judiciaire se discute çà et là dans la littérature scientifique (Villerbu, et al., 2009), je n'ai pu trouver dans aucune base de recherche et banque de données le décalage de perception temporelle entre l'accompagnement et la situation-problème. Au sein de la prise en charge, trois temps peuvent s'envisager et se résument généralement ainsi (Bénézech, 2004 ; Bénézech et al., 2006, 2008, 2010) ; Dieu & Sorel, 2015) : avant l'acte (le parcours ou le contexte), l'acte ou la situation-problème en elle-même, après l'acte (proximal ou distal). Et avec ces périodes, des techniques d'accompagnement se privilégient à l'occasion (eg. TCC, psychodynamique, MBCT, EMDR). Cette analyse temporelle subjective en fonction de la problématique sollicite les acteurs, professionnels et sujets, dans un partage qui biaise la relation au temps objectif.

Travailler avec le sujet sur l'acte, l'infraction, la situation-problème, le contexte, etc. crée cette illusion psychique de travailler un élément « présent » (le présent de l'acte) et nous tourne au mieux vers des modalités d'accompagnement centrées sur une approche du présent. Hors pour le temps objectif, et pour la vie du sujet au quotidien, ces éléments constituent le passé, et paradoxalement plus il parle au professionnel plus il le rapproche subjectivement du présent (reviviscence et lien avec le fonctionnement global), mais s'en éloigne objectivement (le temps passant). De même, partager et désensibiliser des symptômes survenus à la suite de l'acte renvoie subjectivement à la période post-acte, le futur de l'acte, alors qu'il ne s'agit objectivement pour le sujet en face de nous que de son quotidien. Ainsi, le présent de l'acte est bien passé tandis que l'avenir de l'acte est présent… A quel moment de l'accompagnement le vrai futur surgit-il ? C'est-à-dire le futur du temps objectif, au sein duquel le temps subjectif n'est possiblement pas projeté –la problématique du présentisme évoquée précédemment.

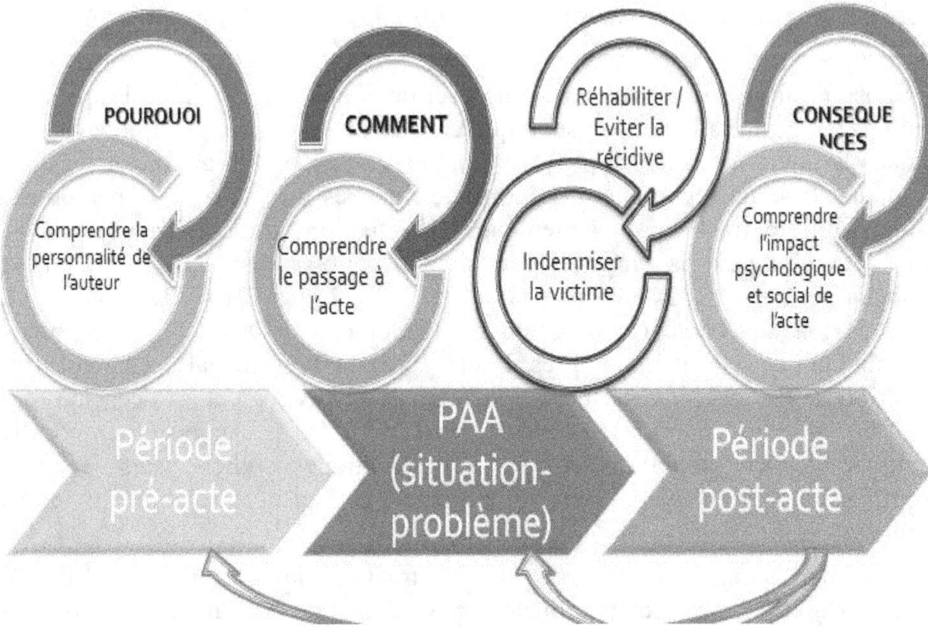

FIGURE 25 : TEMPORALITÉ INFRACTIONNELLE

La proposition ici envisagée revient à déplacer le curseur de l'accompagnement vers les conséquences de l'acte pour le sujet et de lui permettre de projeter son identité dans le temps par-delà ses difficultés. Les conséquences, ou répercussions, de la situation-problème ne seraient dans ce schéma que le « présent » de l'accompagnement identitaire, mais renvoient pour le sujet à un premier soulagement : le temps subjectif de l'avenir de l'acte. Il convient par notre hypothèse de passer par les conséquences, le « pour-quoi », avant d'en venir au « pourquoi » et « comment » (élément du passé biographique) et surtout à la réalité du futur.

Les répercussions et le présent du temps objectif renforcent les sujets dans l'écoute active, le partage, l'alliance relationnelle, et facilite ainsi l'élaboration de l'acte par la suite et le travail réhabilitatif potentiel, lorsque les « Pourquoi » et « Comment » paraissent inaccessibles et en cela occasionnent éventuellement de l'inactivité, un sentiment d'impuissance ou de sidération. Le vécu de l'acte sous l'angle émotiviste facilite la réceptivité du sujet (Bonta & Andrews, 2007 ; Serin & Kennedy (2001).

2. Accompagner les perspectives temporelles : l'outil M.C.-F.L.Y.

Approche temporelle dans « PRATIC » et objectif de l'outil MC-FLY

L'utilisation de l'outil MC-FLY entre pleinement dans les théories de la « désistance » de Farrington (1986), McNeill et al. (2012) et Maruna et

Lebel (2003), c'est-à-dire l'arrêt des passages à l'acte comme un processus (de renoncement) qui s'inscrit dans le temps, mais non linéaire, au terme duquel la personne cesse de commettre des infractions. Il s'agit dès lors d'un processus de désinsertion du cheminement délinquantiel sous trois angles : primaire avec l'interruption totale des agissements délinquants depuis la dernière occurrence, secondaire avec un processus d'interruption relative et des faits possiblement réitérés, mais moins graves et moins fréquents, et enfin tertiaire et le changement pérenne du comportement impliquant un changement identitaire.

En outre, « P.R.A.T.I.C. » a vocation à s'appliquer à un choix large de programmes auprès des auteurs et victimes d'infraction, puisqu'il fut expérimenté pour la réhabilitation dans le champ de l'insertion et probation, le soin psychothérapeutique sous contrainte ou volontaire, les ateliers psycho-éducatifs de groupe, les groupes de prévention de la récidive, la Justice restaurative sous la forme de médiation ou dans le cadre des Cercles de Soutien et Responsabilité. L'outil croise dès lors le modèle Risque-Besoins-Réceptivité (Andrews & Bonta) et le Modèle des Vies Saines (Ward, 2002) en proposant une approche supplémentaire restaurative en accord avec ces modèles (Ward & Langlands, 2009 ; Coco & Corneille, 2009). Les personnes ne cherchent pas seulement à entrer dans le processus de désistance, mais désirent surtout atteindre une vie favorable, restaurer le lien social rompu et développer une identité de soi « cohérente », condition essentielle pour atteindre un bien-être psychologique et une réduction du risque de récidive. L'outil M.C.-F.L.Y. correspond à cette volonté d'investiguer avec le sujet ses perspectives futures et ses changements. Dans P.R.A.T.I.C., il se conjugue idéalement avec l'outil S.P.H.E.R.E.S., application du Good Lives Model.

L'outil M.C.-F.L.Y. (Dieu, 2011) fut élaboré à partir des travaux sur les perspectives futures de Lens et Moréas (1996) et Cliche (2010). La problématique centrale de l'outil est la (in)capacité à se projeter dans un projet futur, à le planifier, à se sentir investi par lui en tant que réalisation d'un projet venant de soi. Il faut dès lors trouver un équilibre entre la projection de son identité dans le futur et l'investissement du présent, seule période temporelle concrète et constructrice du futur. L'outil cherche à identifier précisément et accompagner les auteurs et victimes d'infraction dans la problématique de la fixation dans le présent et de la difficulté à planifier le futur (Gottfredson, Hirschi, Cusson, Born, Pignol, Villerbu).

Il s'agit dès lors de voir ce non-investissement moins comme une impasse qu'un potentiel à présenter au sujet :

> *« Mes phrases sont simples finalement. Mais vous voyez qu'en vous positionnant dessus, elles nous amènent à conclure qu'actuellement vous semblez fixé dans le présent. Toutefois vous me faites part aussi*

de désirs, de projets, comment pouvons-nous coïncider cela? Y avez-vous déjà réfléchi ? »

En plus du rapport à la temporalité, l'outil M.C.-F.L.Y. envisage un rapport à l'altérité en intégrant la théorie du « locus de contrôle » (Rotter, 1966) afin d'évaluer le sentiment de (non)maitrise de la personne sur sa vie, suivant qu'elle se sente maitre de ses actes et projets ou esclave du destin et des circonstances extérieures. Le « LOC » est aussi un indice sur le sentiment d'auto-efficacité du sujet concernant ses actes et projets. La spatialité (moi/autrui) et la temporalité (fixation/futur) intègrent ainsi la double lecture psycho-criminologique « activité/passivité » et « externalité/internalité » envisagée par Villerbu dans son Test d'Intégration Différentielle des Conflits (TIDC). M.C.-F.L.Y. s'envisage comme un outil d'accompagnement clinique (thérapeutique ou éducatif) sur les conflictualités traversées par le sujet dans ses projets personnels qui doivent prendre en compte les réalités extérieures. Le système de valeurs du sujet (référence axiologique) et ses capacités individuelles sont ici sollicités afin d'agir efficacement sur un présent chargé de sens.

Il est important de prendre le temps d'expliquer au sujet qu'il n'y a dans cet outil, questionnaire ou entretien, aucune bonne ou mauvaise réponse. Notre démarche rejoint celles de Spinelli (2007), Yalom (2008) et Huguelet (2013) sur le rôle du sens de la vie dans la sortie de problématiques qui nous affectent. Dire au sujet que nous sommes là pour l'accompagner vers la mobilisation de sens et de valeurs aujourd'hui dans l'impasse, du fait d'une situation qui l'empêche de concevoir de manière globale un projet de vie. En effet, s'investir vers un travail, une activité, des problèmes personnels à résoudre, tenir au jour le jour en milieu pénitencier, etc. ne permet pour beaucoup de personnes que difficilement de s'envisager dans un projet global qui nous tient à cœur. Pour accompagner le sujet, il faut lui proposer de faire connaissance, précisément sur ces points qui font de lui un être particulier : ses besoins profonds et son projet de vie. Soutenir le sujet dans ses réflexions ou ruminations sur le sens de sa vie, c'est préciser soit l'événement externe (ex : la situation-problème, le divorce, etc.) ou interne (ex : angoisser en pensant à l'avenir, se dévaloriser, etc.), qui entre en contradiction ou en lien avec des valeurs personnelles. Cette contradiction génère notamment une pensée négative sur nos projets, un affect tel que la colère ou la tristesse, et des processus en chaine qui se traduisent dans les comportements (ex : impulsivité et agressivité face à un projet proposé).

Dans l'objectif de comprendre leurs ressentis, nous avons souhaité étendre le champ des problématiques judiciaires à la manière dont les sujets envisagent leur plan de vie (Ward, 2007), leurs valeurs et croyances. Nous avons également procédé en deux étapes :

1. un questionnaire auto-attribué qui interroge 5 dimensions, avant d'échanger avec le facilitateur sur les résultats et le positionnement tenu depuis les faits ou autre événement majeur pour la personne ;
2. un échange ouvert semi-dirigé, afin de partager le cheminement du sujet à travers des phrases guides.

Dès lors, il est essentiel de proposer au sujet de compléter seul, ou à défaut avec notre aide, le questionnaire que nous reprendrons par la suite avec lui. Nous conseillons d'expliquer au sujet que ces phrases sont aidantes pour lui, puisqu'il est souvent difficile de trouver les mots adéquats pour parler de nous, surtout dans un contexte judiciaire ou clinique. Les phrases sont standardisées, il peut alors préciser ce qu'il en pense en toute sécurité :

> *« Il vous suffit de lire la phrase de droite, et d'indiquer si cette phrase vous représente ou non. Pour noter si cette phrase vous correspond, vous noterez à gauche un chiffre allant de 1 à 5. « 1 » signifie que la phrase ne vous correspond pas du tout. Plus le chiffre est haut, plus la phrase vous correspond. « 5 » étant donc votre accord total. Vous verrez, pour certaines questions vous irez vite, pour d'autres ce sera plus difficile. Et cela sur des phrases très différentes que quelqu'un d'autre, parce que pour vous elles ont un sens précis. »*

Technique de passation, entretien, remplissage de l'outil et interprétation des résultats

La première phase consiste à reprendre l'auto-questionnaire avec le sujet et voir avec lui ce qu'il en a pensé et si toutes les phrases ont bien été comprises. La deuxième phase envisage l'entretien semi-directif afin de partager et susciter la réflexion. La troisième phase cherche les cohérences et incohérences entre les réponses de l'auto-questionnaire et celles de l'entretien, une nouvelle fois partagées avec le sujet. L'objectif étant l'échange autour de la réceptivité du sujet à ses propres problématiques et possibilités de changement. La dernière phase caractérise la recherche de forces, protections, permettant la mise en place du plan d'action.

Pour la première phase, l'outil M.C.-F.L.Y. interroge 5 investissements potentiels chez le sujet :

1. l'orientation vers le futur et la présence de projets personnels (ou Projection future) ;
2. l'orientation vers le présent ou l'absence d'orientation vers le futur (ou Présentisme, fixation passé/présent) ;
3. la croyance que le destin détermine le futur (ou Locus de contrôle externe) ;

4. l'impression d'avoir du contrôle sur son futur (ou Locus de contrôle interne) ;
5. la capacité à planifier la réalisation de projets personnels (ou Concrétisation et flexibilité cognitives).

Au sein de l'auto-questionnaire de 25 phrases, chaque dimension est constituée par 5 positionnements. Il est demandé au sujet, à l'aide d'une échelle de Likert allant de 1 à 5, de se positionner sur chacune des phrases. « 1 » indique que le sujet ne se reconnait pas dans la phrase (elle lui semble « fausse »), « 5 » qu'il s'y reconnaît totalement (elle lui semble « vraie »).

Concernant la deuxième phase, cœur de l'entretien, nous dissocions ici les généralités des spécificités existentielles. Les généralités interrogent « Comment la personne s'envisage ? » :

- (Présent) De manière générale, expliquez-moi comment vous envisagez les choses, les événements, etc. ? Si vous étiez quelqu'un d'autre, à ma droite juste là, et que vous vous entendiez pendant cette description, qu'est-ce que vous en penseriez ?
- (Passé) Avant les faits (ou la détention), c'est-à-dire il y a maintenant (période donnée), si je vous avais posé les mêmes questions sur vous, qu'est-ce que vous m'auriez répondu ? Par exemple, si nous faisions venir à ma droite juste là la personne que vous étiez, comment la trouveriez-vous ?
- (Futur) Et si nous nous retrouvions par hasard après que votre peine soit effectuée (ou dans X années), qu'est que vous me répondriez sur vous ? Par exemple, si nous faisions venir à ma droite juste là la personne que vous pourriez être, comment aimeriez-vous qu'elle soit ?
- (retour au Présent) Et si nous lui demandions de dire ce qu'elle pense de vous maintenant, c'est-à-dire pour elle ce qu'elle a été il y a quelques (mois/années), qu'est-ce qu'elle en dirait ?

Les spécificités creusent dans l'entretien avec le sujet chacune des cinq dimensions :

- (5 dimensions) Depuis les faits (ou la détention, ou autre événement majeur), comment envisagez-vous votre futur/présent ? Qu'est ce que vous pensez du destin, ou bien de l'impact des autres sur votre vie et votre futur ? Quelle place vous attribuez-vous sur la maitrise de votre vie et votre futur ? Comment pensez-vous planifier la réalisation de vos projets ?
- (Type de besoin) Y avez-vous songé récemment ? Est-ce une source d'anxiété, de stress, ou plutôt un moteur pour vous ? Réaliser/Changer ces éléments, cela vous semble-t-il réalisable, si oui dans quelle mesure (ex : rapidement) ?

La troisième phase reprend avec le sujet l'auto-questionnaire et propose de faire le calcul des scores et expliquer au sujet les résultats de la sorte : « *Vous voyez, selon les réponses du questionnaire, il semblerait que vous soyez très investi dans le... et moins ici... que vous attribuiez davantage les événements à... plutôt qu'à... Qu'en pensez-vous par rapport à la manière dont vous aviez compris les phrases et à notre échange précédent sur vos projets* ? ».

La quatrième phase insiste sur les facteurs de protection et la réceptivité. Il s'agit d'interroger le sujet sur ses points forts, choses positives dans la vie qui le stimulent : individuelles, sociales/environnementales, et de mettre cela en lien avec des problèmes identifiés (ex : « *y a-t-il un point fort, qui vous est personnel ou dans votre entourage, qui vous aiderait à surmonter "X"? Par exemple?* »).

A la fin des quatre phases, l'outil permet de repérer sur chacune des dimensions comment la personne s'envisage plus concrètement avec des questionnements qui lui sont propres. Cette technique se présente tant comme une co-évaluation de ses positionnements qu'un accompagnement empathique. Pour chacune des dimensions, il est proposé de séparer ce qui se présente, pour le sujet, comme... :

- Un « besoin personnel » : élément moteur dans le fonctionnement de la personne, et certainement déjà présent avant la/les situation(s)-problème(s) ;
- Un « besoin victimogène » : élément nuisant à la qualité de vie du sujet, et potentiellement attribuable au déclenchement/déroulement/suite de la situation-problème ;
- Besoin « statique » ou « dynamique » (aigu ou stable) : il s'agit de l'intensité de la croyance ou de la difficulté du changement concernant le besoin manifesté au sein de la dimension. « Statique » souligne que le sujet ne semble pas s'envisager autrement, aussi le besoin ne se meut pas, tandis que « Dynamique » propose cette éventualité du changement de manière rapide (« aiguë ») ou lente (« stable »).

Une évaluation et deux réévaluations dans le temps sont rendues possibles au sein de l'outil. Nous proposons au professionnel d'évaluer la « réceptivité » du sujet à ses problématiques suivant une capacité ou un soutien extérieur et les stades de la motivation au changement : pré-contemplation, contemplation, détermination, action. Les facteurs de protection « personnels » sont des facteurs internes forts, intrinsèques au sujet, venant contrecarrer le(s) facteur(s) de risque ; tandis que les « contextuels » sont externes modérés-faibles, c'est-à-dire extrinsèques à l'individu, venant le protéger temporairement de ce(s) même(s) facteur(s) de risque. L'évaluateur doit ensuite estimer si ces facteurs positifs de protection sont accessibles au sujet et dans quelle mesure (« stables » ou « dynamiques »).

L'analyse ne prend vraiment du sens qu'en confrontant les résultats de la manière suivante : La dimension « 1 » de la Projection future par rapport à la dimension « 2 » du Présentisme ; La dimension « 3 » du LOC externe par rapport à la dimension « 4 » du LOC interne ; La dimension « 5 » de la Planification/Concrétisation cognitive par rapport aux autres dimensions (par exemple cette dimension « 5 » donne un sens important à la dimension « 1 », puisqu'une orientation vers le futur sans capacité de planification ne permet pas au sujet d'accomplir ses projets). La phase du questionnaire semi-directif met en perspective les liens établis par le questionnaire, en laissant le sujet investir chaque dimension de manière intime. Si le sujet maintient un positionnement de fixation dans le présent, il aura une tendance à s'écarter du futur et/ou à ne pas le planifier, ainsi le futur risque d'être attribué au destin ou aux autres. Si le sujet se projette uniquement dans le futur, il faudra vérifier sa capacité de planification du projet. Aussi, il sera important d'évaluer le degré de maitrise qu'il s'attribue –en lien avec la planification, puisqu'investir le futur sans planification ou maitrise, cela revient à ruminer une fatalité et un scénario catastrophe. L'objectif est d'accompagner le sujet à un point d'équilibre entre ses valeurs, ses objectifs et ses moyens.

3. Accompagner les aspirations profondes : SPHERES ou Sa Propre Histoire En Reconstruction, Etre Soi.

Présentation de l'outil et positionnement

L'outil S.P.H.E.R.E.S. (Dieu, 2013) (qui intègre une partie du modèle temporaliste TIME-M.C.F.L.Y de Dieu, 2011) propose des techniques relationnelles d'entretien afin d'explorer les facteurs de risque et de protection à travers l'évaluation du plan de vie du sujet et de sa capacité à se décentrer. Il est important d'amener le sujet à aborder l'outil davantage comme « un entretien de compétences » que comme une évaluation de sa personne et du danger qu'il représente –ce qui n'est pas l'esprit de SPHERES. SPHERES constitue un support d'entretien avec le participant concernant son investissement dans 10 dimensions correspondant à des besoins primaires pour construire une vie cohérente pour le sujet et la société (ici nommés sphères de vie). SPHERES comporte deux parties, un auto-questionnaire, un entretien proprement dédié à l'évaluation. Les objectifs de l'entretien co-dirigé sont d'approfondir les éléments apportés par l'auto-questionnaire et de retracer comment ces investissements ont évolué en parallèle du processus d'infraction (*nouvelles sphères, nouvelles valeurs, nouveaux besoins fondamentaux, nouvelles aspirations temporelles, etc.)* :

SPHERES de vie	Définitions (représentations) / Moyens (comportements)
Bonheur	*Satisfaction et félicité, sexualité… /*
Vie	*Gagner ma vie, avoir une maison, de quoi vivre, ma santé… /*
Accomplissement	*Avoir le sentiment d'exceller au travail, dans les loisirs… /*
Equilibre émotionnel	*Tranquillité, liberté d'anxiété et de stress… /*
Savoir	*Apprendre des notions, comprendre soi-même et les autres… /*
Créativité	*Créer quelque chose de nouveau, renouveler sa vie… /*
Spiritualité	*Valeurs, croyances, mode de vie, pratique concrète… /*
Communauté	*Faire partie d'un groupe, d'une communauté… /*
Relations	*Aimer et être aimé, famille, amour, intimité… /*
Autonomie	*Avoir le sentiment de décider pour soi… /*

FIGURE 26 : SPHÈRES DE VIE SELON LE GLM

Les sphères sont questionnées dans le temps afin d'en évaluer les caractéristiques suivantes du tableau. L'évolution des SPHERES de vie dans le temps évoquée par la suite et l'analyse des quatre champs –(sur)investissement, cristallisation, problématique, temporalité- sont interrogées et évaluées à l'aide des techniques de l'outil MC-FLY de l'Entretien Temporel « TIME ».

Sphères	Investissement			Définitions	Moyens
	Passé	*Présent*	*Futur*	*Codes*	*Concrets*
Bonheur					
Spiritualité...					

FIGURE 27 : TEMPORALITÉ ET SPATIALITÉ

Les sphères sont questionnées dans le temps sur le plateau afin d'en évaluer plusieurs caractéristiques :

- **« investissement » :** à quel point le sujet estime la sphère prioritaire actuellement dans la détermination de son comportement, quel est le degré de motivation à investir la sphère estimé par le sujet ;
- **« cristallisation » :** à quel point les valeurs / représentations (définition personnelle) de la sphère étaient importantes pour l'identité de la personne avant les faits / l'entrée en détention ou toute autre problématique mise au travail (ex : consommation de produit), et quelle est leur valeur aujourd'hui (notion de stabilité de la sphère) ;
- **« proximité à la problématique » :** à quel point les valeurs/représentations de la sphère reflètent ou soutiennent la problématique du sujet ;
- **« temps » :** interroger l'évolution de la sphère concernant les précédentes caractéristiques entre avant et après le passage à l'acte ou autre problématique mise au travail. Cette évolution est interrogée sous l'angle socio-cognitif, c'est-à-dire via la perception que l'individu se porte. D'un point de vue psycho-criminologique, le « temps » renvoie ici à la fois à la projection ou à l'obstacle d'un futur, d'une confiance que le sujet s'accorde ou non dans la maitrise de son espace à travers les différents temps, et la capacité à planifier / concrétiser ses aspirations éventuelles.

Les éléments seront recueillis à l'aide d'une technique d'animation spécifique mobilisant le plateau d'interaction spatiale (cf. échiquier coloré), se divisant en trois espaces de couleur (jaune, bleu, vert). Ces couleurs réfèrent aux trois champs d'aspiration évoqués dans l'outil SPHERES (épanouissement émotionnel, réalisation intellectuelle, relation aux autres) - l'animation sur le plateau est présentée par la suite.

Technique de passation, d'entretien et d'analyse

La première partie envisage de laisser en amont l'auto-questionnaire, puis de le reprendre avec le sujet pour être certain que tout fut compris et facilitera l'expression des aspirations profondes. L'auto-questionnaire ici, tout comme l'outil SPHERES en général, est divisé en trois grandes dimensions, comprenant un total de dix sous-dimensions, correspondant aux aspirations fondamentales primaires (*primary goods*, Good Lives Model). Pour chacune des dix sous-dimensions, le sujet est amené à se positionner sur sa définition de l'aspiration, sa place/besoin, le moyen d'accès utilisé ou pensé, et la confiance qu'il s'accorde quant à cet accès au besoin. Il est demandé au sujet d'indiquer si ce besoin fut déjà l'objet d'une pensée ou d'une concrétisation dans le passé.

La deuxième partie consiste en un entretien semi-directif afin de partager/susciter la réflexion, via l'utilisation d'un support/pièces. Cet entretien animé est constitué de plusieurs phases d'entretien pouvant être gérées en relais par différents professionnels au cours du même entretien (ex : éducateur, psychologue, CPIP, criminologue, etc.). Les étapes sont les suivantes : étape 1 de la constitution du plan de vie (éléments de vie et fantômes) ; étape 2 des stratégies d'évaluation approfondie et d'accompagnement (décentration de personne, décentration de temps, décentration des aspirations fondamentales).

Etape 1 du Plan de vie actuel :

Le placement des éléments de vie ou « PLAM » : L'exercice débute dans un premier temps par le « PLacement d'Activation Motivationnelle » (PLAM) en demandant au sujet de placer la pièce le représentant au centre du plateau (suggérer le Roi).

- Le placement du Roi indique au sujet qu'il est au centre de sa vie, et donc l'acteur central, moteur de notre entretien et de son existence.
- En s'appuyant éventuellement sur les réponses de l'auto-questionnaire, il est demandé au sujet quelles sont les personnes, les groupes de personnes, les valeurs, les projets et les événements qui composent sa vie. Pour chacun de ces éléments, le sujet doit placer une pièce simple (pion) sur le plateau, en fonction de la place qu'il occupe aujourd'hui dans sa vie : plus ils sont près de la pièce le représentant (ex : le Roi) plus cette place est importante (le sujet se sent concerné, accorde du temps, de l'énergie...). Il s'agit de la phase de l' « Agenda de vie » (Adv).
- Une fois tous les éléments pertinents placés, le sujet doit adapter le type de pièce en fonction de l'importance que l'élément représente pour lui (5 niveaux d'intensité correspondant à 5 pièces –cf. image). Il s'agit cette fois de la phase des « Investissements de vie » (Idv).

Le placement des fantômes ou « PADI » : Cette deuxième phase interroge le « passé continu », c'est-à-dire quels sont les personnes, les valeurs, les événements qui ont été présents/essentiels dans la vie passée ? Il s'agit du « Placement d'Appropriation et de Distanciation des Informations » (PADI). Les « fantômes » représentent les regrets, pertes, séparations, pensées, qui certainement investissent encore le sujet.

- Le sujet place une pièce (pion) de la couleur non utilisée (blanc/noir) sur le plateau pour chacun de ces éléments, en fonction de la place qu'il occupe (distance à la pièce centrale). La distance caractérise le temps actuel que le sujet passe à y penser (les ruminations possibles). Si des éléments de vie préalablement posés sont en réalité des fantômes, il est nécessaire de demander au sujet ce qui a provoqué le changement de la pièce (volonté, contrainte ?), et si cela était à changer, qu'aurait-il pu faire dans le passé ou comment pourrait-il procéder aujourd'hui ?

- Puis le sujet peut remplacer les pions en d'autres pièces suivant la valeur qu'il attribue à l'élément fantôme, c'est-à-dire l'importance positive ou négative qu'il représente (type de pièce).
- Une annotation par et avec le sujet s'effectue sur le plateau. Dans la case sous la pièce posée, l'évaluateur écrit le thème de la pièce (ex : parent, conjoint, travail, religion, etc.) et sa valeur. Par exemple, sous une tour qui représente la prison, l'évaluateur inscrirait « Prison = 4 »). Il relie ensuite les points « présents » (donc sans inclure les fantômes). Le cercle de vie relié caractérise les éléments de vie qui seront à travailler avec le professionnel dans un cadre (psycho)éducatif et criminologique. Les fantômes constitueront un travail davantage psycho-thérapeutique.

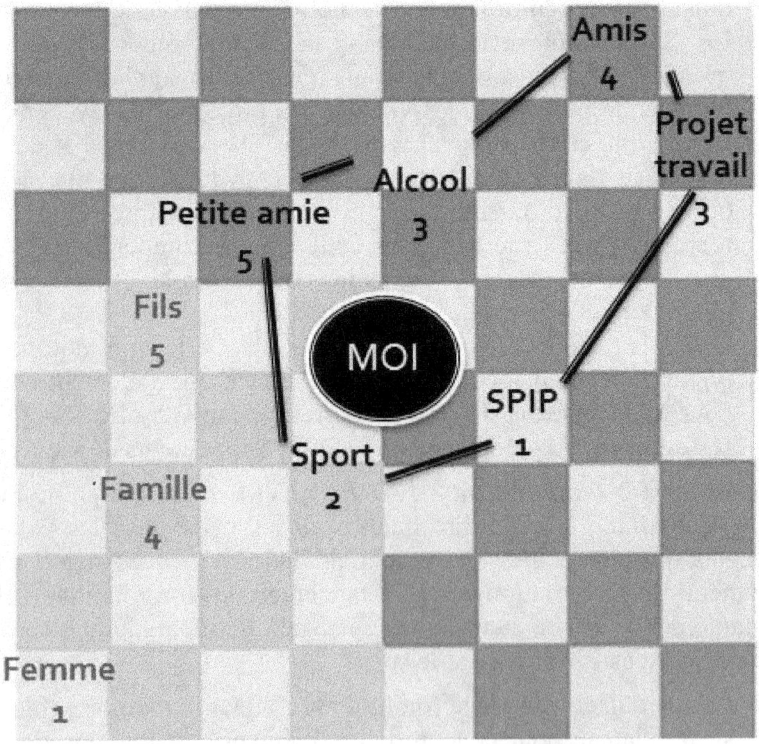

FIGURE 28 : PLAN DE VIE - SPHERES

Etape 2 des stratégies d'accompagnement et d'évaluation approfondie :

Stratégie de la Décentration de Personne (SdP) : Cette phase vise à expliciter les croyances et attitudes néfastes en lien avec le passage à l'acte ou toute problématique mise au travail sans pour autant la mettre en avant. Trois techniques sont utilisables : à partir du support en lui-même et du plan de vie actuel, à partir d'un plan de vie à constituer concernant l'un des éléments posés, à partir d'un travail de visualisation cognitive faisant apparaitre des personnes durant l'entretien.

- Selon la première technique, il est proposé au sujet de se décentrer de son point de vue et de ses convictions pour comprendre ce que pensent les éléments de vie posés sur le plan de vie (ex : « *Qu'en dirait Monsieur Gérard Menvusa de votre situation actuelle ? Lui qui est à cette distance, que pense-t-il de votre projet situé ici ? Et s'il avait la possibilité de vous conseiller par rapport à votre plan de vie, que dirait-il ?* »). L'exercice vise à permettre au sujet de revisiter son plan de vie, ses cohérences et incohérences, afin de réviser les relations inter-éléments selon le regard des autres, autres précieux et présents dans ce plan de vie.
- Selon la deuxième technique, le professionnel propose au sujet de constituer le plan de vie d'un des éléments présents sur le plan de vie actuel (ex : « *Monsieur Gérard Menvusa semble quelqu'un de précieux à vos yeux, je vous propose que nous tentions de constituer son plan de vie à lui, à l'image de ce que nous avions fait pour vous lors du dernier entretien* »). L'objectif étant toujours de distancier le sujet de ses croyances automatiques, en le plaçant dans la vie d'une autre personne, qui a du sens à ses yeux. Ne pas se rendre compte des enjeux des autres, ne pas connaître le prénom du meilleur ami de son/sa conjointe, du temps accordé aux éléments de vie, ou simplement avoir du mal à se situer Soi sur le plan de vie d'Autrui, restent des exercices d'esprit qui facilitent la prise de conscience et la mise au travail.
- Selon la troisième technique, il est demandé au sujet de modifier le plateau pour représenter la configuration de pièces/plateau qu'aurait choisie une personne présentant une problématique similaire à la sienne (ex : une personne dont le sujet dirait qu'elle est alcoolo-dépendante), une personne ne présentant absolument pas cette problématique (ex : ne consommant jamais d'alcool), comment ces personnes jugeraient son plateau à lui, et enfin ce que lui en pense. Ce changement de configuration doit être accompagné d'une discussion concernant les différences et les ressemblances entre le plateau initial du sujet et les deux autres.

Stratégie de la Décentration des Aspirations (SdA) : Cette stratégie concerne l'investissement des SPHERES de vie et leurs contradictions interne-externe, c'est-à-dire l'inadéquation actuelle entre les aspirations fondamentales et les méthodes d'application pour y parvenir.

- Il est demandé au sujet de placer sur le côté du support les pièces-éléments de vie de l'entretien précédent en gardant leur valeur. Nous requestionnons les éléments de vie et les plaçons suivant leur ordre de valeur, en débutant des plus faibles et en finissant par la plus haute valeur attribuée.
- Cela effectué, nous présentons les trois couleurs du support au sujet (jaune, bleu, vert) qui représentent les trois grandes familles de SPHERES (ou aspirations) : les aspirations émotionnelles profondes (bleu), les besoins intellectuels et spirituels (jaune), les liens avec les autres (vert). Nous pouvons lui présenter de la manière suivante : « *Ces trois couleurs vous représentent, elles indiquent ce dont vous pourriez avoir profondément besoin. En jaune, vous pourrez y placer tout ce qui concerne vos besoins dans la tête, vous savez comme cette lumière jaune qui s'allume lorsque l'on a une belle idée, soudain on y voit plus clair, tout s'illumine. En bleu, il s'agira de vos besoins dans le corps, vos émotions et ressentis. Par exemple, tout ce qui vous fait vous sentir bien comme si vous étiez dans de l'eau bleue ou à regarder le ciel. Enfin le vert renverra à un besoin d'être en relation ou à distance. Vert comme une balade en fôret en famille ou entre ami. Ce qui est important, c'est d'avoir une place et d'exister. Je vous propose de placer les pièces, vos éléments de vie, sur les couleurs qui représentent vos besoins, c'est-à-dire suivant ce que ces éléments de vie vous apportent. Expliquez-moi en même temps afin que je vous comprenne au mieux.* » Nous proposons ainsi au sujet de placer ses éléments de vie sur les couleurs correspondantes à ses besoins.
- Lorsque les pièces sont posées, le professionnel doit se concentrer sur les familles d'aspirations et non sur les éléments de vie. Les éléments de vie sont des fonctions, des moyens, pour l'accès à des besoins fondamentaux. Ce sont ces besoins fondamentaux qui vont être interrogés. A partir du support du professionnel et de l'auto-réflexion éventuellement donnée au sujet, le professionnel part de famille d'aspirations-sphères de vie la plus investie avant de se tourner vers les autres. Il interrogera une à deux sphères de vie au sein de la famille.
- Voici comment nous pouvons échanger avec le sujet à ce propos : « *Je vois que vous avez posé un grand nombre d'éléments sur le jaune. Nous nous sommes entendus sur le fait que le jaune renvoie*

aux besoins intellectuels, plutôt des besoins dans la tête. Je vous propose que nous commencions donc par discuter ensemble du jaune. Le jaune, c'est l'intellectuel, la lumière qui s'allume. Pourtant il y a beaucoup de choses possibles pour vous dans l'intellectuel. C'est comme si nous le jaune était un grand continent. Le bleu aussi, le vert aussi. Mais vous dans ce continent, quels sont vos pays préférés ? Dans le continent jaune de l'intellectuel, il y a le pays du savoir, c'est-à-dire de la connaissance, le pays de la créativité, de l'imagination, mais il y a aussi le pays de la spiritualité. Dans ce continent jaune, quel est le pays qui semble le plus important pour vous dans votre vie ? »

- A chaque fois que le sujet détermine une sphère de vie essentielle à ses yeux, le professionnel l'aide à s'interroger sur le niveau d'importance de cette sphère (ex : le fait d'être créatif), la définition ou le sens de la sphère dans la vie du sujet, les moyens concrets pour y parvenir (jusqu'à trois alternatives) et enfin le sentiment d'efficacité quant à ses moyens d'accès. Voici comment nous pouvons l'indiquer au sujet : « *Vous me dîtes que la créativité est essentielle pour vous, jusqu'à 4 sur une échelle de 1 à 5. Comment vous définiriez la créativité pour vous dans votre vie ?... Par exemple, comment savez-vous dans certaines situations que la créativité est là ?... Maintenant que nous savons l'importance de ce continent jaune, plus précisément du pays de la créativité situé sur le continent jaune de l'intellectuel, il nous faut savoir quelles sont les routes possibles pour nous y rendre, au moins de temps à autre ? Dans votre vie, quels sont ou seraient les moyens pour ressentir de la créativité ?... Parmi les trois routes que nous venons d'envisager, laquelle vous semblerait la plus accessible ?* »
- A la fin de l'entretien, le professionnel propose au sujet de placer le « Roi » sur l'une des trois couleurs suivant ce qui le définit le mieux.

Cette installation globale vise à provoquer une dissonance entre les objectifs actuels dans les différents accomplissements possibles suivant la manière dont une surface est investie et ce qu'elle autorise. Puis un échange se produit : « *Quelles sont les sphères de vie essentielles pour votre épanouissement actuellement ? Constatez-vous des contradictions ici et là, des éloignements ? Que signifient-elles précisément pour vous ? Sont-elles compatibles ? Quels moyens utilisez-vous ou envisagez-vous pour atteindre ces objectifs ? Votre entourage vous soutient-il dans ce plan de vie ? Avez-vous toujours eu les mêmes attentes ? Quelle sphère avez-vous investie auparavant ? Qu'est-ce qui a motivé ce changement ?* »

Stratégie de la Décentration de Temps (SdT) : L'investissement des SPHERES de vie et leurs contradictions dans le temps. A l'instar de la

Stratégie de la Décentration de Personne, les trois mêmes techniques sont ici utilisables.

- La première technique envisage de partir du support en lui-même et du plan de vie actuel, c'est-à-dire partir du présent. A partir des éléments du présent, l'échange s'établit sur les perspectives temporelles des éléments, leur passé et/ou leur futur. Nous proposons au sujet pour chacune de ses aspirations de remonter le plateau vers le Roi, en suivant les cases, en nous expliquant ce qui le fait avancer ou reculer, changer de valeur, case par case ? Dans le passé, présent, futur ?
- La deuxième technique consiste à partir d'un plan de vie à constituer, le plan de vie du sujet dans le passé ou dans le futur. Le Roi placé au centre n'est donc plus le sujet en 2016, mais représente le sujet à une autre époque. Il s'agit désormais de poser les éléments d'un plan de vie à une autre période dans le temps.
- La troisième technique est un travail de visualisation cognitive qui fait apparaitre des personnes dans le temps durant l'entretien : le sujet lui-même mais à d'autres époques de vie, de son passé et de son futur. Projeter le sujet dans le temps, face à des avatars de lui-même, ouvre le champ d'une réflexion sur la trajectoire du sujet. Comment était-il dans le passé (orientation psycho-thérapeutique), comment se voit-il dans le futur (orientation psycho-éducative), qu'en pense-t-il, en reprenant les techniques de visualisation cognitive de l'outil MC-FLY présentées précédemment (ex : « *Et si nous demandions à la personne que vous étiez il y a ... ans, comment placerait-elle ses sphères de vie sur le plateau ?* », etc.). Cette cinquième étape peut donc se compléter avec l'outil MC-FLY et sa gestion de l'entretien en ce qui concerne les cinq dimensions temporelles et attributionnelles, les types de besoin et les facteurs de protection et de réceptivité (cf. partie précédente, entretien MC-FLY).

Etape finale du « Guide de Plan de Suivi » (GPS) :

A la fin de l'étape 1 du Plan de vie actuel ou des stratégies de l'étape 2, un plan de suivi « GPS » est constitué avec le sujet de manière collaborative suivant ses besoins, ses ressources, ses actions possibles et les évolutions envisagées.

- Les objectifs et aspirations (sphères de vie) : élément moteur dans le fonctionnement de la personne, et possiblement présent avant la/les situation(s)-problème(s).

- Les ressources : il s'agit des facteurs de protection de la récidive nécessaires à la personne dans le cadre de ses objectifs personnels cohérents avec la société (ex : l'empathie, la gestion émotionnelle, le soutien thérapeutique, le soutien familial, le travail). Ils sont de trois ordres : les ressources internes, externes, motivationnelles.
- Le « mode d'application » : dans la manière dont le sujet répond à son besoin personnel prioritaire, l'objectif concret qui lui permet d'y parvenir et les ressources visées pour atteindre l'objectif, le mode d'application peut devenir « victimogène/criminogène », c'est-à-dire nuire à la qualité de vie du sujet, et potentiellement attribuable au déclenchement/déroulement/suite de la situation-problème. Les moyens d'accès doivent être concrets, réalistes et interchangeables, afin d'atteindre les ressources puis parvenir aux objectifs qui réalisent les aspirations profondes du sujet.
- L'évolution et le sentiment d'accès : il s'agit de l'intensité de la croyance ou de la difficulté du changement concernant le besoin manifesté au sein de la dimension. « Impossible » (statique) souligne que le sujet ne semble pas s'envisager autrement, aussi le besoin ne se meut pas, tandis que « Possible » (dynamique) propose cette éventualité du changement de manière rapide (« aiguë ») ou lente (« stable »). Il est également possible de l'envisager sous la démarche des stades de la disposition au changement. La priorité revient à fixer des échéanciers crédibles, des perspectives, proches des « lignes de Beck » en psychologie cognitive, pour constater avec le sujet des réussites, avancées et renforcer son sentiment d'auto-efficacité personnelle.

Les éléments qui permettent au professionnel d'évaluer l'auto-analyse du sujet sur ses problématiques cristallisent la réceptivité, suivant une capacité ou un soutien extérieur et les stades de la motivation au changement : pré-contemplation, contemplation, détermination, action. Les forces du sujet s'envisagent comme des facteurs de protection « personnels » et « contextuels ». Les protections personnelles sont des facteurs internes forts, intrinsèques au sujet, venant contrecarrer le(s) facteur(s) de risque. Les protections contextuelles sont facteurs externes modérés-faibles, c'est-à-dire extrinsèques à l'individu, venant le protéger temporairement de ce(s) même(s) facteur(s) de risque. L'évaluateur doit ensuite estimer si ces facteurs positifs de protection sont accessibles au sujet et dans quelle mesure (« stables » ou « dynamiques »). L'objectif est d'accompagner le sujet vers un point d'équilibre entre ses valeurs, ses objectifs et ses moyens. Ainsi, les SPHERES de vie seront appréciées suivant les besoins fondamentaux du sujet, ses investissements possibles, éventuellement à échanger, à partager avec le sujet. Il s'agit au final de construire un plan d'action partagé :

arca

SPHERES

Sa Propre Histoire En Reconstruction : Etre Soi

 Mes **objectifs** ? *(en fonction de mes « besoins fondamentaux » et mon « code choisi »)*	 Mes **ressources** à développer ? *(comment réussir mes besoins fondamentaux dans le futur?)*	 **Comment** faire ? *(« méthode d'application » pour développer les ressources et mes besoins fondamentaux ?)*	 Mon **évolution** ? *(accessible à court, moyen ou long terme? Je me lance, je tiens bon, je me ressaisis !)*
1.			
2.			
3.			
4.			

FIGURE 29 : GUIDE DU PLAN DE SUIVI « GPS » - VERSION SPHERES

4. Accompagner les souffrances existentielles : I.N.D.I.C.E. dans le cadre du P.R.A.T.I.C.

Présentation d'INDICE, technique de passation et analyse

L'outil intègre ici les travaux d'intervention cognitivo-comportementale et émotionnelle, psycho-dynamique et d'EMDR, et les « pratiques correctionnelles fondamentales » pour accompagner une sortie de délinquance. C'est en partant de ces observations de Pignol et Villerbu (2011) que Dieu (2010) a envisagé d'établir un double recueil des ressentis des sujets quant à la situation vécue et leur vie depuis celle-ci (INDICE : INventaire Des Indices Cliniques Existentiels).

L'auto-questionnaire et l'entretien INDICE ne sont volontairement pas des échelles traumatologiques standardisées, d'une part pour l'orientation choisie, d'autre part du fait que certains sujets maitrisent par habitude ces échelles. Nous voulions être au plus près de la spontanéité. Ainsi, il fut créé un questionnaire d'auto ou co-passation, simple d'accès, sur la base des recueils d'indices proposés par Gagnon au sein de sa « Grille d'évaluation de l'ampleur des problèmes ». Il ne s'agit pas de comprendre les souffrances qui ont éventuellement conduit à l'acte ou déjà présentes, et encore moins de leur proposer ce qu'ils aimeraient travailler dans le cadre d'une thérapie.

L'objectif de l'inventaire « INDICE » est d'évaluer la qualité de vie affectée du sujet, sous l'angle de quatre domaines impactés, et de distinguer les dimensions liées à la situation problème. Cet outil s'envisage comme un recueil, un inventaire des symptômes cliniques du sujet concernant ses pensées, ses émotions, ses comportements et l'impact social. Il est important de prendre le temps d'expliquer au sujet qu'il n'y a dans cet outil, questionnaire ou entretien, aucune bonne ou mauvaise réponse. Notre démarche rejoint celles de Spinelli (2007), Yalom (2008) et Huguelet (2013) sur le rôle du sens de la vie dans la sortie de problématiques qui nous affectent. Dire au sujet que nous sommes là pour l'accompagner vers la mobilisation de sens et de valeurs aujourd'hui dans l'impasse, du fait d'une situation qui l'empêche de concevoir de manière globale un projet de vie.

Nous procédons en deux grandes étapes :

1. un questionnaire auto-attribué qui interroge 4 dimensions, avant d'échanger avec le facilitateur sur les résultats et le positionnement tenu depuis les faits ou autre événement majeur pour la personne ;
2. un échange ouvert semi-dirigé pouvant être effectué en plusieurs parties (symptômes « INDICE », fonctionnements « CLES »), afin de partager le cheminement du sujet à travers des phrases guides.

Dès lors, il est essentiel de proposer au sujet de compléter seul, ou à défaut avec notre aide, le questionnaire que nous reprendrons par la suite avec lui. Nous conseillons d'expliquer au sujet qu'il ne doit pas investir seul les phrases proposées dans l'auto-questionnaire, mais de simplement indiquer si celles-ci (ex : cauchemars) sont présentes, intenses ou non, ces six derniers mois ou depuis la situation-problème. Cette approche nous semble respectueuse et attentive du positionnement du sujet dans l'intimité qu'il entretient à ses symptômes. Aucune position objective ne lui est suggérée, il n'y a dans ce questionnaire aucune bonne ou mauvaise réponse, ou indication d'un indice traumatique. Nous ne parlons avec lui jamais de problème ou symptôme, mais d'items ou éléments qu'il rencontre dans des situations, en évoquant sa « qualité de vie ». Enfin, l'intensité lui offre la liberté d'exprimer ses ambivalences, ses dissonances, ses maintiens quant à un symptôme que le clinicien qualifierait de négatif. Il fut essentiel pour nous d'offrir un climat de sécurité au sujet afin qu'il se sente respecté et libre de partager ses ressentis. Se tenir près de la personne, maintenir l'écoute active, et lui permettre de comprendre qu'il est tout préférable de « *ne rien ressentir plutôt que souffrir* » ou inversement « *souffrir plutôt que ne rien ressentir* », tel était notre souhait.

L'inventaire INDICE comprend quatre catégories que le sujet renseigne via la question présentée :

- Ses cognitions et interprétations : perte d'intérêt, de plaisir ou de motivation ; baisse d'attention, de concentration ou de mémoire ; sentiment d'être un bon(ne) à rien, raté(e) ; pensées suicidaires ; flot incontrôlable de pensées, rythme effréné dans l'esprit ; peur d'être malade ou d'attraper quelque chose ; peur de mourir, devenir fou, perdre le contrôle ; difficulté à ne pas s'inquiéter durant le cours d'une journée ; sentiment que rien n'est vrai ou d'être détaché de sa personne ; pensées ou images récurrentes dérangeantes ; suspicion des motifs d'autrui ;
- Ses émotions et sensations : sentiment de morosité, de dépression ; action de pleurer ou envie de pleurer sans en être capable ; sentiment de colère, irritation ou agitation ; humeur exaltée, dysrégulation émotionnelle ; sentiment d'étouffer, perte de souffle ou étourdissement ; sentiment de revivre des événements traumatisants passés ; peur ou évitement de différentes situations, places ou personnes ; épuisement émotionnel et physique à la fin de la journée ;
- Ses comportements et somatisations : fatigue facile ; insomnie ou hypersomnie ; hausse ou baisse de poids substantielle ; baisse ou hausse d'appétit ; comportement risqué mettant en danger soi ou les autres ; propension à parler de façon excessive ou sentiment qu'on vous met la pression pour parler ; douleurs et maux divers ; tension,

difficulté à se relaxer ; faits d'être toujours aux aguets, facilement surpris, effrayé ; comportement répétitif impossible à empêcher ;

- Sa situation actuelle et son lien social : confrontation à un facteur important de stress ; engagement dans de vastes projets dispersant l'énergie et le temps ; problèmes relationnels (ex : au quotidien, ou liés à la consommation d'alcool ou drogues/médicaments) ; difficulté à s'entendre avec autrui.

La première phase de travail consiste à reprendre l'auto-questionnaire avec le sujet et voir avec lui ce qu'il en a pensé et si toutes les phrases ont bien été comprises. La seconde phase est un entretien semi-directif qui permet de partager les éléments de l'INDICE et susciter la réflexion à partir de ceux-ci. L'évaluation porte sur les 6 derniers mois ou depuis la situation-problème, en comparaison de la présence des items avant cette période. La première phase débute avec la présentation de l'auto-questionnaire. Il est proposé aux sujets de remplir un bref questionnaire sur lequel ils peuvent structurer leurs ressentis et difficultés depuis la situation-problème, réfléchir aux intensités, et partager cela durant un entretien non-directif, bienveillant et non jugeant, afin de simplement parler d'eux. La première colonne à droite réfère à la première évaluation, tandis que la deuxième colonne à la seconde évaluation.

Les 33 phrases sont standardisées, afin de préciser les ressentis en toute sécurité : « *Il vous suffit de lire la phrase de droite, et d'indiquer si cette phrase vous représente ou non. Pour noter si cette phrase vous correspond, vous noterez à gauche un chiffre allant de 1 à 5. 1 signifie que la phrase ne vous correspond pas du tout. Plus le chiffre est haut, plus la phrase vous correspond. 5 étant donc votre accord total. Vous verrez, certaines questions iront vite et d'autres seront plus difficiles. Et cela sur des phrases très différentes que quelqu'un d'autre, parce que, pour vous, elles ont un sens précis.* »

La seconde phase d'INDICE s'élance à partir de la question : « *depuis cette situation, quels sont les éléments que vous avez repérés chez vous ? s'ils étaient déjà présents, indiquez-moi seulement s'ils ont connu des modifications, dans l'intensité par exemple* ». Ces questions interrogent le lien entre les items et la personne ou l'événement. Il est proposé au professionnel de laisser au sujet son auto-évaluation, et d'annoter les réponses sur leur propre support, qui reprend chacune des dimensions. En dessous de chaque dimension, le professionnel détermine si un besoin/syndrome se dégage, c'est-à-dire si plusieurs symptômes sont issus de la même dynamique.

Pour cela, les échanges conduisent à différencier deux types de ressentis et leur dynamique :

- « besoins personnels » ou « besoins victimogènes » : les besoins personnels sont des ressentis antérieurs *a priori* n'ayant jamais eu de lien avec des situations de ce type, tandis que les besoins victimogènes caractérisent des ressentis éprouvés spécifiquement depuis la situation-problème ;
- « facteur statique » ou « besoin dynamique » (aigu ou stable) : il s'agit de l'intensité de la souffrance concernant le besoin manifesté au sein de la dimension. « Statique » souligne que le sujet ne semble pas s'envisager autrement, aussi le besoin ne se meut pas, tandis que « Dynamique » propose cette éventualité du changement de manière rapide (« aiguë ») ou lente (« stable »).

Nous avons emprunté la terminologie « *needs* » (besoins) puisqu'elle traduit l'apport latent des items au sujet, les résistances vis-à-vis de l'élément jugé problématique et les maintiens possibles de celui-ci en tant que bénéfices secondaires. Trois évaluations dans le temps sont possibles avec cet outil, aussi les besoins peuvent largement évoluer. Par exemple dans le cadre de reviviscence visuo-perceptive de la scène d'infraction, le problème n'étant pas en soi l'image, mais l'énigme existentielle que suppose cette image : les émotions bloquées, les pensées sidérées, les douleurs physiques, la sensation de mort. Plus que de gérer la souffrance, le sujet tente en vain de digérer ces éléments latents, les items cliniques y figurent comme la traduction de ces besoins fondamentaux de survie psychique.

Dans un travail d'accompagnement approfondi, il serait pertinent d'envisager avec le sujet le mouvement éventuel de ces items, leurs dynamiques, possiblement leur impérativité dans le présent, et la vie sans eux dans le futur. Ils peuvent échanger avec un proche sur ces éléments, notamment pour les somatisations et le lien social. Une fois complétés, ils reprennent donc avec le professionnel et décrivent leur rapport quotidien avec chacun des éléments. La place que celui-ci occupe aujourd'hui, comment il se manifeste, comment il s'en arrange, son intensité, etc.

L'intensité correspondait au croisement de la gravité et de la continuité, des aspects aigu et chronique :

- « 1 » évoque qu'il ne s'agit pas actuellement d'un problème et que l'item n'affecte pas la qualité de vie ;
- « 2 » qu'il s'agit rarement d'un problème et que l'item affecte actuellement peu la qualité de vie ;
- « 3 » que la situation est floue, il demeure difficile de déterminer si l'item affecte ou non sa qualité de vie ;

- « 4 » que l'item se montre quelque peu problématique en affectant ponctuellement la qualité de vie du sujet ;
- « 5 » que l'item est problématique, il affecte quotidiennement la qualité de vie du sujet sur plusieurs aspects.

L'outil « CLES » pour analyser le fonctionnement comportemental, cognitif et émotionnel en situation-problème/conflictuelle :

L'analyse fonctionnelle vise à conceptualiser une situation-problème dans sa globalité afin de (Ophoven, 1999) : i) identifier le comportement qui pose problème ; ii) appréhender les conditions dans lesquelles le comportement a été acquis, puis maintenu ; iii) évaluer l'évolution du comportement cible ; iv) ajuster l'accompagnement selon l'évolution des mesures effectuées. Nous préconisons d'étudier le comportement en sept étapes distinctes (Kanfer & Sanslow, 1969) : i) formulation précise et exhaustive du problème ; ii) clarification du problème et de ses facteurs de maintien ; iii) analyse motivationnelle du sujet ; iv) analyse développementale (dans le temps) ; v) analyse de son auto-contrôle ; vi) étude de ses relations sociales ; vii) prise en compte de son environnement (socio-culturel et physique). L'analyse « CLES » (Clinique de L'Expérience Situationnelle) est une modélisation de la grille TCC SECCA (Cottraux, 1990) -CLES synchronique- et du modèle EMDR du Traitement adaptatif de l'information (TAI, Solomon & Shapiro, 2008) -CLES diachronique-.

L'outil CLES (unique : synchronique ; trousse : diachronique) cherche la mise en perspective spatio-temporelle du problème-cible. A la manière du modèle biopsychosocial, elle compile les antécédents biologiques ou familiaux de l'individu, les facteurs historiques de maintien qui ont pu renforcer le phénomène observé, les événements précipitants, les éventuelles comorbidités cliniques, et les thérapeutiques utilisées. En écho au modèle biopsychosocial, CLES offre une lecture développementale du trouble et de ses composantes biologiques, psychologiques, et sociologiques, ouvrant sur diverses techniques d'accompagnement (le déconditionnement et la désensibilisation systématique, la distanciation cognitive, la résolution de problème, la balance motivationnelle, la relaxation, l'acceptation, l'association libre, la méditation de pleine conscience, etc.). « CLES trousse » (version diachronique) propose d'analyser la nature émotionnelle de représentations mentales désagréables résultant d'un ou de plusieurs événements. Basé sur le modèle de Traitement adaptatif de l'information (TAI, Shapiro, 1995, 2001, 2006), il s'agit de formuler le problème en termes de relation entre les souvenirs d'événements significatifs d'un côté et les symptômes actuels de l'autre (Jongh et al, 2011).

Demander au sujet de décrire une situation où il s'est senti en difficulté :

- **Situation :** noter la situation en détail, décrire le contexte ;
- **Pire image / moment :** quel est le pire moment dans cette situation, celui dont il se rappelle ;
- **Cognition négative :** cela représente la pensée négative que le sujet a de lui à ce moment-là, ce qu'il se dit en boucle, ce qui revient dans sa tête (ex : culpabilité, déficit d'estime de soi, insécurité, perte de contrôle) ;
- **Emotion :** quelle émotion le sujet ressent à ce moment précis (ex : colère, tristesse, peur, dégoût) ;
- **Sensation :** quelle sensation corporelle le sujet ressent-il à ce moment-là et à quel endroit du corps (ex : palpitations au niveau de le poitrine, sueurs sur le visage) ;
- **Douleurs :** / 10 : le sujet doit pouvoir, sur une échelle de 1 à 10 identifier le degré de douleur (1 étant un seuil faible et 10 une douleur importante) ;
- **Autre moment de vie ?** le sujet a-t-il ressenti cette sensation pendant un autre épisode de sa vie, que ce soit durant son enfance, adolescence ou sa vie adulte.
-

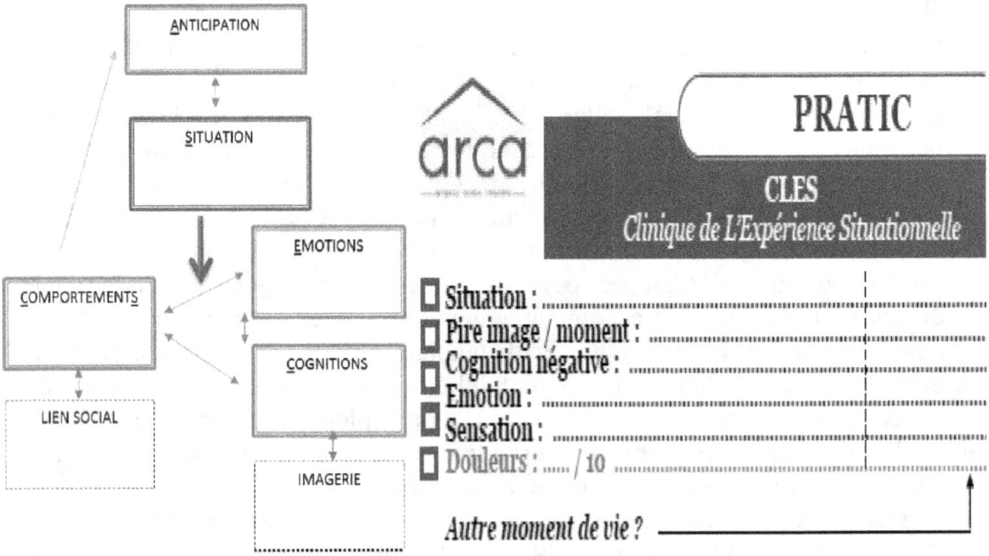

FIGURE 30 : CLINIQUE DE L'EXPÉRIENCE SITUATIONNELLE « CLES » - INDICE

Pour comprendre le positionnement du sujet, avant d'interpréter, il s'agit d'additionner le nombre de points attribués pour les phrases de la même dimension (4 dimensions : Cognitions et Interprétations ; Emotions et Sensations ; Comportements et Somatisations ; Situation et Lien Social). Par exemple, Monsieur E., sur les 11 phrases « Cognitions et Interprétations » détient un score total de 22 sur 25. Ces points dimensionnels sont ensuite additionnés et donnent un score pouvant aller de 30 à plus de 80 points. Nous estimons qu'il y a un faible besoin thérapeutique lorsque sont score est entre 30 et 60 points, un besoin à conseiller de 61 à 80 points, et un besoin nécessaire à plus de 80 points. Il ne s'agit évidemment que de seuils indicatifs, le professionnel devant absolument analyser ces résultats à l'aide de l'entretien (regroupement de symptômes et détermination des besoins) et de l'outil CLES (version synchronique et/ou diachronique).

Plus il y a de sphères envahies dans la vie du sujet, plus un impact sera constaté et l'autogestion en sera difficile. INDICE, et la dynamique CLES, renseignent sur les aspects de détresse psychologique. Cette évaluation est différente d'une évaluation psycho-criminologique évaluant le risque de récidive, bien que les deux soient dans un but d'accompagner la personne dans des changements de mode de vie. Ils sont donc complémentaires dans une stratégie d'accompagnement, notamment pour faire le lien avec un psychothérapeute. Lors de l'entretien, INDICE permet à des professionnels différents d'identifier et échanger avec une même méthode les souffrances cliniques d'une personne accompagnée.

5. Des accompagnements déclinables en Réalité Virtuelle ?

L'outil de « Réalité Virtuelle » : soutenir l'immersion psychique

Les dispositifs de réalité virtuelle présentent un avantage certain tant dans l'accompagnement et que dans la recherche. En clinique, l'exposition de sujets à des environnements virtuels a permis l'émergence de nouvelles évaluations et prises en charge thérapeutique. Un intérêt apparait également dans le domaine de la neuropsychologie puisque les environnements de réalité virtuelle permettent d'étudier les altérations cognitives ainsi que les mécanismes de compensation et les stratégies cognitives mises en place par la personne. A terme, la réalité virtuelle peut faciliter l'étude de la réhabilitation des fonctions cognitives.

La réalité virtuelle (RV) est une aide à la compréhension du fonctionnement comportemental, cognitif et émotionnel de la personne. Les études, qui se développent, ont pour objet l'analyse des sujets sains ou de personnes présentant une problématique particulière (récidive, traumatisme, cas psychiatrique, etc.) qui s'accompagne possiblement de troubles cognitifs et/ou comportementaux supplémentaires. Actuellement, peu d'accompagnements se développent précisément sur des problématiques agressologiques et/ou victimologiques.

En prenant pour base le GLM, le RBR, le TIME et les entretiens motivationnels, le protocole de réalité virtuelle de l'ARCA (ORACLE) propose différentes interfaces de suivi pour ces populations précises de la (psycho)criminologie. Les expérimentateurs prennent en compte des facteurs comme le degré d'immersion, les capacités de la population étudiée, et les possibilités pour l'interface d'appréhender un comportement humain sans entrainement (Klinger, et al., 2006). La réussite de ces applications dépend également du niveau émotionnel et du degré de réceptivité de la personne.

La prise en charge en réalité virtuelle : intérêt et limite ?

Nous parlons ici de la réalité virtuelle utilisée pour la prise en charge de sujets, sous la forme de la « réhabilitation cognitive » qui se réfère à « *un ensemble d'interventions visant à améliorer le fonctionnement cognitif, avec l'objectif de maintenir ces améliorations dans le temps et de les généraliser à la vie quotidienne* » (Raffard, 2014). Dans cette lignée, deux approches ont été décrites. L'approche réadaptative est la première technique. Elle consiste à un entraînement répétitif des processus cognitifs comme la mémoire, le fonctionnement exécutif, l'attention, etc. Pour ne pas mettre systématiquement la personne en échec, les exercices sont choisis en fonction des déficits cognitifs présentés par la personne. La complexité des épreuves augmente donc progressivement. La seconde approche est fonctionnelle et porte sur l'entraînement des comportements et des activités quotidiennes (Klinger, et al., 2006).

Du fait d'un manque de généralisation, ces deux méthodes comportent aujourd'hui des limites qui tentent d'être comblées : le déficit de transfert des acquisitions ou des stratégies mises en place dans la vie quotidienne. En revanche, en réalité virtuelle, il est possible d'intégrer un entraînement de type restauration dans un contexte de réadaptation fonctionnelle adapté (Le Gall & Allain, 2001). Un consensus scientifique apparait sur le bénéfice des expositions à un environnement virtuel pour la rééducation, la stimulation et la réhabilitation des fonctions cognitives. Cependant, les études réalisées à ce jour se composent d'un échantillon trop restreint laissant apparaitre des questions sur la fiabilité et la validité des épreuves. Dans le cadre du protocole TIME version réalité virtuelle, l'immersion soutient la réflexion sur soi, l'établissement d'un plan de vie pour le sujet, les projections temporelles, ainsi que l'apprentissage des tâches face à une problématique. Nous utilisons notamment ce support lorsque les sujets ont des difficultés de visualisation, une absence d'images ou d'abstraction, ou encore dans le cas d'impulsivité ou d'alliance difficile avec le professionnel.

Nous présentons ici quelques supports de travail afin de rendre concrète l'approche (psycho)criminologique par l'immersion virtuelle via l'utilisation de **lieux paisibles « sécurisants »** (ex : utilisation pour de la relaxation, susciter des images positives, renforcer une alliance dans un lieu paisible, stabiliser les émotions, s'entraîner à l'immersion virtuelle…) et **de lieux de « travail »** (ex : création d'un lieu comme forteresse interne, espace propice au plan de vie et au partage, espace de remaniement des convictions et comportements…).

FIGURE 31 : EXEMPLE D'UN LIEU « SECURE » ET D'UN ESPACE INTERNE DE « TRAVAIL »

Ci-dessus nous vous présentons visuellement un **exemple de lieu sécurisant** (cf. gauche) et d'une maison à rejoindre faisant office **d'espace de travail** – ou « coffre-fort psychique » (cf. droite). Dans l'environnement virtuel ici, le sujet se déplace réellement, c'est-à-dire qu'il se tient debout dans la pièce d'entretien et fonctionne dans l'espace réel comme dans le virtuel pour une meilleure immersion. Ci-dessous se trouvent les **« sphères de vie »** (cf. outils 6PO, SPHERES, INDICE) que le sujet manipule pour présenter son plan de vie.

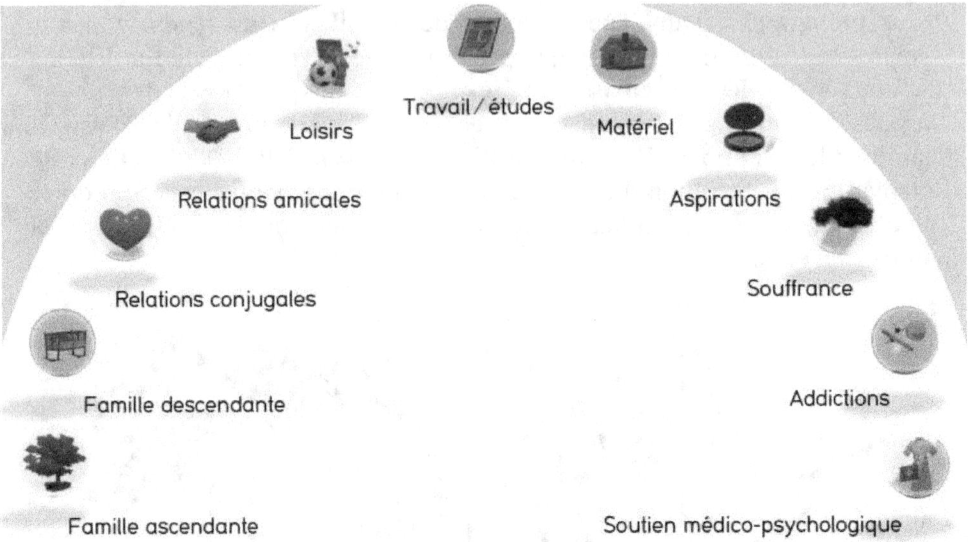

FIGURE 32 : EXEMPLE DES SPHÈRES DE VIE MOBILISABLES PAR LE SUJET POUR TRAVAILLER SON PLAN DE VIE

Autour d'un avatar qui le représente, il dispose les sphères de vie à l'image du Roi et des pièces de l'outil SPHERES avec le support échiquier (cf. image ci-dessous). Le sujet peut ici noter la couleur et l'intensité émotionnelles, la grosseur des sphères suivant la valeur accordée, la labellisation au regard de la cognition associée, la disposition vis-à-vis de l'avatar, la multiplication d'avatar pour entretenir des conversations internes...

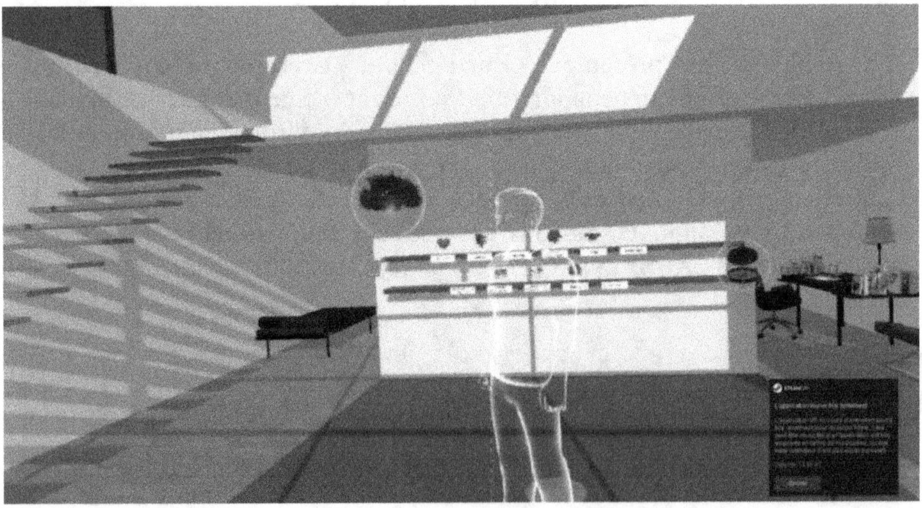

FIGURE 33 : EXEMPLE D'UTILISATION D'UN AVATAR-FANTÔME POUR DISPOSER UN PLAN DE VIE OU ÉCHANGER À PROPOS D'UNE SPHÈRE

Pendant que le sujet travaille son plan de vie, le professionnel le guide via les images retranscrites sur l'ordinateur. La communication et l'alliance ne se coupent jamais entre sujet et professionnel. Le professionnel transmet **des sons spécifiques** (ex. sonothérapie) pour associer des images sonores à des sphères ou avatars. S'associent également à l'immersion des outils d'analyse **physiologique biofeedback**, pour comprendre les activations respiratoires, cardiaques, etc., ainsi que des **supports EMDR de retraitement** (ex. vibrations possibles stabilisantes dans des situations émotionnellement éprouvantes).

Les approches temporelles (TIME/Mc-FLY) sont le cœur de l'approche virtuelle du protocole ORACLE. Il s'agira de présenter les **sphères et avatars fantômes du passé** (couleurs et associations spécifiques), de **travailler le plan futur** et les projets à réaliser, converser avec ses époques temporelles (stratégie de décentration de temps « SdT », cf. SPHERES et Mc-FLY). Ces associations tentent de pallier deux problèmes connus de la RV (Viaud-Delmon et al., 2001), ne pas solliciter que des modalités visuelles et idiothétiques mais aussi d'autres modalités sensorielles ainsi que lutter contre le caractère « déréalisant » des environnements virtuels. Pour cela, le protocole ORACLE insiste sur l'aptitude à la présence dans le monde (Klinger, et al., 2006), les notions d'identité et de conscience, la représentation de son propre corps.

Chapitre 7 : Le droit pénal, la criminologie et la justice restaurative

L. WALGRAVE & E. ZINSSTAG, Pr Emérite de Criminologie, Université de Leuven & Dr Droit et chercheure Université de Glasgow

Introduction : Les variations dans la relation entre la criminologie, le droit pénal et la politique de sécurité.

Dès son origine à la fin du dix-neuvième siècle, la relation entre la criminologie et le droit pénal a subi de nombreuses variations. En substance, on peut distinguer quatre types de relation. La criminologie émergeait comme une science auxiliaire du droit pénal. Les premiers criminologues ne contestaient pas le droit pénal en soi, ils cherchaient à le rendre plus efficace et plus humain. En définissant les comportements et les individus criminels, le droit pénal dessinait les contours du terrain criminologique. On supposait que les catégories légales et celles des sciences humaines (et même morales) se superposaient largement. En conséquence, les sciences humaines devaient « remplir » les définitions légales avec des concepts psychiatriques, psychologiques et sociaux. Inspiré par le mouvement de la défense sociale (Digneffe, 1998), la criminologie explora les causes de la délinquance et ses possibles traitements, ce qui devrait aboutir au développement de stratégies de prévention et de traitements scientifiques plus efficaces et plus humains.

Cette relation relativement peu problématique entre le droit pénal et la criminologie fût contestée à partir de la fin des années 1960. En cette période, un « tsunami » de critiques sociales submergea le monde occidental. Le mouvement pénétrait les sciences humaines, et aussi la criminologie. On reprocha à la criminologie de ces temps-là de servir un système pénal injuste et dysfonctionnel. Une criminologie critique prit forme et elle évolua comme une sorte de science oppositionnelle. Les interactionnistes dépouillaient le concept de criminalité de son statut neutre et ontologique et ils le démasquaient comme une construction sociale (Gibbs, 1981). Le délit et le système pénal furent présentés comme des institutions manipulées par les groupes au pouvoir afin de préserver leurs intérêts (capitalistes) (Quinney, 1969).

Selon cette approche, la criminologie devait se défaire de l'étreinte pénale et évoluer vers une *criminologie de la réaction sociale* (Robert, 1973) autonome, étudiant les mécanismes socio-juridiques de la criminalisation, du contrôle social et de la répression. Le défi criminologique s'adressa aux deux bases de la philosophie pénale. L'apriorisme punitif fut rejeté comme anti-éthique (Christie, 1981), la base instrumentaliste fut corrodée par des recherches empiriques démontrant que l'appel systématique à la punition n'amène pas de résultats positifs, bien au contraire (Andrews & Bonta, 2003 et beaucoup d'autres). Les alternatives proposées variaient de l'abolitionnisme, à la « *radical non-intervention* » et/ou la diversion. Mais la pratique de la diversion semblait contribuer à l'extension du réseau de contrôle social, plutôt qu'à la diminution de l'appel à la procédure pénale. La lutte contre la pauvreté et l'exclusion sociale, considérée comme la base essentielle pour la prévention de la délinquance, suppose une modification profonde des structures et relations sociales en général, ce qui dépasse de loin la portée et les capacités criminologiques.

La fin des années 1980 fût caractérisée par une montée de l'obsession sécuritaire, provoquant un populisme punitif. La criminologie critique n'était pas capable de le contrer. Bien au contraire, cette tendance fût décrite comme « *academic dilettantism, witnessing fuzzy morals and flaky politics* » (van Swaaningen, 1999 : 15). Une nouvelle tendance criminologique assimilait les préoccupations sécuritaires et elle se joignait aux efforts des autorités pour y répondre. La criminologie semblait sur la voie d'une nouvelle soumission comme une science auxiliaire à la politique criminelle officielle. Mais cette tendance ne sert pas la justice pénale au sens strict, mais plutôt la politique générale de sécurité. La criminalité est défaite de ses dimensions morales et considérée surtout comme un facteur de risque. La justice pénale n'est plus la garantie suprême de la moralité sociale, mais tout simplement un instrument parmi d'autres pour réduire les risques de la criminalité. Cette criminologie se focalise sur les risques que présentent certains groupes de la population, et sur les situations matérielles où les risques sont plus grands (Felson, 1994).

En fait, cette criminologie maintient l'élargissement du domaine criminologique lancé par la criminologie critique, mais, contrairement à cette dernière, elle accepte les présuppositions du discours sécuritaire comme les points de départ pour sa recherche. Cette tendance se voit renforcée par le financement de la recherche criminologique. En effet, comme la politique criminelle est devenue un sujet sensible du point de vue électoral, les autorités soutiennent surtout les projets qui s'alignent sur leur politique. Cette évolution a donné lieu à ce que l'on pourrait appeler une « *embedded criminology* » (une criminologie intégrée) (Walgrave, 2008). Cette notion réfère à la notion de « *embedded journalism* », typique au cours des opérations militaires. Dans leurs reportages, les journalistes « intégrés» restent à l'intérieur des limites définies par le corps militaire et ils acceptent les affirmations militaires comme des vérités ; de même, les « *embedded criminologists* » opèrent sur le terrain déterminé par le populisme punitif et ils acceptent les problèmes indiqués par les autorités comme les seuls vrais problèmes.

Cependant, la tendance critique en criminologie (van Swaaningen, 1997) ne s'est pas éteinte. Elle s'est réorientée et a repris de la vigueur. Actuellement, une nouvelle criminologie critique et autonome examine les dynamiques et facteurs sociaux, culturels et économiques qui sont la base de l'obsession sécuritaire et du populisme punitif. Elle explore les alternatives pour contrer la tendance punitive démesurée actuelle (voir p.e. Walgrave et Zinsstag), et cherche à trouver des moyens plus constructifs pour gérer la délinquance (voir p.e. Schuilenburg e.a. 2014). C'est ici entre autres que se situe la justice restaurative, comme une voie privilégiée.

Alors que les alternatives présentées par la première vague de criminologie critique souffraient d'un manque de crédibilité, la criminologie nourrie par la justice restaurative présente de plus en plus d'approches réalistes et constructives. L'applicabilité de la justice restaurative s'avère bien plus large que l'on croyait au début. Les résultats obtenus sont plus qu'encourageants (voir p.e. Zinsstag et al, 2011 ; Zinsstag et al, 2015, Walgrave 2011, et beaucoup d'autres). C'est un défi sérieux pour l'apriorisme punitif. Elle oblige les théories pénales de sortir de leurs évidences et de reconsidérer les présuppositions les plus fondamentales. Ainsi, l'approche restaurative repositionne la criminologie comme une science explorant le domaine du droit pénal et de la justice pénale de façon autonome et critique. Cette autonomie critique est indispensable dans un système démocratique qui doit gérer soigneusement les entraves à la liberté des citoyens, imposées par la justice pénale.

Dans les sections qui suivent, nous allons poser un certain nombre de questions. Est-ce que la justice pénale peut vraiment faire exception au principe éthique qui rejette comme immorale l'infliction d'une peine à quelqu'un? Pourquoi continuer de punir si d'autres modèles de réponse à la délinquance offrent des résultats plus constructifs et plus durables? Est-ce que l'infliction d'un mal est le seul moyen d'exprimer la désapprobation publique ? Est-ce que l'objectif d'imposer une peine juste et proportionnelle est la seule voie possible pour garantir les droits des personnes concernés ?

1. Une vision « maximaliste » de la justice restaurative

Dans la justice restaurative (JR), deux grandes tendances se distinguent. La conception la plus répandue avance le processus informel entre ceux qui sont concernés directement (la victime et le délinquant – éventuellement avec leurs proches) comme la caractéristique essentielle (voir p.e. Hoyle, 2010). Une autre optique, « maximaliste », caractérise la JR par son objectif, celle de réparer le plus possible les conséquences négatives d'un délit. C'est dans cette perspective que l'on peut définir la JR comme « une optique sur la façon de rendre justice après l'occurrence d'un délit qui s'oriente en priorité sur la réparation des préjudices individuels, relationnels et sociaux causés par ce délit » (traduction de Walgrave, 2008: 21). Comme la première tendance, l'optique maximaliste place aussi les rencontres directes entre la victime et le délinquant au centre de la pratique[16]. En effet, une délibération informelle (plus ou moins)[17] volontaire entre les personnes directement concernées par l'infraction peut aboutir à une restauration plus complète que d'autres procédures. Les programmes de JR comme la médiation (voir p.e. Faget 1997) ou les conférences restauratives en groupe[18] offrent un cadre communicatif de respect mutuel[19], permettant un examen authentique de la souffrance vécue, et conduisant plus facilement à l'expression de remords, de compassion, d'excuses et de pardon. Elles peuvent mener à un accord véritable sur la meilleure façon de réparer ou de compenser de manière raisonnable. Ces processus sont bien plus restauratifs pour la victime, pour la collectivité et pour celui qui a commis l'acte, que si ce dernier subissait simplement une sanction judiciaire.

Toutefois, elles ne sont pas toujours réalisables, ou leur impact peut être trop limité. C'est ici que se distinguent les versions diversionnistes et maximalistes de la JR. Pour la première, les limites de la JR sont atteintes. Cette vision renferme la JR dans la marge du système actuel. Elle cherche à retirer le plus possible de cas de la justice criminelle vers les processus restauratifs, mais elle laisse ce système hors de sa visière. Dans la pratique, on constate que l'optique diversionniste permet au système pénal de se défaire des cas considérés comme moins graves ce qui lui permet de se concentrer sur la « vraie » criminalité. En conséquence, les victimes de crimes sérieux risquent d'être exclues de l'offre restaurative, alors qu'elles souffrent probablement le plus et qu'elles pourraient en profiter d'autant plus.

---

[16] Il existe différentes techniques/méthodes, aussi indirectes, pour arriver à des résultats satisfaisants et qui permettent un dialogue entre les parties concernées – mais le contact direct a le plus d'impact (voir p.e. Zinsstag et al, 2011)

[17] Il serait un peu déphasé de croire que les médiations entre victimes et délinquants peuvent se faire de façon complètement libre. Un suspect identifié comprend très bien que quelque chose se fera. Il subira au minimum une pression plus ou moins forte de la part de ses proches, de témoins, de la police, de la victime ou d'autres, à laquelle s'ajoute le risque d'être poursuivi devant la justice. Il faut donc relativiser la libre volonté. Ce sera un choix limité.

[18] Dans une conférence restaurative, les protagonistes peuvent se faire accompagner par leurs proches ou des personnes de confiance. Dans la « family group conference », la version originale Néo-Zélandaise, appliquée aussi en Belgique et en Irlande du Nord, la police est présente aussi (Vanfraechem & Walgrave, 2006; Zinsstag et al., 2011; Zinsstag & Vanfraechem, 2012).

[19] Encore d'autres modèles restauratifs existent. Ainsi, p.e., les cercles (p.a. peacemaking circles) sous leurs diverses formes, sont un type de programme de JR qui se développent de plus en plus et divers programmes pilotes ont pris place en Europe récemment (voir Weitekamp, 2013).

Par contre, la version maximaliste de la JR ne s'arrête pas si les rencontres volontaires s'avèrent impossibles ou insatisfaisantes. Le focus sur l'objectif réparateur comme la caractéristique essentielle de la JR, entraîne l'inclusion de procédures visant à un certain degré de réparation dans le concept de la JR. Si la rencontre volontaire ne se produit pas, la JR maximaliste préconise d'envisager le recours à des obligations imposées en vue d'une réparation ou compensation (partielle) des souffrances et des dommages soufferts par le délit. Ce type de sanctions sera imposé par la justice. La JR maximaliste prolonge donc l'objectif réparateur jusque dans la réaction judiciaire elle-même. Ces sanctions judiciaires réparatrices n'offrent évidemment pas le même calibre restauratif, mais la portée de la restauration ne se produit pas comme tout ou rien. La restauration effectuée est très souvent partielle (Van Ness, 2002).

2. Un défi réel pour la justice pénale ?

La version maximaliste de la JR se présente donc comme une alternative à part entière à la justice pénale actuelle. L'ambition est de réduire le plus possible (ou même de remplacer) l'apriorisme actuel qui propose qu'un délit soit puni par une prémisse qui positionne la réparation des conséquences du délit comme l'objectif principal de la réponse publique. Ce n'est pas une ambition modeste. Beaucoup d'auteurs la considèrent même comme une prétention irréaliste. La justice pénale existe depuis des siècles. Elle a acquis une position centrale dans la société, comme une institution indispensable pour maintenir l'ordre dans la vie publique et les relations sociales, tout en tenant compte des droits des citoyens. La mise en œuvre de cette institution se fait par un appareil professionnel prestigieux, avec l'appui d'une cohorte de professeurs en droit pénal et en philosophie pénale.

Si la justice pénale fonctionnait bien, il n'y aurait pas de raisons pour réfléchir à une alternative. Mais elle ne fonctionne pas bien. Le droit pénal se trouve dans une crise de légitimité sur le plan pratique empirique aussi bien que sur le plan dogmatique théorique (Cario, 2005). Toutes les grandes traditions éthiques et spirituelles condamnent l'infliction intentionnelle de souffrance à autrui. Les théories pénales explorent les raisons qui justifieraient l'exception du droit pénal vis-à-vis de cette règle générale. Fondamentalement, la littérature très étendue sur ce sujet distingue deux types d'arguments.

(1) Le mal de la punition se transforme en un bien si elle est une réponse à un mal commis auparavant. C'est un argument en principe éthique, pour lequel l'on se réfère souvent à l'impératif catégorique de Kant. Cet argument a provoqué beaucoup de réactions que nous ne pouvons pas élaborer ici, mais le moins qu'on en puisse conclure c'est que les prémisses éthiques du

droit pénal sont très discutables (Christie, 1981 ; Wright, 1992; Walgrave, 2008; Claessen, 2010; Cornwell, Blad & Wright, 2013).

(2) Le mal de la punition est indispensable pour éviter des maux sociaux encore plus graves. C'est un argument instrumentaliste que l'on peut examiner de façon empirique. Il existe une vaste tradition de recherches criminologiques examinant les effets de (la menace de) la punition sur la prévention générale et/ou individuelle, ou sur la resocialisation des délinquants. Il s'avère clairement que l'existence et l'application d'un droit punissant ne produisent pas de résultats positifs systématiques. Bien au contraire. L'accent trop unilatéral sur l'intimidation et la répression conduit surtout à plus d'enfermements, plus de coûts humains et financiers, plus d'exclusion sociale, plus d'amertume, moins d'éthique, moins de sécurité publique et moins de qualité de vie sociale (Sherman, 1993; Tonry, 1995; Andrews & Bonta, 2003; Braithwaite, 2005).

La rhétorique et le fonctionnement concret de la justice pénale montrent de graves fautes de conception. C'est ce qui amenait Braithwaite à écrire que le droit pénal est « *the most dysfunctional of the major institutional accomplishments of the Enlightment* » (Braithwaite, 2005: 283). Radbruch est d'avis que « *The best reform of penal justice consists of its replacement, not by a better penal law, but by something else* » (cité dans Tulkens, 1993: 493). Il ne faut pas remplacer le droit pénal par un droit pénal meilleur, mais par quelque chose d'autre (voir p.e. Walgrave, 2008)[20]. La question ici est de savoir si la JR peut ouvrir la voie vers ce « quelque chose d'autre ». Mais en tout cas, même cette alternative devra accomplir deux fonctions essentielles attribuées aussi à la justice pénale : (1) produire une réponse dissuasive à la transgression de la norme publique qui contient une réprobation publique claire, (2) respecter les règles de droit typiques dans un régime de démocratie constitutionnelle. Mais est-ce que cette grande ambition restaurative est réaliste ? Nous divisons la question de la faisabilité en trois sous-questions. (1) Comment inclure la dimension publique d'un délit dans la réponse restaurative ? (2) Comment adresser la prétendue nécessité de répondre à un délit par la punition ? (3) Comment garantir les droits des citoyens ?

3. La dimension publique dans la justice restaurative

La médiation ne réunit que la victime et celui qui a commis l'acte. Elle ne semble donc qu'adresser les différends entre deux citoyens. Or, le vol ou la commission de violence privée impliquent plus qu'un conflit entre deux

[20] Ceci est bien sûr un grand débat, dont nous ne touchons que la surface ici, et qui peut paraître utopique. Mais le souci d'une réponse décente du point de vue éthique et efficace à la criminalité nécessite d'approfondir ce débat public.

citoyens, ce qui se reflète dans la différence entre les procédures civiles, réactives, et pénales, proactives. Non seulement la victime et celui qui a commis l'acte sont impliqués dans le règlement d'un délit, mais aussi « la société » est concernée. Quels sont les intérêts de la société ?

Selon certains, la loi pénale émet un message de moralité publique (Duff, 2001). Cette position suggère un chevauchement du droit pénal et de la moralité. Selon Kant, il faut punir le délit pour marquer le mal. Mais qu'est-ce que le mal ? Est-ce que la punition est le seul moyen concevable d'exprimer la désapprobation? Freud et Durkheim déjà avaient dérobé les systèmes éthiques de leur caractère surhumain et dogmatique. Ils les ont réduits à ce qu'ils sont: des systèmes pragmatiques pour rendre la vie sociale viable. Au fond, le rejet du mal repose sur une aversion pragmatique de ce que nous éprouvons comme une menace pour notre confort personnel et social[21]. Mais le droit pénal ne reflète pas cette moralité. Beaucoup de stipulations pénales sont elles-mêmes dubitables du point de vue éthique, certainement dans certains régimes politiques. D'autre part, beaucoup de règles morales ne sont – heureusement - pas punissables par la loi pénale. Le lien entre la moralité et la justice pénale est bien plus mince que certains discours le suggèrent et la pénétration de la moralité dans les lois pénales est partielle et sélective.

La punition pénale sert à soutenir n'importe quel système légal et politique, des régimes démocratiques aux plus autoritaires et dictatoriaux. C'est un acte de pouvoir pour exprimer la désapprobation et/ou pour extorquer la conformité à la loi, mais elle est neutre en ce qui concerne les valeurs morales qui l'orientent. Si ce n'est pas la moralité qui oriente la sélection des actes punissables, quel principe la guide ? Nos régimes constitutionnels garantissent la liberté des citoyens. En conséquence, la définition de l'ordre public et l'extorsion de la conformité doivent se limiter strictement à ce qui est nécessaire pour préserver la qualité de la vie publique. Les autorités ne peuvent pas intervenir de façon coercitive dans nos vies, si ce n'est pour prévenir des dommages à d'autres citoyens ou à la vie sociale tout entière. Cette position est partagée par beaucoup d'auteurs. Von Hirsch & Jareborg (1991) parlent de « *damages to standards of living* »; Boutellier (2000) propose la « *victimalisation* » comme la base de criminalisation ; Braithwaite & Pettit (1990) lancent « *intrusion into dominion* ».

De quel dommage s'agit-il ? Nous nous référons à la notion de *dominion*, proposée par Braithwaite et Pettit (1990). Dans cette notion, il y a deux dimensions : la totalité « objective » des droits et libertés, et l'assurance « subjective » que ces droits et libertés sont respectés. Strictement, un cambriolage ne diminue pas les droits légaux de vie privée et de propriété,

---

[21] *« Le crime ne blesse les sentiments que d'une façon secondaire et dérivée. Primitivement, ce sont les intérêts qu'il lèse »* (Maxwell, 1914, cit. in Debuyst 1990: 357).

puisqu'ils restent mentionnés dans la loi. Mais le cambriolage diminue l'assurance des victimes et des citoyens en général que ces droits soient respectés. Si les autorités n'entreprenaient rien, cela affaiblirait la confiance des citoyens envers le respect de leurs droits. Ainsi, l'intervention publique s'impose, non pas pour confirmer la loi (puisqu'elle continue d'exister dans les textes), mais pour réparer la confiance des citoyens dans la fiabilité de la loi. Pour montrer que les autorités prennent ces droits au sérieux et font le nécessaire pour garantir leur respect. La dimension publique du délit se trouve dans le fait qu'il corrode la confiance des citoyens en leurs droits et en la capacité des autorités de les faire respecter.

Pour réparer cette confiance, la JR agit sur deux plans. D'une part, elle favorise l'acceptation volontaire du délinquant de poser des gestes réparateurs. C'est une expression de la compréhension du délinquant qu'il a causé des préjudices à quelqu'un d'autre et de son intention de respecter les droits de ses concitoyens à l'avenir. D'autre part, la JR se produit sous un mandat public, ce qui expose ouvertement que les institutions publiques garantissent que le délit ne reste pas sans réponse, et font le nécessaire pour réparer les dommages faits à la victime privée et aux intérêts publics.

4. Faut-il punir pour dissuader?

Dans l'état actuel des choses, une majorité des professionnels et de la population présume qu'une réaction punitive à la délinquance est indispensable, évidente comme si c'était une loi naturelle. Quoiqu'ils acceptent certaines exceptions à cette position de principe, ils ne peuvent pas s'imaginer qu'une réponse non-punitive pourrait avoir une même intensité dissuasive que la punition. Ce n'est pas évident. Tout d'abord, il faut remarquer que l'effet dissuasif de la justice pénale n'est pas si évident, comme en témoignent les recherches empiriques que nous venons de mentionner. Mais surtout le droit pénal et la JR reposent sur une base commune, malgré les différences accentuées dans les paragraphes précédents. L'essentiel de la justice pénale se traduit en trois dimensions. (1) Le rejet net de la transgression de la loi, (2) la détermination de la responsabilité de l'acteur de la transgression, et (3) la tentative de rétablir un certain équilibre par l'infliction d'une peine proportionnelle. Ces trois dimensions se retrouvent aussi dans la JR, mais dans une version constructive (Zehr, 2002 ; Baehler, 2007; Walgrave, 2004).

La JR ne laisse pas de doute sur les limites de la tolérance sociétale, parce que la raison immédiate pour la mise en marche du processus restauratif est l'occurrence du délit. Le rejet de ce qui a été commis est un élément essentiel du processus. Mais contrairement à la réprobation punitive, la réprobation restaurative ne se réfère pas à des règles légales abstraites, mais à l'obligation de respecter la réciprocité dans la qualité de la vie sociale. Le mal désapprouvé est en relation directe avec les dommages et souffrances causés à des concitoyens et à la vie commune. Pourquoi est-il défendu de s'approprier des possessions d'autrui ou de commettre de la violence privée ? Parce que cela fait des victimes et parce que la vie en commun serait impossible si l'on acceptait le vol et la violence. Donc, que faut-il faire si ces comportements se produisent quand même ? Restaurer ce qui a été endommagé et mettre tout en place pour éviter que cela se reproduise.

Comme lors de l'intervention pénale, la JR aussi présume la responsabilité de celui qui a commis l'acte. Mais la responsabilité pénale est une responsabilité passive. L'acteur se voit confronté par les autres et par le système avec sa responsabilité et il est soumis par la justice aux conséquences négatives de son comportement. La JR, par contre, agit sur base d'un concept de responsabilité active. L'acteur responsable est invité, incité, si nécessaire même obligé à jouer un rôle actif en contribuant par des gestes actifs à la réparation des préjudices individuels, relationnels et sociaux causés par sa conduite. Alors que la responsabilité passive contient seulement une dimension rétrospective (la responsabilité pour ce que l'on a fait dans le passé), la responsabilité active contient aussi une dimension prospective (la responsabilité pour contribuer à la réparation des relations sociales dans l'avenir).

La justice pénale essaie de rétablir l'équilibre social par une démarche de vengeance stylée. En infligeant au délinquant une souffrance, on suppose que les choses soient réglées. Les deux partis souffrent en égale mesure. Mais en fait, rien n'est réglé. Le taux de souffrance dans la société est doublé, partagé de façon équivalente. C'est différent avec la JR. On tente de rétablir l'équilibre en s'efforçant de réduire ou même de réparer/restaurer le plus possible les préjudices soufferts. Au lieu de doubler la souffrance totale, on essaie de la faire diminuer. Et on compte sur les gestes actifs de la part de l'acteur de la transgression pour contribuer de façon significative à cette diminution. Alors que la justice pénale fait payer le délinquant, la JR le fait aussi, mais dans un sens inverse, plus constructif. Et la question de la proportionnalité est très importante ici aussi. Au lieu de mériter une punition proportionnelle, le délinquant doit faire un effort raisonnable pour contribuer à la restauration.

La JR aussi sanctionne donc celui qui a commis un délit. Mais c'est une sanction constructive, au service de la qualité de la vie sociale. Et la préservation de cette qualité est quand même la raison de base pour justifier une intervention publique dans les comportements des citoyens. La différence essentielle entre la justice pénale traditionnelle et la JR reste le point de départ de la justice pénale, notamment le préjugé qu'une infliction intentionnelle d'un mal est en principe nécessaire pour répondre à la délinquance. Du point de vue socio-éthique, c'est une prémisse indigeste.

5. La JR et les principes de droit

Même si la JR s'érige comme une alternative à l'apriorisme pénal, elle ne rejette pas le droit ni l'intervention judiciaire. Il faut développer un système judiciaire qui vise à la restauration en priorité. Ce n'est pas une tâche facile. Le défi est de combiner deux tâches irréconciliables à première vue : d'une part, la « pratique idéale » de la JR qui consiste en une délibération informelle et confidentielle entre ceux qui ont des intérêts directs, incluant l'espace nécessaire pour des échanges émotionnels, et, d'autre part, les principes du droit, basés sur une formalisation rationnelle et sur la publicité afin de sauvegarder la contrôlabilité des procédures et des décisions judiciaires. Il pourrait suffire de constater que, partout dans le monde, des législateurs trouvent des solutions (Miers & Aertsen, 2013). Cependant, la plupart de ces régulations sont pragmatiques et ne valorisent pas assez toutes les potentialités de la JR. En plus, elles souffrent souvent d'un manque de réflexions approfondies sur les principes de droit. Il faut développer ce débat au fur et à mesure que la JR dépasse le stade d'expérimentation et prend sa place dans des coutumes et législations. Ce débat est en cours (voir p.e. Cario, 2005 ; von Hirsch e.a, 2003 ; Ashworth, 2001; Walgrave, 2008 ; Blad, 2006 Braithwaite, 2002 ; Dignan, 2003 ; Lauwaert, 2009).

La base pour développer des garanties juridiques se trouve dans ce que nous avons développé ci-dessus : la reconnaissance de l'élément sanctionnant de la JR, incluant une dimension rétrospective et l'idée de rééquilibrer. Il faut démontrer quels sont les préjudices causés par le délit, il faut attribuer la responsabilité coupable à quelqu'un et la réponse en vue de la réparation (partielle) doit être en proportion avec les préjudices. Mais un système restaurateur sera différent du système pénal actuel sous plusieurs angles. (1) La sélection des comportements criminalisés ne sera pas la même. La remise en place des préjudices causés par l'acte comme le critère de criminalisation pourrait amener un (léger) changement dans cette sélection. (2) L'intervention vise à réparer les préjudices de la victime et la qualité de vie sociale, plus qu'à infliger une peine proportionnelle au délinquant. (3) Les procédures du système de justice restaurative prévoient un rôle très important à la victime et une large marge pour la délibération entre les intéressés à laquelle elles cèdent la priorité si possible. (4) Les principes juridiques traditionnels comme l'égalité des citoyens devant la justice, le droit à la défense légale, la proportionnalité de la sanction ou le contrôle public, doivent être reformulés pour être plus appropriés au nouveau paradigme restauratif.

Ce dernier point nécessite un alinéa explicatif. La JR part en effet d'un paradigme différent de la justice pénale. Le type de réponse est différent, visant d'autres objectifs, par la voie d'autres processus et procédures, et l'implication d'acteurs différents dans d'autres rôles. La question primordiale n'est plus que faut-il faire avec le délinquant, mais comment peut-on réparer les dommages et souffrances causés par le délit. Il n'est donc pas évident que l'on puisse transposer sans changements préalables les garanties prévues pour la justice pénale vers la JR. On ne joue pas du basketball sur un terrain de football. Cependant, l'élaboration de garanties juridiques restauratives devra défendre les mêmes valeurs de fond. Nous en voyons deux (voir aussi Walgrave, 2008).

(1) L'équivalence (ce qui n'est pas l'égalité) de tous les citoyens. L'égalité des citoyens est un principe de base dans la justice pénale actuelle. Mais comme les « clients » potentiels de la justice sont très différents selon plusieurs critères sociaux et intellectuels, la rigidité des procédures imposées actuellement amène en fait une très grande inégalité devant la justice. Il faut donc trouver des procédures plus flexibles qui assurent un accès égal à des citoyens inégaux.

(2) la protection des citoyens contre l'abus de pouvoir par des concitoyens et par les institutions sociales. C'est le rôle essentiel du droit et de la justice. Une justice performante et juste contribue de façon décisive à la confiance que les citoyens ont envers leurs concitoyens et envers les institutions sociales. Et comme le démontre entre autres Putnam (2000), « *trust* » (la confiance) est le lubrifiant indispensable pour rendre la vie sociale et la démocratie abordables et constructives.

Conclusion

La criminologie actuelle couvre un domaine scientifique très large. Des publications « criminologiques » examinent de sujets très différents, même disparates, allant des caractéristiques individuelles de ceux qui commettent des délits, jusqu'à la globalisation capitaliste et son influence sur (les sentiments d') insécurité, en passant par les (dys)fonctionnements des procédures judiciaires. Ce qui est commun à toutes ces publications c'est qu'elles sont dans toutes de matières liées de façon directe ou indirecte aux concepts du délit et/ou de la justice criminelle. Comme nous avons vu, les tendances et les types de relation entre la recherche criminologique et l'administration de la justice pénale sont différents aussi.

L'émergence d'une justice restaurative ambitieuse mais réaliste est importante pour la criminologie (Walgrave e a. 2013). Elle renforce surtout la tendance critique, en modifiant les données de base dans la relation entre la criminologie et le droit pénal. Pendant longtemps, la critique criminologique semblait glisser sur l'évidence présumée que le maintien de la loi et de l'ordre public ne pouvait se passer d'une justice pénale. Les constatations criminologiques de l'inefficacité des peines et des dysfonctions intrinsèques du système pénal ne touchaient pas les fondements du droit pénal, par manque d'alternatives crédibles. C'est ainsi que la première vague de criminologie critique s'est enlisée dans des constructivismes parfois un peu déphasés et/ou dans un découragement amer sur le potentiel de l'approche critique (voir p.e. Young 1997). En France, la dénomination « criminologie » est pour certains même devenue suspecte[22].

La criminologie inspirée par la JR explore les possibilités d'une réponse à la criminalité plus acceptable du point de vue socio-éthique et pouvant éviter beaucoup de désavantages liés à l'apriorisme punitif. Ainsi, elle développe une alternative crédible. Plus que la criminologie critique d'antan, la criminologie nourrie par la JR est en train de devenir un vrai défi pour la justice pénale. Elle peut contribuer à la construction d'une force capable de contrer la croissance désastreuse du punitivisme démesuré, irréfléchi et égocentrique. La recherche criminologique montre que la croissance de la punitivité augmente les problèmes qu'elle prétend attaquer. La recherche en justice restaurative montre que d'autres réponses à la criminalité sont désirables et possibles. Une telle criminologie critique peut prendre sa responsabilité sociale en nourrissant le débat public avec de l'information et des réflexions peu communes pour l'instant mais bien documentées et cruciales. Cette criminologie ne se limite pas à dénoncer les dysfonctions actuelles du système pénal, mais elle indique en même temps des alternatives crédibles pour une justice meilleure du point de vue socio-éthique et de l'efficacité pour la victime, la paix sociale et pour la réintégration du délinquant.

Ce débat public est imprégné de tensions permanentes entre des approches normatives, descriptives et explicatives, de la rhétorique constructiviste et des faits, des souhaits et des réalités, de l'évidence empirique et des suppositions improuvables. Et cela ne s'arrêtera jamais. De belles journées nous attendent.

[22] Le projet de renforcer la recherche et l'enseignement en criminologie fût l'objet de vives discussions en France. S'il est vrai que l'initiative, issue du ministère de la justice, cherchait surtout à favoriser la criminologie « intégrée », les termes du débat ne semblaient même pas envisager la possibilité d'une criminologie autonome et critique.

Partie 2 : Des modèles d'accompagnement des auteurs et victimes (individuel et collectif)

Chapitre 1 : « PRATIC-SERA » ou le « Parcours initiatique pour savoir qui je suis », l'accompagnement positif en groupe des PPSMJ

Chapitre 2 : Susciter la Motivation au changement par l'effet de groupe : retour sur une expérience innovante menée en milieu ouvert.

Chapitre 3 : L'application du Good Lives Model en milieu carcéral, une expérience italienne.

Chapitre 4 : L'individualisation de l'engagement radical entraîne l'individualisation du suivi en désengagement

Chapitre 5 : PARIS ? L'intégration du processus de Justice restaurative

Chapitre 6 : Les médiations restauratives dans les situations a priori non favorables : l'exemple des violences conjugales

Chapitre 7 : Les CSR comme lien possible entre le modèle RBR et la Justice restaurative

Chapitre 1 : « PRATIC-SERA » ou le « Parcours initiatique pour savoir qui je suis », l'accompagnement positif en groupe des PPSMJ

E. DIEU, Chercheur en psycho-criminologie et directeur du Service de criminologie-victimologie appliquées ARCA

1. Une animation de groupe pluridisciplinaire centrée sur les besoins du sujet

Un désir de réelle pluridisciplinarité

Si le programme s'exerce en milieu fermé, nous proposons l'intégration des personnels de surveillance. Si le système carcéral français laisse actuellement peu de place à l'accompagnement des personnes par les professionnels de surveillance, ils s'avèrent dans PRATIC-SERA une richesse. En effet, les surveillants sont au plus proche des sujets, partagent leur quotidien, accompagnent leur vie de tous les jours et ses aléas. C'est pourquoi une légitimité endogène les implique dans le parcours des PPSMJ. Une volonté est manifestée dans ce programme d'offrir à ces professionnels de la détention une dimension relationnelle en prenant une part active dans l'accompagnement. Au-delà de leurs missions de surveillance et de gestion de l'établissement, ils sont par exemple impliqués dans l'animation des séances du parcours aux côtés du SPIP.

Les Techniques d'animation de groupe : utilisation des psychodrames éducatifs

Le psychodrame est une méthode thérapeutique active qui permet d'explorer les problématiques d'une personne. Basé sur l'action, il permet de mettre en scène le passé, le présent et le futur, il crée l'occasion de comprendre les conflits et comment les résoudre mais aussi les situations, les sentiments. Selon les différents principes du psychodrame, il s'agit d'envisager une méthode de travail en groupe dans laquelle chaque personne est un agent thérapeutique pour l'autre.

Le psychodrame contient des lieux spécifiques retrouvés dans nulle autre approche (la scène, le public, le balcon) et des personnes scénarisées en jeu (le directeur/animateur et le protagoniste/PPSMJ). Le principe fort du psychodrame revient à ceci : on ne découvre qu'en faisant. Il existe dans ce mode d'interaction un intérêt « d'étayage » entre les sujets.

Le groupe crée une atmosphère amicale et stimulante, ludique, il baisse les défenses de chacun, ce qui permet de rejouer les différentes dimensions de la vie des sujets. Selon Codebecq et St-Onge (2007), les différentes règles du psychodrame sont :

- Règle de l'unité : la séance ne se limite pas au seul jeu imaginaire. Elle commence à la salle d'attente et se termine à la sortie. En outre, les interprétations peuvent être données aussi bien au cours du jeu qu'après le jeu.
- Règle des associations libres : le sujet a la liberté complète d'inventer une histoire, de choisir des rôles pour lui et pour les psychodramatistes et de jouer comme il l'entend.
- Règle de la neutralité bienveillante et d'abstinence : particularisée au psychodrame en règle de faire semblant (c'est-à-dire qu'il s'agit d'actions non réelles mais simulées).
- Règle de la confidentialité.

L'apport du psychodrame dans l'animation groupale est la création d'un environnement sécure en tant que contexte réaliste dans lequel le processus d'apprentissage est plus efficace. L'environnement sûr permet d'explorer ses propres besoins, pensées, sentiments et comportements / d'apprendre des autres / de savoir gérer les conflits au sein du groupe. Il pousse la personne à chercher de nouvelles réponses à une situation donnée, l'aide à devenir autonome et plus spontanée. Le psychodrame appelle à la créativité, à la spontanéité, aux émotions positives. Il améliore ainsi les chances de changement, d'adoption de comportements appropriés par l'expérience de nouvelles situations d'apprentissage qui permettront aux sujets d'assumer un nouveau rôle et de changer pour une identité socialement acceptable. Les principales techniques psychodramatiques sont :

- Le rôle inversé : il consiste à faire prendre à un membre du groupe le rôle d'un autre pendant un certain laps de temps. Il s'agit d'une personne réelle, mais cela peut être aussi l'incarnation d'un objet, d'une idée, d'un fantasme, d'un symbole ou d'une partie de soi. L'objectif est de collecter les nouvelles vérités, agir pour surmonter naturellement les blocages émotionnels et les préjugés cognitifs.
- Le jeu de rôle : acte intentionnel fondé sur l'expérience. Le protagoniste doit avoir un projet de rôle dans lequel il mettra son contenu intérieur en action. L'objectif est de stimuler l'empathie, la véhiculer.
- L'interrogation : apprendre à connaître le groupe.

- La concrétisation : technique par laquelle l'individu peut rendre son monde extérieur perceptible dans la réalité / créer une situation qui devient un reflet, utilisant le corps, l'environnement, des objets.
- Le double : consiste à donner une voix aux sentiments de celui qui ne peut pas les verbaliser. Technique qui nécessite l'intervention d'une autre personne et s'identifier à lui / à elle. Ce double se tient près du protagoniste, pour devenir son alter ego et aider à verbaliser sentiments et non-dits du protagoniste.
- Le miroir : cette technique consiste à mettre face à face des sujets afin qu'ils se reflètent. Elle produit une interaction qui produit une dynamique d'auto-apprentissage mental, en utilisant les différentes perceptions des sujets. La personne est alors capable de voir en dehors d'elle, faire l'expérience de la perception extérieure sur elle.
- L'amplification : technique utilisée pour améliorer les émotions propres à chaque personne : la rage, la jalousie, l'ennui, la haine, la honte. *Ex : la personne est invitée à amplifier sa propre émotion en utilisant une expression corporelle, la voix, une posture / le reste du groupe agit en conséquence suivant les instructions.*
- Le soliloque : dans le monologue, l'individu va exprimer verbalement tout ce qu'il pense. Ainsi le contenu de la mémoire est transformé.

En matière judiciaire, les objectifs du psychodrame éducatif sont :

- La cohésion de groupe : élément clé du processus de groupe. Si la confiance est établie, alors le groupe devient cohérent. Lorsque la cohésion se produit, les personnes s'ouvrent d'une manière plus profonde et sont plus disposées à révéler des expériences douloureuses, à prendre des risques / approfondir le niveau d'intervention. La cohésion implique un sentiment d'appartenance, d'inclusion et de solidarité.
- Amélioration de la communication et impulsion des dynamiques de la disposition au changement.
- Créer un groupe et le renforcer va instaurer les conditions pour une communication authentique et affirmée.
- Favoriser les valeurs et les méthodes du fonctionnement démocratique.
- L'identification et le respect des vérités subjectives qui devront être entendues par les autres.
- Développer les ressources potentielles (les « 6C ») :

- la Compétence : est proche du sentiment d'efficacité personnelle. C'est non seulement la compétence mais surtout la conscience de ses propres possibilités : sociales, scolaires, cognitives, de choix professionnels.
- la Confiance : rejoint l'estime de soi. C'est un sentiment interne de valeur globale, personnelle, et d'efficacité.
- la Connexion : réfère aux relations interpersonnelles, au lien avec les autres, les pairs, les adultes.
- le Caractère : renvoie au respect de règles sociales, la conception du bien et du mal, les valeurs morales.
- la Compassion : correspond à l'intérêt pour les autres, l'empathie.
- la Contribution : ressentir de l'intérêt et de l'empathie pour les autres, c'est bien, mais il y a un moment où il est nécessaire, pour soi-même et pour les autres, de s'engager.

Un accompagnement réhabilitatif qui met en adéquation qualité de vie (GLM) et prévention de la récidive (modèle RBR)

Le modèle des vies « satisfaisantes » G.L.M. (Ward & Brown, 2004 ; Ward & Gannon, 2006 ; Ward & Stewart, 2003) revient à considérer que les délinquants restent pour nous des équivalents anthropologiques, ils nous ressemblent plus qu'ils nous dissemblent. A partir de ce postulat, il faut envisager un accompagnement des sujets plus holistique et constructif, davantage orienté vers leurs possibilités personnelles et environnements favorisants que leurs déficits individuels, dans l'objectif d'une identité dite cohérente et d'une vie harmonieuse (McCulloch & Kelly, 2007). L'intervenant se concentre en premier lieu sur l'amélioration du bien-être du sujet qu'il a en charge, en le plaçant au centre du processus, et seulement dans un second temps sur les éléments de prévention de la récidive. L'intervention GLM soutient le processus personnel, l'individuation de la personne dans un « *good lives plan* », plan de vie de la construction d'une identité personnelle éloignée de l'identité délinquantielle. Les principes généraux (Ward, et al., 2007) du GLM subsument des « *primary et secondary goods* ». Les premiers sont les aspects personnels du sujet, de ce qui le constitue, de ses activités et apprentissages, cherchant le bien-être du sujet. Les seconds sont des « *goods instrumentaux* » permettant au sujet d'atteindre ses besoins primaires. C'est un modèle de développement personnel d'une vie identitaire positive et de bien-être psychologique plus que de prévention de la récidive.

Ward et Gannon (2006) élaborent une modélisation étiologique du passage à l'acte suivant les principes de l'apprentissage situationnel socio-cognitif et comportemental, la théorie intégrative « ITSO ». ITSO est un modèle multifactoriel (Ward & Beech, 2006) qui tente l'unification bio-psycho-sociale des grandes théories étiologiques infractionnelles :

- les théories biologiques qui comprennent le bagage génétique du sujet et son développement cérébral intervenant par la suite sur les circonstances infractionnelles ;
- les théories neuropsychologiques qui envisagent l'aspect cognitif des capacités du sujet à identifier, interpréter et répondre aux informations sociales ;
- les théories écologiques qui font interagir les valeurs personnelles du sujet avec son environnement global.

Afin d'instiller l'espoir d'un mouvement identitaire, l'intervenant positionne le sujet dans une place qui favorise l'évolution de ses conditions internes (eg. habiletés, valeurs) et externes (eg. ressources, lien social). Cette approche constructive usite un langage positif, non stigmatisant, est adaptée au plan de vie du sujet et se focalise sur l'acquisition des habiletés et l'épanouissement psychosocial du sujet. Les travaux de Lindsay et al. (2007) mettent en relation le GLM et le « *Self Regulation model* » (Ward & Gannon, 2006) par la variable modératrice qu'est la motivation du sujet. Purvis (2005, cf. Lindsay, et al., 2007) a pu étendre ces observations sur le registre des « *goods* » à concilier dans un plan de vie cohérent. Les sujets ont d'abord pour objectif de répondre à des besoins fondamentaux, le passage à l'acte ayant servi d'instrument à cette ambition. Voici les quatre étapes d'intervention G.L.M. (Corneille & Henrard, in Dieu, 2016) :

- Pondération des besoins primaires : identification du poids accordé par le délinquant à chacun des besoins primaires permettant d'avoir une idée de ce que pourrait être pour lui une vie satisfaisante ;
- Identification des objectifs et valeurs qui soutiennent la délinquance : quels sont les besoins que le délinquant tente de combler au travers de ses comportements ?
- Formulation des besoins secondaires : travail conjoint entre participant et clinicien afin d'identifier les façons socialement acceptables d'atteindre ses besoins primaires ;
- Elaboration du plan de vie : formulation du plan d'actions concrètes qui permettront au délinquant d'avoir accès à une vie plus épanouissante selon des modalités non-délinquantes et signification des objectifs et valeurs qui sous-tendent les comportements délinquants.

Quêter une vie harmonieuse via le GLM, c'est déterminer un plan de vie à partir duquel le sujet pourra se projeter. L'intervention porte en elle les potentialités du sujet à faire éclore selon ses propres ressources individuelles et sociales. Le modèle « Risk-Need-Responsivity » R.N.R. (R.B.R. en français – Risque, Besoins, Réceptivité) consiste en une technique précise d'évaluation structurée et d'intervention réhabilitative cognitivo-comportementale et émotionnelle des auteurs d'infraction. Accompagnés d'un jugement clinique de la part de l'intervenant, des principes forts soutenus scientifiquement encadrent la pratique de la réhabilitation et de la prévention de la récidive (Mann & Gannon, 2007). Le modèle R.B.R. s'appuie sur la modélisation de la psychologie de la conduite criminelle développée par Andrews et Bonta (2010), fondateurs du modèle R.B.R. et des instruments d'évaluation et d'accompagnement (eg. LS/CMI, OASYS). Pour ces auteurs, la modélisation psychologique proposée définit une « *approche compréhensive de la conduite criminelle individuelle à travers (a) l'application éthique et humaniste des méthodes empiriques, et (b) la construction de systèmes exploratoires rationnels.* » (Andrews & Bonta, 2010).

Empruntant des références psychologiques, criminologiques, sociologiques (entre autres), la théorie du PCC (processus criminogène) rend compte d'une analyse différentielle, individualisée et multifactorielle, en corrélation avec la récidive. Cette approche reste sous-jacente au modèle de l'évaluation et de la réadaptation du délinquant, fondé sur le risque, les besoins et la réceptivité. Trois aspects y sont essentiellement présentés.

Le premier aspect, la personnalité en général, fait référence à la personnalité antisociale. Le deuxième aspect concerne les processus cognitifs du sujet, en y intégrant la notion de maîtrise de soi basée sur la prise en considération de son existence et de ses capacités. Le retour sur soi prend ici en compte le vaste champ des attitudes, valeurs et croyances potentiellement dysfonctionnelles et facilitant l'occurrence du passage à l'acte. Le troisième aspect central du modèle d'Andrews et Bonta (2010) reprend les théories de l'apprentissage social. Le modèle accorde une grande place aux apprentissages sociaux (eg. amis, famille, conjugalité, scolarité, travail, loisirs). Il s'agit d'une position scientifique éthique devant faire fi de toute idéologie et référence sociale et politique potentiellement biaisée. La PCC s'étudie en situation individuelle sous l'angle de la théorie étiologique du passage à l'acte qu'est le « *General Personality and Social Psychological Perspective on Criminal Conduct* » (GPSPP). Pour Andrews et Bonta (2003), les données à travailler demeurent individuelles dans la propension à l'acte (Andrews, 1995).

Il est donc nécessaire de placer l'auteur au centre d'une analyse différentielle inter-individuelle (Andrews & Bonta, 2010 ; Ward, et al., 2007) afin d'en étudier : la situation à risque (balance actionniste rationnelle coûts/bénéfices) ; les risques constitués par les groupes de pairs facilitant dans les actions délinquantielles ; les schémas dysfonctionnels en tant qu'attitudes et cognitions du sujet permettant d'envisager le passage à l'acte. Alors que le « GPSPP » (cf. chapitre d'introduction de l'ouvrage) présente les facteurs impliqués dans la commission d'une infraction, le dosage individuel de chacun des facteurs interrogés et les trois processus présentés s'évaluent au sein du « *Personal Interpersonal Community-Reinforcement - PIC-R* » (Ward et al., 2007). Les mécanismes d'apprentissage socio-cognitif (eg. bénéfices à usiter tel ou tel comportement dans telle ou telle situation) tiennent une part importante du processus « PIC-R ».

Le modèle R.B.R. est constitué sur les trois principes directeurs suivant : le risque, le besoin, la réceptivité. Selon le principe du risque, il s'avère indispensable d'adapter l'intensité et le type d'accompagnement du service en charge au niveau de risque de récidive du sujet, c'est-à-dire de proposer une intervention qui s'intensifie suivant l'élévation du niveau de risque présenté par le sujet. Il s'agit de faire coïncider les deux éléments séparés que sont le niveau de traitement offert par un professionnel/service et le risque de récidive présenté par le sujet auteur d'infraction. Dans l'analyse du risque, les facteurs criminogènes dits statiques, historiques et factuels, donc immuables, sont régulièrement les plus recherchés. La rapidité de l'évaluation de ces facteurs reste d'autant plus non négligeable.

Le deuxième principe évalue les besoins (criminogènes). Les besoins dits criminogènes représentent les facteurs de risque de récidive (dynamiques) présents chez le sujet et devant impérativement faire l'objet d'un ciblage d'intervention par le professionnel ou dans un programme adapté dans l'objectif de diminuer la probabilité d'une récidive. Ici encore, deux éléments sont à concilier, l'identification de ces besoins d'une part, et leur ciblage dans l'intervention professionnelle/institutionnelle d'autre part. Pour beaucoup de professionnels de l'accompagnement, ce deuxième principe paraît contre-intuitif. Il convient de préciser qu'il n'est en rien jugé inopportun pour le sujet de travailler avec lui sur des besoins « personnels ». Le modèle R.B.R. précise seulement qu'il est plus efficace, dans un but de prévention de la récidive, de l'accompagner en priorité sur des besoins « criminogènes ». Puisque dynamiques, ces facteurs criminogènes fluctuent dans le temps, à la grande différence des facteurs dits statiques, propres à l'histoire du sujet. Le principe des besoins commande à une évaluation précise des facteurs criminogènes présents chez le sujet au moment de la première rencontre avec le professionnel, évaluation devant être effectuée avec des instruments d'évaluation du risque de troisième et quatrième génération.

Le troisième principe renvoie à la réceptivité du sujet et rétroactivement à celle du service. Ce principe indique que mettre en adéquation l'intervention avec les capacités du sujet optimise les résultats en matière de prévention de la récidive. En proposant une intervention efficace basée sur la thérapie cognitivo-comportementale et en l'individualisant au sujet, à ses ressources, ses capacités intellectuelles, son style d'apprentissage, sa motivation, le principe de la réceptivité donne à l'intervention des probabilités de réussite plus intéressantes (Bonta, et al., 2010).

En incorporant dans l'évaluation et l'intervention des facteurs personnels et interpersonnels, le modèle R.B.R. offre au sujet la possibilité de donner du sens et ainsi de s'y engager pleinement. Le principe de réceptivité (Serin & Kennedy, 2001) considère tant la généralité que la spécificité de l'intervention :

- La réceptivité générale conseille les méthodes cognitivo-comportementales de l'apprentissage social dans l'intervention afin de travailler avec le sujet ses attitudes et comportements (Andrews & Bonta, 2006) ;
- La réceptivité spécifique pondère les pratiques générales cognitivo-comportementales en fonction des caractéristiques du sujet (Bonta, et al., 2010). Les stratégies doivent respecter un principe relationnel (eg. l'alliance de travail, l'élan motivationnel, le partage empathique) et un principe structurel (eg. guidance dans l'acquisition des comportements prosociaux, renforcement et soutien dans la résolution de problèmes et le sentiment d'auto-efficacité). La réceptivité spécifique, ou individualisée, demande une réciprocité de la part du professionnel aux aptitudes intellectuelles, verbales et relationnelles du sujet en besoin.

2. Structuration des groupes SERA

Précisions sur les éléments de déroulement d'une séance et du groupe

Déroulement d'une séance

Chaque séance du groupe PRATIC-SERA (ou Initiation de Soi) se découpe en six étapes : météo, objectifs du jour, warm-up (échauffement), exercice de travail, échanges, vote.

La « météo » de l'humeur est aussi une étape de création des binômes afin d'anticiper l'état d'esprit des participants dès l'entrée en séance et constituer les binômes. Chacun présente ses ressentis du jour et se voit réparti avec un membre du groupe qui lui sera « stabilisateur ».

Dans une deuxième étape, l'animateur rappelle les objectifs de la séance, ce qu'elle va mettre au travail. Il s'agit de décrire ce que l'on va travailler ainsi que les objectifs à atteindre pour chacun des sujets.

Le warm-up entame pleinement la séance. Les warm up sont des exercices d'échauffement permettant de retrouver la dynamique du groupe, sous une forme ludique et sont en lien avec la thématique de travail. Ce sont des exercices de courte durée qui ne dépassent généralement pas les cinq minutes. L'objectif est d'amener les personnes à investir la séance de travail à suivre.

L'exercice est le cœur de la séance mettant au travail la ressource ayant motivé le thème de séance. Sont prioritaires dans la mise en application, les personnes dont le plan d'action futur implique le développement de la ressource. Durant la réalisation de celui-ci, l'animateur principal donne les consignes et encadre les participants tandis que l'animateur secondaire, placé plus en retrait, sécurise le groupe afin de garantir que celui-ci soit soutenant, les exercices pouvant faire émerger des émotions fortes. Lorsque l'on fait passer un participant, on préconise de ne pas aller au-delà de vingt minutes, ce qui permet de faire participer trois personnes en moyenne sur la séance.

L'échange est le moment où les personnes peuvent exprimer la manière dont elles ont vécu la séance, ce qui y a été mobilisé, mis au travail. C'est le moment de faire le lien avec les objectifs de départ, d'aborder les notions sous un abord psycho-éducatif et d'envisager avec les participants l'aspect écologique des notions travaillées c'est-à-dire la manière dont ils peuvent les appliquer à eux-mêmes et dans leur quotidien. En parallèle, les animateurs peuvent introduire les notions psycho-éducatives relatives à la séance.

Le vote se présente en deux phases. Tout d'abord les personnes déterminent pour chaque membre si oui ou non ils estiment qu'il a bien travaillé la ressource et peut cocher la case prévue à cet effet sur son plan de vie future. Puis la séance se clôture par l'élection d'un membre du groupe ayant mobilisé une ressource particulière déterminée par les animateurs.

La présentation et la gestion de l'humeur

L'utilisation de la « météo » cherche à amener la personne à penser et exprimer son état émotionnel au groupe. Avoir un visuel au long des séances permet aussi un feed-back durant le parcours, par rapport à soi mais aussi en comparaison aux membres du groupe. Permet une prise de conscience sur l'image que l'on offre aux autres : être majoritairement de mauvaise humeur si les autres sont principalement de bonne humeur n'est pas évident. Cela peut permettre de réviser son positionnement et de faire le lien avec une identité affirmée et affichée au regard d'autrui.

Pour mettre en place la météo, il faut demander aux sujets de choisir en début de séance le symbole météo (ex : soleil, orage, nuage, pluie) correspondant à leur humeur du jour. Cela peut se faire par le choix de foulards de couleur (ex : bleu si ça va, rouge si ça ne va pas) ou en affichant le symbole sur un tableau des humeurs où sont représentées toutes les séances. La météo permet de réguler la dynamique du groupe en constituant des binômes composés d'humeurs opposées afin de garantir la participation de tout le monde (voir ci-dessous : responsabilisation entre PPSMJ). Afin que les personnes ne recourent pas systématiquement à l'humeur négative, on peut limiter le nombre de fois où ils peuvent utiliser les symboles « humeur négative » (ex : seuls trois symboles négatifs peuvent être utilisés pendant le programme). L'objectif est d'encourager une réflexion approfondie (ex : anticipation des futures humeurs, rétroaction sur les ressentis précédents) sur l'humeur de la personne et éviter un recours trop systématique au même symbole. Pour accroître l'effet de rétroaction au sein du groupe et la réflexion sur son propre ressenti, on peut demander à chaque participant, après sélection du symbole de l'humeur, de s'exprimer sur ce qui a motivé son choix.

Il est également possible d'utiliser notre technique de « l'arc en ciel », qui consiste à faire élire en fin de séance une personne qui a développé une compétence singulière (ex : personne ayant exprimé le propos donnant le plus matière à réflexion, ayant fait la meilleure blague, s'étant le plus impliquée dans les exercices). Il est recommandé de varier le thème du vote à chaque séance pour ne pas influencer le comportement des membres. L'objectif est de réguler les comportements en séance en encourageant les attitudes prosociales et en les valorisant, personne ne souhaitant être élu pour une attitude négative.

La détermination des règles par le groupe

Si les règles propres à l'établissement sont établies par avance sans que l'on puisse y déroger, celles relatives à la vie du groupe peuvent être déterminées par celui-ci. Une réunion peut être organisée en début de parcours afin d'établir le code devant régir la vie de la communauté : assiduité, divergence d'opinions, intervenants, confidentialité, participation, attitude, commentaires, autres règles… Les décisions prises en début de cycle peuvent être révisées ultérieurement après vote au sein du groupe. Par exemple dans un QPA où un fonctionnement similaire était mis en place, deux groupes présents simultanément en sont venus à comparer et réviser leurs réglementations en prenant appui sur les points positifs perçus dans les décisions de l'autre groupe.

Il est possible de prévoir des règles co-, voire auto-, déterminées par le groupe pour une responsabilisation entre PPSMJ (ex : binôme durant la séance). Si les règles du cadre (du service) sont établies, celles régissant la vie du groupe restent à déterminer par le groupe lui-même. Inviter les sujets à penser et créer les modalités de gestion de la vie en communauté augmentera d'une par l'adhésion à celles-ci, d'autre part l'autonomie groupale en terme d'autorégulation. Si les règles ayant fait l'objet d'un consensus sont transgressées, ce sera au groupe de déterminer la nécessité d'y répondre par une sanction qu'il adaptera au cas particulier. En fonction de la météo de l'humeur, des binômes de PPSMJ sont composés de deux sujets à l'humeur opposée, qui varient à chaque séance. L'objectif est d'encourager l'attitude de veille sur autrui et les comportements d'entraide. Les personnes particulièrement vulnérables sur une séance pourront ainsi se référer à leur binôme qui les aidera à gérer leurs difficultés.

Dans ce cas, pour les règles relatives à la vie en communauté, le groupe peut convenir lui-même de la sanction/gestion adaptée en cas de transgression. Les membres discutent le cas et conviennent si une peine semble ou non nécessaire et laquelle. Afin de cadrer les sanctions, un code peut être ajouté au règlement et un retour des professionnels sur la décision de la communauté est indispensable. Procéder ainsi ouvre à l'élaboration en groupe au sujet de l'administration de la justice et l'application des peines.

Parrainage de soutien des PPSMJ, du groupe, et récompenses

Les témoins pour le groupe sont des détenus plus avancés dans le programme (ou l'ayant achevé) viennent relater leur expérience aux nouveaux arrivants. Entendre des pairs témoigner des apports du parcours, des difficultés rencontrées, de l'utilisation quotidienne des ressources développées, des regrets ou éléments qu'ils auraient actés différemment si le parcours était à refaire... accroît la motivation à investir les séances. Entendre des sujets ayant une expérience similaire à la leur aura davantage d'impact que la parole des personnels.

Un système de parrainage de la PPSMJ peut être mis en place pour la gestion de la vie quotidienne à l'arrivée (ex. en QPA, QCP, QSL). Avoir un pair auquel se référer, guide au sein de l'institution, réduit le stress engendré par un fonctionnement nouveau à appréhender et invite à prendre appui sur l'expérience qu'il nous livre pour s'approprier les lieux et en tirer un maximum de bénéfices. De l'autre côté, les PPSMJ les plus avancées dans le cycle voient leur responsabilité accrue à l'approche de la remise en liberté, ainsi que leurs efforts valorisés par la confiance accordée par l'institution.

Afin de valoriser et promouvoir l'implication des membres du groupe, un système de récompenses symboliques peut être mis en place en fin de séance, de module ou de parcours. Diplômes, médailles, félicitations…les formes peuvent varier. Il est toutefois essentiel d'orienter la distribution de manière positive sans chercher à stigmatiser ou dévaloriser les comportements ou attitudes négatives. Le(s) membre(s) destinataires de la récompense peuvent faire l'objet d'un vote au sein du groupe ou d'une sélection par le personnel encadrant (voire les deux). Par exemple, pour clôturer le parcours, une remise de médailles visant à valoriser les personnes est mise en place. Chaque participant reçoit une médaille attestant de sa bonne participation aux séances et quelques médailles spéciales (or, argent, bronze) à destination des membres s'étant le plus investis sont remises après vote du groupe et des animateurs.

« Parcours initiatique pour savoir qui je suis »

Modules	Séances	Thématiques
Entrée : Présentation des modules, séances, et cohésion de groupe		
Module 1 « Qui je suis, qui je ne suis pas, qui je veux être ? »	Séance 1	Qui je suis et pourquoi je suis là ?
	Séance 2	Ce qui me constitue : un corps, un esprit et un lien social ?
	Séance 3	Qui je fais exister autour de moi ?
Module 2 « Je pense en homme libre ? »	Séance 4	Qu'est-ce que changer pour moi à travers un groupe ?
	Séance 5	Ce qui m'est précieux et ce que ça dit de moi ?
	Séance 6	Ce qui me semble vrai, est-ce révisable ?
Module 3 « J'apprends à agir sur mon destin ? »	Séance 7	Faire un choix de vie ?
	Séance 8	Comment je me conduis avec les autres ?
	Séance 9	Faire la paix avec les fantômes de ma vie passée ?
Module 4 « Je renforce mon Plan de vie ? »	Séance 10	Si je gère les pires scénarios… ?
	Séance 11	Hier, aujourd'hui, demain : je donne du sens à mon parcours ?
	Séance 12	Mon plan de vie : une voie à prévoir et à aimer ?
Sortie : Bilan des modules, inter-évaluations et perspectives		

FIGURE 34 : PLAN DES SÉANCES DE GROUPE « PRATIC-SERA »

3. Les modules en action : théorie et pratique

Fondements théoriques des modules 1 (Identité et Motivation) et 2 (Valeurs et Convictions)

Identité, identité(s) sociale(s) et motivation au changement : et si l'auteur de l'infraction était l'auteur du changement ?

L'exercice de la rencontre travaille l'identité sociale c'est-à-dire l'image que l'on donne de soi à autrui ou soi dans le regard de l'autre. L'identité personnelle se compose en fonction d'une grande variété d'éléments biologiques, éducationnels, anamnestiques, sociaux, culturels… Elle évolue au long de l'histoire du sujet et des expériences de vie. L'identité sociale renvoie à celle que la personne revêt en fonction des divers rôles sociaux qu'elle endosse au quotidien. Par exemple, votre identité professionnelle diffère de votre identité de parent, de conjoint ou d'ami. Il y a donc un impact spécifique du contexte social auquel notre identité sociale s'adapte. Nous sommes particulièrement sensibles à l'image que nous renvoyons à autrui et l'image qu'autrui se fait de nous. Celle-ci peut être totalement différente de ce que l'on se figure ou tente de transmettre. Avoir un retour de la part d'autrui sur cette identité affichée et perçue permet de saisir le décalage entre ce que l'on souhaite projeter et l'image que l'on renvoie effectivement.

Changer, pourquoi ? Changer comment ? Changer pour quoi ? De la conscientisation du problème méritant résolution au maintien du changement, la route est longue et semée d'embuches. Au sein de ce modèle transthéorique de la disposition au changement de Prochaska et DiClemente (1984), le professionnel est invité à identifier le processus d'ouverture cognitive chez le sujet à travers différentes phases que la personne traverse avant de mettre fin au comportement problématique :

- Phase de pré-contemplation : le sujet ne prend pas conscience de sa problématique, mais il se focalise sur les bénéfices secondaires ;
- Phase de contemplation : le sujet commence à percevoir les préjudices liés à son comportement, il manifeste alors une certaine ambivalence avec la prise de conscience d'un changement qui est nécessaire mais il n'y parvient pas ;
- Phase de préparation/détermination : le sujet quitte l'ambivalence pour une position active, avec la mise en place d'actes concrets pour résoudre la problématique initiale ;
- Phase d'action : le sujet met en œuvre des résolutions à travers des démarches concrètes. Au sein de cette phase, le sujet peut poursuivre son action en consolidant cette nouvelle trajectoire de vie (phase de maintien) ou chuter (phase de rechute) dans ses consolidations. Ces

rechutes s'envisagent comme une possibilité logique (non désirée) dans la construction du changement.

La « théorie de l'autodétermination » (Deci & Ryan, 1985 ; Guay, et al., 2003) distingue dans un continuum la motivation « intrinsèque », attribut inhérent au sujet, de la motivation « extrinsèque », élément venant de l'extérieur, jusqu'à l'amotivation, afin de concevoir la complexité du champ motivationnel en tant que processus psychologique résultant d'échanges interpersonnels. La motivation « intrinsèque » (Pelletier & Vallerand, 1996) en tant que besoin inné d'autodétermination évoque une force vers une action pour l'action en elle-même, fin en soi dans la satisfaction ressentie par le sujet. Dans le cadre d'une charge qui lui est personnelle, le sujet investit dans l'action une énergie traduite en valeur motivationnelle (Pelletier & Vallerand, 1993). Pour se faire, le sujet met en adéquation un « sentiment de compétence » (Bandura, 1986) et un « sentiment d'autonomie » (Zimmerman, et al., 1992).

La motivation « extrinsèque » (Ryan & Deci, 2000) est régie par un objectif extérieur au sujet. Il s'agit de la motivation la plus commune, celle qui catalyse les valeurs partagées en vue de la socialisation (macroscopique) et l'insertion du sujet dans un groupe social (microscopique). Les objectifs externes représentent le quotidien de la vie sociale des sujets. Qu'il s'agisse d'une action demandant peu, prou ou beaucoup d'effort, rares sont les événements qui suscitent en eux-mêmes la valeur motivationnelle nécessaire à la motivation intrinsèque. La résonnance interne se lie plus souvent au but extérieur qui favorise la motivation « extrinsèque », par le biais du processus d'« internalisation » (nécessité comprise de l'action à produire) et du processus d'« intégration » (assimilation personnelle de la valeur portant l'action).

Valeurs, morale et attitudes problématiques ?

Notre volonté quête dans l'aspect éthique du discours les éléments attitudinaux, habituels ou intentionnels, en parallèle des attentes, construction et désirabilité. La scénarisation morale propulse le discours du sujet dans le champ des normes, de leur intégration, de son niveau moral, de l'expérience de la sanction ou de la non-sanction et du comportement planifié. La *moralis* (*ta éthica*), système de règles et de valeurs que l'individu doit respecter dans ses actes selon ce qui est Bien ou Mal, regroupe tant les mœurs, la personnalité, les attitudes, les règles de conduite, que leur justification (Fontaine, 2003). L'application individuelle du système normatif collectif se questionne régulièrement et depuis longtemps en psychologie cognitive et sociale sous deux aspects : le conflit moral et le dilemme moral (Dewey, 1936). Précurseurs, les travaux de Piaget (1935) théorisent une transition de l'hétéronomie à l'autonomie morale chez l'individu, c'est-à-dire du réalisme moral induit par l'environnement extérieur à la morale subjective.

Le développement moral dépendrait étroitement du développement cognitif de l'enfant et des outils dont celui-ci dispose pour analyser des situations à juger moralement. Kohlberg (1958) (ou les stades d'identification de Tap, 1988) interrogea l'éducation morale à travers les mécanismes mentaux comme processus opératoires à la base de la formulation des jugements moraux chez les individus. Il identifia six stades organisés en trois niveaux : pré-conventionnel (obéissance simple et utilitarisme), conventionnel (bonne concordance interpersonnelle et vision de la loi et de l'ordre social), post conventionnel (contrat social et éthique universelle).

Des sphères de vie aux ressources : prise en compte des facteurs de protection du sujet

Les sphères sont les éléments qui composent notre vie, notre quotidien et dont dépend notre équilibre. Famille, amis, loisirs, profession… mais aussi consommation de produit, infraction, suivis médicaux… tout élément participant à notre existence peut être questionné en termes d'effets, d'impact, de valeur attribuée, d'investissement : qu'est-ce que cette sphère représente pour moi ? A quel point est-elle importante ? Tous les sujets rencontrant dans leur vie des facteurs de risque pathogènes et criminogènes ne commettent évidemment pas des passages infractionnels. Cette réalité sociale fonctionne comme une sorte d'énigme criminologique, puisque si les facteurs de risque favorisent l'action délinquantielle, quels sont dans ce cas les facteurs qui la retiennent ? Les facteurs positifs, dits de protection (face au passage à l'acte), tentent de répondre à cette énigme persistante. Ces facteurs positifs de la vie des sujets diminueraient la probabilité de (re)commettre une infraction, en modérant ou compensant des éléments de vulnérabilité. Bien que les facteurs de protection ne rencontrent pas de consensus scientifique (De Vires, et al., 2011), De Vogel et al. (2011) les considèrent sous la forme de caractéristiques propres à un sujet, à son milieu ou à sa situation, qui viennent précisément diminuer le risque infractionnel.

Trois courants expliquent l'impact positif de ces facteurs sur le sujet en situation de vulnérabilité (De Vogel, 2011), nous n'en retiendrons que deux ici. Selon la première approche retenue, les facteurs de protection seraient des apprentissages ou capacités positives opposés à des facteurs de risque concernant une même problématique (eg. famille harmonieuse vs. famille dysfonctionnelle). Sprott et al. (2000) estiment que ce sont les effets compensatoires des facteurs positifs sur le risque de récidive qui font d'eux des éléments de protection.

Selon la seconde approche retenue, celle de De Vogel et al. (2011), les facteurs de protection infractionnelle se définissent plus largement comme des « *influences qui modifient, améliorent ou changent les réactions d'une personne aux risques environnementaux qui prédisposent à une mauvaise adaptation* ». Ils indiquent des protections internes (eg. l'intelligence, l'empathie ou le contrôle de soi), externes (eg. réseaux sociaux ou relations intimes) ou motivationnelles (eg. travail, loisirs, gestion financière, attitude envers l'autorité ou buts dans la vie).

Les vulnérabilités ou le principe du « besoin »

Les besoins dits criminogènes représentent les facteurs de risque de récidive (dynamiques) présents chez le sujet et devant impérativement faire l'objet d'un ciblage d'intervention par le professionnel ou dans un programme adapté dans l'objectif de diminuer la probabilité d'une récidive. Le modèle R.B.R. précise qu'il est plus efficace, dans un but de prévention de la récidive, d'accompagner en priorité le sujet sur ses besoins « criminogènes » (Bonta, et al., 2010). Puisque dynamiques, ces facteurs criminogènes fluctuent dans le temps, à la grande différence des facteurs dits statiques, propres à l'histoire du sujet.

Le principe des besoins commande à une évaluation précise des facteurs criminogènes présents chez le sujet au moment de la première rencontre avec le professionnel. Il comprend les huit facteurs criminogènes dynamiques que sont les relations avec les proches et les pairs, l'attitude envers la loi et envers autrui, l'impulsivité et la capacité à résoudre les problèmes, les émotions et l'agressivité, la situation scolaire ou d'emploi, la situation familiale et conjugale, l'inscription dans le tissu social et les loisirs, la consommation de produits.

Exemple avec la séance « Qui je fais exister autour de moi ? » du Module 1 « Qui je suis, qui je ne suis pas, qui je veux être ? »

Nous nous concentrerons ici sur les activités, échauffement (Warm-Up), exercice et échanges. Nous ne parlerons donc pas de la météo de l'humeur, la création des binômes, du rappel des objectifs et du système de vote. L'exercice de « Mes Cercles » (sphères de vie : famille, amis, projet, addiction, etc.) est un travail interactif et symbolique sur une problématique énoncée. Il permet une prise de conscience des domaines que l'on investit et de l'équilibre existant entre eux ainsi que de l'écart possible entre son fonctionnement actuel et celui désiré. L'empathie et la décentration sont également des points mis en avant. La chaîne émotionnelle est un moyen de développer et exprimer une émotion parfois non identifiée par le participant. Les consignes sont les suivantes :

1. Demander parmi les participants qui est volontaire pour se prêter à l'exercice.
2. Lui faire choisir un objet pour le représenter et le placer au centre de la pièce.
3. Lui faire matérialiser ses différentes sphères de vie (famille, amis, loisirs, travail...) par des participants du groupe qu'il doit placer autour de l'objet qui le représente en termes de proximité ou d'investissement.
4. Lui demander de s'exprimer sur chacune de ses sphères : par rapport à ce qu'elles représentent pour lui (quelles sphères sont représentées et pourquoi, lesquelles ne sont pas présentes et pourquoi), par rapport au placement (est-ce qu'elles sont tournées vers lui ou est-ce qu'elles sont placées dos à lui, dans ce cas, pourquoi) et par rapport à la distance (est-ce qu'elles sont à proximité de lui ou éloignées et pourquoi ; est-ce qu'elles sont proches les unes des autres et ce que ça signifie).
5. Au regard de ses réponses, lui demander si la configuration lui correspond ou s'il veut repositionner ses sphères / en faire figurer d'autres. Le questionner sur ce que révèle le positionnement de celles-ci.
6. L'interroger alors sur l'équilibre existant entre ses sphères et comment celui-ci se maintient (que se passe-t-il par exemple, lorsque l'une est plus investie à un moment donné et comment cela se répercute sur les autres) ainsi que la façon dont il envisage leur évolution (par exemple, dans le cas où le participant a placé, en termes d'investissement et d'importance, le travail à égalité avec la famille et les loisirs, que se passerait-il en cas de perte de travail ou de retraite ?).
7. Demander ensuite au participant quel serait le positionnement idéal de ses sphères et comment il pourrait y parvenir : lesquelles éliminer, conserver, remplacer (par exemple, dans le cas où la famille est une sphère importante pour le participant mais qu'en raison de conflits / distance, un des éléments de celle-ci est positionné dos à lui).

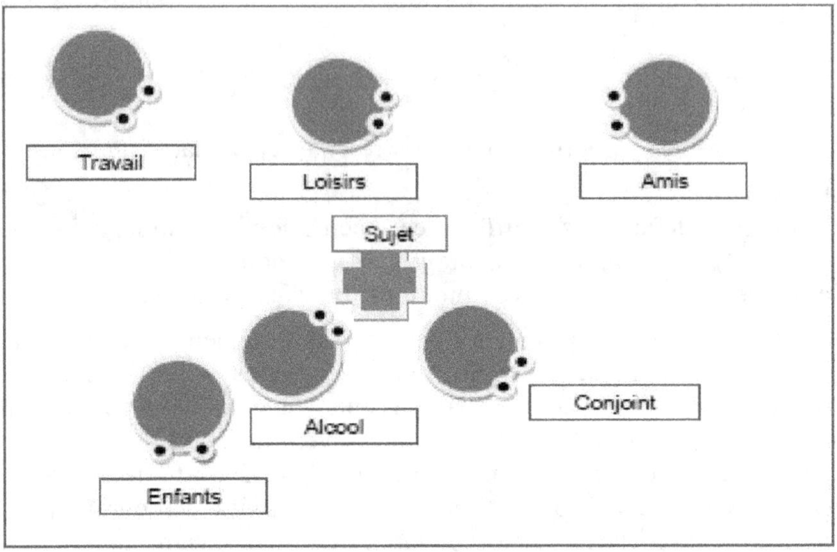

FIGURE 35 : VISUEL SÉANCE « QUI JE FAIS EXISTER AUTOUR DE MOI ? » (PRATIC-SERA)

Se trouver confronté au discours de ses sphères peut être complexe à gérer et se tenir hors du plan permet au sujet de ne pas être mis à mal tout en maintenant le processus de restructuration cognitive.

- Orientation des sphères : vers où regardent les sphères ? Pourquoi ? Qu'est-ce que les sphères pensent de leur positionnement actuel ? *Lorsqu'une sphère est travaillée, il est recommandé de demander au participant l'incarnant de s'exprimer sur celle-ci (ex : façon dont il est positionné, son rôle dans la vie de la personne) afin d'aider et d'intensifier des émotions particulières mais aussi prendre conscience de l'impact de la sphère dans la vie du sujet principal.*
- Que révèle le positionnement relatif des sphères ? Quel impact des sphères les unes par rapport aux autres ? (empêchement ? promotion ? jeu inter-champs). *Il est intéressant de faire discuter les sphères entre elles : que pense la sphère A (ex : enfants) de l'investissement consacré à la sphère B (ex : alcool), est-ce que cela empiète / a un impact sur son épanouissement à elle ?*
- Comment les sphères pourraient-elles être idéalement placées ? Quoi éliminer ? Quoi conserver ? Quoi remplacer ? *Dans le cas où le participant ne peut répondre ou s'il montre des difficultés, il est possible de recourir à un « double », c'est-à-dire un autre membre venant se placer dans son dos, une main placée sur son épaule, et s'exprimant à sa place comme une « voix off » au sujet de son vécu affectif.*

Travailler et incarner les sphères d'un autre participant, permet à l'individu de se dégager affectivement du travail effectué antérieurement à la séance en devenant spectateur de son plan de vie. L'auto-questionnaire SPHERES ou le plateau de jeu des plans de vie visent pour le sujet à identifier ses sphères de vies représentées. Ce travail permet aux participants de reprendre les fiches et de les jouer en séance par la suite, et/ou bien de personnaliser l'exercice de la séance et d'échanger avec les autres. A partir des sphères d'un participant, les autres peuvent discuter ou mettre en scène tandis que la personne concernée restera observatrice, afin de limiter les enjeux affectifs en séance de groupe.

Il est possible de demander à un participant de représenter les sphères de vie d'un autre participant à l'aide des fiches réalisées. Travailler les sphères d'autrui permet de ne pas engager affectivement le participant qui « dirige » la scène et évite de confronter directement la personne dont on représente les sphères de vie car elle devient spectatrice de son plateau. Être confronté au discours de ses sphères pouvant être complexe à gérer, se tenir hors de la scène permet non seulement une prise de recul plus aisée mais évite aussi de mettre la personne en difficulté.

Exemple avec la séance « Qu'est-ce que changer pour moi à travers un groupe ? » du Module 2 « Je pense en homme libre ? »

Nous présentons le Warm Up du « Changement » d'entrée de la séance énoncée. Cet échauffement émotionnel et relationnel vise à appréhender les maintiens et positionnements dans la disposition au changement. Cet exercice permet de se rendre compte que la motivation se traduit dans l'attitude et n'est finalement pas binaire. Pour l'animer, les consignes sont :

1. On propose aux participants de se déplacer dans la pièce tranquillement et normalement, puis comme s'ils étaient contents d'être ici et avaient envie de faire les exercices, puis comme s'ils n'avaient pas envie. A chaque fois, nous leur demandons de bien observer les autres, comment ils sont et est-ce qu'ils ont bien l'air d'avoir envie ou non d'être là.
2. On propose aux participants de se mettre en ligne et d'imaginer qu'il s'agit d'une ligne qui part d'un bout qui caractérise le fait de ne pas avoir envie de faire quelque chose, et l'autre bout avoir très envie de le faire. Puis on leur demande de se placer sur la ligne et de nous « concrétiser » les étapes (celui au milieu devra nous faire l'hésitation par exemple).
3. Puis à la chaine, celui du fond doit passer à côté de la ligne jouée par ses collègues, et à chaque fois qu'il avance il doit concrétiser son évolution (passer par toutes les attitudes en les interprétant) ; quand il est passé par

toutes les étapes il devient le nouveau « motivé », et le nouveau « démotivé » doit à son tour remonter la ligne.

4. On échange sur ce que cela peut vouloir dire : la motivation est-elle binaire ou est-ce une ligne comme nous l'avons proposé ? Cela leur est-il déjà arrivé d'être pris en hésitation, etc. ?

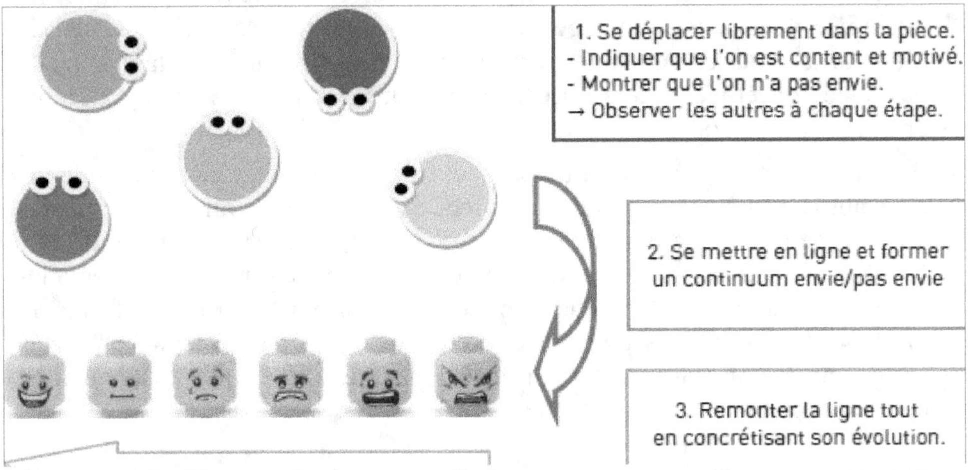

FIGURE 36 : VISUEL 1 SÉANCE « QU'EST-CE QUE CHANGER POUR MOI À TRAVERS UN GROUPE ? » (PRATIC-SERA)

L'exercice « Les raisons de changer » approfondit le Warm-Up et caractérise pleinement le cœur du besoin à travailler durant la séance. L'exercice questionne l'ambivalence afin de faire émerger la motivation intrinsèque. Le groupe doit traverser tous les stades de la motivation au changement (pré-contemplation, contemplation, détermination, action –maintien / rechute) en traitant d'une problématique spécifique. Les personnes présentes entendront les suggestions d'autrui et développeront des réflexions et stratégies qui pourront s'appliquer à une problématique qui leur est propre sans avoir à s'exposer directement. Nous cherchons à mobiliser la réflexion et non à mettre à mal les sujets, d'où la possibilité d'avoir recours à une situation fictive. Les consignes sont les suivantes :

1. Former un cercle.
2. Deux possibilités : soit on demande si un participant est volontaire pour travailler sur une problématique qui lui est propre (par exemple : sa consommation d'alcool), soit le groupe détermine un problème sur lequel travailler (par exemple : arrêter de fumer) et un participant, qui n'est pas concerné par la problématique (par exemple : qui ne fume pas) et n'a donc aucune raison de modifier son attitude ou son comportement, vient se placer au centre du cercle. Il doit présenter la situation.

3. Les membres du groupe expriment alors des raisons qu'ils estiment valables pour que la personne remette son positionnement en question. Quand un participant a un argument, il doit faire un pas vers le centre du cercle afin de se retrouver face à face avec le sujet, exprimer son idée et attendre la réponse du sujet avant de regagner sa place.
4. Quand plusieurs arguments ont été proposés, on fait un point sur les échanges : à ce stade, la personne n'ayant pas conscience qu'elle a un problème, elle répond en général du « tac-au-tac » aux arguments qui lui ont été soumis. On propose alors aux participants de résumer le positionnement du sujet en une phrase (par exemple : je n'ai pas de problème).
5. On demande alors au sujet quelle est l'idée à laquelle il a été le plus sensible. La personne l'ayant émise vient prendre la place du sujet au centre du cercle.
6. En se basant sur l'argument auquel la personne a été sensible, les participants, sur le même modèle que la phase trois, expriment alors d'autres idées pour convaincre la personne de cesser son comportement.
7. On refait alors un point sur ce qui a été dit : lors de cette phase, le positionnement du sujet commence à changer, il a tendance à essayer de se justifier sur sa conduite au lieu de répondre simplement. Là encore, on propose aux participants de résumer la phase en une phrase (par exemple : je réfléchis). Le sujet ou le groupe choisit alors la personne qui a eu la meilleure idée, elle vient se placer au centre du cercle.
8. Le sujet fait alors le tour du cercle et doit exprimer, à chaque membre du cercle, une proposition afin d'agir sur son problème / quelque chose qu'il pourrait mettre en place. Le membre a qui il a formulé l'idée s'exprime alors sur la stratégie : il peut, soit l'encourager (par exemple, oui c'est une bonne idée), soit proposer un objectif plus concret (par exemple, si un des arguments du sujet est le coût du tabac, lui demander de déterminer quelque chose d'important pour lui et qu'il pourrait faire avec l'argent économisé).
9. A la fin du tour, on détermine dans quelle phase se situe le participant : à ce stade, il est décidé à agir sur son comportement, il envisage des stratégies pour agir dessus et s'est fixé un objectif. On résume alors son positionnement en une phrase (par exemple : j'agis) et le sujet désigne le participant qui a proposé la meilleure idée. Celui-ci vient alors prendre sa place au centre du cercle.

10. Pour ce tour, le sujet étant déjà dans l'action d'arrêter son comportement, il va s'agir pour lui de le maintenir / ne pas rechuter. Les membres du groupe vont incarner les heures de la journée, que le sujet va devoir traverser, sans rechuter. Le sujet doit donc se présenter devant chaque membre et dire, si à cette heure-ci, il tient bon, auquel cas le membre l'encourage et le soutient dans sa démarche, ou s'il est en difficulté / sur le point de céder, le membre peut alors lui proposer une idée afin qu'il ne rechute pas (par exemple, lui rappeler son objectif ou bien qu'il a tenu une bonne partie de la journée et que ce serait dommage après tous ces efforts, faire un tour...).
11. Le sujet peut malgré tout être amené à rechuter, le membre peut alors lui demander comment il se sent, lui rappeler que la rechute est normale mais qu'il a bien tenu le reste de la journée et donc qu'il sait le faire.
12. Feed-back : demander au participant comment il se sent après une journée sans son comportement, est-ce que cela a été facile, quels ont été les moments les plus compliqués, s'il a cédé à son comportement, ce qu'il en pense et comment il se sent (on peut, dans le cas où il s'est exprimé dessus lors du tour, lui rappeler ses propos) et s'il se sent capable de mettre en application les stratégies qu'il a lui-même exprimées. On fait un point par rapport à sa motivation et son comportement.

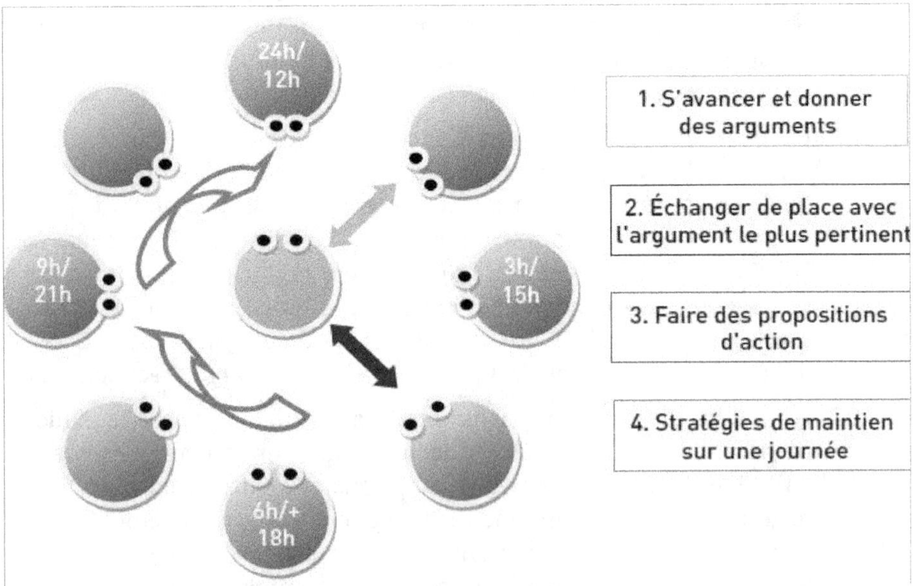

FIGURE 37 : VISUEL 2 SÉANCE « QU'EST-CE QUE CHANGER POUR MOI À TRAVERS UN GROUPE ? » (PRATIC-SERA)

On reprend avec les participants les phrases notées à chaque étape de l'exercice et on fait un point psychoéducatif sur les différents stades de la motivation au changement. On explique qu'on a tous des comportements (même non problématiques) pour lesquels on se situe à différents stades. On peut alors demander aux participants de prendre du recul sur certains de leurs comportements et de déterminer la phase dans laquelle ils se situent. On peut leur proposer de repartir avec la roue du changement.

- Pré-contemplation → contemplation : amener la personne à conscientiser le problème (d'accord, j'ai un souci).
- Contemplation → détermination : le sujet affirme devoir agir face à son problème (j'ai un problème et je souhaite faire quelque chose pour y pallier).
- Détermination → action : les membres du groupe doivent amener le protagoniste à trouver la stratégie d'action la plus adéquate.
- La question du maintien et de la rechute peut aussi être travaillée par l'exercice du « plan de rechute ».

Fondements théoriques des modules 3 (Distanciation et Habiletés) et 4 (Plan futur)

Distanciation cognitive, comportementale et émotionnelle ?

Les attitudes et représentations constituent des facteurs dynamiques du risque de récidive (eg. les rationalisations des faits de violence : Law, 1998 ; Brown & Motiuk, 2005 ; Bonta & Andrews, 2007). Nous entendons par « attitude » (Allport, 1954) un ensemble de convictions (cognitions), sentiments (affects) et tendances comportementales (conations) à l'égard d'un objet donné : manquer de respect à l'égard des biens personnels d'autrui ou des biens publics ou commerciaux, valoriser l'abus d'alcool ou d'autres drogues, avoir une attitude de mépris envers la loi, la police, les juges ou valoriser la violence instrumentale. Dans ce cas, l'attitude constitue l'évaluation de la réalisation d'un comportement selon un ensemble de croyances et d'affects, au sens de la probabilité de l'événement et de ses retours conséquentiels positifs ou négatifs (Fishbein & Ajzen, 2010). Les attitudes défensives de l'auteur à l'égard de son infraction apparaitraient comme des « techniques de neutralisation » (Sykes & Matza, 1957 ; Matza, 1964) catégorisables ainsi : déni ou blâme de la victime ; déni de responsabilité de l'auteur ; déni des conséquences pour la victime ; appel à des loyautés supérieures (eg. pour mes amis) ; défiance à l'encontre du système (eg. pour eux c'est toujours les mêmes).

Selon Petty et Krosnick (1995), la « force des attitudes » dépend des trois grands facteurs que sont la certitude, l'ambivalence et l'importance. La

« certitude » concerne la confiance accordée par le sujet dans le juste choix de l'attitude tandis que d'autres sujets pourraient remettre en question cette justesse (Nordgren, et al., 2006 ; van Harreveld, et al., 2009). L'« ambivalence » renvoie à l'attitude dissonante inconfortable (Festinger & Carlsmith, 1959), à la fois positive et négative, à l'encontre du comportement ou de l'objet en général (Cooke & Sheeran, 2004). L'« importance » réfère à la valeur accordée à l'attitude et/ou à la situation (Visser, Bizer, & Krosnick, 2006). La « trivialisation » (Simon, et al., 1995), comme le passage à l'acte ou les rationalisations, s'avère être un moyen d'affrontement et de réduction de la dissonance cognitive (Festinger, 1957). Dans une situation-problème donnée, et bien que les sujets puissent estimer un risque (relatif) à leur comportement, ils n'évaluent pas pour autant leur comportement au regard d'une probabilité absolue de conséquence (Clarke & Felson, 1993). Les expériences de non-accident (ENA) et de non-sanction (ENS) (Lheureux & Auzoult, 2015) auraient des incidences sur les attitudes ainsi que sur les fonctionnalités de la théorie du comportement planifié en situation (Ajzen, 1991). Les ENA et ENS répétées personnellement favoriseraient l'attitude faible, les violations des lois et les habitudes et intentions fortes (Lheureux & Auzoult, 2015).

Vivre au quotidien des situations sans victimisation rédigerait psychiquement le même scénario. Les ENA et ENS réfèrent à la théorie de l'apprentissage social de Bandura (1986), l'apprentissage socio-individuel via les styles éducatifs (Baumrind, 1966, 1967) et le rôle des influences sociales dans les apprentissages sociocognitifs (eg. apprentissage vicariant, concept d'étayage, renforcement dans l'acquisition, sentiment d'auto-efficacité, conflits sociocognitifs, interaction de tutelle). Les effets des ENA et ENS sur les attitudes et habitudes vis-à-vis de la violation des règles suggèrent que les sujets, en se focalisant sur leurs objectifs dans une spatialité et une temporalité restreintes plutôt que sur les problématiques éventuelles, se créent une représentation interne de l'environnement basée sur l'expérience quotidienne essentiellement non/peu/moins problématique.

Cette sous-estimation de l'exposition aux risques par non-habitude (Weinstein, 1987) est sous-tendue par le biais de « l'heuristique de disponibilité » (Tversky & Kahneman, 1974) : par rapport à mes expériences passées stockées en mémoire, le risque d'événement négatif s'avère faible. Derrière une ENA se cache possiblement une ENS si l'événement se produit sans affects négatifs, sans sanction par exemple, le sujet assimile l'expérience et l'interprète comme une acceptation/incitation implicite à la violation et à la prise de risque (Stafford & Warr, 1993). Pour le sujet et son interprétation du monde, le principal risque demeure en réalité situationnel, puisque les *non-conséquences* ou *non-sanctions* sont régulières et occasionnent ainsi un mauvais traitement de l'information (Crick & Dodge, 1994). Et lorsque les expériences de la situation-problème et de la sanction se présentent, elles heurtent ; parfois elles amorcent une déconstruction d'un schéma d'habitude installé. Se percevoir comme le transgresseur occasionnant ou la victime subissant des conséquences défie l'organisation morale bâtie autour des ENA et ENS. Cette perception approximative ou claire exige une rationalisation, tout du moins dans le court terme.

La théorie du comportement planifié (Ajzen, 1991, 2002) propose que trois facteurs psychologiques définissent les intentions comportementales (Fishbein & Ajzen, 2010). En premier lieu, l'« attitude », qui est une évaluation affective et instrumentale positive ou négative de son comportement. En deuxième lieu la « norme subjective », qui serait l'évaluation de l'approbation sociale (norme injonctive) et de la propension (norme descriptive) de son comportement. En troisième lieu le « contrôle perçu » qui renvoie à l'évaluation concernant les éléments externes et les possibilités internes pour le niveau de contrôle de son comportement. Accompagner les résistances vers la désistance oblige à se rendre compte de la difficulté de l'exercice de verbalisation du passage à l'acte (infligé/subi), les appréhensions que ce discours suscite chez le sujet comme chez l'accompagnant. Nous estimons que trois domaines peuvent conduire le sujet à se défendre : être confronté à une incompréhension personnelle concernant les faits produits ou subis, à une incompréhension ou déformation des faits par autrui, à des ruptures sociales consécutives aux faits et aux multiples conséquences qui en découlent.

Le problème s'avère d'autant plus ardu lorsque les attitudes existent depuis longtemps (Verplanken, 2006; Verplanken & Orbell, 2003) sous la forme désormais d'habitudes. Les habitudes, par la répétition situationnelle de réponses analogues, renforcent les attitudes sous la forme :

- d'une séquence d'actes devenue « script » (Schank & Abelson, 1977). Le « script » devient alors un guide comportemental, solution possible et peu coûteuse cognitivement pour le sujet, dans des situations où celui-ci l'estime applicable (Abelson, 1981). Le « script », en comprenant les « marqueurs somatiques » (Wikstrom & Treiber, 2009), détermine automatiquement les réponses et les habitudes (Orbell & Verplanken, 2010).
- de perception et interprétation renforcées des situations sous la forme de « schémas » (Beck, 1976 ; Young et al., 2003). Ces constances, ou convictions, s'autoalimentent dans la mesure où une lecture situationnelle se produit par elles, à l'image d'un GPS qui transforme l'information disponible d'un lieu en un plan qui génère des directions préenregistrées (« pensées automatiques »). Le manque de prise en considération du point de vue d'autrui et les diverses croyances du sujet ne lui permettent pas de quitter ses schémas face au passage à l'acte (eg. croyance anticipatoire telle que

« *cela me permettra de mieux gérer* », croyance soulageante comme « *cela va m'apaiser, j'en ai besoin* », croyance permissive du type « *allez, ce n'est pas tous les jours…* »).

- d'unités médiatrices du système CAPS (the cognitive-affect personnality system, Mischel et Shoda, 1995) : mécanismes d'encodage, attentes/croyances, émotions, buts/valeurs, compétences et processus d'autorégulation.

Une fois installées, s'afférer à contrecarrer les attitudes et habitudes constitue une entreprise coriace, même si la dérogation fonctionne (Phillips, et al., 2011). Dans le cas de sujets ayant des problématiques criminogènes, la construction de schémas/profils dans certaines situations et automatismes depuis l'enfance engendrerait des rigidités et dysfonctionnalités particulières dans l'interaction situationnelle (Garcet, 2015).

Positionner le sujet dans le temps pour se projeter dans le futur ?

Toujours en lien avec les théories de la « désistance » de Farrington (1986), McNeill et al. (2012) et Maruna et Lebel (2003) et le « Good Lives Model » (Ward, 2002 ; Ward & Langlands, 2009), le modèle temporel ici proposé (« TIME », Dieu, 2011) émet l'hypothèse que les sujets ne cherchent pas seulement à entrer dans le processus de renoncement à l'acte infractionnel, mais qu'ils désirent surtout atteindre une vie favorable, restaurer le lien social rompu et développer une identité de soi « cohérente », condition essentielle pour atteindre un bien-être psychologique. L'accompagnement temporel correspond à cette volonté d'investiguer avec le sujet ses perspectives futures et ses changements. La problématique centrale de l'accompagnement ici est la (in)capacité à se projeter dans un projet futur, à le planifier, à se sentir investi par lui en tant que réalisation d'un projet venant de soi. Il faut dès lors trouver un équilibre entre la projection de son identité dans le futur et l'investissement du présent, seule période temporelle concrète et constructrice du futur. Le modèle temporel cherche à identifier précisément et accompagner les sujets dans la problématique de la fixation dans le présent et de la difficulté à planifier le futur. Il s'agit dès lors de voir ce non-investissement moins comme une impasse qu'un potentiel à présenter au sujet. En plus du rapport *stricto sensu* à la temporalité, le modèle TIME envisage le temps comme un aménagement avec l'altérité en intégrant la théorie du « locus de contrôle » (Rotter, 1966) afin d'évaluer le sentiment de (non)maitrise de la personne sur sa vie, suivant qu'elle se sente maître de ses actes et projets, ou esclave du destin et des circonstances extérieures.

Le modèle temporel TIME s'envisage comme un accompagnement clinique (thérapeutique ou éducatif) sur les conflictualités traversées par le sujet dans ses projets personnels qui doivent prendre en compte les réalités extérieures. Le système de valeurs du sujet (référence axiologique) et ses capacités individuelles sont ici sollicités afin d'agir efficacement sur un présent chargé de sens. Notre démarche rejoint celles de Spinelli (2007), Yalom (2008) et Huguelet (2013) sur le rôle du sens de la vie dans la sortie de problématiques qui nous affectent. Dire au sujet que nous sommes là pour l'accompagner vers la mobilisation de sens et de valeurs aujourd'hui dans l'impasse, du fait d'une situation qui l'empêche de concevoir de manière globale un projet de vie. En effet, s'investir vers un travail, une activité, des problèmes personnels à résoudre, tenir au jour le jour dans des contextes conflictuels, etc. ne permet pour beaucoup de personnes que difficilement de s'envisager dans un projet global qui tient à cœur. Pour accompagner le sujet, il faut lui proposer de faire connaissance, précisément sur ces points qui font de lui un être particulier : ses besoins profonds et son projet de vie.

Soutenir le sujet dans ses réflexions ou ruminations sur le sens de sa vie, c'est préciser soit l'évènement externe (ex : la situation-problème, le divorce, etc.) ou interne (ex : angoisser en pensant à l'avenir, se dévaloriser, etc.), qui entre en contradiction ou en lien avec des valeurs personnelles. Cette contradiction génère notamment une pensée négative sur les projets, un affect tel que la colère ou la tristesse, et des processus en chaine qui se traduisent dans les comportements (ex : impulsivité et agressivité face à un projet proposé).

L'objectif est d'accompagner le sujet vers un point d'équilibre entre ses valeurs, ses objectifs et ses moyens. Le rôle des valeurs et du sens de la vie dans le rétablissement est encore aujourd'hui sous-travaillé dans la littérature scientifique et les pratiques professionnelles (Yalom, 2007). Nous envisageons le travail sur la temporalité et l'altérité comme une voie de sortie de la rumination et les liens si forts entre les évènements, les émotions éprouvées et les processus cognitifs (envahissants) du sujet. La centration sur des éléments négatifs (ex : symptômes, événements) ou les réponses brèves exigeant de la concrétude (ex : aspects administratifs, besoins financiers) conduisent le sujet à une impasse dans sa conception globale d'un projet de vie. L'accompagnement des positionnements du sujet, de la compréhension de ses aménagements, et de l'interrogation et dé/co-construction de ses valeurs et projection remet le sujet au centre de sa vie et de l'intervention.

Rappelons-le, le changement n'est pas un processus linéaire et la rechute ou réitération n'est pas exception. Ce n'est pas tant sa survenue que les effets pouvant en découler qui sont l'objet de notre attention. Prévoir et accompagner la rechute diminue le risque de chronicisation et de retour à un mode de fonctionnement où l'infraction (ou autre objet du changement) tient une place centrale. Le retour ponctuel de l'objet d'évolution ne doit pas entraîner de sentiment d'échec et comportement d'abandon de l'effort. Prévoir la rechute et planifier le comportement, les pensées et émotions devant idéalement lui succéder permettra à la personne de ne pas tomber dans le piège du sentiment d'échec ou de culpabilité. Le modèle de prévention de la rechute s'applique aujourd'hui aux auteurs d'infractions dans de nombreux programmes autres que l'addiction en soi (Knopp, et al., 1992 ; Wormith & Hanson, 1992). A partir de l'identification des conditions de réussite d'action (Marlatt & Gordon, 1985), le modèle de la prévention de la rechute propose d'intervenir avec des techniques cognitivo-comportementales sur la continuité processuelle de l'absence d'un comportement jusqu'au maintien de cette absence (Larimer, et al., 1999 ; Marlatt, et al., 2002).

Basée sur la théorie de l'apprentissage sociocognitif et du modeling (Bandura, 1980), le modèle de prévention de la rechute offre au sujet les moyens d'interroger ses interprétations des stimuli du quotidien pouvant le faire chuter (Laws, 1989 ; François & Botteman, 2002). Le « sentiment d'efficacité personnelle » (Bandura, 2002) est au cœur de cette démarche qui place le sujet au centre, acteur de ses apprentissages et ainsi de son changement. Face à une situation de stress (Jackson, 2005), le ou les élément(s) déclencheur(s) externe(s) doivent être repérés par le sujet (Laws, 1989) afin d'y proposer des alternatives internes de compensation psychique (économique) (Brickman, et al., 1982). Cinq catégories de situations à risque conduiraient à la rechute : l'état émotionnel désagréable, les conflits interpersonnels, les pressions sociales, les états émotionnels agréables et enfin les niveaux d'adaptation. L'intérêt du modèle tient à la capacité de gestion de la rechute (Wheeler, et al., 2006) afin de ne pas entamer la motivation du sujet ayant produit des efforts cognitifs et émotionnels (voire sociaux) importants. Au sein de cette modélisation, la rechute se planifie. Pourtant les programmes basés sur ce modèle ne réduisent pas la récidive tel que nous pourrions l'espérer (Downden, et al., 2003).

Nous complétons ce modèle par celui de l'auto-régulation (Laws et al., 2000) qui analyse le choix du sujet face à ses objectifs finaux une fois que le désir d'infraction a été accepté (Witkiewitz & Marlatt, 2007). L'autorégulation renvoie au style de contrôle du sujet, actif ou passif, au sein des divers « choix » qu'il procède dans la traversée des dix phases de la chaine délictuelle (prédisposition à l'agression, événement de vie, désir en réponse à cet événement de vie, établissement des objectifs, sélection de la stratégie, opportunité situationnelle d'obtenir ces objectifs, comportement pré-criminel, passage à l'acte, positionnement post-criminel et ajustement des futurs plans délinquantiels, intentions futures et ajustements des futurs objectifs). Yates et Kingston (2006) en retirent quatre cheminements contextuo-étiologiques du passage à l'acte :

- le cheminement évitant – passif (eg. déficit d'habiletés du sujet lui permettant de réguler ses envies) ;

- le cheminement évitant – actif (eg. mise en place par le sujet de stratégies inadaptées d'évitement) ;
- le cheminement approche – automatique (eg. entrée dans l'action de manière automatique et impulsivité) ;
- le cheminement approche – explicite (eg. planification des comportements d'action infractionnelle).

Le déficit de sentiment d'auto-efficacité lié aux rechutes constantes (et inversement)souligne auprès du sujet l'importance d'adapter son schéma cognitif vers l'acceptation de la récidive et la planification ou l'évitement propice à celle-ci (Ward, et al., 2004). Afin de dépasser le champ de la lutte contre la rechute/récidive du modèle de l'auto-régulation, et ses limites, nous intégrons ici la planification de l'avenir visant à sécuriser le futur en projetant la personne. Imaginer le meilleur, imaginer le pire, dans un plan de vie global, afin de déterminer des stratégies adaptées aux besoins fondamentaux… autant de compétences pour le sujet dans son processus de réinsertion.

Exemple avec la séance « Faire la paix avec les fantômes de ma vie passée ? » du Module 3 « J'apprends à agir sur mon destin ? »

L'exercice d'empathie de la « Chaise Pleine » cherche à favoriser l'expression des émotions sur des éléments de vie difficiles et non résolus. Il s'agit d'amener les personnes à penser leur humeur et les émotions associées et à relativiser les événements de vie en contraignant à chercher des éléments allant dans le sens inverse du ressenti majoritaire. Un second niveau de relativisation est introduit par l'écoute des joies et peines d'autrui. Les consignes d'animation sont celles-ci :

1. Disposer au centre du cercle deux chaises en face l'une de l'autre.
2. Répartir les participants par groupes de trois, leur donner un verre vide qu'ils doivent « remplir » avec des éléments de leur vie qui ont du sens en expliquant aux autres ce qu'ils déposent et pourquoi. L'objectif est qu'ils puissent trouver des éléments communs, auquel cas le volume occupé par le fait est plus important dans le verre.
3. Demander si un groupe est volontaire pour partager ce qu'ils ont déposé dans le verre.
4. On fait asseoir sur une des deux chaises un des membres du groupe, qui vient avec le verre. Il doit alors expliquer brièvement ce qu'il y a dans le verre. Il doit ensuite détailler ce que lui a mis dans le verre et la place que chaque élément prend.
5. On lui demande alors ce qu'il faudrait pour faire descendre le niveau.

6. Le sujet choisit soit l'événement qui a le plus d'importance, soit un événement sur lequel il veut travailler (par exemple, en raison des délits commis, il n'a plus de contacts avec sa mère). Il doit expliquer qui est la personne, pourquoi il la fait venir, quels sont ses regrets, ses sentiments, ce qu'il voudrait lui dire, ce qu'il aimerait qu'elle lui réponde, ce qu'il est prêt à faire pour arranger les choses.
7. A ce stade, il y a deux possibilités : Dans un premier cas, le sujet s'installe sur la chaise d'en face et vient incarner la personne qu'il a fait venir. Dans ce cas, il vient d'entendre ce que le sujet vient de dire et doit y réagir, en rappelant l'origine du problème et en situant son vécu et son ressenti de la situation. Dans un autre cas, s'il est trop difficile pour le sujet de devenir la personne qu'il a fait venir, le professionnel fait venir un autre participant pour l'incarner. La consigne est la même, le participant doit imaginer la réponse que la personne pourrait fournir.
8. En fonction des arguments donnés par la personne, le sujet vide le verre.
9. Lorsqu'il a retiré du verre tout ce qu'il y avait mis, on fait venir le deuxième membre du groupe pour se prêter au même exercice.

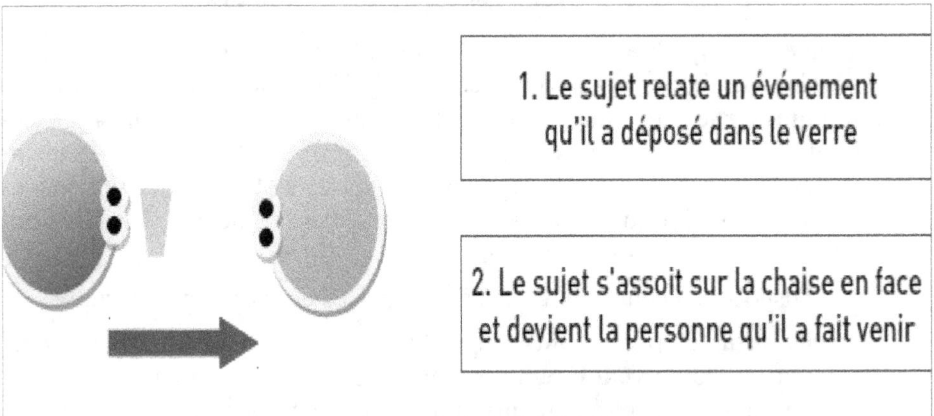

FIGURE 38 : VISUEL 2 SÉANCE « FAIRE LA PAIX AVEC LES FANTÔMES DE MA VIE PASSÉE ? » (PRATIC-SERA)

Exemple avec la séance « Mon Plan de vie : une voie à prévoir et à aimer ? » du Module 4 « Je renforce mon Plan de vie ? »

L'exercice ici soutient le sujet PPSMJ dans l'élaboration d'un objectif concret et réalisable et travaille la résolution de problèmes en anticipant toutes les étapes de manière précise afin de pouvoir l'atteindre.

Il faut alors mobiliser des ressources chez la personne et l'aider à envisager des stratégies opérationnelles pour pallier les difficultés. Les consignes sont les suivantes :

1. Sur une première ligne, disposer trois chaises côte à côte et une quatrième perpendiculaire. Reproduire la même disposition sur une deuxième ligne qui s'éloigne de la première (voir schéma).

2. Demander parmi les participants qui est volontaire pour se prêter à l'exercice. Lui expliquer ce que représentent les chaises : celle au bout de la première rangée le représente à N temps qu'il va déterminer (ex : lui 6 mois après sa sortie). Les trois chaises avant (ou plus si besoin) incarnent les étapes qu'il va devoir franchir pour y parvenir (par exemple : stabiliser sa consommation d'alcool, trouver du travail et reprendre contact avec sa famille). La chaise au bout de la deuxième rangée représente celui qu'il pourrait être si jamais il venait à rechuter et les trois chaises les événements qui vont l'éloigner de son but. Après avoir défini chacune des étapes, le sujet sélectionne un participant pour le représenter sur la chaise « moi ayant atteint mon objectif ».

3. Le sujet s'assoit sur la première chaise et rappelle ce qui constitue la première étape. Il doit alors déterminer tout ce qu'il va devoir faire pour l'atteindre, envisager les difficultés qui pourraient survenir, comment il peut les franchir et le temps qui lui sera nécessaire pour le faire. Si jamais il pense rechuter ou ne pas y parvenir, on le fait asseoir sur la chaise qui se situe en face afin qu'il visualise concrètement l'éloignement avec son objectif et on essaie de l'amener à trouver des stratégies pour pallier les difficultés. Afin de l'aider, le participant l'incarnant dans le futur et qui représente donc sa réussite dans ses projets, peut lui proposer des solutions. Lorsqu'il a réussi à franchir ses difficultés, on le refait asseoir sur la première chaise et on lui demande de résumer toutes les étapes et les ressources qu'il a mobilisées pour parvenir à atteindre son premier objectif.

4. Le sujet vient alors s'asseoir sur la deuxième chaise. Il peut choisir un participant pour occuper sa place sur la première chaise afin de symboliser sa réussite. On procède alors de la même manière pour le deuxième objectif : rappel de l'objectif, étapes nécessaires pour l'atteindre, difficultés possibles, moyens pour y parvenir et temps alloué.

5. Le sujet arrive alors sur la troisième chaise qui représente le dernier objectif à atteindre et que l'on explore de la même façon que les deux autres. On termine par un feed-back sur le chemin parcouru par

le sujet et les ressources qu'il a mobilisées / stratégies développées pour y parvenir.

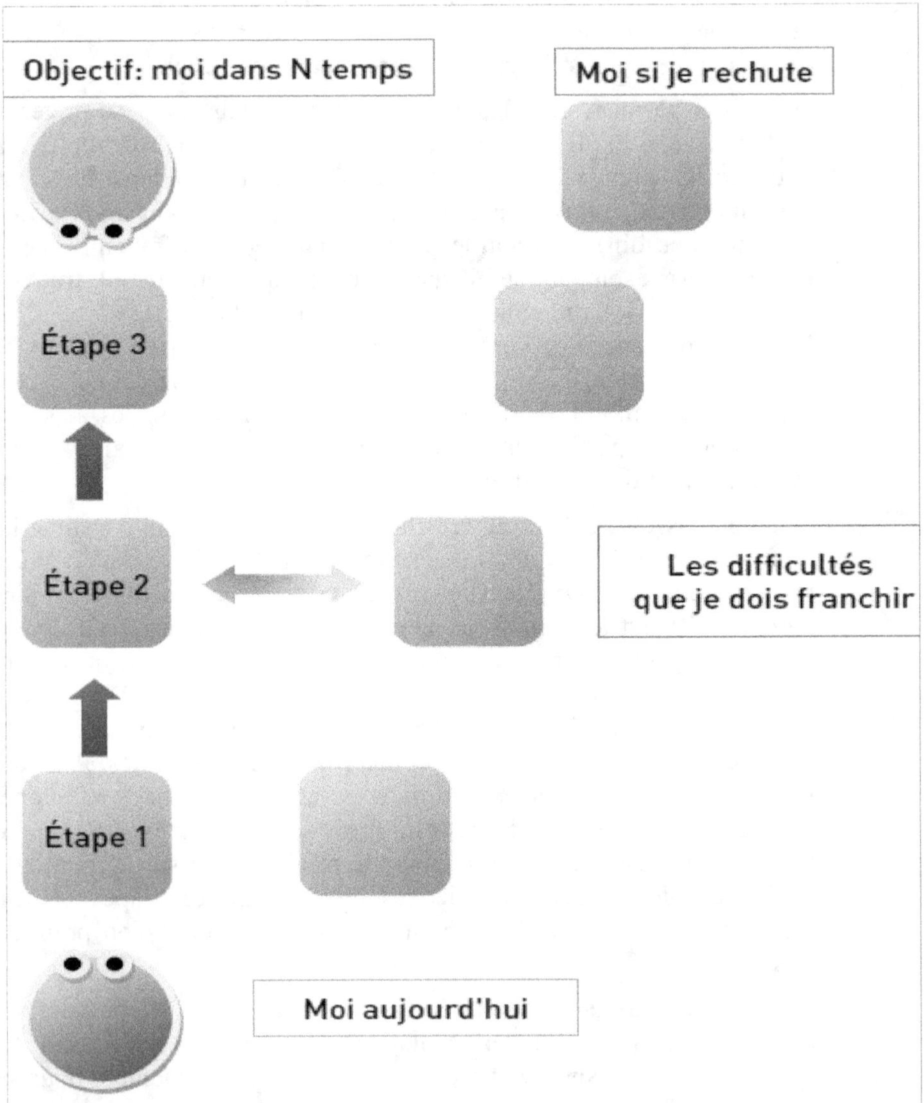

FIGURE 39 : VISUEL SÉANCE « MON PLAN DE VIE : UNE VOIE À PRÉVOIR ET À AIMER ? » (PRATIC-SERA)

Pour l'accompagnement, nous positionnons trois chaises pour représenter les étapes à traverser pour atteindre l'objectif du moi + N temps, il est néanmoins possible d'en ajouter plus si le sujet identifie plus d'étapes. De même, si au cours de l'exercice, le sujet se rend compte qu'il a besoin d'une étape supplémentaire (si on reprend l'exemple donné au-dessus, cela pourrait être de passer son permis pour trouver du travail) alors on rajoute une chaise. Si on peut proposer au sujet de choisir des participants pour le représenter lors de la réussite de ses étapes, on ne fait jamais asseoir de participant sur les chaises de la ligne de droite afin de ne pas symboliser les échecs.

Pour amorcer les échanges, les animateurs transmettent aux participants une feuille (ou une application mobile) qui reprend l'exercice d'animation. Puis, les animateurs demandent aux participants ce qu'ils en ont pensé, ce qu'ils auraient répondu, etc. Il est ensuite proposé à chaque participant de réfléchir, annoter sur la feuille ses étapes personnelles, scénarios de réussite et étapes à franchir. L'intérêt de la feuille d'exercice réside dans les échanges à la fin du remplissage et la participation de tous : « Alors, dites-moi quelles sont vos 3 étapes et à quoi ressemble votre Vous-Futur ayant réussi ? Qu'a-t-il réussi à accomplir, qu'a-t-il traversé, comment est-il parvenu à surmonter les obstacles ? etc. ».

4. Commencer et finir un groupe SERA ?

Recommandation d'un support d'appréciation des problématiques

Nous recommandons l'utilisation possible d'un ou plusieurs outils parmi (pour plus de détails, cf. les chapitres correspondants) :

- « 6PO » *(« 6 Problématiques Ouvertes » des facteurs de risque de récidive, facteurs de protection et facteurs de réceptivité)* –> outil s'orientant vers le modèle « Risques, Besoins, Réceptivité » ;
- SPHERES *(« Sa Propre Histoire En Reconstruction : Etre Soi » concernant les sphères de vie du sujet en lien avec ses aspirations profondes et moyens instrumentaux pour y répondre)* –> outil s'orientant vers le « Modèle des Vies Satisfaisantes/Cohérentes » ;
- MC-FLY *(« My Changement : Future Like Yesterday ? » afin d'apprécier l'identité en mouvement dans le temps)* –> outil s'orientant vers le modèle du « Temporalisme ».

Ces trois outils se composent systématiquement de supports pour la technique d'entretien, la prise de notes et l'analyse, de l'évaluation, d'une auto-évaluation pour la PPSMJ, et d'un fichier automatisé. La problématique centrale de ces outils est de décrire l'évolution du plan de vie de la personne. Il s'agit donc dans un premier temps d'identifier aujourd'hui les dimensions de vie les plus importantes pour la personne et celles ayant contribué au processus criminogène en raison des valeurs ou des moyens d'investissement rattachés. Il est nécessaire de décrire avec le participant la dynamique d'évolution du plan de vie sur des bases motivationnelles. Il faut identifier chez le sujet et avec lui les facteurs de risque et de protection présents ainsi que le niveau de réceptivité associé. L'utilisation de l'outil doit se faire au travers d'entretiens semi-structurés proposant au sujet de décrire ses objectifs de vie au moment présent, mais également dans le passé, ainsi que l'évolution future. L'objectif est d'amener le sujet à aborder les facteurs de risque et de protection à évaluer au travers de la présentation de son parcours de vie. Pour faciliter l'expression des sphères de vie et projeter le sujet dans ses aspirations profondes et les moyens envisagés pour y parvenir, nous recommandons d'utiliser l'entretien animé de l'outil SPHERES.

Comment démarrer le programme de groupe ? Présenter le programme, les objectifs et la manière de travailler

Cette séance peut être cogérée par des parrains, elle se consacre à la présentation et mise en place du parcours. Forts de leur expérience et de leur évolution, les parrains détiennent une légitimité endogène à présenter le programme, les enjeux éventuels et guider les PPSMJ dans la mise en place de leur propre parcours.

- La présentation du programme, des modules et des séances.
- Echanger sur ce qui est attendu par chacun.
- Déterminer ensemble le choix du nom du groupe.
- La détermination des règles de fonctionnement.

Nous proposons aux animateurs cet exemple de présentation. Dans son approche résolument inclusive, celle-ci intervient en principe après des échanges en individuel (notamment basés sur les plans de vie) et la première détermination d'axes de travail et de l'intérêt du groupe.

Introduction concernant le programme : « *Comme vous le savez, nous allons traverser ensemble 4 modules de travail pour un total de 12 séances. Ces 4 modules sont « Qui je suis, qui je ne suis pas, et qui je veux être ? », puis « Je pense en homme libre ? », le module 3 sera « J'apprends à agir sur mon destin ? », et enfin « Je renforce mon Plan de vie ? ». Vous le voyez, ici ce qui va nous occuper, ce n'est pas directement ce que vous avez fait ou ce dont on vous accuse / condamne.* »

Précisions concernant les modules et les séances : « *Au sein de ces modules, nous allons nous intéresser à qui vous êtes et surtout ce que vous voulez être. Pour vous accompagner au mieux, nous vous proposerons des jeux de réflexions, des animations, vous le verrez ce sera vivant et actif, sans pour autant être des jeux de rôles. Tout d'abord nous travaillerons sur votre identité à vous, qui vous êtes, puis sur votre façon de voir les choses qui vous est personnelle. Enfin, la mise en place de ces éléments dans la vie concrète, puis sur la cohérence de cette mise en place avec votre futur, votre avenir. Par exemple, les séances auront pour thème « Qui je suis et pourquoi je suis là ? », « Ce qui me semble vrai, est-ce révisable ? », ou encore « Faire la paix avec les fantômes de ma vie passée ? ».*

Précisions concernant la démarche positive inclusive : « *Vous le comprenez, la démarche est positive, nous cherchons à répondre à vos besoins et vous aider à les accomplir en cohérence avec ce que vous êtes profondément, ainsi qu'en cohérence avec les règles extérieures de la société. Nous savons tous que ces règles ne sont pas nécessairement parfaites, mais elles concernent d'autres personnes comme vous qui ont aussi leurs besoins à exprimer et à respecter. Dans ces personnes, il y a vos proches, vos amis et évidemment bien d'autres personnes, aujourd'hui inconnues, mais qui pourraient devenir des proches ou des amis.* »

Précisions concernant la démarche d'expertise professionnelle : « *Nous prenons le temps aujourd'hui de vous exprimer cela, puisque nous ne voulons pas que ce programme soit quelque chose d'inconnu ou d'incompris. Même si vous pouvez, c'est votre libre arbitre, être en désaccord avec votre participation ou certains éléments, sachez que notre volonté est de vous aider et vous inclure au maximum dans la bonne réalisation de ce groupe. Par exemple, quand nous allons à l'hôpital, nous ne sommes pas ravis de voir le médecin ou avoir un rendez-vous médical. Pourtant cela n'est pas fait pour nous nuire. Nous les animateurs, comme le médecin, avons une expertise professionnelle particulière basée sur des modèles scientifiques que nous vous partageons afin que vous puissiez vivre non pas loin ou sans la Justice, mais avec la Justice avec tranquillité.* »

Précisions concernant le modèle théorique et les objectifs : *« Notre expertise professionnelle se nomme ici « Good Lives Model », en français modèle des vies cohérentes, initiée par un homme qui s'appelle Tony Ward. Notre pratique et ce modèle vous proposent que l'être humain détient en lui la nécessité de répondre à des besoins fondamentaux, pour répondre à ceux-ci il investit parfois des éléments adéquats de son environnement, ce que nous faisons le plus souvent tous ici, et parfois des éléments inadéquats comme la commission d'une infraction. Selon le GLM, réfléchir à qui on est, ce dont on a besoin et améliorer sa qualité de vie permettraient de réduire le risque de se retrouver de nouveau devant la Justice, puisque cela annulerait la nécessité de recourir de nouveau à une infraction. »*

Précisions concernant les ressources à développer : *« Comme tout le monde, comme nous les animateurs, vous avez des vulnérabilités, des difficultés de vie, etc. Lorsque cela vous met en grande difficulté, nous parlerons ensemble d'éléments à risque pour vous. Pour autant, nous allons surtout chercher ensemble vos besoins spécifiques, comment y répondre en nous concentrant sur vos ressources et vos compétences pour les valoriser et les développer. »*

Laisser la main au parrain du groupe si celui-ci est présent, afin qu'il exprime ses ressentis, son évolution, ce que signifient les éléments évoqués pour quelqu'un qui a traversé le programme.

Choix du nom du groupe : « *Puisque ce groupe est le vôtre, nous n'avons pas souhaité choisir le nom de ce groupe, mais de vous laisser décider. Le nom d'un groupe est un élément important, c'est une identité groupale, qui vous permet de renforcer la cohésion entre vous et votre investissement. Il faut que ce nom vous représente bien et vous donne envie de revenir. Il faut en être fier, ce n'est pas quelque chose de forcément judiciaire, mais vos possibilités pour l'avenir. Ce n'est pas ce que vous avez fait qui est important désormais, mais ce que vous allez faire. Qu'en dîtes-vous et qui a une idée à proposer ? Par exemple, les derniers groupes s'appelaient « Mes forces et mes faiblesses », « Mon plan de vie future », « Je me motive ». Certains étaient plus drôles, comme « Initiation du Chevalier Jedi », c'est à vous de choisir.* »

Définition des règles du groupe : « *Si les règles de fonctionnement de l'établissement ou de l'Administration Pénitentiaire sont inflexibles, les lois régissant la vie du groupe peuvent faire l'objet d'un débat et d'un vote. Nous vous proposons donc de définir ensemble les règles de fonctionnement de notre groupe. Vous pouvez être aidés par le parrain présent ici si vous avez des questions, ou pour des suggestions. Pour parler des règles de fonctionnement du groupe, nous échangerons sur les éléments suivants...* »

Proposer aux PPSMJ de compléter leur Plan de Suivi (ex : « GPS ») : « *Comme vous le savez, nous allons traverser ensemble 4 modules de travail pour un total de 12 séances. Ces 4 modules sont « Qui je suis, qui je ne suis pas, et qui je veux être ? », puis « Je pense en homme libre ? », le module 3 sera « J'apprends à agir sur mon destin ? », et enfin « Je renforce mon Plan de vie ? » Vous le voyez, ici ce qui va nous occuper, ce n'est pas directement ce que vous avez fait ou ce pourquoi on vous accuse / condamne. Pour cibler ce qui sera important pour vous dans le programme, nous vous proposons de compléter le support « GPS » suivant. Avec ce support, nous proposons à chaque personne de réfléchir à ses désirs et aspirations, ses objectifs de vie concrets, pendant que nous présenterons les étapes et questionnements. Pour vous aider une fois complété, vous pourrez présenter vos perspectives futures. Lorsque l'un a fini de présenter son objectif futur, les autres participants du groupe détermineront avec lui les ressources et stratégies à développer. Raisonner en termes d'objectifs et de ressources à développer vous aidera nous l'espérons à saisir les bénéfices possibles du programme pour vous. Il s'agit de vous mener dans l'avenir via un positionnement résolument actif et positif.* »

Suite de la présentation après remplissage : « *Ce support « GPS » constitue une feuille de route pour vous et nous tout au long de votre parcours au sein du programme. Il fera l'objet d'une reprise à la fin des séances pour mettre en exergue les ressources travaillées ou restant à développer. La feuille de route « GPS » est susceptible d'être modifiée à tout moment si vous souhaitez revenir sur un objectif ou une ressource qui ne vous semblent plus appropriés. A la fin du programme, un bilan* (sous forme d'inter-évaluation) *permettra de valoriser vos acquis et de discuter une éventuelle poursuite du cheminement engagé, sans le groupe cette fois. »*

Comment finir le programme de groupe ? Etablir une rétrospective

Principe de l'intervision du chemin parcouru avec remise des médailles, si des évaluations furent procédées à l'entrée du programme (ex : 6PO, SPHERES, MC-FLY)

L'auto-évaluation (« 6PO-auto », « MC-FLY », « SPHERES », « GPS » et/ou « DeLOREAN ») aide la PPSMJ à évaluer l'évolution de ses forces et faiblesses et l'impact du programme sur celles-ci. Nous conseillons aux animateurs de fonctionner par inter-évaluation, c'est-à-dire la mise à jour au hasard d'une évaluation d'entrée, en proposant aux participants de deviner de qui il s'agit et de discuter de l'évolution de cette personne au sein du programme. Le participant concerné commente ce qui fut soulevé et exprime ses ressentis. L'inter-évaluation permet aux personnes d'interagir au sujet des effets du programme qu'ils viennent de clôturer. Résolument positive et orientée vers l'avenir, cette étape ne vise pas à mettre en avant les points faibles avec lesquels la personne repart mais plutôt à valoriser les ressources mises au travail au cours des séances et à lui offrir des perspectives d'avenir adaptées. Ensemble, les sujets interrogeront la progression de la personne relativement aux pistes de travail soulevées lors de la « séance de commencement », avant que celle-ci ne s'auto-évalue de la même manière qu'à cette séance d'ouverture.

Reprenant la feuille de route de la personne, le groupe doit interroger la nécessité de travailler davantage chacune des ressources et si tel est le cas, proposer des voies d'acquisition. Il s'agit de déterminer ce que la personne peut investir dans la suite de son parcours pour continuer à progresser et atteindre les objectifs de vie fixés. Les animateurs soutiennent le groupe en suggérant des professionnels ou institutions (ex : CPIP, psychologue, assistant social, pôle emploi...) auxquels faire appel pour mettre au travail les ressources ciblées. L'objectif de la séance est de faciliter la continuité entre la fin du groupe et la suite de l'accompagnement.

La remise des médailles clôture le parcours. Chaque participant quitte le cycle avec sa version révisée du plan de vie et une médaille valorisant son investissement durant les sessions collectives. Quelques médailles d'exception seront remises afin de féliciter les efforts notoires de certains participants. Les participants peuvent être informés en début de cycle des thèmes de remise de médaille d'exception afin d'accroitre la motivation à investir le parcours. Les thèmes des médailles sont à déterminer à l'entrée par les animateurs, par exemple : meilleure implication au sein du groupe, progression la plus remarquable (en termes de ressources acquises ou de mise en route d'actions concrètes).

En l'absence d'une séance d'ouverture avec la préparation du plan du participant ?

Afin d'apprécier le cheminement parcouru par les participants, nous recommandons d'animer la séance ainsi :

- Demander aux participants d'identifier trois « choses » qu'ils ont appréciées, modifiées ou accomplies au sein du programme ;
- Demander aux participants en quoi ces trois éléments vont les aider dans la suite de leur parcours de vie ;
- Questionner les participants sur la manière dont ils comptent activer/maintenir les trois éléments/compétences acquises ;
- Demander aux participants d'identifier trois « choses » qu'ils aimeraient encore modifier (acquérir ou changer) dans leur parcours de vie (ex : habitudes, traits de caractère, style de vie) ;
- Questionner les participants sur la manière (quand et comment) de changer les trois éléments à modifier ;
- Questionner les participants sur les aides possibles permettant le maintien des trois éléments positifs et le changement des trois éléments négatifs.

Eléments de vie		**Intérêt du maintien ou du changement de l'élément ?**	**Comment maintenir ou changer l'élément?**	**Aide(s) possible(s) pour ce maintien ou changement ?**
3 compétences acquises dans le programme	1.			
	2.			
	3.			
3 éléments à changer dans le futur	1.			
	2.			
	3.			

FIGURE 40 : BILAN « GPS » FIN DE PROGRAMME (PRATIC-SERA)

Chapitre 2 : Susciter la Motivation au changement par l'effet de groupe : retour sur une expérience innovante menée en milieu ouvert.

N. CHARBON, CPIP au SPIP Paris

Nota Bene.

Les recherches sur la désistance ont montré la complexité des processus de changement dont la motivation est une des trois composantes essentielles avec les compétences et le « réseau social ». Un aperçu des approches théoriques et pratiques de la motivation et du changement permettra d'en définir les contours, pour comprendre l'enjeu de travailler la motivation dite intrinsèque avec les personnes suivies en milieu ouvert. Une méthode innovante d'intervention est développée : un travail en groupe sur huit séances : « trouver et nourrir sa motivation personnelle au changement » au cours desquelles les participants sont invités à considérer, explorer, sentir puis partager la vérité de leur vécu grâce à des pratiques d'attention au corps, à la parole et aux contenus mentaux. La description du processus de mise en place de ce groupe, la présentation succincte de ses membres et le détail du programme séance par séance, nous permettront de tenter d'en mesurer les effets.

« Le suivi ne doit pas être considéré comme un simple contrôle, mais aussi comme un moyen de conseiller, d'aider et d'accompagner les auteurs d'infraction. En cas de besoin, il doit être complété par d'autres interventions, proposées par les services de probation et d'autres organismes, telles que des formations, le développement de compétences, des offres d'emploi et des dispositifs de soins. » (Règle 55 des REP[23]).

« *L'individu possède en lui-même des ressources considérables pour se comprendre, se percevoir différemment, changer ses attitudes fondamentales, et son comportement vis-à-vis de lui-même mais seul un climat bien définissable fait d'attitudes psychologiques facilitatrices peut lui permettre d'accéder à ses ressources* ». (Rogers, 2013).

« *Nous continuons à insister sur le fait que l'EM (entretien motivationnel) implique un partenariat collaboratif avec les clients, une évocation respectueuse de leur motivation propre et de leur sagesse, et une acceptation radicale que le choix de changer ou non appartient au final à la personne,*

---

[23] Direction de l'administration pénitentiaire, *Règles européennes de probation*, 2014, p.

sur la base de l'autonomie que l'on ne peut mettre de côté quelle qu'en serait parfois notre envie ». (Miller & Rollnick, 2013).

« *Par méditation, nous entendons quelque chose de fondamental et de très simple, qui n'est pas relié à une culture quelconque. Nous parlons d'un acte vraiment fondamental : s'asseoir par terre, prendre une posture correcte et cultiver le sentiment d'avoir son propre espace, sa place sur terre* ». (Trungpa, 1990).

Le 7 janvier 2015, alors qu'un terrible attentat se déroulait dans les locaux du journal Charlie Hebdo, huit personnes condamnées à des peines en milieu ouvert s'engageaient dans un programme innovant les invitant à trouver et nourrir leur motivation au changement. Quand certains, aveuglés par leurs fausses représentations, ont perdu leur humanité, d'autres aspirent à la retrouver. Après un bref rappel de la méthodologie qui doit présider à l'évaluation et l'intervention auprès des personnes suivies en probation, nous donnerons un aperçu des approches théoriques et pratiques de la motivation. Enfin, les différentes étapes, de la conception jusqu'à sa réalisation concrète, la réflexion et la communication sur sa mise en œuvre au sein du service seront également présentées. L'analyse de la dynamique de groupe et le retour sur les bilans individuels nous permettront d'en constater les effets.

Au préalable, il nous apparaît important de préciser la nature de notre engagement dans ce travail afin que l'intention, l'éthique professionnelle qui soutiennent notre action soient clairement énoncées. Ce programme a pu être mis en place et co-animé par une conseillère pénitentiaire d'insertion et de probation et une intervenante extérieure, Sylvie Deraime, parce que nous étions toutes deux formées à l'animation de groupe et à la communication en pleine conscience[24] et que nous les avions déjà expérimentées. Par ailleurs, on ne peut transmettre l'art de la méditation, sans s'y être entraîné soi-même et la pratiquer régulièrement. En ce domaine, comme dans la vie, la qualité de présence que nous pouvons offrir aux personnes pour leur permettre d'explorer leur propre difficulté à se relier à leur expérience est intimement liée à notre propre capacité à les comprendre et à les accompagner dans cette découverte.

1- Aperçu des approches théoriques et pratiques de la motivation

1.1-Prévention de la récidive et motivation : un programme qui vise à renforcer la réceptivité générale et spécifique

Comme le rappellent plusieurs chercheurs dans un article récent, « *bien qu'aucune intervention ne permette d'assurer un risque zéro, il est possible*

[24]Voir : http://www.formation-karuna.com/ et http://www.association-mindfulness.org/

de prévenir la récidive » (Benbouriche, et al., 2015). Consacré par les règles européennes de probation dans l'article 66[25], le modèle du risque, des besoins et de la réceptivité (R-B-R) est le plus probant en la matière, « *c'est-à-dire reconnu comme le plus efficace, cette conclusion reposant sur « une littérature exhaustive (de plusieurs centaines d'études) et l'utilisation de stratégies analytiques rigoureuses et valides* » (Benbouriche, et al., 2015).

Il a été développé par Andrews, Bonta, et Hodge. L'évaluation du risque de récidive doit permettre d'adapter l'intensité de la prise en charge au niveau de risque des PPSMJ (suivi intensif, régulier ou espacé), tandis que l'évaluation des besoins criminogènes (caractéristiques ou dimensions statistiquement associées à la récidive) soutient la définition des axes d'intervention. Le principe de réceptivité permet d'adapter l'intervention aux capacités de la personne suivie ce qui comprend son style d'apprentissage, son degré de motivation, ses aptitudes et ses points forts. Ainsi la réceptivité comprend à la fois, la réceptivité générale et la réceptivité spécifique, cette dernière pouvant être évaluée à l'aide d'un outil développé dans les services de probation canadiens et qui a fait l'objet d'une expérimentation sur le territoire national au sein de six services pénitentiaires d'insertion et de probation (SPIP) de septembre 2014 à septembre 2015[26]. Il s'agit de l'inventaire des indices de réceptivité au suivi ou IREC[27].

Les indices portent sur la prise de conscience et le degré de compréhension des problèmes (voir plus loin le modèle trans-théorique de changement), l'appropriation de sa part de responsabilité, le soutien dont elle bénéficie dans son entourage ainsi que l'expression verbale d'un besoin d'aide. Il faut y ajouter la définition d'objectifs réalistes, le sentiment d'efficacité personnelle, les attentes positives par rapport au suivi, la qualité de l'expression des affects et sentiments, la conscience des exigences du suivi au plan émotionnel, le respect des engagements verbaux, les efforts visibles pour amorcer le changement et l'investissement personnel des objectifs.

Ainsi ce fait le lien avec les objectifs visés par le programme: offrir aux personnes suivies ayant une adhésion minimale, tout en ayant une faible motivation au changement, un cadre de travail et de réflexion en groupe qui repose sur des techniques cognitivo-comportementales incluant le

---

[25] « *Avant et pendant la mise en place du suivi d'un auteur d'infraction, ce dernier fait l'objet, le cas échéant, d'une appréciation qui analyse de façon systématique et approfondie sa situation particulière, y compris les risques, les facteurs positifs et les besoins, les interventions nécessaires pour répondre à ces besoins ainsi qu'une appréciation de la réceptivité de l'auteur de l'infraction à ces interventions* ».

[26] *Programme d'évaluation des personnes placées sous main de justice fondé sur les principes du risque, des besoins et de la réceptivité,* Recherche-action menée par l'Université de Rennes 2 et l'Université de Montréal.

[27] Inventaire des indices de réceptivité au suivi développée par l'Université de Montréal et expérimentée dans le cadre de PREVA.

développement de la conscience de soi (par l'attention au corps, aux sentiments et aux pensées et la réflexion) et l'apprentissage de méthodes permettant d'agir autrement (notamment dans les situations difficiles)[28].

1.2- Motivation et changement : un programme qui vise à susciter la motivation intrinsèque des participants

Comme le rappelle Fergus Mac Neill, la motivation n'est qu'un des éléments du changement. Il existe trois pré-conditions au changement qui ont été mises en avant par les recherches sur la désistance : « *il faut que le sujet qui entreprend de changer soit motivé et qu'il ait la capacité de changer, c'est-à-dire en l'occurrence, qu'il dispose des compétences requises. Mais ceux qui veulent changer doivent également avoir accès aux occasions qui s'offrent. Ainsi motivation, capacités et occasions apparaissent comme les trois composantes du changement* » (Mc Neill, 2012).

La présentation du cas de Pierre[29], l'un des participants, nous permettra d'aborder concrètement la théorie. Pierre est suivi au service pénitentiaire d'insertion et de probation (SPIP) depuis environ un an lorsqu'il se présente au rendez-vous préalable à sa participation au programme. C'est un homme de 54 ans, de taille moyenne. Son visage, rond, de type malgache, est peu marqué, malgré les éléments de son dossier qui indiquent qu'il souffre d'une dépendance alcoolique ancienne et pour laquelle il a fait plusieurs tentatives d'arrêts. Sa voix est douce, dans les sons aigus et emprunte d'un certain maniérisme.

Dans le bureau d'entretien, il s'est assis sur la chaise le dos bien droit, les jambes et les bras croisés. Il émane de lui une dignité naturelle qui contraste avec l'exposé de son histoire au cours de l'échange de présélection. Il s'exprime avec précision, sans familiarité, les mots viennent facilement et sans gêne apparente. Sur le plan judiciaire, il est multirécidiviste puisque son casier comporte quatorze condamnations pour des faits de vol en tant qu'adulte entre l'âge de 20 et 53 ans, l'entretien révélant qu'il a également été condamné en tant que mineur. Ces éléments sont à compléter par ceux sur sa situation socio-professionnelle : il a quitté précocement l'école et n'a travaillé qu'une seule année au cours de sa vie; l'accès aux minima sociaux lui permet d'assurer sa survie matérielle ainsi que celle de sa sœur, adulte handicapée avec laquelle il co-habite depuis toujours. Une évaluation menée, a posteriori, a permis d'établir qu'au regard des facteurs statiques, il présentait

[28] DAP, *Référentiel des pratiques opérationnelles ou référentiel de la méthodologie d'intervention des SPIP ou RPO1*, p.67, en cours de rédaction.
[29] Le prénom a été changé pour garantir l'anonymat du participant

un risque élevé de récidive[30]. Par ailleurs, les besoins criminogènes et non criminogènes[31] à travailler se déclinent prioritairement dans son rapport à la loi et l'utilisation de produits. Il indique «*je voudrais arrêter de voler même si je vole surtout des riches, les risques me font trembler*», le niveau et le parcours professionnels sont un frein à une possible amélioration de ses ressources financières. Comment adapter son train de vie à ses ressources? Or, il ne travaille pas et précise n'avoir aucun lien social à l'extérieur ni aucune activité de loisir. Il se sent d'ailleurs très isolé socialement. L'oisiveté et l'absence de lien sont deux facteurs aggravants qui vont jouer un rôle dans la consommation d'alcool. L'augmentation du capital social ou, autrement dit, le développement de son réseau social devra être recherché.

Sur le plan de sa réceptivité, Pierre se considère comme responsable des vols qu'il commet. Toutefois, il échoue à élaborer et développer des stratégies qui le conduiraient à envisager une vie sans délinquance. S'il exprime clairement un besoin général de changement, l'objectif qu'il souhaite atteindre, gagner sa vie et pouvoir partir en vacances paraît très éloigné de la réalité. En effet, son discours fataliste est teinté de négativité. Il apparaît également très déprimé. Il n'a aucune activité sportive ou sociale et il passe l'essentiel de ses journées à boire en regardant la télévision. Il veut changer prioritairement en ce qui concerne son rapport à la loi. Toutefois, il se montre encore très ambivalent. Il exprime un réel dégoût de l'alcool mais déclare « *pour être franc je ne fais aucun effort*». Il se décrit également comme « *hyperémotif* » et aimerait apprendre à mieux «*gérer le stress lié à sa situation financière*». A l'issue de cette présentation, les enjeux de l'intervention à mener auprès de Pierre apparaissent plus clairement.

Comment alors susciter, développer, renforcer la motivation ? On ne peut répondre à cette question sans se demander que signifie être motivé ? Est-on naturellement motivé ? Où trouver la motivation quand on l'a perdue ? La motivation, comme objet d'étude est ancienne (Fenouillet, 2012) et elle a fait l'objet de plusieurs centaines de théories. La définition qu'en donne le dictionnaire « le Petit Robert » nous semble prendre en compte les deux composantes principales de la motivation. Du point de vue philosophique : la motivation est la relation d'un acte au motif qui l'explique ou le justifie. Pour Pierre, la force de l'habitude, l'encrage dans un certain mode de vie, ou la

[30] Utilisation de la version courte de l'outil LS/CMI (Level of Service/ Case Management Inventory) de Andrews, Bonta, ,Worthsmith autorisée dans le cadre de la recherche-action PREVA : *Programme d'évaluation des personnes placées sous main de justice fondé sur les principes du risque, des besoins et de la réceptivité 2014-2015.*

[31] Pour tous les participants, les entretiens de présélection ont été menés en utilisant une version remaniée de l'outil Faciles-Rx version auto-révélée qui permet de faire l'inventaire des besoins d'intervention. Pour la plupart des champs explorés, il a été ajouté une échelle d'évaluation de la réceptivité de 0 à 10 avec la question « jusqu'à quel point pensez vous avoir besoin d'aide ? ».

croyance dans l'innocuité sociale de son comportement, l'expérience et peut-être même le sentiment de compétence quant à sa capacité à saisir des opportunités de vol, une peur lointaine de la sanction, sont autant d'éléments qui vont présider à sa motivation.

La deuxième composante est d'ordre psychologique : action des forces (conscientes ou inconscientes) qui déterminent le comportement (sans aucune considération morale). Pour Pierre, l'urgence de se procurer de l'argent pour répondre à des besoins vitaux. Il ne vole pas par conviction! Dans un travail de probation, il apparaît essentiel d'avoir une lecture appropriée de ce que sous-tend la motivation chez un individu afin de diminuer les effets négatifs de ses conduites déviantes ou à risques et de favoriser le libre choix pour des activités positives et légales. Quelle est la part d'autonomie d'un individu qui demande de l'aide? Comment fonctionne-t-il de façon habituelle? Que peut-on lui proposer comme aide qui va le motiver et qu'il puisse accepter dans son système de pensées ou de valeurs? La théorie de l'autodétermination développée par Deci et Ryan[32] en 1985, théorie de la motivation la plus citée dans les recherches sur le sujet, permet d'approfondir ce dernier point.

Cette théorie postule que l'individu est naturellement porté à être actif, curieux et ouvert et à s'accomplir en tant qu'être humain, motivation à la fois singulière et universelle qualifiée d'intrinsèque. C'est la motivation du tout petit, cet appétit naturel pour l'apprentissage et la découverte. Pour garantir cette nature active inhérente à tout individu, les humains ont besoin de se sentir autonomes (donc libre), compétents (donc capables) et reliés à leurs pairs (donc en relation). Ainsi, récompenses, pressions, menaces, directives sont autant d'interventions extérieures qui auront pour effet de diminuer la motivation intrinsèque. Ainsi un modèle éducatif basé sur les récompenses ou les punitions au détriment de l'autonomie peut avoir des conséquences négatives quant au bien-être et à la performance tout au long de la vie adulte. S'il existe des personnes aliénées, qui agissent de manière mécanique ou d'autres qui sont démotivées ou passives c'est « *le fruit de l'interaction entre la nature active inhérente à tout individu et les divers environnements sociaux qui la soutiennent ou la contrecarrent* »[33].

Ainsi, affirmer que la motivation doit être comprise comme un phénomène complexe, produit d'échanges interpersonnels, et qu'il existe des types et des degrés différents de motivation entraînant des comportements différents, est

---

[32] Deci et Ryan *cités par* Marie Lecavalier, Jinette Marciel denault, Isabelle Denis, Kristiane Maltais, Lorraine Mantha (2013), *La motivation, quelque chose qui se construit, Centre Dollard-Dommier, Institut universitaire sur les Dépendances, 51 p.*

[33] Joël Gasser, *« les difficultés d'organisation et la motivation des étudiants en formation à la Haute école pédagogique de Lausanne » mémoire professionnel de Master des sciences de l'enseignement, Juin 2010, 53p.* p.13

déterminant dans le domaine de l'intervention. Comment se lier avec une personne sans motivation apparente, ou même opposante en respectant ses valeurs et ses résistances ? Puisque la motivation « *est quelque chose qui se construit* »[34], il est central de savoir sur quoi, comment et avec quel soutien la construire. Deci et Ryan postulent que la motivation s'inscrit dans un continuum en lien avec la capacité de notre organisme de s'approprier les contingences externes. Alors que la motivation intrinsèque « *pousse à une action perçue comme intéressante ou agréable en soi* » la motivation extrinsèque « *conduit à agir pour un but extérieur* ».

Grandir, c'est accepter d'accomplir certains actes plus seulement par jeu, curiosité ou plaisir, mais parce qu'ils sont nécessaires, utiles personnellement ou socialement. Le probationnaire qui se présente aux rendez-vous du SPIP afin d'éviter de nouveaux ennuis judiciaires est motivé extrinsèquement de même que celui qui vient pour bénéficier d'une aide dans ses démarches d'insertion. Les deux varient dans l'autonomie relative et le sentiment de choix qui y sont associés. Enfin, l'amotivation se caractérise par une absence de désir de faire ou de changer quoi que ce soit. Pierre, au moment où il intègre le groupe, présente tous les signes de l'amotivation.

Il ne voit plus ce que pourrait lui apporter le fait, par exemple, de boire moins ou d'arrêter. Il souhaite simplement retrouver un peu d'espoir. Dans la motivation intrinsèque, l'individu s'engage librement dans une activité pour le simple plaisir qu'elle lui procure, la cause de la motivation est interne. Dans la motivation extrinsèque : il s'agit d'une motivation « orientée » qui comporte des degrés et dont la cause peut être à la fois externe et interne.

Une dernière théorie éclaire le lien entre conscience, motivation et changement, c'est la théorie ou le modèle transthéorique de changement de Prochaska et Di Clemente[35]. Elle postule que le changement obéit à des cycles étroitement liés au degré de « prise en considération »[36] d'un problème ou d'une difficulté. En probation, l'analyse et le repérage de cet élément vont soutenir l'élaboration d'une intervention adaptée. Nous ne présentons ici que deux des cinq stades du changement[37], car ils sont

---

[34] Marie Lecavalier, Jinette Marciel denault, Isabelle Denis, Kristiane Maltais, Lorraine Mantha (2013), *La motivation, quelque chose qui se construit, Centre Dollard-Dommier, Institut universitaire sur les Dépendances, 51 p.*

[35] James O. Prochaska et Carlo C. Di Clemente cités par, Denis Lafortune (2012) *Programme Parcours, Manuel de l'intervenant Module 1 Le temps d'apporter des changements, 139 p.* p.10-11.

[36] En anglais, contempler a aussi le sens de « prendre en considération ». Le mot contemplation vient du latin "contemplari", qui signifie « regarder ou méditer sur ». L'approche contemplative consiste à amener l'esprit au repos puis à regarder ce qui est présent dans la situation avec ouverture, clarté et bienveillance.

[37] Marie Lecavalier, Jinette Marciel denault, Isabelle Denis, Kristiane Maltais, Lorraine Mantha (2013), *La motivation, quelque chose qui se construit, Centre Dollard-Dommier, Institut universitaire sur les Dépendances, 51 p.* p 25-48.

pertinents au regard des objectifs du programme qui seront décrits. Il existe la précontemplation, la contemplation, la préparation, l'action, le maintien ou la rechute.

Au stade de la précontemplation, où la personne est en grande partie « *aveugle » à ce qui est* » (vécu, ressenti, pensé), elle ne voit ni le problème ni les conséquences sur sa vie. Elle n'a donc pas le désir de changer et se sent fermée quant à la capacité de changer. Aussi, avec elle, l'objectif sera d'abord de créer un lien de confiance afin de l'aider à interroger sa perception. Le stade de la contemplation « commencer à voir ce qui est » ou « voir sans agir » est le stade de l'ambivalence quant à la possibilité de changer. La personne balance entre le projet de changer et le statu quo. Elle tente de comprendre son problème et recherche des solutions. A ce point de notre développement, les approches motivationnelles et de pleine conscience peuvent servir de cadre de référence pour construire pas à pas l'intervention.

1.3-L'approche motivationnelle et l'approche de la pleine conscience : un programme qui s'appuie sur une posture professionnelle fondée sur la bienveillance et l'altruisme :

Ces approches appartiennent toutes deux au courant de la psychologie positive et humaniste. Il est pertinent de parler d'approches car elles se sont toutes deux développées à partir de la pratique avant d'être théorisées. L'approche motivationnelle est aujourd'hui bien connue des professionnels de l'accompagnement. William R. Miller en est le fondateur. Depuis son premier article paru en 1983 et la publication du premier ouvrage avec Stephen Rollnick en 1991, un grand nombre d'articles se réfèrent à l'entretien motivationnel (EM) et plus de 200 essais cliniques ont été publiés[38].

Si l'EM peut être défini comme « *un style de conversation collaboratif pour renforcer la motivation propre d'une personne et son engagement vers le changement* » (Miller & Rollnick, 2013), deux processus spécifiques jouent un rôle déterminant dans son efficacité. Le facteur ou processus relationnel autrement dit « *la capacité du thérapeute à être empathique permettrait au patient d'explorer le changement en sécurité* » (Fortini & Daeppen, 2011). Tandis que le second processus plus technique, par lequel le thérapeute amène « *le patient à verbaliser les arguments en faveur du changement, favoriserait le changement de comportement* » alors que le « discours-maintien » favorise le statu quo. Ainsi, l'approche motivationnelle intègre les apports de la théorie de l'autodétermination dans le cadre de l'entretien individuel. Dans le domaine de la probation, son efficience dans l'accompagnement des personnes suivies est démontrée par

[38] Voir www.intereditions.com pour une bibliographie actualisée et www.entretienmotivationnel.org pour un glossaire des termes utilisés en EM.

plusieurs études[39] et intégrée dans les compétences relatives à l'entretien individuel.

L'approche de la pleine conscience, quant à elle, prend sa source dans la spiritualité et la recherche du sens de la vie : la méditation. Commune à différents courants traditionnels bouddhistes, elle a été scientifiquement intégrée aux sciences médicales au sein de l'école de médecine de l'Université du Massachusetts aux Etats-Unis par Jon kabat Zinn qui est considéré comme un des acteurs clés de la psychologie positive de notre époque (Firouzeh, 2010). Il en donne la définition suivante: *«La pleine conscience signifie diriger son attention d'une certaine manière c'est-à-dire délibérément, au moment présent, sans jugements de valeur* » (Kabat-Zinn, 2012). Aussi, bien que simple dans sa technique, la pleine conscience n'est pas facile et exige beaucoup d'efforts et de discipline, à cause de nos schémas (croyances) très ancrés et très tenaces. Toutefois, elle ouvre la possibilité de s'accepter soi-même dans le moment présent, tels que nous sommes, avec ou sans maladie, avec ou sans douleur, avec ou sans jugement, avec ou sans peur. Un des effets les plus notables de la pleine conscience est que chaque moment de pleine conscience libère la souffrance conditionnée.

Nous passons notre temps à passer d'une chose à faire à une autre : « *Notre vie passe comme un torrent, et la méditation nous permet d'arrêter le torrent et de basculer dans le mode « être » pour un moment. En s'arrêtant dans cette pause, on se met dans l'instant présent et on observe ce moment qui se passe, ce qu'on ressent et ce qu'on entend. Autrement dit, en donnant « le temps au temps », nous libérons le moment présent* » (Firouzeh, 2010).

L'efficacité de la pratique méditative a été démontrée en Inde, à Tihar, où un programme pour prisonniers a donné des résultats très impressionnants[40]. En 2011, une recherche a été menée auprès d'adolescents incarcérés et ayant participé à un programme de réduction du stress par la pleine conscience pendant dix semaines. Les résultats sont significatifs en terme de contrôle de soi et réduction de l'anxiété (Himelstein et al., 2012).

Enfin l'approche contemplative s'inscrit dans le même courant. Développée aux Etats-Unis dans les années 70 par le maître tibétain Chögyam Trungpa, la psychologie contemplative intègre les acquis de la psychologie occidentale moderne et les enseignements et pratiques traditionnels d'entraînement de l'esprit. Elle se fonde sur le principe que tous les humains

---

[39] Voir notamment l'étude de Jersey sur les compétences de supervision élaborée conjointement par le service de probation de Jersey et l'université de Swansea et développée par P. Raynor, P. Ugwudike et M. Vanstone et la traduction qui en faite par Martine Herzog-Evans dans l'AJ Pénal de mai 2014 p.226 à 233.

[40] Voir le documentaire d'Ayelet Menahemi et Eilona Ariel, *Doing Time, Doing Vipassana* (1997).

possèdent la santé fondamentale, les ressources intrinsèques pour faire face aux défis de la vie.

2. Le contexte de mise en œuvre du programme, ses objectifs et ses participants

Préalablement à la présentation du contexte de mise en place de ce programme, présenté comme un programme expérimental de prévention de la récidive, il convient d'évoquer la place particulière des interventions collectives en SPIP. Depuis 2004, la mise en place d'actions collectives, sous la forme de stages de sensibilisation, fait partie intégrante des offres d'intervention des SPIP. Généralement ciblés sur une problématique particulière (addiction(2007), asociabilité(2004), insécurité routière (2004)...)[41], ces stages sont délégués à des partenaires et souvent construits par demi-journées thématiques. Ils visent à faire émerger une prise de conscience basée sur la transmission d'un savoir (connaissance de la loi...) ou la réalisation d'exercices pratiques (simulateur d'alcoolémie au volant...). Toutefois, l'efficacité de certains de ces stages sur la motivation des participants à changer leur comportement est mise en cause[42]. Enfin, ces stages se déroulent généralement sur deux à cinq jours consécutifs alors que le programme que nous proposons s'inscrit dans une autre temporalité, plus proche de celle des programmes de prévention de la récidive (PPR).

2.1- Les programmes de prévention de la récidive et le contexte de mise en œuvre :

La prise en charge groupale fait aujourd'hui partie intégrante des modalités d'intervention des SPIP. Décrite dans la circulaire du 19 mars 2008 relative aux missions et aux méthodes d'intervention des SPIP[43], la méthodologie des PPR a fait l'objet d'un référentiel publié en 2010[44], et d'une recherche menée par l'Université de Rennes 2 et à laquelle le SPIP de Paris a

---

[41] Ils ont été instaurés par la loi du 9 mars 2004 portant « adaptation de la Justice aux évolutions de la criminalité ». Voir http://www.justice.gouv.fr/prison-et-reinsertion-10036/les-stages-de-citoyennete-25274.html

[42] *« Le stage de « sensibilisation » reste avant tout une sanction pénale, peu individualisée et insuffisante pour impulser un processus de transformation chez les personnes qui n'envisageaient pas, déjà avant le stage, de modifier leur consommation de cannabis » :* Obradovic Ivana, *« Éduquer, orienter ou punir ? Les professionnels du soin face à la mise en oeuvre des stages de sensibilisation aux dangers de l'usage de stupéfiants »,* Revue française des affaires sociales, 2013/3 n° 3, p. 6-23.

[43] http://www.textes.justice.gouv.fr/art_pix/boj_20080002_0000_0004.pdf

[44] Direction de l'administration pénitentiaire, *Référentiel Programme de prévention de la récidive, 2010*, 64p ;

participé[45]. Les PPR sont des groupes de parole à visée éducative et d'inspiration cognitivo-comportementale. Ils sont centrés sur la réflexion autour du passage à l'acte et concernent des personnes condamnées pour des faits similaires mais non identiques. Le programme que nous présentons ici a bénéficié d'un financement de sa supervision au même titre qu'un programme de prévention de la récidive (PPR).

Seul programme mis en place au SPIP de Paris en 2015, alors que cette pratique est bien développée, il s'en différencie sur deux points : il n'est pas centré sur le passage à l'acte et est ouvert à tous types de délits. En ce qui concerne les PPR, une démarche de sensibilisation et de formation à l'animation de groupe menée en 2009 par la direction du SPIP a permis qu'en 2010, deux premiers groupes y soient mis en place. L'un en milieu ouvert auprès des auteurs de détention d'images de mineurs à caractère pédopornographique (2010)[46], l'autre en milieu fermé auprès d'auteurs de violences commises en dehors du cercle familial. Puis, les personnels du SPIP de Paris se sont progressivement engagés[47]. Ces groupes ont concerné des personnes condamnées pour des faits d'exhibition sexuelle (2011), des agresseurs sexuels sur mineurs de moins de 15 ans en dehors du cadre familial (2012; 2013; 2016), des agresseurs sexuels de femmes adultes (2012), des auteurs de violences conjugales (2013; 2014; 2016) des jeunes majeurs condamnés pour des faits d'outrage et rébellion (2012).

La mise en place de ces groupes a constitué une « petite révolution » tant en terme de représentations sur le métier de CPIP que de charges et d'habitudes de travail. Toutefois, les fortes résistances qui ont accompagné la mise en place de ces groupes se sont peu à peu atténuées sans se dissiper totalement. La charge supplémentaire de travail générée pas l'animation a été progressivement prise en compte[48]. Mais, elle explique en partie que seulement deux à trois PPR soient mis en place chaque année[49]. Il existe désormais un protocole de service pour la création de ces groupes. Alors qu'en 2010, à la suite d'un repérage des dossiers sur le logiciel des personnes suivies, les animatrices devaient « démarcher » individuellement chaque collègue pour discuter de l'opportunité de l'orientation vers le

---

[45] Mission de recherche Droit et Justice, *les groupes de paroles et de prévention de la récidive des personnes placées sous main de justice*, synthèse rédigée par Valérie Moulin, Université de Bretagne Rennes 2, novembre 2012. 10p.

[46] 10 séances de 1h30, toutes les trois semaines : 10 participants à la 1ère séance et 9 à la dernière.

[47] Sur environ 65 CPIP exerçant au SPIP de Paris, 15 se sont engagés depuis 2010, 6 CPIP animant chaque année, 9 n'ayant animé qu'une seule fois.

[48] Actuellement : 50% de décharge de permanence sur la durée du PPR (6 mois) et 10% de dossiers en moins.

[49] S. Dindo, *Sursis avec mise à l'épreuve : la peine méconnue. Une analyse des pratiques de probation en France,* DAP, travaux et documents, 2011, 83p, p.78.

groupe, une commission de sélection a désormais été mise en place. Ainsi, toutes les candidatures potentielles sont étudiées en une journée.

A l'issue de cette journée, les personnes suivies sont informées soit par le CPIP référent, soir par courrier des animatrices qu'elles seront convoquées à un entretien de présélection. Pour la mise en place d'un groupe, ce sont de 12 à 25 probationnaires qui peuvent être rencontrés[50]. Ce temps d'échange préalable est fondamental : expliquer ce qu'est un PPR, lever les réticences, approfondir la situation pénale et le rapport aux faits, préparer une participation future, approcher la personnalité de l'auteur, et mieux cerner les besoins d'intervention. La constitution définitive du groupe est le résultat d'un travail mené en supervision, afin d'affiner l'équilibre des personnalités et des problématiques au sein du groupe et éviter une candidature inadaptée.

Pour réunir le groupe que nous présentons ici, la procédure a été la suivante : une fois validés les objectifs du groupe et son contenu ainsi que le financement de la supervision, deux documents de communication ont été rédigés par les animatrices avec deux membres de la Direction. L'un est à destination des personnels d'insertion et de probation, pour faciliter le recrutement et la présentation du programme, l'autre est à destination des personnes suivies. Une affiche a également été créée pour annoncer le programme dans la salle d'attente du SPIP et autoriser les candidatures spontanées. Par la suite, les animatrices sont intervenues lors de deux réunions de service pour présenter le projet, le profil des personnes orientées, le contenu et le déroulement et l'articulation avec le conseiller orienteur en fin de groupe.

Les CPIP disposaient d'un délai d'un mois pour présenter les candidats potentiels. Douze candidatures ont été étudiées. Huit personnes ont été reçues en entretien de présélection menée en binôme par la CPIP et la psychopraticienne. Chaque entretien portait sur la présentation du programme avec les questions éventuelles et sur l'auto-évaluation des besoins de la personne en co-passation. Enfin, il a été proposé à chaque participant d'évaluer le degré et la nature de sa motivation grâce à un outil spécifique : l'échelle globale de motivation[51]. Puis les candidatures ont été étudiées lors d'une séance de supervision[52]. Compte tenu du nombre assez faible de candidatures, toutes les personnes ont été admises et ce bien que les

---

[50] La trame d'entretien élaboré avec la psychologue superviseur des groupes d'agresseurs sexuels s'est enrichie au fil des ans. Elle est aujourd'hui un support très pertinent et complet de recueil d'informations.

[51] *L'Echelle de Motivation Globale 28 élaborée par Frédéric Guay, Geneviève M. Mageau et Robert J. Vallerand*

[52] Une psychologue ayant 20 ans d'expérience en milieu pénitentiaire, a été recrutée pour sa formation complémentaire et sa pratique de la méditation en « Pleine Conscience ».

profils de deux d'entre elles (état de santé, degré de dépendance) aient été questionnés.

2.2- ses objectifs et son articulation avec le suivi individuel:

A partir du contenu initial élaboré par Sylvie Deraime[53], et à l'issue d'un travail préparatoire entre les animatrices et la direction du SPIP, il a été décidé que ce programme serait proposé à toute personne suivie au SPIP et devant répondre d'une obligation de travail dans le cadre d'une mise à l'épreuve ou d'un travail d'intérêt général et à toute autre personne intéressée par la thématique proposée après discussion avec son conseiller. Ce projet a comme objectif général de soutenir et d'aider les participants à renouer avec leur motivation personnelle en l'inscrivant dans un projet professionnel ou plus largement de vie. Il s'adresse prioritairement aux personnes exprimant un désir de changement tout en se montrant hésitantes et incertaines ou se disant prêtes à changer sans s'en sentir capables.

Le programme répond à trois objectifs complémentaires qui sont de faciliter l'exécution de leur peine de probation en dégageant des pistes de travail futures, en les invitant à développer la concentration et l'attention à ce qui est présent en eux par des pratiques d'attention et en les aidant à repérer les obstacles à la réalisation de leur projet en leur apprenant à y faire face pour les accepter. A l'issue du programme, le conseiller pourra prendre appui sur la motivation identifiée et travaillée au sein du groupe pour co-construire un accompagnement qui soutienne la dynamique de changement. Les objectifs spécifiques du programme en lien avec l'émergence et le soutien de la motivation sont travaillés au fil de séances : huit séances hebdomadaires de deux heures.

2.3- *la composition du groupe* **:** *ses participants*

Seize personnes ont fait l'objet d'une orientation vers ce dispositif. Une a contacté directement le CPIP mais n'a pas donné suite. Puis, sur dix entretiens programmés, seules huit personnes se sont présentées. Les raisons pour lesquelles les autres personnes ne sont pas venues sont les suivantes : accession à une formation professionnelle, nouvelle condamnation et réincarcération, refus de participer, non-présence aux entretiens proposés.

Les huit participants ont entre 24 et 54 ans et sont tous célibataires. La moyenne d'âge est de 33 ans. Trois vivent chez leur mère et deux sont pères de famille. Aucun n'est primo-délinquant. Les prénoms ont été changés pour la présentation succincte de leurs parcours.

Deux ont été condamnés pour usage de stupéfiants : Ouafi et Henri.

---

[53] Pour la validation de sa troisième année de formation en psychologie contemplative.

Ouafi a 36 ans, il est suivi dans le cadre d'une mise à l'épreuve et il a déjà été condamné au moins une fois pour des faits identiques. Il travaille en tant que compositeur interprète dans le domaine musical sans pouvoir vivre de son art. Il est bénéficiaire du revenu de solidarité active. Célibataire, il vit avec sa mère. Sa consommation de cannabis est ancienne (plus de 15 ans) et bien que quotidienne, elle est décrite comme contrôlée et réduite, bien qu'elle serve de soutien à son activité d'écriture et qu'elle l'aide à gérer certains états émotionnels (stress, colère...).

Les besoins de changement exprimés touchent au domaine familial «*trouver mon indépendance*», à la situation professionnelle : «*le côté artistique me fait perdre le côté réalité*» ; aux relations sociales : «*je me sens enfermé dans mon art*». Pour sa conseillère, cette participation devrait lui permettre de bénéficier de la dynamique d'un rendez-vous hebdomadaire avec le groupe et de l'aider à mobiliser son énergie pour aller vers une insertion socio-professionnelle. Henri a 42 ans. Deux mesures de mise à l'épreuve viennent de se terminer, il est suivi pour une conversion d'une peine d'emprisonnement en heures de travail d'intérêt général. Il est célibataire sans emploi. Père d'un enfant de 11 ans, il n'a plus de lien avec ce dernier : « *pour le protéger de mes problèmes judiciaires* ». Il est suivi médicalement pour deux pathologies lourdes et hébergé de manière précaire en hôtel social. Il a été condamné à au moins 5 reprises pour usage et détention de stupéfiants. Toutefois, il précise avoir cessé toute consommation depuis plus de deux ans. Les besoins exprimés portent sur l'estime de soi, l'envie d'élaborer un projet : «*je rêve d'un retour en terre natale et d'une petite ferme agricole*». Aucun des deux ne fait le lien entre la consommation de stupéfiants et les difficultés d'insertion professionnelle.

Deux autres sont suivis pour des faits de vol et recel de vol : il y a Pierre que nous avons déjà présenté et Taleb. Taleb a 27 ans. Il a été condamné deux fois. Incarcéré, il a bénéficié d'un aménagement de sa peine sous bracelet électronique puis d'une libération conditionnelle. Célibataire sans enfant, il vit chez sa mère (veuve) depuis sa sortie de détention. Il est bien inséré professionnellement malgré une dyslexie non détectée et toujours à traiter, puisqu'il écrit en phonétique et rencontre des difficultés de lecture. Taleb exprime des besoins en lien avec son niveau de compétence (orthophonie déjà en place) et ses liens sociaux. Sa conseillère souhaite l'orienter vers le groupe pour le soutenir et l'aider à développer sa confiance et son estime de soi.

Deux autres sont condamnés pour des vols avec violence : Christian et Marceau.

Christian a 44 ans. Il a été condamné deux fois. Il est suivi dans le cadre d'une mise à l'épreuve comportant des obligations de travail et de soins. Il est artiste de rue, jongleur de feu, sans domicile fixe depuis plusieurs années.

Il n'a pas travaillé depuis 10 ans et vit du RSA. Après la mise en place volontaire d'un suivi en alcoologie et la diminution de sa consommation, il a été orienté vers la psychiatrie de secteur. Il exprime des besoins dans quasiment tous les domaines de sa vie. Dans les relations avec ses proches, il dit ne pas se sentir soutenu, tout en admettant ne jamais demander d'aide. Au regard de sa situation professionnelle, s'il se sent totalement capable de travailler, ce sont les « *contingences extérieures* » qui empêchent son embauche (son casier, la couleur politique de la Mairie...). C'est surtout dans le domaine de l'expression émotionnelle que sa demande est la plus forte. Il évalue à 10/10 son besoin de changement et à 0/10 sa capacité à changer. Quant au besoin d'aide dans ce domaine, il l'évalue également à 10/10. Sa conseillère propose cette orientation dans l'intention de l'aider à comprendre et gérer son impulsivité. Marceau a 24 ans.

Il a été condamné en tant que mineur à l'âge de 16 ans, a connu plusieurs fois la prison. Il est sans emploi mais il vient d'obtenir son permis de conduire après avoir été également condamné pour conduite sans permis. Après s'être réinstallé chez sa mère à sa dernière sortie de détention, il s'est installé chez des amis en raison des conflits récurrents avec cette dernière. Dans l'échange, il exprime des besoins de changement dans ses relations familiales. On comprend que l'absence de soutien de la part de sa mère : « *elle n'est jamais venue me voir en détention alors qu'elle est allée voir mon grand-frère* », le blesse profondément. Malgré l'attitude qu'il décrit, il exprime une grande attente d'écoute et de pacification des rapports avec elle. Les changements dans sa situation professionnelle sont les plus attendus (10/10) : « *je dois trouver du travail, rentrer de l'argent mais je n'ai pas de formation et mon niveau scolaire est bas* » ainsi que sa manière d'aborder les problèmes qu'il rencontre (9/10). Sur le plan émotionnel, il se décrit comme quelqu'un d'ouvert et d'expressif ayant du mal à contrôler ses accès de colère et exprime le besoin d'apprendre à se contrôler. Sur le plan légal, il dit avoir tourné la page et avoir changé ses fréquentations.

Rafie a été condamné pour des faits de violence conjugale en récidive. Sa mesure de mise à l'épreuve a été prolongée d'un an et elle se termine dans 4 mois. Agé de 54 ans, il vient de divorcer. Il est père de trois filles de 6, 8 et 12 ans et exerce la profession de plombier. L'histoire de son enfance, de son éducation, de sa vie parisienne jusqu'à son mariage arrangé à 40 ans a été l'objet des récents entretiens. Il souhaite intégrer le groupe pour approfondir le travail de réflexion déjà entamé avec le SPIP notamment sur l'aspect émotionnel.

Salah a 30 ans et il a été condamné pour des faits de viol alors qu'il était mineur. Son suivi socio-judiciaire se terminera dans plus d'un an au moment où il se présente à l'entretien. Il vit chez sa mère et il est à la recherche d'un emploi stable. Il vit douloureusement « l'interdiction » familiale qui lui est faite de choisir librement sa future compagne et exprime un désir de liberté. Toutefois, il lui semble impossible de s'opposer à sa mère et ne l'envisage pas. Le besoin principal s'exprime dans le domaine professionnel qu'il nomme ainsi: « *peaufiner le relationnel en entretien professionnel* ». Ses besoins tournent beaucoup autour de la question de se sentir capable d'assumer ses choix. Il parle «*d'oser se vendre au risque de se décevoir* » et « *d'oser ne pas être à la hauteur* » lorsque l'on évoque son rapport aux émotions. Sa conseillère l'a orienté afin de l'aider à gérer son impulsivité ainsi que développer son aptitude à communiquer plus efficacement.

3. La dynamique de groupe et les effets collectifs et individuels constatés :

3.1- le contenu initial du programme et sa mise en œuvre concrète :

Pour chaque séance, un déroulé écrit assez exhaustif est élaboré et les animatrices/formatrices se répartissent la direction de l'animation de telle ou telle partie de la séance.

La séance 1 vise deux objectifs : poser les règles de fonctionnement du groupe en initiant la dynamique de groupe et présenter la méthode : la pratique d'attention à soi et aux autres. L'animation de groupe s'appuie sur trois outils : des cartes postales, une charte d'engagement, un support écrit pour guider la pratique d'attention au corps. L'utilisation de cartes postales, représentant à la fois des paysages de nature, des photographies de la ville connues et symboliques, sert de support à la présentation de chacun (évocation d'un souvenir personnel). De plus, elles seront à nouveau utilisées à la dernière séance du groupe, chacun y inscrivant son engagement de changement (voir séance 8).

La charte[54] est lue et signée à l'issue de la discussion avec le groupe des règles propices à un bon fonctionnement : l'assiduité, la prise de parole, l'écoute et la prise en compte des divergences d'opinions, le rôle des animatrices et la confidentialité sont abordés[55]. L'engagement à participer à un entretien à trois avec le conseiller en charge du suivi individuel un mois après la fin du programme est également inscrit. Chaque règle est discutée et chacun s'engage personnellement à la respecter. Les thèmes sont présentés. Enfin, les participants sont guidés dans un exercice d'attention au corps et à la respiration (environ 5'). Puis ils sont invités à nommer ce qu'ils ont vécu

[54] La Charte est inspirée du référentiel *Programme de prévention de la récidive*, DAP, 2010 p.39.

[55] L'animation autour de la Charte est inspirée de Programme Parcours, *Manuel de l'intervenant Module 1 Le temps d'apporter des changements, 139 p.*

au cours de cet exercice et à poser des questions si besoin. Enfin, chacun fait part de son intention ou de son souhait de travail en venant dans ce groupe.

Lors de son déroulement, l'agenda de la séance est respecté et ce bien que deux participants soient en retard de quinze minutes. Chacun accepte de jouer le jeu avec les cartes postales. A titre d'exemple, Christian choisit la carte ci-contre en indiquant : « *je ne pouvais pas faire autrement que de prendre cette image. Elle dit tout par elle-même* ».

Il refuse d'en dire plus estimant que le reste n'est pas intéressant. Lors de la première pratique d'attention, les consignes posturales simples sont peu ou pas suivies, l'un rit, l'autre semble attendre que cela se passe. Le temps consacré aux attentes est rogné par la discussion autour de l'intérêt de la pratique d'attention et de ce qu'ils en pensent. Ce point est crucial : pratiquer l'attention au corps c'est s'entraîner à le sentir au lieu de dire ce qu'ils en pensent. Voici quatre commentaires des participants: « *c'est comme dans une secte* » (en référence également au fait que le groupe est installé en cercle sur des chaises) ; « *c'est très bien comme exercice, surtout quand tu es en garde à vue* » (compréhension de l'intérêt calmant de la pratique et humour ou provocation quant à l'exemple choisi): « *ça détend* » (vécu d'expérience agréable) ; « *je ne peux pas me centrer sur moi-même cela me crée de l'irritation* » (aptitude à percevoir la sensation désagréable tout en la jugeant). On peut constater aussi que les participants qui ont une pratique sportive régulière et assez intense ont une plus grande facilité à se relier à la pratique que les autres.

La séance 2 a pour thème « Fierté, Besoins, Valeurs » et pour objectif de permettre aux participants d'entrer en contact avec leurs élans profonds et d'identifier les besoins et valeurs personnels associés. Les outils utilisés sont une exploration guidée, un tableau pour prendre des notes, et le journal de bord (8 exemplaires). La séance se déroule selon plusieurs temps qui auront vocation de se répéter à chaque séance. Les cinq premières minutes sont destinées à faire un tour de « l'état du moment » des participants. Que reste-t-il de la dernière séance? Que s'est-il passé pour eux depuis la semaine précédente? Puis les animatrices présentent l'agenda du jour et la séance commence par une pratique d'attention au moment présent.

Puis, on entre dans le thème proprement dit. Voici l'exemple de l'exploration qui a été guidée au cours de cette séance : « *Je vais vous inviter à un exercice faisant appel à la fois à vos souvenirs, à vos sensations dans le moment présent et à votre réflexion. Laissez-vous guider, jouez le jeu autant que possible et voyez ce qui se passe (pause). Souvenez-vous d'une situation dans laquelle vous vous êtes senti fier de vous (pause). Ce peut être dans un passé lointain ou récent, peu importe; ça n'a pas à être un grand événement ou une petite chose. Ce qui importe, c'est que vous en étiez fier (pause).*

Rappelez-vous les circonstances, les lieux, les personnes qui étaient là. Qu'avez-vous dit ou fait qui vous a rendu fier ? (pause) Attardez-vous sur ce sentiment de fierté. Est-ce que vous pouvez le réveiller en vous maintenant ? Est-ce qu'il se manifeste par des sensations particulières dans votre corps ? Où, comment ? Est-ce qu'il y a d'autres émotions et sentiments qui surgissent que la fierté ? À quoi ça ressemble ? Y a-t-il des images, des pensées, qui viennent ? Laissez faire. Soyez curieux. Maintenant, en restant avec ces sensations, ces images et ces pensées, est-ce que vous pouvez identifier ce qui a été satisfait en vous ce jour-là ? Quels besoins ont été comblés ? Ne vous triturez pas trop la cervelle pour trouver les bons mots. Essayez de laisser venir les mots ou les images d'eux-mêmes (pause). Est-ce que ce sentiment de fierté, d'avoir accompli quelque chose d'important pour vous ce jour-là se relie à des valeurs qui vous tiennent à cœur ? Encore une fois, laissez venir les réponses (pause) ».

Par la suite, il est proposé un échange collectif sur les découvertes et expériences individuelles de fierté qui va nourrir la réflexion et l'élaboration autour des valeurs qui y sont liées. Lors de la mise en œuvre, une partie de l'agenda a été supprimé faute de temps: il s'agit du temps d'écoute par deux (voir plus loin) ainsi que l'élaboration par chaque participant d'une liste de trois valeurs qu'il souhaite particulièrement cultiver. A l'issue de la séance, ils se voient remettre un document intitulé journal de bord qui rappelle le thème du jour et comment l'approfondir : Repérer au cours de cette semaine les situations où vous êtes fier de vous, ou simplement satisfait de vous. Qu'est-ce qui est satisfait en vous : quels besoins? quelles valeurs ? Comment cela se manifeste-t-il en vous (sensations, émotions, humeur, pensées)? *Essayez d'écrire, enregistrer ou dessiner quelque chose chaque jour, ou au moins d'y penser...*

Il s'agit de la première et seule séance où les huit participants seront présents. Henri se présente une heure avant la séance alors qu'il n'avait donné aucune nouvelle depuis l'entretien qui avait eu lieu dix jours plus tôt. La Charte est lue et signée avec lui dans un bureau d'entretien. Rafie avait été reçu la veille pour faire de même. Le début de la séance est marqué par les événements récents (l'attentat dans les locaux de Charlie Hebdo) avec une parole retenue, qui élabore peu, l'absence d'émotion exprimée quant aux faits et aux victimes. La pratique d'attention aux sensations corporelles sera gênée par l'arrivée inopportune de Ouafie, avec 15 minutes de retard qui, plus tard, monopolisera la parole pour se perdre dans des digressions difficiles à suivre. Au cours de cette séance, un temps important est consacré à répondre à des questions sur l'intérêt d'avoir une pratique d'attention au détriment des échanges entre les membres. Toutefois une réflexion émerge sur l'articulation des valeurs personnelles avec celles de la République. Deux participants, Rafie et Taleb, bien qu'ils soient très peu intervenus, témoignent de leur intérêt en fin de séance.

La séance 3 a pour thème la motivation personnelle. Plusieurs supports sont utilisés : musique, cartes, triangle[56]. Après le cercle d'ouverture et la pratique d'attention habituels, la séance est une poursuite du travail initié à la séance précédente. Chaque participant élabore une liste de trois valeurs (à partir des valeurs reconnues la séance précédente et une liste complémentaire de valeurs) : quelles sont les valeurs qui donnent du sens à ma vie, qui sont les plus importantes pour moi ? Ils sont guidés dans la recherche exploratoire de l'activité qui leur permet ou leur permettrait le mieux d'être en accord avec ces valeurs essentielles. Puis, ils sont invités à échanger par deux sur ce sujet. Ils apprennent à le faire en respectant les formes d'une communication et d'une écoute en conscience : « *Dans cet échange, chacun a une mission: celui qui parle essaie de dire ce qui est présent pour lui maintenant, sans trop partir dans de longues explications, dans les détails de ce qui s'est passé ce jour-là. Ce qui est important, c'est ce que vous avez reconnu maintenant. Vous ne dites bien sûr que ce que vous avez envie de dire. Pensez que vous offrez aussi quelque chose à l'autre qui va peut-être l'aider dans sa propre compréhension.Celui qui écoute, écoute vraiment. En silence. Il n'écoute pas seulement avec sa tête mais avec son corps et son cœur : ça veut dire qu'il essaie d'écouter sans « répondre » dans sa tête, sans faire de commentaires mentaux autant que possible... Il est attentif à ce que son partenaire dit et en même temps, à ce qu'il ressent, à ce que ça lui fait, en l'entendant. A va parler en premier pendant 3 minutes. Puis on changera les rôles, B prendra la parole pour 3 minutes également. Enfin, vous aurez également un temps d'échange à deux sur ce que vous venez de partager. Pour vous indiquer quand ça commence et quand ça finit, je vais utiliser ce triangle»*[57]. Enfin, la séance se termine par un temps de partage et d'élaboration collectif. Après le cercle de fin, le journal de bord leur est remis : repérer dans la semaine des activités ou des tâches que je fais volontiers ; identifier ce qu'elles m'apportent et me demandent. Identifier les tâches que je fais de mauvais gré. Qu'est-ce qui se passe pour moi?

Lors de la mise en œuvre, l'élaboration des valeurs apparaît laborieuse et ne semble pas être source de clarification pour les participants. Aucun ne se souviendra de celles-ci à la fin du groupe. En revanche, ils adhèrent très facilement à l'échange à deux, tout en refusant, pour deux d'entre eux, de parler devant le groupe de ce qu'ils se sont dit! Ils s'écoutent et sont attentifs.

---

[56] Un morceau de musique pour s'initier à la pleine conscience par l'attention aux sons, une exploration guidée autour des valeurs en lien avec une activité, des cartes allant par paires et qui vont permettre de former des dyades et d'initier les participants à une communication en pleine conscience, un triangle musical pour rythmer cette pratique et enfin, le journal de bord imprimé.

[57] Exercice élaboré par S. Deraime, voir également Susan G. Chapman (2013) *Communiquez en pleine conscience, Payot, 260 p.*

La séance 4 a pour thème les émotions en lien avec les situations difficiles.

Après un exercice de prise de conscience du corps dans l'espace et en relation, les participants seront à nouveau guidés dans une contemplation en lien avec le thème, puis ils échangeront par deux comme à la séance 3. Au cours de cette séance, il est proposé aux participants d'apprendre à reconnaître, dans les situations difficiles, les émotions qui sont présentes afin de les aider à conscientiser le lien entre ressenti, émotions, besoins fondamentaux. Au préalable, il leur est proposé un exercice exploratoire devant se dérouler à deux et intitulé « ma zone de confort » qui permet de porter son attention sur l'émergence des émotions dans une relation.

Les animatrices présentent l'exercice aux participants. Il s'agit de se mettre par deux face à face au milieu de la pièce (choix libre). L'un est immobile et l'autre peut bouger. En prenant le temps de se regarder, celui qui peut bouger s'ajuste et avance au plus près jusqu'à trouver l'endroit où il se sent bien, ni trop près ni trop loin, la « juste distance », la place confortable pour lui. Cette place n'est pas la même pour tout le monde. Deux personnes font l'exercice pendant que le reste du groupe observe puis discussion. Puis, il leur est proposé une exploration guidée « nos émotions dans les situations difficiles » : colère, tristesse, peur, dégoût afin de les aider à identifier les émotions considérées comme négatives. Il est immédiatement suivi d'un temps d'échange à deux pour partager ce qui a été découvert puis un retour en groupe. Les animatrices guident le groupe vers l'élaboration de solutions concrètes pour travailler avec les émotions difficiles. Le journal de bord propose de : i) repérer dans la semaine les situations qui suscitent des émotions difficiles : quel est le ressenti? ii) Quelle est la stratégie adoptée : accueillir, nier ou extérioriser l'émotion de façon réactive ? quel est le ressenti par la suite ?

Lors de la mise en œuvre, de fortes résistances émergent. Une partie de l'animation est consacrée à l'écoute des peurs et des représentations qui émergent en lien avec cet exercice, notamment sur l'homosexualité, les relations hommes-femmes. Le temps d'échange à deux est maintenu et n'oppose aucune résistance. Toutefois, le découpage de ces différents temps se fait au détriment du groupe dont la dynamique propre ne peut que marginalement émergée. Le temps d'élaboration autour des stratégies ne peut être mené.

La séance 5 a pour thème le juge intérieur et le témoin : se positionner en observateur de son expérience. Au cours de cette séance, il s'agit d'amener les participants à développer une position neutre et bienveillante en apprenant à décrire les faits. Les participants sont invités à questionner leur fonctionnement et à regarder leur passage à l'acte comme un témoin.

Pour « se regarder en face », il leur est proposé de décrire l'enchaînement des événements, des pensées et émotions vécus jusqu'à la transgression d'un interdit légal. Il s'agit de les aider à repérer ce qui est utile dans leur façon d'envisager les choses et ce qui les dessert. Après le cercle d'ouverture, les participants sont guidés dans leur réflexion sur le passage à l'acte puis le tableau leur est remis. Par la suite, une exploration sur le thème « être ami avec soi-même » leur est proposée. Le journal de bord est ainsi formulé : Repérez dans la semaine les jugements que vous portez sur vous-même. Sur quoi portent vos jugements ? Que ressentez-vous quand émergent ces jugements ? (sensations/émotions) ? Examinez d'un peu plus près si ces jugements sont vrais. Est-ce qu'ils vous sont utiles? Est-ce que vous pouvez voir d'autres aspects de vous que ceux que vous jugez? Comment vous sentez-vous alors?

Le contenu de cette séance n'a été que très partiellement mis en œuvre. Les outils proposés ont été opportunément lâchés au profit d'une expression plus libre de la parole de manière à « rouler avec la résistance ». Rafie refuse d'évoquer son délit en expliquant que ce n'était pas indiqué dans l'engagement de départ. Toutefois, Taleb, assez en retrait sur les premières séances évoque sa condamnation et son parcours. La dynamique de groupe prend corps et les participants se soutiennent mutuellement dans leur réflexion sur le thème proposé.

La séance 6 se propose de questionner les obstacles ou fausses croyances par rapport au changement. Dans la continuité de la séance précédente, les participants sont amenés à interroger les pensées toutes faites ou solidement ancrées, qui les empêchent de changer de perspective quand ils sont coincés. Une exploration guidée portant sur les obstacles rencontrés face à leurs besoins ou objectifs de changement a pour but de les aider à les identifier et à en questionner la réalité. Cette observation d'eux-mêmes dans le moment présent les encourage à prendre conscience de leurs états psychiques et mentaux et à développer une liberté intérieure plus grande. Ils sont également guidés dans une introspection en lien avec le sentiment de capacité et d'incapacité. Le journal de bord porte sur la liberté et les obstacles aux changements: Repérez dans la semaine ce qui vous semble être des obstacles aux changements que vous souhaitez. Pouvez-vous distinguer les obstacles intérieurs et les obstacles extérieurs ? Demandez-vous si ce sont vraiment des obstacles et comment vous pourriez les transformer. Quel premier pas pourriez-vous faire?

La dynamique est installée. La participation aux exercices se fait sans susciter de discussions. L'exercice fait émerger un questionnement sur les conséquences de leur délit, la prison, le casier judiciaire, le suivi SPIP et les obstacles qu'ils représentent pour leur insertion. Ils interrogent leur responsabilité, questionnent leur choix.

La séance 7 a pour thème les qualités et les habiletés.

Ils sont initiés à l'attention au goût, pratique en lien avec le thème de la séance (Zindel et al., 2006). Guidés dans l'exploration de leurs compétences au travers de la présentation d'une activité qu'ils affectionnent, les participants sont invités à témoigner par écrit pour chaque membre du groupe, des qualités qu'ils ont pu observer chez l'autre au cours de cette expérience en groupe. Puis s'ensuit un échange en groupe et la remise d'un carnet de « qualités » fabriqué sur place. Le journal de bord propose de : repérer au cours de la semaine pour les différentes tâches et activités, les qualités et habiletés mobilisées, quelles sont celles qu'on a envie d'approfondir et de cultiver?

Cette séance de valorisation a bien fonctionné malgré et grâce au nombre réduit de participants. Elle a mis en lumière la difficulté de ces hommes à nommer des qualités, à s'évaluer et à reconnaître leurs atouts.

La séance 8 est une séance de transition du bilan à l'engagement et a pour thème : s'engager vis-à-vis de soi-même. La séance s'ouvre sur une pratique d'attention à la respiration, aux sensations corporelles, aux pensées associées en relation avec l'espace. Le contenu des six séances précédentes et leurs objectifs sont rappelés. Les participants sont guidés dans l'élaboration de leur engagement à partir de trois axes: une qualité à cultiver, une difficulté avec laquelle travailler, un objectif concret et réalisable à court terme. A l'issue de la séance, les participants écrivent sur leur carte la réponse à ces trois questions, la carte leur sera adressée par la poste dans les mois qui suivent comme un rappel symbolique. L'ensemble des membres du groupe est attentif. Deux participants rencontrent des difficultés pour énoncer leur difficulté et leur objectif.

3.2- Le fonctionnement du groupe :

1er constat : une dynamique de groupe positive marquée par des résistances, des retards, des défections et des absences :

Si la dynamique de groupe s'est instaurée dès la première séance, elle n'a pu réellement se déployer que progressivement pour être effective à partir de la 5e séance. D'une part, le groupe n'a été définitivement constitué qu'à la deuxième séance, retardant sa création effective. D'autre part, le programme préétabli était difficile à tenir car trop dense et très rythmé face à un groupe

« mis en difficulté » par les exercices d'attention. Deux leaders positifs se dégagent dès la première séance amenant la matière de la discussion et du travail tandis que trois autres restent très en retrait et qu'un troisième se montre plutôt négatif quant à la méthode de travail proposée et quant au cadre (refus d'aborder des questions d'ordre familial). Néanmoins, une véritable dynamique s'est instaurée. Elle a été significativement plus positive lorsque le groupe s'est retrouvé à 5 ou 6 pour fonctionner. Nous dressons le même constat pour les autres expériences de groupe dans le cadre des PPR : un nombre de 5 à 6 participants est idéal.

L'*assiduité* aux séances est un bon indicateur de l'adhésion des participants au processus de travail. La présence à l'issue des 8 séances de 5 participants est le reflet de leur engagement et de leur intérêt dans le travail proposé. Le groupe a fonctionné avec en moyenne 5 à 6 participants. Ce n'est qu'à la séance 7 où seuls trois participants étaient présents, trois autres étant excusés. Ceci s'explique par le fait qu'entre la séance 6 et 7, une semaine s'était écoulée en raison des vacances scolaires. En ce qui concerne les défections, Henri a abandonné après la 3e séance, l'effort d'attention demandée étant, probablement, au-delà de ses capacités physiques et psychologiques. Marceau est absent à la 3e séance et ne prévient pas, puis il réapparait à la 4e sans plus d'explications et au moment où la séance débute. Finalement, il quitte le groupe au cours de la 5e séance, n'acceptant pas la contradiction sur sa vision de la prison. Ce départ n'a pu être repris avec lui, car il ne donnera pas suite à nos messages. Il se représentera ultérieurement à un rendez-vous avec sa conseillère sans que nous ayons la possibilité de le rencontrer. Il sera réincarcéré pour de nouveaux faits dans les mois qui suivent.

Comme nous venons de l'indiquer pour Marceau, le *respect du cadre* posé lors de la première séance a mis en difficulté un autre participant. Il s'agit de Ouafi, qui a eu le plus grand mal à respecter les horaires du groupe. S'il a raté une séance, il a par ailleurs été en retard à toutes les autres. Cette attitude et ses conséquences pour le groupe ont été reprises à plusieurs reprises avec lui au sein du groupe et en dehors du groupe par téléphone mais sans que, malgré tout, ne lui soit interdit l'accès au groupe du fait de son retard.

***2e constat : une expérience de groupe qui soutient l'acceptation de soi et développe l'estime de soi, l'empathie et le désir de changement** :*

Avant même le groupe, son approche est perçue comme valorisante. Ainsi Ouafi dira à sa conseillère : « *je suis sincèrement touché madame, que vous ayez pu penser à moi pour ce groupe* ». Au fil des séances, les participants s'approprient les exercices d'attention et les explorations guidées qui vont leur permettre d'évoquer différents aspects de leur vécu. Les premières séances sont beaucoup consacrées à aider les participants à se relier à leur expérience dans le moment présent. Les doutes, l'inconfort, le rejet qui émergent à l'occasion des exercices sont accueillis et accompagnés par les animatrices. Ils laissent progressivement la place à la possibilité de se laisser guider. Des échanges constructifs et non-jugeant s'élaborent entre les participants : l'un dit « Je *vole toujours. J'y suis obligé (il marque une pause), en même temps c'est un choix. J'aspire à une vie tranquille et chaque fois que je vole, j'ai peur* », un autre répond « *Est-ce que tu n'as pas envie de trouver un travail ? Ou de renoncer à certaines dépenses ? Qu'est-ce qui t'en empêche ?* ». L'empathie s'exprime également lors des retours en groupe après les échanges à deux : « *je me sens très touché par ce que je viens d'entendre, je vois que tu as une vie difficile* » ; ou encore « *je suis impressionné par ton courage*». Les retours de Ouafi et de Taleb expriment un renforcement de l'estime de soi. Ouafi s'est transformé physiquement au fil des séances, aux vêtements tachés et à l'affalement, ont fait place, une tenue propre et soignée.

Les participants ont également fait l'expérience du silence en groupe. A l'agitation des débuts a succédé une plus grande ouverture à ces temps spacieux. L'apprentissage d'une écoute bienveillante les a placés en position « d'ami » d'un autre être humain dont ils n'étaient pas forcément intimes. La générosité des participants s'est exprimée par le fait que l'un d'eux offre les croissants au groupe à la 4e séance.

Les engagements de changement élaborés par les participants sont des points d'appui pour l'accompagnement :

- Pierre : « *Je souhaite cultiver une confiance plus forte à mon égard. Être plus opiniâtre sur ce que je dois gérer dans ma vie. Je m'engage à aller vers les autres pour pouvoir mieux m'accepter* ».
- Taleb: « *je souhaite améliorer mes qualités de bornes d'arcades. Je veux améliorer mes difficultés de dyslexie. Je m'engage à améliorer mon français d'ici moins d'un an* ».
- Christian: « *je souhaite cultiver les autres* ».

3e constat : un programme trop dense et pas assez long :

L'animation de ce groupe a constitué un réel défi. On évoquera la difficulté pour les participants d'intégrer la méthode avec tout le rejet et l'irritation que cela a pu susciter et notamment lors des séances 2, 3 et 4. Les animatrices ont été particulièrement attentives à ce que les jugements négatifs puissent s'exprimer lors de ses séances, comme les résistances sur le contenu et les exercices proposés. Par moment, la justification de la méthode a pu prendre le pas sur l'énoncé des jugements, des vécus.

Par ailleurs, les séances étaient rythmées par différents temps : accueil, exercice de pleine conscience, échange en groupe, exploration guidée, échange à deux, échange en groupe, bilan. La tenue de l'agenda a pu se faire au détriment parfois de la dynamique de groupe. Le contenu de certaines séances était trop ambitieux, limitant le temps réel d'échange en groupe au profil d'un travail plus personnel. Aussi, bien que l'apprentissage de l'écoute en pleine conscience soit pertinent pour un tel groupe, dans la forme, celle de l'échange à deux, elle sabote la dynamique de groupe. Elle pourrait être pertinente dans le cadre de séances de travail plus longues.A contrario, certains thèmes de séance ou sujets auraient nécessité plus de temps : la séance 2 devra être réalisée en deux temps avec un travail plus poussé sur les valeurs, ainsi que les distorsions cognitives et les croyances à partir du modèle du programme Parcours développé au Canada. De même que l'on peut imaginer introduire une séance qui traite de la motivation et des cycles de changement tiré du même programme. De plus, bien que nous ayons mené une évaluation fine des besoins des participants lors des entretiens de présélection, nous n'avons pas été en mesure de prendre en compte certains de ces besoins, pourtant en lien avec le passage à l'acte. Le contenu des séances ayant été réfléchi en amont, son adaptation aux besoins assez hétérogènes des participants n'a pu se faire que marginalement par manque de temps entre les séances. Nous pensons notamment au rapport à l'argent, aux addictions, à la violence.

Il faut noter par ailleurs que les participants ne se sont absolument pas saisis de la proposition d'approfondir la réflexion entre les séances via les questions du « journal de bord ». Dans les programmes de réduction du stress par la pleine conscience (MBSR), la pratique entre les séances est élément central de la réussite du programme : on peut escompter des résultats tangibles à la seule condition de fournir des efforts suffisants et donc de s'engager à faire les exercices. Par ailleurs, afin de faciliter l'engagement dans le groupe, la nécessité pour chacun d'évoquer son délit n'a pas été posée. Cela a conduit à détacher la participation à ce groupe, des raisons judiciaires pour lesquelles ils sont amenés à y participer. Il est apparu, pendant le groupe (résistance à la prise de parole, superficialité du discours...) et à la fin, que pour au moins deux participants, avoir pu connaître dès le début les délits des autres, aurait facilité leur propre prise de parole.

3.3 – les bénéfices individuels

Lors des entretiens préalables, puis un mois après la fin du programme, nous avions pensé proposer à chaque participant de remplir l'Echelle de Motivation Globale (EMG-28) afin de pouvoir évaluer individu par individu les changements dans sa motivation. Il s'agit d'une échelle d'évaluation de la motivation qui mesure la motivation globale que les gens ont à faire des choses en général dans leur vie. On y retrouve sept construits : la motivation intrinsèque à la connaissance, à l'accomplissement et à la stimulation, les régulations externes, introjectées et identifiées et finalement l'amotivation. Elle permet de mesurer précisément à la fois la nature, intrinsèque ou extrinsèque, et le degré de motivation chez une personne. A partir de l'intitulé : « *En général, je fais les choses ...* », le participant donne un chiffre sur une échelle de 1 à 7 (du moins vrai au plus vrai). Par exemple: « *...pour ressentir des émotions que j'aime* » (motivation intrinsèque à la stimulation) ou encore « *...parce que je m'oblige à les faire* » (motivation extrinsèque-introjectée). Toutefois, seuls quatre participants ont pu remplir cette échelle avant et après le programme. Pour trois autres participants, nous avons l'échelle d'entrée dans le programme mais pas celle de sortie. Enfin, l'un des participants, bien qu'ayant rempli l'échelle, n'a pas renseigné tous les items la rendant inutilisable. Notre approche est sans doute assez naïve et pas très scientifique puisque pour certains nous avons lu chaque item influençant le résultat alors que pour d'autres, ils ont rempli tous seuls. Enfin, même si nous avions exploité ces échelles, nous ne disposons d'aucun groupe témoin permettant d'attribuer où non une évolution significative de la motivation aux participants. Quant à l'articulation avec le suivi individuel, six entretiens en binôme (les deux animatrices) puis en trinôme ont été réalisés en présence de la CPIP animatrice, de la CPIP référente et du participant. Ils se sont tenus un mois après la fin du groupe, délai de rigueur pour laisser suffisamment de distance avec l'expérience vécue.

Taleb, qui a participé aux 8 séances a trouvé plusieurs bénéfices à sa participation. Le groupe l'a aidé à surmonter sa timidité à s'exprimer en groupe et sa peur de révéler sa dyslexie. Il s'est senti très valorisé par les retours des autres membres. Sa confiance dans le groupe s'est exprimée à travers son évolution : après avoir été quasiment silencieux les trois premières séances, il a pu aborder sa problématique personnelle. Par ailleurs, il se dit prêt à venir en soutien du SPIP pour communiquer autour de programmes similaires.

Christian exprime sa satisfaction quant à la qualité d'écoute et de bienveillance qu'il a pu trouver dans ce groupe et son intérêt pour la réflexion proposée. Il regrette d'avoir dû s'arrêter après huit séances. La fin du groupe a été très difficile à vivre pour lui.

Ouafi souligne qu'il a pris conscience de certaines pensées négatives qu'il avait sur lui même et sur la société et qu'il peut plus facilement s'en détacher. Il a vu aussi la nécessité de trouver une discipline de vie, de mieux organiser son temps entre sa passion pour la musique et les nécessaires activités de la vie quotidienne, y compris les démarches administratives. Il a réalisé qu'avoir un travail plus « ordinaire » que celui de musicien pouvait l'aider à avoir davantage les « pieds sur terre ». Il comprend que sa consommation de cannabis doit être questionnée.

Salah estime que ça l'a « éveillé » au fait qu'il devait « se bouger », et de fait, après avoir été orienté vers une association de soutien à la recherche d'emploi, il a trouvé un travail.

Pour Pierre, l'évolution est particulièrement sensible dans les mois qui suivent l'expérience. Il a repris rendez-vous avec un médecin psychiatre dans le centre médico-psychologique de son secteur pour la prise en charge de sa dépression et de ses problèmes d'alcool. Il a osé demander de l'argent à son frère pour régler une dette de loyer qui l'angoissait énormément. Il a fait une démarche auprès d'une association afin de mettre à plat sa situation financière, ses problèmes d'endettement et établir un budget pour sa sœur et lui. Dans le cadre de ses mesures judiciaires, il est très investi et a commencé l'exécution de ses heures de travail d'intérêt général à raison de 10 heures par semaine.

Ceci nous permet de faire un pont avec notre introduction du départ. Le développement de la motivation chez Pierre s'est inscrit dans une continuité de travail, où les axes dégagés ont bien été suivis en entretien. De plus, l'existence d'une peine de travail d'intérêt général a crée l'occasion, au sens entendu par Fergus Mac Neil, d'entrer en lien avec une structure associative adaptée au degré de capacité de Pierre et qui accepte une souplesse de planning. Tous ces éléments sont imbriqués et contribuent chacun à leur niveau à soutenir Pierre dans son désir de vivre une bonne vie !

3.4- les axes d'amélioration du programme et sa reconduite :

La mise en place de ce projet s'est faite dans un délai court afin de respecter un agenda budgétaire et des contraintes de formation. Ceci a eu pour conséquence que les entretiens préalables qui auraient dû avoir pour objectif de mener une sélection des candidats ont, de fait, été l'occasion d'une première rencontre entre les animatrices et les membres du groupe. Malgré l'absence de sélection des membres, la dynamique de groupe a, cependant, pu se mettre en place. Cette sélection peut être améliorée de manière à mieux prendre en compte à la fois les problématiques qui sont communes à certains délits, comme le vol, l'escroquerie et le trafic, ou à d'autres comme le vol avec violence, les violences contre les personnes ou même les biens et besoins hétérogènes des participants. L'intensité du travail proposé nécessite qu'une supervision de qualité soit mise en place.

Quant au rythme des séances, un rendez-vous hebdomadaire, bien que difficile à assumer professionnellement en raison de la charge de travail, semble tout à fait adapté aux besoins de motivation des participants. La durée des séances pourrait tout à fait être de deux heures et trente minutes, ou même trois heures, à condition de disposer d'une salle et du matériel adaptés au travail proposé. Un entretien individuel à mi-parcours permettrait de réajuster le contenu des séances et de mieux accompagner les difficultés éventuelles. De plus, la dynamique de groupe se mettant en place généralement autour des séances 3 et 4, un programme d'au moins 10 à 12 séances semble pertinent.

Enfin, en observant les réticences (compréhensibles) des participants quant à la pleine conscience, le dispositif pourrait être amélioré en donnant une définition claire de ce qu'on entend par « pratique d'attention » et « pleine conscience » dans le cadre d'un groupe et ce que cela apporte de s'y entraîner. De plus, l'intérêt du journal de bord devra être souligné et rappelé. Comme pour les programmes MBSR, seul un engagement réel peut porter ses fruits.

Conclusion

L'origine latine du terme « désister » signifie, s'abstenir de, renoncer à, cesser. Les approches de la pleine conscience et de la psychologie contemplative intègrent cette posture de renoncement. Le chemin proposé pour trouver et nourrir sa motivation au changement est radical : se retirer en soi en se mettant dans une position d'observateur et de non-agir afin de développer une attitude impartiale vis-à-vis des pensées et des évènements puis explorer ses ressources propres par des explorations guidées et partager ses découvertes. On comprend aisément à quels défis, inconforts, rejets, tensions doivent faire face les personnes généralement plutôt impulsives, dépendantes, très peu en contact avec elles-mêmes. Comme on comprend pareillement ce que le berceau de la bienveillance et de la gentillesse peuvent leur offrir comme espace de « ressourcement ».

Pour devenir pleinement humain et se regarder en face, il s'agit d'unir douceur et robustesse : « *s'il l'on est disposé à être vulnérable, on peut découvrir l'invincibilité à partir de cette vulnérabilité. N'ayant rien à perdre, on ne peut être vaincu. N'ayant rien à craindre, on ne peut être conquis* » (Trungpa, 2012).

Ce chapitre est dédié à Anne Lavergne, Aumonière Bouddhiste décédée trop tôt, le 24 décembre 2015.

Chapitre 3 : L'application du Good Lives Model en milieu carcéral, une expérience italienne.

C.M. XELLA, Psychothérapeute, superviseur, EMDR Unité Traumatologique, Milan

1. Introduction

À la différence de nombreux pays ayant développé des programmes de traitement destinés à prévenir la récidive d'auteurs de délits sexuels et malgré l'adhésion formelle de l'Italie à la Convention de Lanzarote qui recommande la mise en place de mesures de prévention, rien n'a encore été appliqué : la législation italienne ne prévoit *aucune intervention* sur l'auteur de crime sexuel en dehors de l'incarcération, longue, avec des peines de 5 à 10 ans. Le programme de traitement développé par le C.I.P.M. (Centre Italien pour la Promotion de la Médiation) (Giulini e Xella, 2011) auprès de la prison de Milan-Bollete avait déjà eu en 2005 le mérite de proposer une approche totalement nouvelle pour l'Italie : un programme de traitement complet, ne se terminant pas à la sortie de prison, mais prévoyant aussi un accompagnement et un suivi en dehors.

Le programme ACSE, financé par la Communauté européenne pour les années 2014-2015, a aussi permis la mise en place d'une Unité de Traitement coordonnée par le C.I.P.M. au sein du centre pénitentiaire de Rebibbia (Rome), un centre actif sur la question des traitements, mais avec une structure traditionnelle dans laquelle les auteurs d'infractions à caractère sexuel sont reclus dans une section séparée, mais avec les autres détenus à risque (ex-représentants des forces de l'ordre, collaborateurs de la justice).

Dans ce contexte difficile et peu préparé à l'intervention spécifique sur les auteurs de délits sexuels, nous avons choisi d'utiliser un type de traitement inspiré du *Good Lives Model* qui souligne l'importance de la relation avec les opérateurs et qui concentre l'attention sur les objectifs à atteindre plus que sur les risques à éviter. Le programme PETRAAS, mis en place au Québec par un groupe de travail dirigé par André McKibben à l'institut pénitentiaire de Rocher-Percé (Mckibben, 2011), nous a semblé le plus proche de cette orientation, avec pour avantage d'offrir du matériel déjà opérationnel autant pour les opérateurs que pour les participants.

Ce chapitre illustre de quelle manière ce programme a été adapté pour être mis en place au sein de la prison du nouveau complexe de Rebibbia, à Rome (Italie).

2. Contexte d'intervention et modèle d'accompagnement

Le contexte italien et le travail du C.I.P.M.

L'abus sexuel des mineurs et des femmes est une réalité dérangeante. La violence sexuelle est un traumatisme interpersonnel, c'est-à-dire déterminée par l'action destructive d'un être humain sur l'un de ses semblables. Il s'agit donc d'un traumatisme avec des conséquences sur le long terme, puisque les blessures qu'il provoque ne concernent pas seulement l'individu en lui-même, l'estime de soi, son sens de l'intégrité personnelle, mais aussi des valeurs fondamentales pour le vivre ensemble, comme la confiance dans les bonnes intentions d'autrui et l'esprit de coopération entre les êtres humains, sans laquelle une société ne peut se construire. C'est pour cela que le secret, la négation, la minimisation et la normalisation sont souvent des éléments qui se retrouvent chez les agresseurs, les victimes et les témoins (De Zulueta, 2009).

C'est également pour cela, et ce au moins jusqu'à la fin des années 1980, que l'on parle peu de délits sexuels : le délit sexuel est perçu par le public comme le fait de quelques « maniaques » qu'il faut jeter en prison et oublier. Le critère de définition de « violence sexuelle » est restrictif : en Italie, jusqu'en 1996, la législation faisait la distinction entre « viol » et « acte de violence sexuelle » (considérés comme moins graves et impliquant donc une peine moins importante). Les délits à caractère sexuel étaient cependant « des délits portant atteinte à la morale publique et aux bonnes mœurs », distingués ensuite entre « délits à l'encontre de la liberté sexuelle » et « offenses à la pudeur et à l'honneur sexuel ». L'inceste[58] et la violence sexuelle étaient deux cas distincts et même si la victime était mineure, jusqu'en 1981, le « mariage réparateur » annulait le délit (art.544 c.p.).

Pourtant, au cours des deux dernières décennies et grâce à une meilleure sensibilisation vis-à-vis des droits des femmes et des enfants, les notions de délit ont commencé à émerger. Les dénonciations ont augmenté, c'est un sujet dont on a parlé davantage, on a eu alors la sensation que ce danger était là, qu'il était beaucoup plus présent que ce que l'on croyait avant, et que l'on devait faire *quelque chose*. Ce quelque *chose* est principalement une plus grande attention portée aux victimes, qui sont enfin écoutées et crues, et un durcissement des peines pour les auteurs, ce qui provoque une augmentation de la population détenue pour ce type de délits, étant donnée la présence de sujets non repris de justice et n'appartenant pas à une partie de la population socialement défavorisée. C'est précisément ce qui s'est produit en Italie avec la loi 266/96, faisant du délit sexuel un « délit interpersonnel ».

---

[58] Encore aujourd'hui dans la législation italienne l'inceste n'est pas puni s'il advient entre des sujets majeurs – par exemple entre un père et sa fille de dix-huit ans – à moins que cela ne soit source de « scandale public » (art.564 c.p.)

L'évolution de la législation, qui constitue pourtant un grand pas en avant par rapport au passé, n'a malheureusement pas eu pour effet de faire diminuer les délits, lesquels, dans la perception du grand public, continuent même à augmenter, notamment parce que l'on en parle toujours davantage. On cherche alors des boucs émissaires soulageant l'angoisse d'une société qui se sent en danger, on invoque des mesures exceptionnelles et plus répressives : c'est alors que l'on crie à corps perdu pour la castration de celui qui se rend coupable de ces délits ou pour un nouveau durcissement des peines.

Un troisième temps (qui se superpose au précédent, toujours présent dans certains milieux et à l'occasion de faits particulièrement médiatisés), c'est celui de l'étude de mesures de prévention efficaces. Depuis la fin du siècle dernier, il y a eu un développement progressif de la recherche et des études cliniques relatives à l'agression sexuelle, à son étiologie et à son traitement, qui ont conduit à la naissance et à la diffusion de programmes de traitement, d'abord au Canada et aux Etats-Unis, puis également dans de nombreux pays européens, dans le but de prévenir la récidive des auteurs de délits sexuels soit pendant leur période de détention soit en milieu hors-carcéral, comme mesure alternative à la détention ou comme poursuite d'un programme commencé pendant la détention elle-même.

Rien de tout cela n'a été mis en place en Italie où la situation est particulièrement schizophrénique : d'un côté, le cri d'alarme de la société grandit de plus en plus face aux violences sexuelles et aux abus sur mineurs, de l'autre, notre législation ne prévoit a*ucune intervention* sur l'auteur de délit sexuel en dehors de l'incarcération, avec l'une des durées les plus longues au monde (un minimum de 5 ans, jusqu'à 12 ans et plus). Et ce, bien que l'Italie ait adhéré à la Convention de Lanzarote avec la Loi 172/2012, qui prévoit des interventions de traitement pour les auteurs de délits sexuels sur mineurs[59].

La sous-culture carcérale – mais pas seulement – impose en outre que ces auteurs de délits soient séparés des détenus dits « communs » et qu'ils soient enfermés avec d'autres sujets à risques (comprenez « infâmes »), comme le

---

[59] Il y a, en effet, une différence minime mais significative entre le texte de la Convention et celui de la loi 172/2012.
La Convention de Lanzarote, art.15, prescrit : « Chacun des pays adhérents prévoit ou promeut, conformément à son droit interne, des programmes ou mesures d'intervention efficaces pour [les auteurs de délits sexuels contre mineurs], en vue de prévenir et de minimiser les risques de réitération d'infractions à caractère sexuel [...]. Ces programmes ou mesures *doivent* [nous le soulignons ici] être accessibles à tout moment de la procédure, en milieu carcéral et en dehors, selon les conditions définies par le droit interne. »
Le texte de la loi 172 art. 13bis est, en revanche, le suivant : « [les auteurs de délits sexuels contre mineurs] *peuvent* se soumettre à un traitement psychologique visant à soutenir et aider à la réhabilitation ».

sont les collaborateurs de la justice ou d'ex-forces de l'ordre. Le résultat est qu'en Italie le délinquant sexuel reste en prison plus longtemps en moyenne que dans d'autres pays. Non seulement il ne reçoit pas de traitement spécifique, mais il ne lui est pas non plus permis d'accéder à une quelconque activité, enseignement, formation ou travail, qui constituent pourtant le meilleur antidote contre la récidive criminelle en général. C'est un *détenu hiberné* (une expression idoine d'Yves Depaw, citée par Giulini, Vassali et Di Mauro, 2003) : à sa sortie de prison, il sera un danger encore plus grand pour la société. Solitude, marginalisation, manque de ressources économiques, avec le sentiment de honte et d'indignité qui en découlent, sont de puissants facteurs de risque pour le comportement criminel, sexuel ou autre (W.L. Marshall et al.2006 ; Ward et Beech, 2006). Un risque aggravé du fait qu'une fois « décongelé », l'ex-hiberné n'aura à l'extérieur aucune forme de suivi, de soutien ou de traitement pour ses problèmes restés intacts. D'une part, une incarcération stigmatisante, d'autre part une liberté totale une fois la peine purgée : un mélange fatal qui conduit à la récidive.

L'Unité de Traitement Intensif de la CR de Milan-Bollate, mise en place par le C.I.P.M. de Milan, qui déjà gérait la Présidence Criminologique Territoriale de la Commune de Milan, est l'une des rares réalités italiennes dédiées au traitement de ces sujets, et probablement l'unique qui se base sur un programme de traitement intégré et complet, en prison et au-dehors (Giulini e Xella, 2011). Le C.I.P.M. est une association du secteur privé. Depuis la fin des années 1990, elle diffuse en Italie les bonnes pratiques internationales de la justice réparatrice, mais aussi celles de la médiation sociale et pénale. Depuis 2005, l'une des activités principales de l'association est précisément le traitement, en prison et au-dehors, des auteurs de délits sexuels et des auteurs de violences interpersonnelles.

Ces dernières années, le C.I.P.M. a créé sur le territoire milanais un solide réseau impliquant le bureau de l'exécution des peines (lequel s'occupe d'auteurs de délits qui purgent leur peine par l'intermédiaire de mesures alternatives à la détention comme la mise à l'épreuve, la détention à domicile, etc.), la magistrature de surveillance, le Conseil de l'Ordre des Avocats, la Police nationale. Le but de ce réseau est de répondre autant à l'exigence de sécurité de la société qu'à la réhabilitation personnelle et sociale des auteurs de délits, de telle sorte que la peine et le traitement aillent de pair. Au cours de ces dernières années, on a vu arriver à la Protection Criminologique Territoriale des sujets qui *n'ont pas encore* eu de conduite criminelle, mais qui se sentent à risque : il s'agit là d'une opération efficace de prévention de la violence.

La réduction constante des financements, qui proviennent toujours des collectivités locales, rend malheureusement très précaire le futur de ce programme, bien qu'il soit désormais devenu un point de référence pour les administrations pénitentiaires italiennes et un centre de formation pour les opérateurs de divers instituts. La caractéristique essentielle de cette expérience a été la possibilité de construire un « espace » de traitement, c'est-à-dire un ensemble de lieux, personnes, institutions et programmes d'intervention qui, tous ensemble, constituent l'univers de traitement (Giulini et Scotti, 2014), dès le moment de l'incarcération auprès de la prison de Milan-Bollate.

La prison de Bollate, en effet, est un institut idéal pour la mise en place de traitements. Il n'y a pas de problème de surpopulation, les détenus peuvent bénéficier de cellules simples ou doubles, il existe de nombreuses possibilités de formations scolaires ou de travail, il y a également des liens solides avec les institutions externes pour des solutions d'hébergements futurs ou pour l'insertion en milieu professionnel. De ce fait les détenus qui sortent de cette prison présentent un taux de récidive de 17% contre les 60 à 70% des autres instituts pénitentiaires (données de l'ISTAT, l'Institut Supérieur de Statistique).

La structure particulière du projet de détention et de réhabilitation de Milan-Bollate a permis la création d'une Unité de Traitement Intensif pour les auteurs de délits sexuels (environ 20-25 à la fois), séparée des autres sections. Ici, la présence des opérateurs de la C.I.P.M. est garantie pour toute la semaine, donc la motivation au changement est très forte et nous est souvent confirmée. Le type de traitement s'inspire du respect et de la compréhension, mais sans jamais oublier la nécessité, pour les détenus, de la prise de conscience de leur propre responsabilité.

La législation italienne ne prévoyant pas l'intégration de programmes de traitement pour les auteurs de délits sexuels, l'adhésion intervient sur la base du volontariat, mais les détenus s'engagent, en signant un contrat, à respecter les règles de l'Unité et à en suivre le programme. La teneur est cognitivo-comportementale, sur le modèle des programmes canadiens et s'y sont ajoutés aussi récemment quelques interventions s'inspirant du *Good Lives Model*, dont on rappellera les principes dans le paragraphe suivant.

Le Good Lives Model

Comme on l'a évoqué précédemment, les premiers programmes de traitement pour les auteurs de délits sexuels sont nés au milieu des années 90 au Canada et aux Etats-Unis. De la même manière qu'aujourd'hui en Europe, l'opinion publique (et la politique, qui souvent en suit les humeurs), a peiné à accepter qu'une institution publique engage des moyens financiers dans le traitement de sujets universellement perçus comme pervers et incurables, bien qu'on accorde une certaine probabilité pour que de tels traitements parviennent au but pour lequel ils ont été créés. C'est pour cela que, très vite, la recherche sur l'efficacité de tels traitements s'est développée. Andrews et Bonta ont énoncé, déjà en 1990 (Andrews, Bonta et Hoge, 1990), le principe de *Risk-Need-Responsivity* (RNR), qui sera réélaboré en recherche et études successives (Bonta 1996 ; Andrews, Bonta, 2003, 2006). Selon ce principe, les programmes de prévention de la récidive, pour être efficaces, doivent être différenciés selon :

- Le risque : chaque auteur d'infraction doit recevoir un traitement dont l'intensité sera proportionnelle au risque individuel de commettre de nouveau une infraction ;
- Les besoins : les facteurs, ou besoins criminogènes, doivent être déterminés clairement et le traitement doit être centré sur ces points.
- La réceptivité : la possibilité d'apprendre par le traitement sera augmentée grâce à l'utilisation de programmes structurels de type cognitivo-comportemental, qui se sont montrés les plus efficaces, proportionnellement à la motivation, aux capacités et aux ressources des sujets.

En d'autres termes, le principe RNR conseille d'employer de la meilleure manière possible les ressources disponibles, en les adressant surtout aux personnes à haut risque de récidive, en se concentrant sur les facteurs personnels qui déterminent ce risque, en utilisant des stratégies de traitement à l'efficacité prouvée et en tenant compte des différences individuelles. Pour que ce principe ait un sens, il faut donc avoir identifié :

- quels sont les facteurs effectivement liés à la récidive
- en quoi tel sujet présente ce type de facteurs.

Jusqu'au milieu des années 1990, le risque de récidive des auteurs de délits sexuels était évalué sur la base de l'analyse clinique non structurée. Il n'existait pas encore d'outils valables, cette évaluation s'appuyait uniquement sur l'expérience clinique et le bon sens. Ce qui a eu, dans un premier temps, un niveau de certitude à peine supérieur au pur hasard (Hansone Bussière, 1998).

Dans un second temps, les chercheurs se sont davantage intéressés aux « outils de réalisation » qui utilisent des facteurs de risque mesurés de manière empirique, tirés de l'histoire personnelle et criminelle du sujet : les exemples les plus connus sont *Minnesota Sex Offender Screening Tool* (MnSOST, Epperson, Kaul et Hesselton, 1998), *Sexual Violence Risk-20* (Boer *et al.*, 1997), *Rapid Risk Assessmen for Sex Offenders Recidivism* (RRASOR, Hanson, 1997) et STATIC-99 (Hanson et Thornton, 1999), *Sex Offenders Risk Appraisal Guide* (SORAG, Quinsey *et al.* 2006). Ces derniers, souvent diffusés au niveau international, se basent largement sur le travail déjà cité de Hanson et Bussière (1998), qui identifie 70 facteurs en corrélation significative avec la récidive de l'infraction[60]. La STATIC-99R (de même que la STATIC-2002R) possède un bon indice de prédictibilité (ROC =.77), mais comporte le défaut d'être, précisément, statique, c'est-à-dire de ne donner aucune indication clinique sur la manière de gérer le risque : en se basant sur l'histoire passée du sujet, on ne peut que prendre acte de sa plus ou moins grande dangerosité.

Pour cette raison, les prédicteurs *dynamiques* sont devenus la troisième génération d'outils d'évaluation du risque: on entend par ce terme des caractéristiques de personnalité relativement stables, mais susceptibles de traitement et donc de changement. D'après le principe du risque, on a retenu nécessaire d'orienter les efforts précisément sur ces facteurs pour obtenir des résultats positifs. Du travail de Harris et Hanson (Hanson *et al.*, 2007) sont nées les échelles STABLE-2000 e STABLE-2007. Le but est de fournir aux opérateurs un guide semi-structuré qui vise à définir un profil personnel du risque pour chaque sujet. Il serait pourtant réducteur de juger « STABLE » seulement comme un outil d'évaluation en négatif : en réalité, certains éléments qui apparaissent à ce point, laissent présager la transition vers une nouvelle conception de l'évaluation du risque, puisque l'on parle déjà de facteurs *de protection* comme un travail stable, un bon réseau social et une stabilité affective ; on met en évidence la nécessité d'un plan de traitement individualisé à partir du type de risque présenté (Hanson, Gordon, Harris, *et al.* 2002). Cependant, les facteurs de risques sont encore le principal objectif du traitement, avec pour but celui d'*éviter la récidive.* Le programme de traitement privilégié est, par conséquent, le programme cognitif-comportemental de prévention de la récidive (*Relapse Prevention,* RP), qui en effet, est recommandé dans le modèle RNR.

C'est au milieu des années 2000, que l'on commence à voir apparaître dans les programmes de traitement une nouvelle méthode, le *Good Lives Model* (on verra plus loin la raison de cette dénomination) qui trouve un défaut de fond dans le modèle RNR et dans les programmes RP, expliquant les fréquents abandons et les résultats non satisfaisants rencontrés par certaines recherches (Marques *et al.*, 2005). Le modèle RNR met en effet l'accent sur la prévention de la récidive et sur les facteurs criminogènes : il s'agit donc d'un modèle fondé sur l'*évitement* d'un certain résultat, et non sur un *objectif* à atteindre.

---

[60] Et qui réserve quelques surprises : par exemple, le fait de ne montrer aucune empathie pour les victimes, ou le fait d'avoir subi un abus sexuel durant l'enfance, ou d'avoir une basse opinion de soi-même, n'est pas en corrélation avec un risque majeur de récidive. Une autre découverte importante a montré qu'aucun de ces facteurs, seul, n'avait une corrélation suffisante avec une telle probabilité, et qu'il était en revanche nécessaire de les combiner entre eux

Cela contredit ce que nous savons de la psychologie générale sur le fonctionnement d'un être humain : se concentrer sur un objectif positif pour *obtenir* quelque chose auquel nous tenons est beaucoup plus motivant, même dans un contexte de travail, que de se concentrer sur quelque chose à éviter. Pour donner un exemple concret, il est très improbable de parvenir à arrêter de fumer en se focalisant sur les conséquences néfastes du tabac (et ce, malgré les nombreuses campagnes dissuasives mettant en avant d'affreuses photographies sur les paquets de cigarettes). En revanche, on a en davantage de probabilité d'y parvenir si l'on se concentre sur le futur plaisir de mieux respirer, de courir sans être essoufflé, d'avoir des vêtements et une atmosphère plus agréablement parfumés, de dîner dans un bon restaurant même s'il n'y a pas de salle fumeurs, etc.

La *motivation* et l'alliance avec les opérateurs sur la base d'un objectif partagé (Miller et Rollnick, 2002) ont commencé à avoir une plus grande importance dans la réflexion théorique et dans la pratique clinique. Le *Good Lives Model* (GLM) intègre précisément ces considérations (Ward & Beech, 2006; Ward & Gannon, 2006)[61]. Ses principes de base peuvent être résumés ainsi :

- Les auteurs de délits sexuels ne sont pas différents des autres êtres humains. Leur comportement déviant est le résultat d'un ensemble de facteur qui interagissent, de nature neurobiologique, environnementale, familiale et qui ont facilité le choix déviant.
- Parmi ces facteurs, l'on trouve les *facteurs de risque* individuels, mais aussi les *objectifs* personnels qui vont former l'idée que chacun d'entre eux a d'une vie *satisfaisante et heureuse.* On le voit, ces objectifs ne sont pas différents de ceux des autres êtres humains, comme par exemple : des relations satisfaisantes avec les autres, une indépendance économique, le bonheur, le sentiment de compétence au travail, la liberté de choisir son propre destin. Ce qui est différent, et inacceptable, ce sont les *moyens* qu'ils ont utilisés pour rejoindre ces objectifs.

Les principaux objectifs, ou besoins primaires, identifiés par les auteurs sont : la vie (l'habitation, les moyens de subsistance, la santé, le bien-être), les relations, la connaissance, l'indépendance et les choix personnels, la compétence (se sentir capable dans ce que l'on fait), la communauté (se sentir appartenant à un groupe), la sérénité mentale, le bonheur et le plaisir, la spiritualité (donner un sens à sa vie), la créativité.

[61] Pour une description du GLM, cf. dans cet ouvrage : Corneille, S: *PACI-O: Etablir un plan de vie via le Good Lives Model.*

Essayons d'illustrer ces concepts avec un exemple clinique. Monsieur B. a vécu dans un contexte de négligence et a subi pendant son enfance un abus sexuel de la part d'un proche adulte. L'abus subi a conditionné son développement et a nourri ses convictions – fonctionnelles, dans cette période-là, à la survie (Herman, 1992 ; De Zulueta, 2009) c'est-à-dire qu'il n'y avait rien de mal à faire l'amour avec des enfants. Sa sexualisation précoce a déterminé une production hors-norme d'hormones, qui provoquera une interférence avec son système de motivation, donnant au bonheur, obtenu par le sexe, une position dominante dans les objectifs à atteindre. En revanche, son système environnemental et familial ne lui a pas apporté de soutien, son éventuel appel à l'aide n'a pas été entendu ou cru, il n'a pas développé de capacités sociales suffisantes en tant qu'adulte et il a appris à se masturber pour trouver un soulagement à sa tension et obtenir une sérénité mentale. Ses compétences sociales sont restées déficientes à cause d'un sentiment de honte et de différence par rapport aux autres, et pour cette raison, quand il sentira le besoin de proximité et de contact (les relations), il cherchera à les obtenir d'une victime enfant.

Dans son cas, une approche basée exclusivement sur l'*évitement* du risque est probablement vouée à l'échec. Que reste-t-il en effet à Monsieur B. s'il renonce à l'unique système qu'il connaît pour satisfaire ses objectifs principaux, qui est d'être en relation d'affection avec une autre personne, éprouver du plaisir et du bonheur à le faire et être calme ? Ou mieux, s'il *n'a même pas l'idée* d'être en train de chercher quelque chose de normal et qu'il y ait d'autres moyens pour l'avoir ? Quelle motivation pourrait-il avoir à corriger ses distorsions cognitives sur la sexualité infantile si la perspective de faire cela serait de rester seul pour toute la vie ? Mieux vaut la prison ! La restauration des auteurs de délits sexuels, selon ce modèle, doit donc avoir deux objectifs : réduire et gérer les facteurs criminogènes, et aider le sujet à développer les capacités, les connaissances et les ressources nécessaires pour avoir une vie satisfaisante d'un point de vue social. Se centrer uniquement sur la réduction du risque peut porter à une alliance précaire, tandis que se centrer uniquement sur une vie satisfaisante peut faciliter la collusion avec les aspects criminels et manipulateurs (Willis, Prescott, & Yates, 2015).

Intégrer ces deux aspects n'est pas simple: en effet, les premières tentatives d'établissement du GLM dans les programmes de traitement déjà existants (Willis, Prescott, & Yates, 2013a) et en l'absence de programmes de formation spécifiques ou de manuels théorico-pratiques, ont consisté à adopter les principes du GLM, sans nécessairement modifier les préceptes de base du programme: un style de conduite plus "humain", par exemple, ou une attention plus spécifique sur les objectifs généraux de la vie, mais sans une évaluation préliminaire de la signification de ces objectifs pour chaque client.

Pour cette raison, à partir de la fin des années 2000, quelques auteurs ont cherché à rendre possible une meilleure intégration du GLM au modèle RNR, dont l'efficacité a été amplement soulignée (Hanson *et al.*, 2002, Lösel & Schmucker, 2005; Marshall, 2005). La dénomination initiale *primary goods* (les besoins primaires) a été reformulée en *common life goals*, avec pour but de rendre le concept "d'objectifs communs à tous les êtres humains" plus immédiatement exploitable pour les opérateurs et les clients (Willis et al., 2015; Willis, Yates, Gannon, & Ward, 2013b).

Désormais, les traitements peuvent donc utiliser pleinement les atouts de toutes les approches qui ont démontré avoir une bonne efficacité sur la réduction du risque de récidive et sur la construction de nouvelles opportunités de réhabilitation, dans l'optique d'une vraie justice réparatrice (Coco & Corneille, n.d.). Ceci est précisément ce que nous avons souhaité réaliser avec la version italienne du programme PETRAAS, mise en place au sein du nouveau complexe de la prison de Rebibbia, à Rome.

3. Le programme UTI (Unité de Traitement Intensif) – Rebibbia

En novembre 2013, le C.I.P.M., avec d'autres partenaires italiens (le Bureau du garant des droits des détenus de la Région du Lazio, l'inspection de l'administration pénitentiaire du Lazio et de la Lombardie, le Centre national de contraste de Pédopornographie Online de la Police nationale, et le programme *Save the Children* italien) a obtenu un financement de la Communauté européenne dans le but de mettre en place un programme d'évaluation, de traitement et de recherche sur les auteurs de délits sexuels, en développant aussi des moyens informatiques. Ce financement a également permis à l'association d'établir un programme de traitement au sein du nouveau complexe de la prison de Rome, un institut pénitentiaire qui n'avait jusque-là jamais bénéficié de ressources semblables.

Tandis que l'expérience pluriannuelle de Bollate avait pu avoir lieu, comme nous l'avons évoqué, dans un contexte pénitentiaire idéal pour la mise en place de traitements, avec une structure particulièrement ouverte et moderne, sans problème de surpopulation, l'institut romain de Rebibbia a été un « terrain » expérimental, où il a été difficile de mettre en œuvre certaines conditions préalables qui, à Milan, avait été données pour acquises comme, par exemple, la possibilité d'utiliser une section de la prison exclusivement dédiée au traitement et occupée seulement par les détenus qui y prennent part. Cela a rendu le travail plus complexe, mais nous a aussi donné la possibilité de confirmer la force méthodologique de ce type de traitement.

Les opérateurs, le personnel de la prison et les détenus eux-mêmes se sont trouvés impliqués dans un parcours aux caractéristiques fortement innovatrices, dans un effort commun de collaboration qui a permis de tirer parti au mieux de la situation existante. Rebibbia est un institut qui n'est pas particulièrement défavorisé, mais qui se trouve en situation certaine de surpopulation, avec des structures désormais obsolètes. Ceci étant, la direction a favorisé la mise en place d'un certain nombre d'activités pour les détenus, parmi lesquelles l'enseignement, la formation au travail, le théâtre, le cinéma de qualité : le film *César doit mourir* joué par des acteurs détenus à Rebibbia et mis en scène par Paolo et Vittorio Taviani, a gagné l'Ours d'or au Festival de Berlin en 2012. Le programme de traitement a donc été accueilli très favorablement.

Pour les opérateurs, il s'agissait d'un double défi : en premier lieu, les détenus participants ne pouvaient pas bénéficier d'un espace dédié à leur traitement, protégé des interférences externes. La possibilité qu'ils puissent partager leurs histoires personnelles, sans parler de leur délit, et à l'intérieur d'un groupe, risquait d'être un objectif irréalisable à cause des craintes de diffusion d'informations et de violations de leurs secrets.

En outre, les opérateurs ne pouvaient accéder à la prison que deux fois par semaine : il manquait donc ce caractère de « communauté thérapeutique » qui avait permis à Bollate de construire un espace de traitement efficace. De plus, les opérateurs de Bollate avaient une longue expérience de travail derrière eux, tandis que le groupe des opérateurs romains était composé de psychologues et de psychothérapeutes experts dans la tenue de thérapies individuelles, thérapies de groupes, mais pas avec des auteurs de délits. Leurs orientations méthodologiques étaient diverses : cognitivo-comportementales, systématiques, psychanalytiques, transactionnelles. Il était donc nécessaire de leur offrir une formation spécifique et quelques lignes directrices claires à suivre.

Toutes ces conditions mènent à choisir comme référence un programme déjà expérimenté dans un autre contexte, certes bien plus favorable, qui avait eu le mérite d'être structuré selon une série de manuels, comme tous les programmes classiques RNR, mais qui avait assimilé dans le même temps les concepts clés du GLM : nous nous sommes intéressés au programme de recherche et de traitement pour des auteurs de délits sexuels, PETRAAS, mis en œuvre au sein de la prison de Rocher Percé au Québec. Une collaboration pluriannuelle, devenue par la suite une belle amitié personnelle avec André McKibben, nous a permis de visiter la prison de Percé et d'assister aux groupes de traitement. Avec une grande générosité, André PcKibben a mis à notre disposition du matériel et nous a offert sa propre supervision ainsi que celle de ses collaborateurs ; le matériel a été traduit et adapté au contexte italien. Nous avons pu ainsi :

- Offrir aux détenus un programme centré sur les objectifs et non sur le délit, propre à établir tout de suite une bonne alliance avec les opérateurs et à limiter les craintes de "fuites d'information"
- Offrir aux opérateurs un point de référence théorico-pratique qui puisse les accompagner pour toute la durée du programme.

La structure du programme et phases d'intervention

Structure du programme

De la même manière qu'à Rocher-Percé, et comme cela est prévu dans les interventions inspirées du GLM, le programme procède par phases. Un résumé est exposé dans la figure.

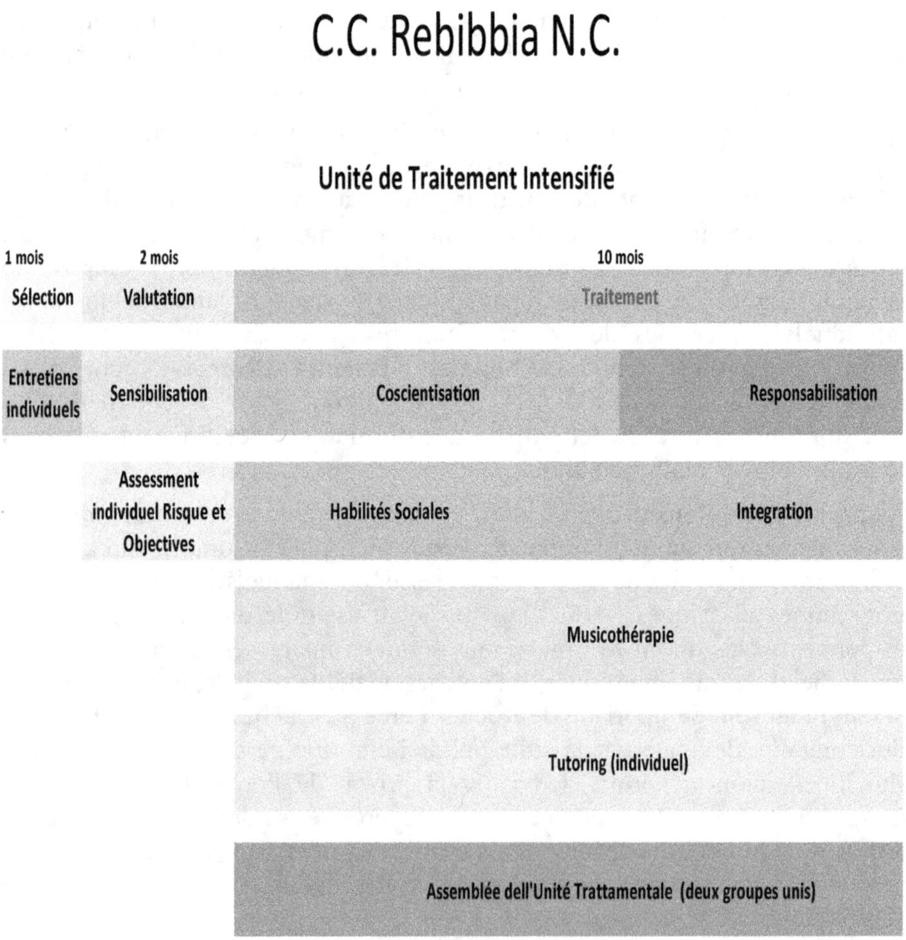

FIGURE 41 : LA STRUCTURE DU PROGRAMME UTI – REBIBBIA

La sélection

Comme on l'a évoqué, les participants choisissent de leur propre volonté de participer au traitement. Ce qui les attire peut être une motivation purement extrinsèque, c'est-à-dire l'espoir d'obtenir des avantages, en terme de mesures alternatives à la détention, grâce à la participation au programme, ou bien un véritable désir de mieux comprendre ce qui leur est arrivé et d'éviter que cela ne se reproduise. Un mélange des deux, en pourcentage variable, est le cas le plus commun. La sélection exclut les détenus qui nient totalement leur délit : il est nécessaire qu'il y ait une reconnaissance minime des faits pour lesquels le détenu a été condamné, même si la responsabilité de tels actes est, en tout ou partie, attribuée à la victime. En réalité, le GLM permettrait aussi de traiter ce type de détenus en limitant l'intervention au projet de vie et en stimulant la réflexion sur ce qui pourrait ne pas avoir fonctionné au point de les conduire en prison, mais leur présence au sein d'un groupe de personnes qui sont en revanche disposées à travailler sur leur propre délit, risquerait de provoquer des problèmes trop importants. Nous avons donc choisi, au moins pour le moment, de les exclure du programme.

Dans un premier temps, la grille d'évaluation de la négation et de la minimisation de McKibben *et al.* (Mckibben, Aubut e Dassylva, 1994) a été un outil très utile : elle est remplie suite à la première entrevue. Durant cette séance, on explore aussi la disponibilité à entreprendre un traitement, avec le *Corrections Victoria Treatment Readiness Questionnaire, Sex Offenders Version* (Casey et al, 2007). Après cette phase de sélection, les groupes de traitement sont formés, chacun étant composé de 10-12 personnes. On peut éventuellement prévoir la présence de deux participants en plus si pour certains d'entre eux la motivation apparait trop faible et que l'on pressent qu'ils n'accéderaient pas au traitement en tant que tel, qui débute après l'étape successive, celle de la sensibilisation.

La phase d'évaluation. Evaluation individuelle et groupe de sensibilisation

La phase d'évaluation a une importance capitale, car c'est à ce point que l'on définit le profil de chaque participant, en ce qui concerne les facteurs de risques et ses objectifs personnels. Au niveau individuel, le participant est accompagné par un intervenant-tuteur qui le guidera dans toutes les phases du traitement. On utilise comme outil pour cette entrevue semi-structurée les programmes STATIC-99R, STABLE et le profil personnel des objectifs. Ce dernier aspect est également abordé en groupe, à l'aide d'exercices que les participants effectuent pendant les séances et d'une séance à l'autre. Pour le moment, les rencontres de groupe ont lieu une fois par semaine (Fig.1). Sur la Fig.2 on présente deux exemples, inspirés du travail de Prescott et Yates (2011) et que nous avons intégrés dans le programme canadien.

Objective de vie	Importante pour moi dans le passé	Importante pour moi au présent
Vie	□ Oui □ Non □ Je ne sais pas	□ Oui □ Non □ Je ne sais pas
Savoir	□ Oui □ Non □ Je ne sais pas	□ Oui □ Non □ Je ne sais pas
Accomplissement	□ Oui □ Non □ Je ne sais pas	□ Oui □ Non □ Je ne sais pas
Autonomie	□ Oui □ Non □ Je ne sais pas	□ Oui □ Non □ Je ne sais pas
Equilibre émotionnel	□ Oui □ Non □ Je ne sais pas	□ Oui □ Non □ Je ne sais pas
Relations	□ Oui □ Non □ Je ne sais pas	□ Oui □ Non □ Je ne sais pas
Communauté	□ Oui □ Non □ Je ne sais pas	□ Oui □ Non □ Je ne sais pas
Spiritualité	□ Oui □ Non □ Je ne sais pas	□ Oui □ Non □ Je ne sais pas
Bonheur	□ Oui □ Non □ Je ne sais pas	□ Oui □ Non □ Je ne sais pas
Creativité	□ Oui □ Non □ Je ne sais pas	□ Oui □ Non □ Je ne sais pas

Objective de vie	Pour rejoindre cet objective, j'ai…
Vie	**1.** **2.** **3.**
Savoir	**1.** **2.** **3.**
Accomplissement	**1.** **2.** **3.**
Autonomie	**1.** **2.** **3.**
Equilibre émotionnel	**1.** **2.** **3.**
Relations	**1.** **2.** **3.**

FIGURE 42 : GRILLE DES OBJECTIFS DE VIE PERSONNELLE GLM

Dans la phase de sensibilisation, on introduit aussi des concepts de schèmes personnels (Prescott, Young) et de distorsions cognitives, en les différenciant les uns des autres, et en encourageant les participants à penser :

- aux schèmes qui pourraient avoir joué un rôle dans leur vie et dans le délit commis
- aux distorsions cognitives qui pourraient avoir faussé leur perception de la réalité durant le délit, mais aussi à d'autres occasions de leur vie.

A la fin de cette première phase, on évalue avec les participants si le traitement peut être pour eux une perspective utile. Si la réponse est positive, les participants signent un contrat dans lequel ils s'engagent à respecter quelques règles de vivre-ensemble et de vie privée, et de faire les efforts nécessaires pour aller au terme du traitement, sans se décourager à la première difficulté.

La phase de traitement

A ce point, l'intensité du traitement augmente. Les rencontres ont lieu deux fois par semaines et sont structurées autour de thèmes spécifiques (les modules). En plus, il est prévu une rencontre dédiée à des activités d'expression (dans notre cas, la musicothérapie), tandis qu'une fois par mois – dans le cas où l'on forme deux ou plusieurs groupes de détenus – on organise une rencontre entre tous les groupes, que l'on appelle l'assemblée de l'UTI, conduite par le coordinateur du programme et par l'un des opérateurs, et au cours de laquelle on discute des questions amenées par les participants. Chaque module (correspondant aux différentes couleurs de la Fig.1) aborde un élément spécifique des programmes classiques RNR, décliné selon le style et les objectifs du GLM.

Les modules d'intervention

Module Prise de conscience

A travers ce module, on commence véritablement le traitement. Le module se focalise sur deux noyaux principaux :

- La reconstruction de l'histoire personnelle
- La restructuration émotionnelle et cognitive

La reconstruction de l'expérience de vie de chacun intervient par étapes successives : on demande au participant de se concentrer sur les principales expériences de son enfance, de son adolescence et de l'âge adulte, sans pour le moment le partager avec les autres participants.

On entend par là les épisodes que le participant juge importants, mais aussi les modalités habituelles de relation avec les figures de références (parents, frères et sœurs, enseignants, amis, etc.), en gardant toujours à l'esprit comme toile de fond son projet de bonne vie passée, présente et future qu'il a commencé à structurer avec son tuteur, comme on l'a vu plus haut. Vers le milieu du module, on commence le partage avec les autres participants. Chacun à son tour, les participants racontent leur histoire tandis que les autres, avec l'aide de l'intervenant, l'aident à distinguer ses points forts, ses points faibles et les éléments essentiels de son projet de vie.

Ce moment de partage a d'ordinaire comme effet de consolider les liens au sein du groupe, de gommer les rivalités, en favorisant un processus d'identification et d'empathie avec l'autre, mais aussi et surtout vis-à-vis d'une partie de soi-même véritablement fragile et blessée qui d'habitude est toujours tenue cachée. Tandis que les auteurs de délits sexuels sont en effet très habiles à instrumentaliser leur rôle de « victime » d'un système injuste, quand il ne s'agit pas parfois d'un véritable complot, leur vie d' « avant » est au contraire souvent idéalisée, de même que les figures parentales. Les questions de l'intervenant et celles des autres participants ont pour but de faire s'exprimer la vraie souffrance, enfouie sous des années de négation et de minimisation pour les victimes extérieures.

En ce qui concerne la restructuration émotive et cognitive, on utilise un instrument classique de la thérapie cognitivo-comportementale, l'ABCdaire du comportement, dans toutes ces composantes (les pensées, les émotions, les sentiments, les fantasmes, les comportements) que les participants doivent lister de leur côté pendant la semaine) par rapport à des événements de la vie quotidienne en prison. On enseigne aux participants des techniques de réduction de l'intensité émotionnelle, à mettre en pratique dans les situations stressantes du quotidien en milieu carcéral, en observant et en guidant l'effet qu'elles ont, afin de modifier leurs pensées et leurs émotions relatives à une situation choisie. Les habiletés sociales, issues d'un autre module, mais qui sont pratiquée de manière contemporaine, jouent là un rôle très important

Module Entraînement aux habiletés sociales

Ce module se déroule en parallèle de celui de la prise de conscience. Son objectif est d'améliorer les compétences relationnelles, afin de créer des présupposés pour une vie plus satisfaisante au milieu de ses pairs, en lien avec le GLM, qui définit justement dans l'absence ou la carence de telles compétences l'un des facteurs de risque qui sont dans le même temps des obstacles à la réalisation du propre projet de vie.

Les éléments principaux sont : La communication en confiance, l'écoute, l'expression de ses sentiments, la résolution pacifique des conflits. La technique principalement utilisée est celle du *role playing.* Là aussi, les participants sont invités à pratiquer la compétence dont on a discuté durant la séance dans leur vie quotidienne, et de remplir une grille d'évaluation relative à l'efficacité de leur propre comportement.

Module Responsabilisation : Ce module se déroule de manière séquentielle avec celui de la prise de conscience, et suit la même logique : le délit est la conséquence d'un ensemble de facteurs – prédisposants, facilitants, précipitants et de maintien – qui sont le fruit d'une histoire de vie. C'est là le fruit d'expériences négatives dont on a pu, peut-être, être victimes, mais c'est aussi de mauvais choix, des erreurs, des signaux ignorés, des propositions non maintenues… en bref, un projet de vie qui n'a pas fonctionné et qui a conduit à ne pas éviter, ou à chercher activement, les occasions de blesser irrémédiablement d'autres personnes et, en dernier lieu, soi-même.

Le récit du délit, que chaque participant partage comme il l'a fait avec sa propre histoire, n'a donc pas pour but d'aller vers une confession pleine et entière, et ne recherche pas la parfaite correspondance entre le récit du participant et qui apparaît dans son jugement. On demande cependant que la personne assume la responsabilité de ses actions, ce qui est possible justement en insérant ces actions dans une histoire qui ait un sens. Le chemin vers le délit prend dont en compte toutes les étapes décrites dans le modèle d'autorégulation (Yates, 2013; Yates & Ward, 2006; Yates, Prescott, & Ward, 2010)Yates, Prescott e Ward 2010 : Facteurs prédisposants > Evénement de vie > Désir de commettre le délit > Objectifs liés au délit > Planification > Situation à haut risque > Chute > Délit sexuel > Evaluation post-délit > Intentions futures. Dans ce cas également, le travail est partagé : les participants sont invités à poser des questions qui doivent avoir pour but d'aider l'autre à comprendre ou faire comprendre ce qui s'est passé et pourquoi. La méthode est collaborative et non dans la confrontation.

Module Intégration : Ce module a pour but de réunir tous ces concepts et les compétences apprises durant l'année de traitement et de les utiliser pour améliorer et rendre plus efficaces son propre projet de vie et sa propre stratégie de gestion des situations à risque. A ce point, le participant devrait avoir suffisamment à l'esprit ses propres facteurs de risque et le lien qui existe entre de tels facteurs, ses objectifs de vie et les objectifs liés au délit. Un cas clinique illustrera au mieux ce parcours d'histoire de vie, de la reconstruction du délit à l'élaboration de plans.

Illustration de l'intervention à travers un cas clinique

Présentation du cas clinique

Gennaro a 41 ans et purge une peine de 9 ans de prison pour des violences sexuelles sur un enfant de 8 ans. Il vient d'un petit village des alentours de Rome et d'une famille chaotique et peu affectueuse : 8 frères et sœurs, dont il est le plus petit, un père alcoolique et violent envers sa femme et ses enfants, qui souvent perd son travail à cause de l'alcool, la mère cherche à maintenir la famille en faisant des heures de ménage. La famille est très pauvre, Gennaro est marginalisé par ses camarades du même âge pour cette raison d'une part, et parce qu'il est le fils d'un ivrogne. Sa mère lui dit souvent qu'il sera pour elle « le bâton de la vieillesse », mais elle n'a ni le temps ni l'énergie pour s'occuper de lui et de ses autres enfants. Dans un typique schème d'attachement inversé, c'est lui qui s'occupe de sa mère et de son père. À 8 ans, Gennaro subit une violence sexuelle de la part d'un voisin du quartier, mais il ne raconte rien à personne. À 12 ans, l'un de ses grands frères rentre à la maison, drogué, le rejoint dans son lit et abuse de lui. De cela aussi, Gennaro n'en parle à personne.

Il quitte tôt l'école, parce que sa famille a besoin d'argent. Son rêve est de quitter le village, de se marier et de trouver un travail honnête pour subvenir aux besoins d'une famille qui devra être différente de la sienne. L'unique endroit où il se sent bien est l'oratoire du village, tenu par un prêtre qui est l'un de ses points de repère et qui l'introduit dans le monde du volontariat. Gennaro participe à beaucoup d'activités, il accompagne souvent des malades à Lourdes. Il se fait aussi quelques amis, mais avec les femmes, il est très timide.

À 29 ans, Gennaro rencontre sa future femme. C'est sa première relation et, avec elle, Gennaro pense pouvoir réaliser son rêve d'une famille « normale » : il quitte son village, il se marie, peu après, une petite fille nait, puis un garçon, Fabio. Hélas Fabio a une anoxie à la naissance mais qui, au début, ne semble pas poser de souci. Mais quand arrive l'école, il commence à avoir beaucoup de difficulté, il peine à suivre par rapport aux autres élèves. Un jour, Gennaro va le chercher à l'école et entend l'un de ses camarades le traiter d' « idiot ». Pour lui, c'est une douleur immense. Dans la même période, le père de Gennaro, qui était resté sobre plusieurs années, recommence à boire. La mère de Gennaro le quitte, soutenue par son fils. Ses frères l'accusent alors d'avoir voulu briser l'unité de la famille. La situation se précipite. Gennaro est toujours plus nerveux, toujours plus en colère, mais il ne réussit pas à se faire entendre de ses frères. En réalité, il doute toujours qu'ils aient raison... Avec sa femme, les conflits arrivent, et les rapports sexuels, que Gennaro avait toujours vus comme des moments de grande intimité et de paix, deviennent rares.

C'est alors qu'il se met à faire ce cauchemar récurrent : Gennaro rêve de l'abus dont il a été victime par son voisin de quartier. Cette pensée devient plus intrusive chaque jour, et commencent alors les fantasmes de se « libérer » de cette obsession en faisant à quelqu'un d'autre ce que lui-même a subi. Gennaro cherche à éviter la présence des enfants, mais il continue à fréquenter l'association de volontariat, où il y en a beaucoup, jusqu'à ce qu'il rencontre un enfant qui a l'âge qu'il avait lui au moment de l'abus. Cet enfant provient d'une famille difficile et il est souvent seul. Il cherche alors activement la rencontre et abuse de lui à plusieurs reprises. Il est arrêté, bien que s'étant aperçu de la présence d'une caméra de surveillance cachée dans le lieu des rencontres, mais ne s'étant pas arrêté. L'arrestation est un soulagement et il demande immédiatement un traitement.

Analyse du cas

Les facteurs de risque de Gennaro peuvent entrer dans le cadre de l'autorégulation. En effet, Gennaro est principalement inhibé, mais quand les émotions arrivent à la surface, il peine à s'arrêter. Ses capacités de *problem solving* sont aussi en carence : il ne semble pas être capable de prévoir les conséquences de ses actions par rapport à l'organisation de sa vie et surtout par rapport au délit. Dans son plan de vie originel, les relations ont une part prépondérante : Gennaro n'a investi ni sur la connaissance, ni sur le travail, et il n'était pas particulièrement intéressé d'atteindre un meilleur statut social. La spiritualité et la communauté ont une part importante. Les objectifs impliqués dans le délit sont davantage liés au contraire à la sérénité mentale, à la maîtrise et au bonheur/plaisir, et en pratique, à un contrôle sur soi et sur sa propre vie (indépendance et choix) que Gennaro a la sensation d'avoir perdu. Ce qui suit ce sont ses projets de vie et de maîtrise de lui-même que Gennaro a remplis pendant le module « intégration » et qu'il a partagés avec les autres participants :

Plan d'amélioration des sphères de vie

		Motivation profonde	Plan d'action	
	Problèmes encore présents	**Objectives**	**Ressources externes** (familiales et sociales, lieux, associations, professionnels)	**Solutions et étapes à suivre**
1	Ma femme a demandé le divorce	Serenité mentale Relations	Mes frères, mes amis Leur parler	1) Parler à mes frères quand ils viennent me rendre visite 2) Parler avec les amis que j'ai ici 3) Parler aux opérateurs
2	Je n'ai pas d'habitation et je dois dédommager la victime	Vie	Les frères	1) Dédommager la victime avec une partie de mon héritage 2) Acheter la maison des mes grands-parents 3)
3	Je ne reçois aucune lettre de mes enfants	Relations	Opérateurs	1) Faire appel à une médiation, si possible 2) 3)
4	L'association de volontariat me manque	Sérénité mentale Communauté Spiritualité	Amis de l'association	1) Maintenir les liens avec l'association 2) Faire quelque chose en prison pour les autres 3) Aller à Lourdes
5	J'ai une baisse scolarité. Il y a beaucoup de choses que je ne connais pas et cela me gêne et m'inquiète quant à mon future	Vie Connaissance	À la prison, il y a l'école et une bibliothèque	1) M'inscrire aux cours pour terminer mon parcours scolaire 2)Emprunter des livres et en parler avec les autres qui aiment ça 3)

Pour développer un mode de vie sain et ainsi me retrouver et me maintenir en équilibre, il serait souhaitable que:

Priorité 1) : Travailler, même ici en prison__________

Priorité 2) : Exprimer mes émotions __________

Priorité 3) : Prendre des espaces pour moi seul__________

Priorité 4) : Volontariat mais pas trop __________

Priorité 5) : __________

Priorité 6) : __________

<table>
<tr><th colspan="4">Plan de maitrise de soi</th></tr>
<tr><td colspan="4">Situations fragilisantes générales</td></tr>
<tr><td colspan="3">Agréables (que vous aimez vivre, mais qui vous rendent vulnérables)</td><td>Désagréables (que vous n'aimez pas vivre, et qui vous rendent vulnérables)</td></tr>
<tr><td colspan="3">Conduire à grande vitesse – Boire de l'alcool</td><td>Problèmes avec les enfants, ma femme me refuse, solitude, conflits familiaux</td></tr>
<tr><td colspan="4">Signaux d'alarme</td></tr>
<tr><td colspan="3">Internes: Malaises (Indices dans votre corps, vos émotions, vos sentiments, vos fantasmes et/ou vos comportements que vous êtes plus fragile)
Mon cœur bat la chamade, je me sens comme une main qui serre mon ventre</td><td>Externes: (Indices en provenance des autres vous avertissant que vous êtes plus fragile: paroles, commentaires, réflexions, suggestions de leur part)
Qu'est-ce qui ne va pas? Tu es en colère? Pourquoi tu ne dis rien ?</td></tr>
<tr><td colspan="4">Moyens concrets de gestion des vulnérabilités = Ressources internes (techniques, stratégies, habilités sociales, facteurs internes de protection) + Ressources externes: (famille, amis, opérateurs...)</td></tr>
<tr><td colspan="4">Respirer lentement, changer les pensées négatives, parler aux gens en qui j'ai confiance, parler aux opérateurs, utiliser les habilités sociales (écouter les autres et me faire écouter)
Dire qu'est-ce qui ne me convient pas.</td></tr>
<tr><td rowspan="2">Situations spécifiques à risque de récidive</td><td colspan="3">Signaux d'alarme spécifiques à risque de récidive (présents déjà avant le délit et qui pourraient revenir)</td></tr>
<tr><td>Pensées</td><td>Sentiments</td><td>Fantasmes</td></tr>
<tr><td>Garder tout pour soi
Ne pas demander de l'aide, vouloir faire tout seul
Envie de venger mes souffrances
Penser ou rêver des abus subis</td><td>C'est toujours à moi que ça arrive
Je suis seul
Je peux rien y faire
Ce n'est pas juste, pourquoi ca n'arrive qu'à moi?</td><td>Culpabilité
Solitude
Colère
Démission
Désir</td><td>Se voir vide et éteint
Imaginer des scènes de l'abus que j'ai subi</td></tr>
<tr><td colspan="3">Moyens concrets de PRÉVENTION visant a prévenir volontairement l'installation d'une situation à risque</td><td>Moyens concrets de PROTÉCTION visant a sortir d'une situation à risque dans laquelle on s'est placé</td></tr>
<tr><td colspan="3">Parler, se dire qu'on n'est pas seul, assumer ses responsabilités mais pas celle des autres, cesser de se plaindre, se rappeler ce qui a interrompu ma phase d'équilibre</td><td>Stop des pensées Identifier les distorsions S'en aller</td></tr>
</table>

FIGURE 43 : PLANS GLM

Gennaro doit encore faire quelques années de prison, mais il a réussi à donner un sens à son expérience carcérale. Sa reconstruction du délit a été très précise : Gennaro se considère pleinement responsable et se rend compte que, malgré son passé, il aurait pu et dû faire des choix différents. Cela lui a permis de gagner le respect et le soutien du groupe, bien que son délit soit considéré comme l'un des plus infamants.

4. Conclusion

L'expérience faite auprès de la prison de Rebibbia a été très significative et a démontré comment un programme inspiré du GLM pouvait aider à établir une alliance de travail, même dans des conditions peu favorables. Afin d'être très précis, pourtant, nous devons ajouter qu'aucun programme, pour autant qu'il soit avancé et efficace, ne peut donner pleinement ses effets s'il n'est pas intégré à la vie quotidienne en prison. Et cela est très difficile à obtenir sans un statut institutionnel et un travail en réseau. Le travail de traitement, quel qu'il soit, doit être connu et reconnu comme valable et utile, ou mieux, comme une part *indispensable* du parcours judiciaire de ces sujets, de la part de la magistrature, de l'administration pénitentiaire, des services sociaux externes. Bref, par l'Etat. A la fin du projet ACSE, les partenaires ont en effet produit un *Livre Blanc* (AA.VV., 2015) dont le chapitre final (Emiletti *et al.*, 2015) contient précisément quelques propositions de modifications de textes de loi qui pourraient servir cet objectif. Nous en résumons ici le contenu :

- Obligation de participer à un programme de traitement pour les détenus de délits sexuels proches de la fin de peine, durant les derniers 18 mois d'exécution de la peine ; la condition de la *nécessité* du traitement garantirait davantage la bonne « issue » des mesures alternatives en elles-mêmes et favoriseraient la constitution d'un espace de traitement en prison et au-dehors, qui puisse servir de référence et de *contrôle bénévole* (Giulini et Xella, 2011) pour le délinquant, comme mise en pratique du C.I.P.M. sur le territoire milanais.
- Obligation de participer à un programme de traitement comme condition d'accès à la suppression conditionnelle de la peine.
- Accès à l'institut de mise à l'épreuve (L.67 28 april 2014) pour certains auteurs de délits sans contact (pédopornographie). Cela pourrait fournir un « levier » qui motiverait l'auteur du délit, par la perspective d'activités réparatrices, par des alternatives à l'exécution de la peine, ou un parcours de traitement à effectuer en phase de mise à l'épreuve, sur décision du juge. L'intervention de traitement en tant qu'intervention réparatrice pourrait en outre trouver une place dans l'institution de la mise à l'épreuve (art. 28 D.P.R. 48/88) per les auteurs mineurs de délits sexuels on- et offline et sur Internet.

- Définition d'une pratique d'échange et de partage d'information et de données entre les divers organismes, surtout entre ceux qui mènent les enquêtes et les services dédiés au traitement.
- Constitution d'une liste de centres de traitement accrédités auprès d'une commission interministérielle qui impliquerait le Ministère de l'Intérieur, le Ministère de la Justice et le Ministère de la Santé, en vue d'offrir un lieu de référence et de soutien dans les situations difficiles et la possibilité d'effectuer un parcours de traitement lorsque le sujet se sent le risque d'un « passage à l'acte ». Les centres devraient fournir leurs services aux personnes précitées, mais en permettre aussi l'accès à des individus qui *n'ont pas encore commis* le moindre délit, selon les bonnes pratiques internationales de prévention des délits à caractère sexuel.
- Prévision de mesures de sécurité pour les auteurs de délits sexuels qui seraient déjà en situation de récidive, ou pour lesquels le risque de récidive est trop grave, en lien avec les ressources du territoire identifiées comme nécessaires et utiles : les forces de l'ordre, les services sociaux, les services psychiatriques, etc.

En bref, pour être efficace tout en conservant son autonomie par rapport au parcours de peine, l'intervention de traitement doit y être étroitement liée, car aucun des deux ne se substitue à l'autre. C'est précisément en cela que se définit la nature du délit sexuel, si l'on se réfère à Salas (1997, cit. in Giulini, 2011) : « *Ni totalement fou, ni totalement responsable, le délinquant sexuel doit être dans le même temps jugé et soigné. [...] Parce qu'il doit subir une double contrainte, celle du soin et celle de la peine, il neutralise la distribution classique des rôles entre psychiatrie et justice [...]. Ce doublement criminologique a comme conséquence de concentrer sur l'auteur de délits sexuels les dialectiques issues de l'histoire pénale : faute/châtiment et symptôme/traitement* ».

Chapitre 4 : L'individualisation de l'engagement radical entraîne l'individualisation du suivi en désengagement

D. BOUZAR & M. MARTIN, Anthropologue du fait religieux/gestion de la laïcité et Psychologue cognitiviste

Nota Bene.

La méthode de déradicalisation expliquée dans cet article inclut une approche émotionnelle pour déconstruire l'embrigadement relationnel et une approche cognitive pour déconstruire l'embrigadement idéologique. Comme l'embrigadement provoque une rupture du jeune en le plaçant dans une vision du monde anxiogène et paranoïaque, l'approche émotionnelle consiste à le sécuriser, afin qu'il retrouve d'abord une partie de ses repères affectifs, mémoriels, cognitifs, notamment avec l'aide de ses proches. Comme l'embrigadement a pour objectif d'éloigner le jeune du monde réel pour l'installer dans une illusion permanente, l'approche cognitive - opérée avec l'aide des repentis - consiste à amener le jeune à se rendre compte du décalage entre le mythe présenté par le discours radical (par exemple régénérer le monde en possédant la Vérité), leur motif personnel (par exemple être enfin utile ou aider les musulmans) et la déclinaison réelle de l'idéologie (devenir complice de l'extermination de tous ceux qui ne pensent pas comme eux). Encore faut-il avoir auparavant repéré le motif d'engagement du jeune, dans un contexte où le discours de l'islam radical adapte l'idéologie djihadiste aux aspirations émotionnelles et cognitives des jeunes.

1- Un discours de l'islam radical qui adapte l'idéologie djihadiste aux aspirations émotionnelles et cognitives des jeunes

Nos recherches[62] sur le processus d'embrigadement ont pour but de comprendre comment et pourquoi le discours de l'islam radical a fait autorité (donc a « fait sens ») à un moment donné sur un jeune. Nous observons un embrigadement relationnel qui provoque une adhésion du jeune à son nouveau groupe et un embrigadement cognitif qui suscite une adhésion du jeune à un nouveau mode de pensée. L'embrigadement relationnel mène l'individu à se faire « absorber » par son nouveau groupe fusionnel qui lui

---

[62] La première recherche-action inter-disciplinaire de trois ans sur ce thème remonte à 2006 et a été publiée sous le titre de « Quelle éducation face au radicalisme religieux ? » , Editions Dunod.

fait oublier sa singularité. Cela provoque chez tous les jeunes suivis[63] une sorte d'addiction à leur « tribu numérique », qui se présente comme une famille de substitution supérieure et sacrée, pouvant le comprendre, le protéger et l'aimer « pour de vrai et pour toujours ». L'embrigadement cognitif est diversifié : les rabatteurs proposent plusieurs mythes adaptés aux différents profils psychologiques des jeunes.

En effet, six premiers motifs d'engagement radical ont d'abord été identifiés. Ils relèvent tous, d'une manière ou d'une autre, soit :

- d'une recherche d'idéal, qu'il s'agisse d'un idéal de soi, du monde, du conjoint, ou d'une communauté,
- et/ou d'une fuite du monde réel vers un « ailleurs » supposé meilleur.

Ces motifs d'engagement ont été désignés par le terme « mythe » dans le rapport du CPDSI[64], pour souligner l'instrumentalisation que le discours radical effectue des motivations personnelles des jeunes afin de les embrigader. La terminologie qui a été choisie pour nommer ces mythes est évidemment métaphorique. Elle présente l'avantage de rendre compte d'un univers psychique qui nous semble très caractéristique de chaque catégorie de jeunes. Ces mythes seront expliqués ci-après, en distinguant à chaque fois le motif d'engagement radical explicite et implicite :

- le motif explicite étant constitué des éléments verbalisés par le jeune pendant la prise en charge,
- le motif implicite étant constitué d'éléments qui ne sont pas forcément conscientisés par les jeunes et qui relèvent plus d'une interprétation effectuée par l'équipe du CPDSI sur la base de l'ensemble des échanges avec le jeune et ses parents, du parcours de vie, des idéaux du jeune avant sa radicalisation, des éléments traumatiques qu'il a vécus, des vidéos qu'il visionne... Certains de ces aspects se sont souvent avérés associés à des motifs d'engagement particuliers.

Le mythe de Daechland

La quête des jeunes filles qui se sont engagées auprès de groupes radicaux sous ce motif se caractérise par une thématique d'amélioration de leur qualité de vie. Aussi invraisemblable que cela puisse paraître, le motif explicite avancé par ces jeunes est la quête d'un monde utopique qu'elles verbalisent comme étant une communauté de substitution dans une société fraternelle et solidaire. Il s'agirait plus d'un monde utopique dans le sens de

[63] 1075 familles ont été suivies depuis 2014

[64] http://www.cpdsi.fr/wp-content/uploads/2016/03/rapport_activite_annuel-2015_CPDSI.pdf

l'utopie politique. Le concept de Hijra[65] est présenté à ces jeunes comme une obligation pour fuir un monde de « mécréants » corrompu et rejoindre une organisation qui défend les valeurs de solidarité et de fraternité, dont seul le « vrai islam » peut garantir l'application.

La fuite du monde réel sous-jacente à la recherche d'un monde utopique pourrait par conséquent constituer un motif implicite d'engagement spécifique à ce profil. Les jeunes filles embrigadées sous le mythe de Daechland se caractérisent par :

- la surreprésentation de jeunes mères de famille souhaitant voir grandir leurs enfants dans ce monde utopique ;
- un engagement ou un intérêt préalable du jeune dans des questions de citoyenneté (lectures, militance associative, études, etc.) ;
- l'existence fréquente d'un sentiment de discrimination perçue en lien avec une injustice qu'ils disent avoir subie et qui semble les avoir « désenchantés » de la République.

Le mythe de Mère Térésa

Ce mythe partage avec le précédent la quête d'un monde utopique, mais l'utopie relève ici d'un idéal humanitaire. Le motif d'engagement explicite des jeunes filles concernées par ce motif est de sauver les enfants gazés par Bachar El Assad, probablement dans une quête implicite d'un idéal de soi super héros humanitaire, mais aussi une fuite du monde réel. La quasi-totalité des jeunes filles embrigadées sous le mythe de Mère Térésa se caractérisent par leur projet professionnel, souvent affiché sur leur profil dans les réseaux sociaux, d'exercer un métier dans la relation d'aide (infirmier, médecin, assistant social). Certaines étaient par ailleurs impliquées dans des missions humanitaires (« mon dernier camp au Burkina Fasso »...).

Le mythe de la Belle au bois dormant

La thématique centrale pour les jeunes filles embrigadées sous ce motif est d'ordre sentimental. L'utopie recherchée ici est celle du conjoint idéal qui l'aimera pour toujours, la protégera et lui fera vivre un conte de fées. La sécurité physique et affective est recherchée dans la bulle du mariage, la pureté de l'amour conjugal et le mode de vie sans mixité renforcée par le port du sitar[66]. La quête de ce mode de vie pourrait être considérée comme la recherche implicite d'une carapace, ce terme étant même parfois

[65] Concept désignant l'immigration du Prophète à Médine pour fuir les persécutions des Arabes de la Mecque. Les radicaux font croire aux jeunes qu'ils doivent fuir en Syrie ou en Irak pour fuir les persécutions qu'ils subissent partout dans le monde.

[66] Vêtement couvrant le visage et le corps.

expressément utilisé par les jeunes filles. Les jeunes filles embrigadées sous le mythe de la Belle au bois dormant se caractérisent par l'existence quasi systématique d'une agression sexuelle dans leur parcours.

Le mythe du sauveur

Ce motif d'engagement radical se caractérise par une quête de rédemption. Le motif explicite d'engagement exprimé par les jeunes est la volonté de rejoindre le paradis en mourant sur la terre bénite du Sham[67] car c'est bientôt la fin du monde. Sauver sa famille ou un de ses membres considérés « mécréants » ou « musulmans égarés » apparaît finalement comme le désir implicite. Les jeunes embrigadés sous ce motif semblent tellement terrifiés par les châtiments de l'enfer et tellement certains d'une apocalypse très proche qu'ils donnent l'impression de vouloir prendre les devants pour « gagner » leur place et celles des leurs au paradis. Les jeunes embrigadés sous le mythe du Sauveur présentent pour la majorité d'entre eux un événement traumatique brutal concernant un proche (famille ou amis) : deuil, maladie ou séparation.

Le mythe de Lancelot

Au cœur de ce mythe se trouve la thématique de l'héroïsme chevaleresque au service de la communauté. Il ne s'agit pas comme dans le mythe de mère Térésa d'une aspiration humanitaire, mais plutôt d'une quête d'un idéal de justice pour les opprimés (par exemple les enfants gazés par Bacher El Assad) ou pour retrouver l'honneur perdu des musulmans. Cet idéal de justice semble aller de pair avec une certaine attirance pour le combat armé, voire la recherche d'adrénaline dans l'aventure. La recherche d'une communauté d'hommes unis dans le combat contre l'injustice constitue probablement la facette implicite de ce motif d'engagement. Les jeunes embrigadés sous le mythe de Lancelot ont, pour beaucoup d'entre eux, été refoulés du concours d'entrée à l'armée ou de la gendarmerie. Notre hypothèse est que cette aspiration échouée à intégrer un cadre professionnel proposant un idéal d'identité virile garant de la justice semble avoir constitué le levier d'embrigadement qui est très spécifique à cette catégorie.

Le mythe de Zeus

Les jeunes qui adhèrent à ce mythe expriment le motif explicite « d'imposer la Charia[68]». L'aspiration à la toute-puissance et à la domination d'autrui apparaît de manière implicite. La zone de guerre est envisagée comme un

---

[67] L'islam estime que le début et la fin du monde se joueront sur la terre du Sham, espace qui comprend la Syrie, l'Irak, la Jordanie, le Liban, une partie de la Turquie, etc.
[68] Loi divine.

monde idéal, dans lequel l'omnipotence et la domination pourront non seulement s'exprimer, mais aussi trouver une légitimité. Ces jeunes se caractérisent souvent par un passé délinquant ou toxicomane ou plus généralement de conduites à risques et/ou agressives. Ils ont en commun un père déchu et le sentiment d'être « de nulle part ».

Les six mythes d'engagement se répartissent ainsi en 2014 et en 2015 :

Mythe d'engagement	Filles en %	Garçons en %
Lancelot		68
Zeus	4	17
Sauveur	7	15
Daeshland	10	
Mère Térésa	16	
La belle au bois dormant (*)	63	
Total	100%	100%

(*) Cette catégorie était nommée par « la Belle et le prince barbu » dans le rapport de 2015, nous avons choisi de la renommer de manière plus neutre par la Belle au bois dormant.

Le mythe de la Forteresse :

Un septième motif d'engagement nommé Forteresse a été identifié par l'équipe du CPDSI ces derniers mois après la publication du bilan de 2015. Le choix de cette terminologie est motivé par deux arguments observés chez certains jeunes garçons et filles :

- des obsessions[69] à thématique sexuelle (hétérosexuelle, homosexuelle voire pédophile dans certains cas). Ces obsessions, souvent non assumées, semblent déborder le jeune qui est terrifié par l'idée d'y céder.

[69] Définition de l'obsession du DSM-IV : les obsessions sont des idées, des pensées, des impulsions ou des représentations persistantes qui sont vécues comme intrusives et inappropriées et qui entraînent une anxiété ou une souffrance importante. La qualité intrusive et inappropriée des obsessions a souvent été qualifiée d'égo-dystonique. Cela fait référence au sentiment du sujet concernant le contenu des obsessions, leur caractère étranger, hors de son propre contrôle et ne correspondant pas au type de pensées qu'il ou elle s'attendrait à avoir. Cependant le sujet est capable de reconnaître que les obsessions sont le produit de son esprit et ne sont pas imposées de l'extérieur (comme dans l'insertion de la pensée).

- L'idéal recherché concerne un « meilleur soi » : le jeune investit l'islam radical comme un cadre contenant et sécurisant qui le protège de ses obsessions sexuelles. Le rituel religieux est surinvesti pour calmer l'angoisse liée aux pensées sexuelles intrusives, se rapprochant ainsi du surinvestissement du rituel caractéristique du Trouble Obsessionnel Compulsif. Plusieurs auteurs se sont penchés sur la question du surinvestissement du rituel religieux chez les personnes atteintes de TOC[70].
- Le motif d'engagement radical explicite réside dans une quête de pureté voire même de sainteté, signifiant de manière implicite la recherche d'une contenance à des obsessions à thématique sexuelle, l'idéal de soi étant de transformer leur corps en « forteresse » contre des pensées sexuelles envahissantes. Les questionnements sexuels constituant une thématique importante à l'adolescence, nous nous sommes demandé si le mythe de la Forteresse caractérisait un motif d'engagement radical séparé, ou s'il était commun à tous les jeunes embrigadés. S'il est indéniable que les pulsions sexuelles sont communes à tous, qu'elles soient exprimées ou non, l'élément distinctif des jeunes embrigadés sous ce motif est la quête de sainteté qui leur est très spécifique.

Un autre argument en faveur de l'importance de la thématique sexuelle dans le motif d'engagement de la Forteresse est l'apparence ancienne très sexuée de ces jeunes, qui peut encore exister au moment de la tentative de départ (jeune fille habillée en cuir obsédée par son désir de rejoindre Daesh). Lorsque les rituels religieux ne régulent pas leurs pulsions comme ils se l'étaient imaginé, la mort en martyr semble être envisagée comme la seule issue face à l'impossibilité d'accéder à cet idéal de soi. Cette hypothèse est étayée par l'alternance, dans les téléphones ou ordinateurs portables de ces jeunes, de vidéos très paradoxales du point de vue de leur contenu. Les vidéos pornographiques sont en effet mélangées avec des scènes de kamikazes, suivies par des prêches les plus rudes concernant l'interdiction de la mixité et la prohibition la plus stricte en matière de sexualité, puis par des discours vantant les bienfaits du paradis.

La mort en martyr comme solution à l'impossibilité d'accéder à l'idéal de soi pourrait expliquer que de nombreux auteurs d'attentats fréquentaient des prostituées ou plusieurs femmes en boîte de nuit quelques jours ou semaines avant leur passage à l'acte[71]. Il ne s'agirait donc pas là nécessairement de manœuvres de dissimulation, mais de comportements libérés avant la mort envisagée comme une délivrance du sujet vers un projet d'existence future dans laquelle l'accessibilité à tous les interdits d'ici bas leur est promise. L'auteur des crimes à la discothèque d'Orlando en juin 2016 pourrait

---

[70] Cf « Le clivage », par Serge Hefez *in* Dounia Bouzar, Christophe Caupenne, Sulayman Valsan, « La métamorphose du jeune opérée par les nouveaux discours terroristes ».
[71]http://www.courrierinternational.com/article/2014/09/04/violents-mais-pas-devots

constituer un représentant de cette catégorie de jeunes. En effet, sur la base de ce qui a été communiqué dans les médias à son sujet[72], il semblerait que dans un passé récent, l'individu aurait fréquenté des boîtes de nuit et des sites de rencontre homosexuels, manifestant ainsi un probable penchant pour l'homosexualité. Il a en outre été révélé dans la presse que, face à ses collègues, il manifestait expressément une homophobie agressive qui peut être interprétée comme une tentative de surcompensation de ses penchants sexuels non assumés.

Dans ces sept mythes, le rapport à la mort au moment de l'engagement radical n'est pas le même. En effet, Mère Térésa, la Belle au bois dormant et Daechland ne souhaitent pas la mort au moment où ils s'apprêtent à partir. Lancelot et Zeus semblent avoir accepté l'idée de mourir comme une issue possible des combats dans lesquels ils aspirent à s'engager pour des motivations différentes. La volonté de mourir apparaît comme l'objectif visé pour le Sauveur et la Forteresse quand les rituels religieux ne l'ont pas contenue suffisamment. Il faut cependant rajouter que quel que soit le motif d'engagement initial, tous les jeunes arrivent au stade où la mort leur apparaît le seul moyen d'exister « pour la cause », une fois que l'idéologie a englobé la totalité de leur psychisme et de leur identité (dernière étape du processus de radicalité[73]).

Parallèlement à ces sept mythes, nous avons identifié un sous-groupe transversal de jeunes qui pourraient présenter des tendances suicidaires préalablement à l'engagement radical. Ces jeunes possiblement suicidaires ont comme caractéristiques d'osciller entre plusieurs motifs d'engagement. Cette hésitation est en soi caractéristique de cette catégorie de jeunes. Le motif implicite pourrait être néanmoins la volonté de se suicider qui trouve un cadre propice dans l'engagement radical. En effet, le discours de l'islam radical leur fournit le scénario de suicide : où, quand, comment, pourquoi ? qui caractérise la crise suicidaire aigüe, avec en plus la possibilité de donner un sens à sa mort et une promesse de vie meilleure dans l'au-delà. Une jeune fille correspondant à ce sous-groupe a ainsi exprimé qu'elle avait considéré le fait de se voir proposer une ceinture explosive « comme une opportunité ». Les jeunes pris en charge par le CPDSI qui correspondent à ce profil finissent par prendre conscience et par verbaliser leur volonté de mourir au moment de leur déradicalisation.

---

[72]http://tempsreel.nouvelobs.com/monde/fusillade-d-orlando/20160614.OBS2511/orlando-le-terroriste-presume-frequentait-le-club-gay-pulse.html

[73] Cf power point « radicalité » sur le site du CPDSI pour comprendre toutes les étapes du mécanisme de radicalité : http://www.cpdsi.fr/radicalisation/

2 - Partir du motif d'engagement pour déradicaliser

Derrière les termes « déradicalisation », « désembrigadement », « désengagement », on cherche des moyens pour que le jeune prenne conscience qu'il s'est trompé d'engagement. Notre méthode expérimentale consiste à partir de l'individu, de son expérience, de son embrigadement, dont la logique a été déconstruite et reconnue, et, par le questionnement, faire en sorte qu'il trouve lui-même les défauts de son premier engagement pour en reconstruire un nouveau dans le monde réel.

Le premier élément à prendre en compte est l'approche émotionnelle anxiogène mise en place par les recruteurs djihadistes : il n'y a pas d'embrigadement djihadiste sans passage, à un moment ou à un autre, par la théorie conspirationniste, qui présente à certains égards des aspects générateurs de stress, de peur, méfiance, suspicion (Bouzar, 2015) : le jeune a le sentiment que tous les adultes sont endormis ou complices de ces sociétés secrètes qui complotent pour garder le pouvoir et la science pour elles, à l'insu du monde entier. Ces sociétés secrètes distilleraient partout des images subliminales pour empêcher les peuples de retrouver leur discernement.

Il faut donc se couper des autres et de toute culture pour ne pas être aveuglé à son tour. Les recruteurs djihadistes s'appuient aussi sur la persécution des musulmans et instrumentalisent des versets coraniques pour faire croire aux jeunes que les athées, juifs et chrétiens veulent empêcher les musulmans de garder leur religion. L'objectif est le même : isoler le jeune de tous les interlocuteurs qui contribuaient à sa socialisation. Bien entendu, le jeune apprécie la menace en fonction de ses ressources personnelles, de ses vulnérabilités et de ses aménagements défensifs. Les circonstances dans lesquelles cette grille de lecture paranoïaque lui est communiquée influent aussi sur sa réception. Elle aura plus de force sur le jeune si les proches de ce dernier s'y reconnaissent aussi : si plusieurs camarades regardent les mêmes vidéos et ressentent la même angoisse, celle-ci sera décuplée.

Cette approche émotionnelle anxiogène des recruteurs djihadistes a pour conséquence de provoquer une rupture du jeune avec son environnement. La radicalisation en lien avec l'islam se manifeste donc de manière observable par un cumul de ruptures dans les relations amicales, dans la scolarisation, dans les loisirs et aussi dans les relations familiales, qui précèdent les choix extrêmes tel que le départ vers Daesh ou le passage à l'acte sur le territoire français, même si elles n'y conduisent pas systématiquement. C'est ce que nous avons nommé « indicateurs d'alerte » dans nos travaux précédents et notre premier rapport (Bouzar, Caupenne, Valsan, 2014), qui permettent de distinguer ce qui relève de la liberté de conscience (garantie par la République et la laïcité) de ce qui révèle un début de radicalisation, repris aujourd'hui par le SG CIPD[74] et le site du Gouvernement Stop-Dihadisme, en les croisant avec d'autres changements de comportement : croyance en la fin du monde, enfermement sur internet, etc.

La première étape de la méthode vise à ébranler le fonctionnement psychique rigide qui s'est installé chez le jeune. Le discours djihadiste ayant utilisé les émotions pour insécuriser et radicaliser la personne, il s'agit d'utiliser aussi les émotions pour la rassurer en première étape, de manière à contourner l'obstacle du verrouillage cognitif (conséquence de la radicalisation). Comme le discours djihadiste, notre méthode de déradicalisation va utiliser les émotions pour pouvoir agir sur les cognitions. Le discours anxiogène des djihadistes a provoqué une désaffiliation de l'individu en le plaçant dans une communauté de substitution et en lui donnant l'illusion d'appartenir dorénavant à une filiation mythique sacrée protectrice (nommé également « embrigadement relationnel »).

Commencer par faire appel au lien originel comme principal facteur de reconstitution permet de replacer le jeune au sein de sa filiation afin qu'il retrouve d'abord une partie de ses repères affectifs, mémoriels, cognitifs. Il s'agit de le faire retourner dans une histoire où il se sentait à l'époque en sécurité, avant de recevoir les émotions anxiogènes des djihadistes. Pour cela, les parents remettent en scène des « petits riens de la vie quotidienne », *a priori* négligeables, qui pourraient provoquer une remontée émotionnelle totalement inconsciente et réflexive chez leur enfant en lui rappelant quelque chose de son passé non atteint par l'embrigadement. Cette mise en situation de « remémoration de la petite enfance » (appelée « Madeleine de Proust » par les familles concernées) crée les conditions propices à l'émergence des émotions en faisant référence à des éléments ancrés dans la mémoire à long terme (mémoire autobiographique). Cela explique l'incontrôlabilité du ressenti émotionnel en lien avec les souvenirs d'enfance. En effet, les parents racontent que leurs enfants « s'écroulent » en pleurant quand ils les touchent par une odeur, une musique, un geste, qui appartenait à leur petite enfance.

Sachant que le discours « djihadiste » a dilué l'individu dans le collectif paranoïaque, qu'il a opéré une sorte d'« anesthésie » des sensations individuelles, qu'il a coupé le jeune de toute culture pour lui interdire l'expérience du plaisir et l'incarnation de tout ressenti, la remémoration de micro-événements qui ont rythmé sa petite enfance fait ressurgir non seulement des sentiments provisoirement refoulés, mais aussi et surtout des sensations, ce qui le ramène à son corps et à ce qu'il est. Lorsque le jeune ressent des sensations, il redevient un individu singulier, un sujet réincarné dans un corps. La déshumanisation visée par les djihadistes passe par la désincarnation. La déradicalisation passe par la réincarnation.

---

[74] Secrétariat Général du Comité Interministériel de Prévention de Délinquance, coordonnateur du Plan anti-radicalité du Ministère de l'Intérieur.

Cette remémoration agit sur l'émotion et par conséquent contre l'embrigadement relationnel (qui provoque l'adhésion du jeune à son nouveau groupe), en permettant au radicalisé de retrouver des sensations indélébiles de l'enfance, non liées au groupe radical. On réussit à lui faire sentir des choses pour qu'il se différencie du ressenti du groupe radical. Cette remémoration provoque une brèche dans le fonctionnement psychique rigide du jeune radicalisé en lui faisant revivre une expérience émotionnelle déstabilisante parce qu'elle lui permet de se rappeler le temps sécurisant où il faisait confiance aux adultes. En revenant à sa petite enfance, on le désarçonne parce que pendant l'espace de quelques minutes, il est remis en sécurité par ceux qu'il perçoit depuis sa radicalisation comme des personnes dangereuses. D'autres façons de créer les conditions propices à l'émergence d'émotions qui permettent au radicalisé de se rappeler qu'il est un individu distinct de son groupe peuvent s'inventer. Il s'agit tout simplement de trouver à chaque fois le meilleur moyen de sécuriser le jeune envahi par des émotions négatives anxiogènes qui l'empêchent de garder des liens avec son entourage. La paranoïa du radicalisé a été construite par l'entourage djihadiste, du collectif vers l'individuel. La première étape de la déradicalisation doit trouver des stratégies pour pouvoir instaurer de relations d'individu à individu, en touchant le radicalisé par un partage émotionnel.

L'étape 2 de la méthode consiste à commencer à ébranler les certitudes inhérentes à l'embrigadement idéologique en introduisant le doute dans le nouveau mode de pensée auquel le jeune a été conduit à adhérer. Cette étape propose au radicalisé, avec l'aide de repentis[75], des « solutions alternatives » pour assouplir la rigidité de sa cognition et créer une « ouverture cognitive », définie comme processus par lequel la personne devient plus réceptive à des nouvelles idées et visions du monde (Wiktorowicz, 2004, 2005, 2006). On essaye de créer une brèche dans la rigidité des croyances du jeune en les confrontant à de nouvelles informations qui font émerger des incohérences. Le jeune est ainsi acculé à se confronter à ces incohérences qui ne correspondent pas à sa motivation initiale (aider les victimes de guerre par exemple). Au fond, le jeune comprend qu'il doit réajuster son engagement pour que ce dernier ne soit pas incohérent avec sa motivation initiale. Cette partie de la méthode repose sur le constat initial que l'engagement dans l'idéologie « djihadiste » est construit en résonance avec les motifs et les idéaux de chacun. Le discours « djihadiste » a pour objectif d'éloigner le jeune du monde réel pour l'installer dans une illusion permanente. A un moment donné, les recruteurs persuadent le jeune que son idéal, son besoin,

[75] Le terme « repenti » n'est pas utilisé ici dans le sens d'une notion de repentance judiciaire. Un repenti est un individu qui a participé à l'idéologie de Daesh ou qui s'est rendu sur place et qui accepte de témoigner pour désembrigader d'autres jeunes afin qu'ils ne vivent pas ce qu'il a vécu.

son mal-être sera réglé par son adhésion à l'idéologie proposée, seule capable à la fois de le satisfaire, de le faire renaitre et de régénérer le monde. Les recruteurs établissent un lien cognitif entre la dimension transcendantale, en l'occurrence l'islam, et la dimension de son expérience vécue. Le jeune évolue alors vers une idéologie reliée à une identité collective.

La prise de recul vis-à-vis de l'idéologie djihadiste survient quand le jeune radicalisé se retrouve face à une information qui n'est pas cohérente avec l'idée qu'il se faisait de l'action et de l'objectif des djihadistes. Comme le discours fait autorité parce que le jeune cherche une réponse à ses questions existentielles, comme il se sent baigné dans une sorte de cohérence entre ses besoins et son engagement dans le djihadisme, il faut le mener à se rendre compte du décalage entre le mythe présenté par les recruteurs (par exemple régénérer le monde en possédant la Vérité), son motif personnel (par exemple être enfin utile ou aider les musulmans) et la déclinaison réelle de l'idéologie (devenir complice de l'extermination de tous ceux qui ne pensent pas comme eux). C'est quand cette double cohérence se fissure, par l'intermédiaire de témoignages de repentis, que le radicalisé peut commencer un long travail de rétro-analyse de ses doutes, qui le mènera à la sortie de radicalité.

Cette technique nécessite au préalable d'identifier les motivations personnelles premières de la personne (aider les Syriens, créer un monde de justice, etc.) pour ensuite la mettre face aux contradictions que son engagement entraîne (il n'y a pas d'humanitaire chez Daesh, seuls ceux qui font allégeance bénéficient du chauffage gratuit...). A cet égard, cette approche présente des similitudes avec les techniques de l'entretien motivationnel (Miller, Rollnick, Michaud & Lécallier, 2013) qui passe par l'amplification des incohérences pour accompagner le changement. La remobilisation cognitive ne fonctionne néanmoins que si l'incohérence concerne une motivation personnelle du radicalisé.

Si le repenti pointe une incohérence non liée à la motivation du radicalisé, de type général et abstrait (par exemple, il voit bien que les djihadistes mentent en prétendant que la fin du monde est imminente puisqu'ils demandent aux femmes de faire des futurs soldats), elle ne touche pas le radicalisé. Pour que le radicalisé se remette à penser, il doit être déstabilisé personnellement par l'élément rapporté par le repenti et réaliser lui-même les incohérences entre son besoin et le mythe qui lui a été présenté par les recruteurs, puis entre ce mythe et la réalité des actions sur le terrain. C'est le radicalisé lui-même qui doit être amené à argumenter à partir des éléments rapportés par les repentis pour réaliser le décalage entre ce qui lui a été promis et les réalités.

Conclusion

L'identification des motifs d'engagement radical des jeunes projetant un départ en Syrie permet de dresser une première esquisse de leurs motivations conscientes explicites et d'identifier les contours de leurs motifs implicites. Elle permet aussi de dépasser l'idée reçue que les jeunes concernés sont juste motivés pour se battre et/ou mourir en martyr, d'ouvrir ainsi la voie à de nouvelles hypothèses de recherche et d'enrichir les protocoles de prise en charge. Cette approche permet en outre la compréhension des leviers d'efficacité du discours radical dans leur interaction avec les motivations et événements de vie du jeune, ou en d'autres termes l'individualisation du discours de propagande adapté aux aspirations et aux caractéristiques personnelles des jeunes. La méthode de déradicalisation du CPDSI a par ailleurs prouvé qu'il était fondamental de comprendre les motifs d'engagement pour personnaliser l'approche de sortie de radicalité (Bouzar & Martin, 2016). L'individualisation de la radicalisation entraîne l'individualisation de la déradicalisation.

Chapitre 5 : PARIS ? L'intégration du processus de Justice restaurative

E. DIEU, Chercheur en psycho-criminologie et directeur du Service de criminologie-victimologie appliquées ARCA

1. Contextualisation de la Justice restautive ATLAS : Technique d'entretien et d'accompagnement en Justice restaurative

L'approche restaurative, de l'international à la France

Depuis la première expérimentation de Justice restaurative occidentale en 1974 à Elmira (Ontario) sur l'initiative d'un agent MAE, il est aujourd'hui recensé à l'international environ 1000 programmes (300 EU & Canada). Un mouvement général s'observe à l'aide de l'ONU (1985, 2002, 2008), du Conseil de l'Europe (1985, 1999, 2005, 2006, 2011), du Forum Européen (1996, 1998, 1999), de l'UE (2001, 2004)... jusqu'à la France et la loi du 15/08/2014 relative à l'individualisation des peines et renforçant l'efficacité des sanctions pénales[76]. Le sous-titre 2 de la Loi présente ainsi la Justice restaurative :

> « *A l'occasion de toute procédure pénale et à tous les stades de la procédure, y compris lors de l'exécution de la peine, la victime et l'auteur d'une infraction, sous réserve que les faits aient été reconnus, peuvent se voir proposer une mesure de justice restaurative. Constitue une mesure de justice restaurative toute mesure permettant à une victime ainsi qu'à l'auteur d'une infraction de participer activement à la résolution des difficultés résultant de l'infraction, et notamment à la réparation des préjudices de toute nature résultant de sa commission. Cette mesure ne peut intervenir qu'après que la victime et l'auteur de l'infraction ont reçu une information complète à son sujet et ont consenti expressément à y participer. Elle est mise en œuvre par un tiers indépendant formé à cet effet, sous le contrôle de l'autorité judiciaire ou, à la demande de celle-ci, de l'administration pénitentiaire. Elle est confidentielle, sauf accord contraire des parties et excepté les cas où un intérêt supérieur lié à la nécessité de prévenir ou de réprimer des infractions justifie que des informations relatives au déroulement de la mesure soient portées à la connaissance du procureur de la République.* »

---

[76] LOI n°2014-896 du 15 août 2014. Ttre Ier : Dispositions visant à assurer le prononcé de peines efficaces et adaptées ; Ch. III : Dispositions relatives à la justice restaurative ; Art. 18 - sous-titre II du titre préliminaire du livre Ier du code de procédure pénale ; Ss-T. II : De la justice restaurative.

Se centrer sur les besoins des sujets

La Justice restaurative renverse le processus classique d'analyse criminologique, nous y considérons davantage *ce qui est produit par* que *ce qui produit* la situation-problème. Les « pourquoi » (motivation) et « comment » (opération) du passé sont révisés à la lecture prioritaire des répercussions de la situation-problème sur les sujets, du présent jusqu'au futur. A ce titre, la réhabilitation et l'indemnisation ne sont plus directement visées (souvent conditionnées au « pourquoi » et « comment »).

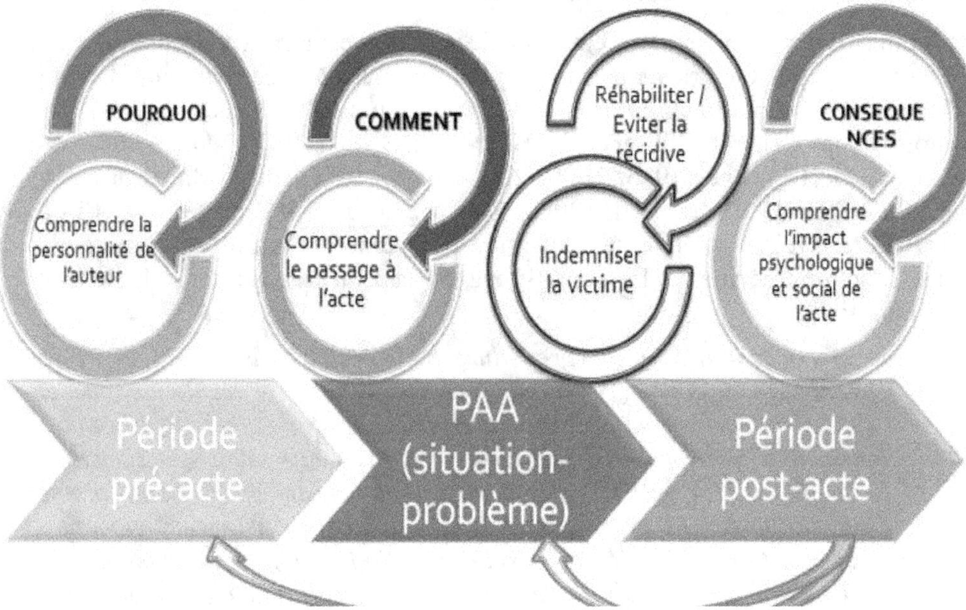

FIGURE 44 : TEMPORALITÉ PSYCHO-JUDICIAIRE (CF. SCHÉMA DÉJÀ PRÉSENTÉ)

« *La grande majorité des délinquants [et des victimes] aspire à quitter leur style de vie [...], mais beaucoup d'entre eux en sont incapables par eux-mêmes. Sans un espoir réaliste que cette aspiration puisse être accessible, ils ne s'engageront pas dans un effort soutenu pour dépasser la situation propice au crime. Une aide appropriée peut encourager un tel espoir... [...] un processus restauratif est une opportunité pour le délinquant de découvrir des manières positives d'être quelqu'un.* » (Walgrave, 2008). Pour chaque acteur du processus (auteur/victimant, victime/victimé, communauté), quatre besoins spécifiques sont affirmés et répondus au sein de la Justice restaurative.

La Justice restaurative : but de réaffirmer la place et les droits des personnes concernées par le crime.

Le couple "victimant-victimé"

La communauté

Victimé (quatre types de besoins) :

1. Être informé, *attente de réponse concernant l'expérience infractionnelle ;*

2. Dire la vérité, *relater l'expérience comme processus thérapeutique ou de symbolisation des affects et reconnaissance de son statut de victime et de responsabilisation de l'auteur ;*

3. Empowerment, *s'approprier le conflit pour retrouver le pouvoir sur sa vie ;*

4. Etre réparé, *la restitution matérielle et symbolique (vengeance comme modalité de l'échange).*

Victimant (quatre types de besoins) :

1. comprendre et se responsabiliser sur l'agir *produit, les conséquences, le souci de la victime, dans le but d'une réparation ;*

2. acquérir les moyens de la responsabilisation: *être reconnu comme l'auteur et motiver aux actes prosociaux en transformant la honte consubstantielle de l'acte en force ;*

3. être accompagné *: co-intervenir avec l'auteur sur ses facteurs de risque avec des perspectives de changement et de compétences psycho-sociales ;*

4. être socialement soutenu *: encouragement et aide pour se réinsérer.*

Communauté (quatre types de besoins) :

1. S'impliquer *(en tant que victime secondaire) ;*

2. Se responsabiliser *en tant que partie prenante des problématiques des membres du groupe ;*

3. S'engager dans la résolution *d'une situation-problème pour renforcer le lien social ;*

4. Faciliter le rôle actif des victimant/victimé *dans la régulation du conflit.*

FIGURE 45 : TYPOLOGIE DES BESOINS RESTAURATIFS

Les bénéfices de la Justice restaurative

Bénéfices apportés aux auteurs des faits et à la communauté

Selon le Département de Justice du Queensland en Australie (Latimer, *et al.*, 2001), 99% des auteurs ayant participé à une mesure restaurative étaient satisfaits, 98 % percevaient la rencontre comme juste, avec un taux respect de l'accord supérieur à celui observé dans la Justice Pénale traditionnelle. Les auteurs estiment légitime d'être sanctionné pour ce qu'ils ont commis. « *En justice restauratrice, [...] la rencontre avec la victime a précisément pour objectif qu'il prenne vraiment conscience de la souffrance occasionnée…* » (Lecomte, 2009).

Suite à une procédure JR, 85 % des auteurs d'infraction se disent prêts à recommander cette forme de justice à des amis, contre seulement 38 % des jeunes passés par le tribunal (McGarrell, *et al.*, 2000). « *La plupart des délinquants ne sont pas indifférents devant la souffrance des victimes, même s'ils s'étaient cuirassés émotionnellement au début…* » (Walgrave, 2004). La personnalisation de la victime se découvre dans la rencontre, avec son lot d'angoisse, d'émotions et de représentations. Les échanges avec le médiateur sont aussi l'occasion de comprendre ses propres vulnérabilités en situation (Dieu, *et al.,* 2013).

De plus, certaines études indiquent une diminution de la récidive à la suite d'un processus restauratif (par rapport Justice pénale traditionnelle) (Latimer et al., 2001), allant jusqu'à 26 % de diminution selon la méta-analyse de Nuget et al. (2003) pour les faits les moins graves des atteintes aux personnes (Sherman & Strang, 2007). En réalité il faut être mesuré (Sherman, & Strang, 2007), les approches restauratives n'ont pas d'effets systématiques (Livingdtone et al., 2013) ou bien seulement sur des infracteurs ayant de faibles besoins criminogènes (Ward, 2014). Ou alors il s'agit d'approches mixtes et d'accompagnements complémentaires croisés.

Les effets les plus significatifs viennent dans ce cas des Cercles de Soutien et de Responsabilité, jusqu'à une réduction de 83 % dans la récidive sexuelle par rapport au groupe témoin, de 73 % pour tous les types de récidive avec violence réduction globale de 72 % dans tous les types de récidive. Nos résultats sont issus de 88 sujets répartis en deux groupes (Dieu, 2016), un groupe expérimental participant à la Justice restaurative et un groupe contrôle ne participant pas, comparés entre l'année qui sépare l'entrée et la sortie du processus. Selon ces résultats, les auteurs d'infraction ayant participé présentaient une baisse significative de leurs souffrances à la fois cognitives, émotionnelles, somatiques et sociales. Sans être une méthode psychothérapeutique, la Justice restaurative délivre des « effets » de diminution des souffrances cliniques.

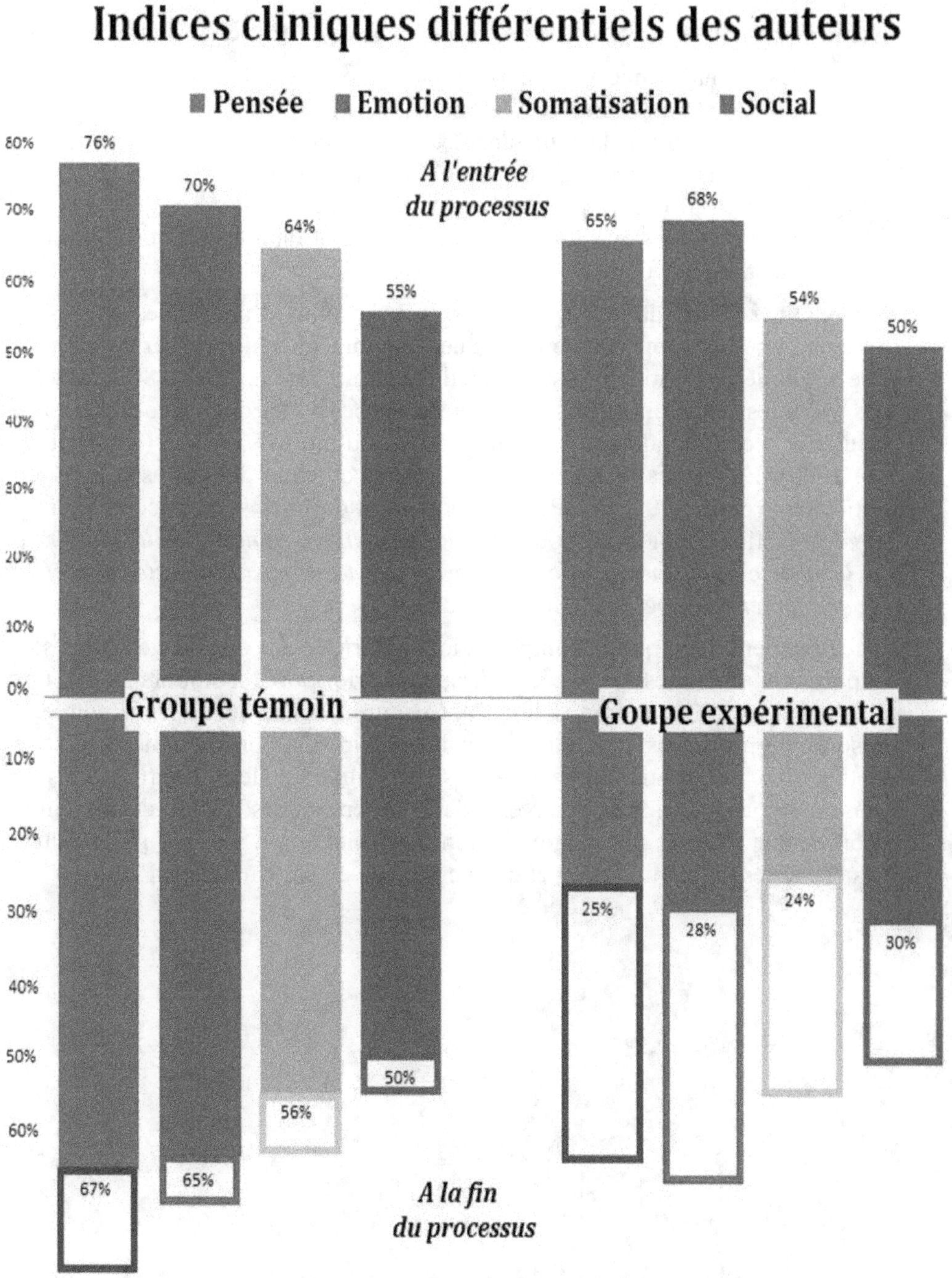

FIGURE 46 : EFFETS DE LA JR SUR LES SOUFFRANCES PSYCHOLOGIQUES DES AUTEURS D'INFRACTION

Bénéfices apportés aux victimes

Les bénéfices tirés par les victimes d'une mesure de Justice restaurative sont:

- La connaissance (ou l'absence) des motifs du délit et exprimer leur douleur (Van Camp, & Wemmers, 2013) ;
- La libération de la souffrance et un sentiment de sécurité future ;
- Une baisse de la peur et de la colère envers l'auteur et de la victimisation à venir (Sherman et Strang, 2007) ;
- Une restauration de la confiance en soi et dans les autres (Sherman et Strang, 2007).

Les victimes sont davantage satisfaites à la suite d'un processus de JR qu'après une décision pénale classique, d'autant plus si le programme a pu être appliqué en période pré-sentencielle (Latimer, *et al.,* 2001). 80% à 100% des victimes déclarent être satisfaites du processus et de l'accord qui en a résulté et recommanderaient une médiation à d'autres victimes (Umbreit, *et al.*, 2006). En Australie, sur 90% de victimes désirant des excuses, 86% en obtiennent (contre 19% en JP) et 77% pensent qu'elles sont sincères (contre 41% en justice pénale traditionnelle). « *Les victimes sont en droit d'attendre de la justice deux facettes de la réparation : la réparation matérielle et la réparation émotionnelle.* » (Lecomte, 2009).

Effectivement, bien que la compensation matérielle des dommages subis soit importante, elle n'est pas nécessairement prioritaire. Toujours selon nos résultats d'expérimentation (Dieu, 2016), entre l'année qui sépare l'entrée et la sortie du processus les victimes ayant participé à un programme de Justice restaurative présentaient une baisse significative de leur fixation dans le présent (blocage des perspectives), de leurs croyances que le destin/autres décide pour elles, et une augmentation de l'orientation vers un projet futur, des capacités de planification et de la croyance en ses capacités d'action.

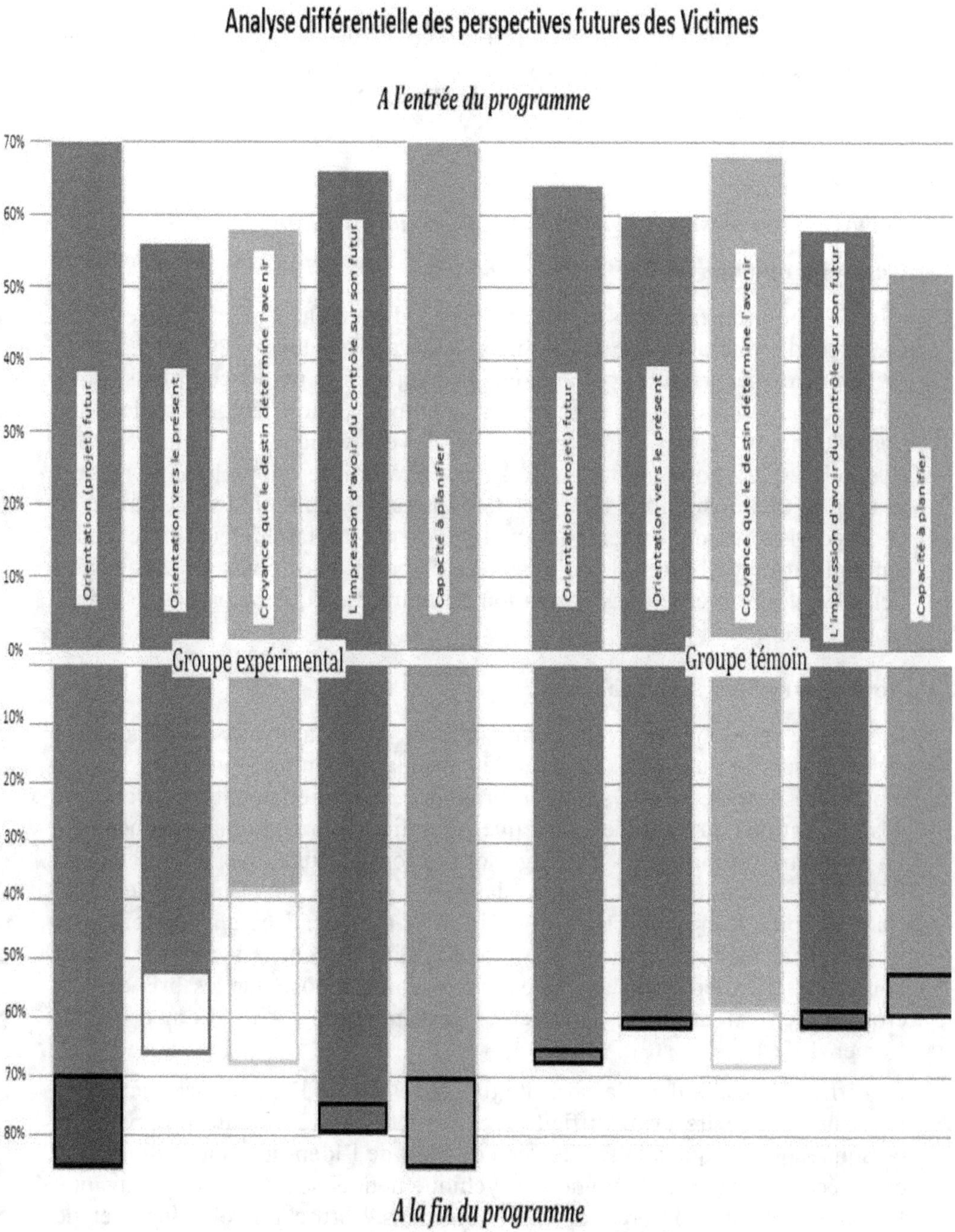

FIGURE 47 : EFFETS DE LA JR SUR LES PERSPECTIVES TEMPORELLES DES VICTIMES D'INFRACTION

2. Mais que se passe-t-il durant les séances restauratives (Dieu, 2015)?

A partir d'une analyse qualitative discursive et de participation observante des séances de Justice restaurative, trois temps interactionnels ont pu être discriminés entre l'auteur et la victime (Dieu, 216) : la communication, la relation de pouvoir, les perspectives.

Temps 1 de la mesure : Une relation basée sur les communications

Chez moi ou chez toi ?

« Les » communications sont l'acceptation d'un lien d'interaction et d'un « espace de libération de la parole » (Carvajal Sánchez, 2008). C'est la recherche de sécurisation par analogie des sujets (eg. points communs, traits connus, habitudes de vie partagées, compréhension émotionnelle). De l'espace neutre émerge une pédagogie de « l'éthique de l'hospitalité » (Pavlich, 2002), zone mixte à la fois à soi et à l'autre qui réclame le respect des règles de l'hospitalité. L'acceptation du lien d'interaction va de pair avec une sécurisation de l'interaction ; et bien que le facilitateur et le cadre témoignent de ce besoin, le sujet tente d'élaborer à ses coûts psychiques un lien « *secure* » interne dans la relation à l'autre. Lorsque ce processus prend place, l'interaction jaillit.

Ne plus être chez soi… chez soi ?

L'exercice relationnel s'avère délicat puisqu'il ne s'agit pas chez les sujets d'une insécurité qualitativement en lien avec la rencontre. L'insécurité est au moins présente depuis la situation-problème, éventuellement renforcée par des interactions du quotidien, et activée quantitativement durant la rencontre. La rencontre restaurative s'envisage sous la forme d'une mise à l'épreuve de l'économie psychique du sujet dans sa gestion de l'insécurité dans l'interaction à l'autre et à soi : s'ouvrir ou se protéger à ce qu'il ou elle, par sa présence, réactive en nous. Ce monde à la l'insécurité symbolique dont nous fîmes l'expérience dans et par notre corps repose sur les bris de « la croyance en un mode juste » (Lerner & Simmons, 1966 ; Lerner, 1980 ; Lerner, 1986).

La difficulté réside dans la porosité du processus de l'expérience victimale, révélant la blessure et la difficile reconstruction de l'identité propre de la personne, qui évoque à la fois le vécu de mort de l'identité socio-individuelle et le vécu d'une survie biologique psychiquement et socialement éprouvante. Il s'agit donc de comprendre le trouble dans l'ordre du relationnel et de l'éthique, et la perception de l'autre ainsi troublée dans l'interaction permanente entre ce que nous pensons représenter pour lui et ce qu'il représente pour nous à travers ce filtre de la normalité intrinsèque et extrinsèque. L'image mythique que les sujets se bâtissent de la morale, l'éthique, la Justice, et concrétisée dans les rapports à l'autre, exigerait un détachement de la vie réelle pour maintenir la cohérence d'une vie positive en sécurité. Parmi les divers aménagements cognitivo-émotionnels aux situations ou comportements jugés problématiques, les mécanismes d'ajustement de résignation acquise (Seligman & Groves, 1970) ou de réduction de la dissonance cognitive (Festinger, 1957) paraissent dans notre cas les plus fréquents.

Une danse au même rythme ?

Le besoin de réciprocité est une essence communicationnelle observée lors des rencontres restauratives. Pour exprimer son transport affectif vers l'autre, il faut une acceptation réciproque de l'exploration de l'intimité. L'hypothèse de l'approche centrée sur la personne de la psychologie existentielle (Rogers, 1995) postule la tendance naturelle des humains à se réaliser en tant que personne afin d'améliorer les relations. Durant le processus restauratif, à la fois vers les sujets directement et indirectement présents, les acteurs se saisissent de l'hypothèse d'une personne digne de confiance ayant en elle les capacités de se comprendre et de changer pour s'accomplir.

Cet espace subjectif d'investissement dans l'interaction à l'autre rejoint l'hypothèse de Wertsch (1979) du sens partagé de l'échange au sein d'un troisième espace. L'intersubjectivité résulterait selon lui de la situation inter-psychologique partagée par les deux communicants. Renforcer ces mécanismes par les réseaux de la communication interpersonnelle, c'est permettre au sujet, à travers son regard et celui de l'autre, d'interagir avec le monde. La Justice restaurative propose de se comprendre dans la douleur avec le soutien de cet autre semblable pour recouvrir une identité propre (Jowett & Lavallee, 2008). C'est la reconnaissance de la sidération de la plainte de la souffrance par la considération de la plainte du cri articulé en récit (Garapon, et al., 2011).

Une danse au même niveau ?

Il faut (ré)apprendre le mythe de la sécurité pour développer des réponses socio-individuelles appropriées, cela s'envisage par la proximité et la mise en exercice du corps biologique dans l'interaction. Ce n'est pas tant la personne que l'interaction qui importe au sein de l'espace potentiel de rencontre (Winnicott, 1951 ; Nottale & Timar, 2006), interaction aussi déterminée par la légitimité accordée au statut de l'autre (Braithwaite 1989).

La reconnaissance par l'interaction du statut de l'autre et ainsi de sa légitimité dans la relation devient essentielle. Cet autre s'éprouve puisqu'il répond aux besoins.

Temps 2 de l'intensité : Une relation rejouant les rapports de pouvoir

Accorder les instruments pour une même symphonie ?

Les sujets dans des « rapports interhumains corporalisés, et non dans l'abstraction », jusqu'à dans la phase 2 « remettre chacun à sa place » pour « provoquer un déclic » (Garapon, et al., 2011). La légitimité évoque ici deux notions, celles de la désapprobation normative réintégrative (Braithwaite 1989) et de la distance hiérarchique (Hofstede, et al., 2010). L'effet positif de l'autre dans la situation-problème provient de la légitimité relationnelle endogène qui lui est accordée. Cette personne se voit investie d'estime, respect, souffrance, dans une relation d'intérêt expressif, de confiance ou de sécurité pour le sujet ; à la différence par exemple de la légitimité statutaire exogène des juges du système rétributif. Utilisée dans la sphère sociétale, professionnelle, ou familiale, la notion de distance hiérarchique (Licata & Heine, 2012) réfère à la différence de pouvoir entre deux individus ayant des statuts/pouvoirs plus ou moins inégaux.

Lors des rencontres restauratives, la scénarisation atténue la distance hiérarchique entre les sujets (ou la perception cognitive d'une distance) d'une relation de pouvoir générée par la situation-problème (« l'espace de la reconnaissance » selon Younes, 2002). L'intolérance à l'inégalité de pouvoir s'adjoint d'une distance émotionnelle réduite entre les acteurs (Licata & Heine, 2012) devenus interdépendants d'une même problématique. Redéfinir sa place dans la société par l'acceptation de l'autre, c'est se comprendre (de nouveau), (re)définir sa conduite, mettre à distance les effets centrifuges du conflit sur l'identité sociale du sujet. Sur des éléments si constitutifs de l'identité, il est capital de recevoir l'approbation de l'autre, se sentir « *insider* », tant il serait dramatique pour l'individu auteur ou victime d'être rejeté et se sentir « *outsider* » dans ses propres valeurs personnelles (Becker, 1963). Le processus d'acculturation aux perceptions subjectives de l'autre produit une transaction centripète aux représentations initiales. La néoréalité et l'interaction durant la rencontre restaurative s'envisagent sous la forme d'une « psycho-socialisation ».

Danser sur la musique adéquate ?

Le style relationnel a pour principal intérêt la libre association des émotions, cognitions et comportements des acteurs, sans enregistrement ni jugement extérieur. L'analyse de l'agir a pu être échangée directement avec et entre les acteurs, selon une combinaison psycho-criminologique qui les remet en action : « Moi » (données psychosociales), « Autrui » (représentation de l'autre), « Situation » (l'environnement et le style de vie), dans des contextes qui se répètent (infraction, plainte/garde à vue, tribunal, etc.). Avec les sujets, nous nommons cette combinaison « ViSA » : « Victime », « Situation », « Auteur ». Ces contextes sont autant de rencontres manquées, d'interactions sans dialogue, de relations sans échange, ici rejouées.

La maîtrise de la tension ?

La spatialisation de l'interaction, espace transitionnel des échanges vécu psychiquement par les sujets, convient à l'exercice de la juste distance. Pour le sujet, la distance « juste » se symbolise socialement face aux émotions proposées par autrui. La distance proximale en miroir s'avère être une étape du processus restauratif vers l'exercice partagé du contrôle. En scénarisant librement la situation-problème et en exprimant ses émotions, le sujet constate le lien avec les ressentis de l'autre acteur. Pour l'auteur par exemple, cela signifie la constatation de l'épreuve directe chez la victime des conséquences résultant de l'agir infractionnel. La régulation des émotions se produit à l'aide d'une (re)structuration de l'instance d'adaptation et consciente de la personnalité du sujet.

Temps 3 de la durée : Une relation envisageant les perspectives

Une valse en public ?

Il ne s'agit pas de ne plus récidiver ou ne plus subir, mais de ne plus être dans un positionnement d'auteur ou de victime (désistance secondaire de Maruna et LeBel, 2003 ; McNeill, 2006). Dans les sensations mêmes et les cognitions négatives ancrées, la Justice restaurative propose d'envisager ce qu'ils pourraient être avec et sans cela. L'expérience d'eux-mêmes leur propose un « *amor fati* » et « *deviens qui tu es* » de la philosophie nietzschéenne (1888).

Les normes sociales communiquent par les interactions, l'outil privilégié restant le dialogue, qui s'avère tant « désintégratif » que « réintégratif ». Pour véhiculer des réponses adéquates qui s'émancipent des logiques limitées de la réaction sociale rétributive, il faudrait faire dialoguer les acteurs des situations-problèmes quelles que soient les infractions. Il y a alors chez les sujets un questionnement des attitudes individuelles par la rencontre des attitudes de l'autre et des valeurs sociales qui s'y figurent dans le champ normatif de la situation-problème.

Puis dans la restitution des statuts réciproques, la relation de pouvoir vient transpercer la dualité de l'individualisme et du collectivisme (Hofstede, et al., 2010). Du rapport hiérarchique à l'égalité des statuts (Licata & Heine, 2012), la définition de soi et la capacité à la sujétion se dynamisent par le *process* relationnel. Le sujet redevient actif par la nécessité et la libération de ses besoins psycho-sociaux.

Une valse éprouvante ?

Ce n'est point une honte désintégrative ou réintégrative que nous constatons, mais une désintégration de la honte pour la réintégration des projets de vie de chacun. Le *process* restauratif consolide les sujets entre eux face à la situation-problème scénarisée, il clarifie les règles transgressées, les souffrances générées, et protège donc les sujets des affres désorganisatrices de la culpabilité (problématiques liées aux troubles de la fonction de contrôle selon Redl et Wineman, 1964). Pour les sujets, l'image de soi est affectée dans toutes ses dimensions : l'image du corps, de l'idéal et l'estime de soi, de ses compétences. Cette image est le résultat en valeur pour la personne d'une équation de vie à de multiples inconnues. En 1980, Selosse qualifia la valeur déficitaire que le sujet s'attribue sous la forme d'une « identification négative ». Suite à une situation-problème, nos sujets qui se qualifient négativement ont tendance à organiser leur vie autour d'échecs répétés, phénomène de sérialité axiomatique délinquantielle (Villerbu & LeBas, 2008) ou victimantielle (Pignol, 2011).

En développant une perception de soi dévalorisée, les sujets ressentent une mort sociale ; pour être plus précis, la mort de leur identité sociale antérieure. Ils réalisent ce qu'ils ne sont plus, et de ce fait, comment savoir ce qu'ils deviennent autrement que par et dans la situation-problème qui cristallise ce bouleversement ? L'orientation vers les perspectives futures demande aux protagonistes de réécrire une plage temporelle complète : ce qui se projette demain s'améliore aujourd'hui par rapport aux faits d'hier. Le « *développement d'un plan de vie personnel* » (Coco et Corneille, 2009) procède de l'affirmation d'un choix pour soi qui intègre les autres (assertivité pleine), l'adoption d'un rôle social profond qui fait de l'individu un membre de la société symbolisée par l'autre de la situation-problème qui lui fait face.

3. Que cela produit-il sur les participants ?

Quand Argo se met à la valse… Trois temps pour sortir de l'aliénation de l'identité passée

Le *process* restauratif offre aux acteurs la possibilité de réviser leur identité et ainsi de sortir de l'aliénation du passé fixé par l'environnement normatif, d'envisager les besoins du fragile équilibre d'un futur jamais pensé durant les situations précédentes (eg. infraction, garde à vue, assurance, expertises, jugement, sphère sociale). Les sujets traversent des phases que nous synthétisons ainsi : l'établissement du lien à l'autre et à soi, la capacité à la médiation et à la décentration dans la révision de son positionnement subjectif, et la construction d'une identité cohérente autour d'éléments significatifs pour le projet futur du sujet. Nous reprenons la mythologie grecque du navire d'Argo à ce titre. Les sujets entrent dans notre programme sans savoir ce qu'ils vont réellement y trouver. A la recherche d'une identité cohérente plutôt que de la Toison d'or, ils parcourent une Odyssée. La parabole philosophique du navire d'Argo, s'arrêtant de port en port pour remplacer une pièce jusqu'à ce qu'aucune de ses constituantes ne soit d'origine, questionne l'identité finale du bateau : est-il toujours le navire d'Argo ? Les mouvements identitaires progressifs traversés par nos sujets soulèvent chez eux la même interrogation : seront-ils ou sont-ils toujours les mêmes ?

Observer mon navire ou l'horizon ?

Au début du *process*, les sujets se montrent un positionnement d'individualisme vertical, c'est-à-dire centré sur eux-mêmes, leurs défenses (même dans le questionnement tourné vers l'autre, où il s'agit par exemple d'avoir des réponses). Cette phase communicationnelle quêtant la réciprocité, « *experiencing* partagée », accouche dans la deuxième phase d'un positionnement subjectif davantage collectiviste et horizontal, c'est-à-dire de reconnaissance d'un statut équivalent et interactionnel. Cette rencontre dans l'espace transitionnel partagé des deux filtres cognitifs ouvre sur l'internalisation des ressentis de chacun. Le haut niveau d'entente subjective (Wertsch, 1985), de compréhension par les deux acteurs produit cet « Umwelt » (Schultz, *in* Isambert, 2009), une spatialité du partage du sens. C'est une relation « ancrée » (Goffman, 1974) acquise par le fait qu'autrui est l'être particulier d'un événement marquant qui ravive un bagage mnésique chargé d'émotions. Les membres d'une même rencontre ont la possibilité d'apprendre réciproquement l'expression de leurs émotions et l'impact de leurs actions et pensées conflictuelles sur la relation en jeu.

Sans navire, pas de voyage ?

Ces difficultés impactent directement les valeurs instrumentales intrapersonnelles du présent, dysfonctionnelles tant dans leur opérationnalisation quotidienne (eg. relations sociales, action pour recouvrer l'estime de soi, capacité à s'investir dans les relations affectives) que dans le lien avec le plan futur. Il demeure essentiel que les sujets communiquent sur leurs aspirations et partagent leur orientation, à l'origine à court terme ou dans un futur mal maîtrisé, soumis à la destinée, circulaire et aux normes figées : un futur peu propice à la dynamique de changement. En redonnant du sens et des valeurs, ils se fixent des buts concrets et des vertus pour les porter (Cottraux, 2007). Ils partagent le potentiel d'une orientation à long terme, dans un temps linéaire où le changement se rend disponible. Bien que les valeurs soient stables dans le temps (Rokeach, 1979), le *process* restauratif les amène à évoluer, pour eux et pour le lien social. Le mode de conduite comme l'objectif de vie profitent de ce *process* relationnel.

Les épreuves de la traversée d'Argo ?

Durant le *process* restauratif, l'interaction des sujets se produit à partir des analogies qui retentissent au sein de la « sensibilité sélective dans la perception » (Postman, et al., 1948), captation émotionnelle des informations. L'échange relationnel interroge la force émotionnelle des valeurs (Vernon & Allport, 1931) jusqu'à susciter une dissonance/distorsion cognitive réévaluative des croyances des sujets. L'incompatibilité des informations émotionnelles croisées et de la tension qui en découle oblige les sujets à concilier leurs états cognitifs. L'internalisation des valeurs s'effectue à l'aide du collectivisme horizontal (Licata & Heine, 2012), soutien social essentiel par des personnes légitimes au statut équivalent. La reconnaissance des normes de conduite dans l'échange avec l'autre légitime, agent de socialisation, contribue à l'acceptation des valeurs soulevées (Chataigné, 2014). La relation d'intimité entretenue avec autrui valorise tant la personne que ses possibilités, ses forces internes et ses projets dans le réseau social. La quête de perspectives futures tangibles renforce les valeurs terminales (Rokeach, 1979) et leur ordre de priorité (Bardi & Schwartz, 2003), lorsque la diminution de l'ambivalence cognitive soutenue par la réciprocité émotionnelle redéfinit les valeurs (Rohan & Zanna, 1996). Les sujets se placent dans un navire identitaire qui navigue dans un mouvement de pli et dépli de soi vers l'autre dans la construction des valeurs (Schwartz, 1996) prioritaires et projetables dans le futur (« *primary goods* », Ward & Stewart, 2003).

Un jour, Argo revient au port ?

Nommer son trajet c'est nommer son navire ?

La proposition faite au sujet d'expérimenter son schéma de valeurs revient à le placer au carrefour de deux axes identitaires : celui de la temporalité et celui de la spatialité. La temporalité invoque chez le sujet l'identité qui fut la sienne avec la situation-problème (identité antérieure), et probablement jusqu'à la rencontre avec le facilitateur, face à l'identité qu'il pourrait acquérir dans le futur proche ou lointain (identité substitutive). Le terme « substitutif » paraît essentiel, puisqu'il ne s'agit ni d'ajouter des valeurs ni de les faire évoluer, mais de les réviser en profondeur, en opposition à d'autres, jusqu'à ce qu'une cohérence se dégage et se substitue au premier modèle. La spatialité de l'identité interroge l'orientation interactionnelle des valeurs du sujet (moi ou autrui). La spatialité revient à la troisième dimension « inclusive-exclusive », verticale, ajoutée par Schwartz (2015) dans son modèle circumplex des valeurs. L'identité spatiale s'élabore en incluant ou excluant autrui du processus, c'est-à-dire avec des valeurs aux buts altruistes ou égoïstes (Chataigné, 2014).

C'est le mouvement de l'identité sur ces deux axes adjoint à la problématique de l'incertitude (Hofstede, et al., 2010) qui mettent le sujet à l'épreuve dans une finalité de changement ou de maintien identitaire (Miller & Rollnick, 1991). Pour ceux qui s'embarquent sur le navire, le périlleux voyage se montre à la hauteur de l'enjeu et du butin final, comme recevoir l'approbation de valeurs idocentriques terminales de la part de son *alter non ego.* L'accroissement du besoin de contrôle de l'incertitude pour diminuer l'insécurité ressentie rigidifie le schéma identitaire du sujet. La spatialité de l'identité et des valeurs guident sur la stratégie de contrôle de l'incertitude assurée par le sujet au contrôle. Si le sujet se tourne vers soi, il recourt à la solution d'autonomie dans la création de valeurs ; s'il compose avec les autres, il choisit la solution d'incorporation sociale (Schwartz, 2007).

Vivre la même traversée dans des directions différentes ?

La réciprocité émotionnelle devient le médium de reconstruction des valeurs (Chataigné, 2014). « Pourquoi agir ainsi ? » se pose en question centrale dans la vie du sujet pour qui les valeurs terminales se redistribuent. Ces « principes guidant nos vies » (Chataigné, 2014) ont pour fonction la légitimation cognitive de nos actions dans un contexte social déterminé, et les valeurs instrumentales, *secondary goods* du sujet (Ward, 2007), se révisent afin de savoir s'ils contribuent la réussite des buts premiers (Morchain, 2009 ; Licata & Heine, 2012). En 2003, Wach et Hammer ajoutèrent deux valeurs de « besoin connaissance » au modèle circulaire de Schwartz (Schwartz, 2007), la vérité rationnelle et la vérité non rationnelle (Guichard & Huteau, 2006). La présence de l'autre sujet, auteur ou victime, protège l'individu de la « déréflexion » (Frankl, 1972) que l'introspection identitaire pourrait occasionner. Nous entendons par « déreflexion » le repli excessif sur soi jusqu'à l'enfermement égocentrique. La présence d'autrui permet la réflexion ouverte et aide à se distancier de soi dans l'échange afin de « *chercher un sens en dehors de soi-même* » (Huguelet, 2013).

La démarche d'authenticité de l'identité du sujet internalise un équilibre entre les investissements sur soi et les investissements sur l'environnement émergés par la rencontre (Yalom, 2008). En tentant de répondre à des intrigues et énigmes autour de l'acte et de l'identité, le *process* restauratif glisse du règlement des conflits à la réparation symbolique des valeurs personnelles et sociales.

Le nom du navire d'Argo ?

La relation avec le facilitateur propose trois phases, ouvrant éventuellement vers les trois phases de la rencontre restaurative. Ces trois phases de la relation avec le facilitateur, d'écoute des besoins et des projets, de la scénarisation et des difficultés quotidiennes, et de l'interaction avec autrui, sont retravaillées lors de la rencontre restaurative. La relation entre les acteurs connut également trois phases : la relation par la communication de ses expériences de vie, la scénarisation de l'événement pour l'attribution des statuts normatifs, et la reconstruction des valeurs par le partage des perspectives futures.

Chacune de ces phases demeure essentielle dans le *process* de labellisation choisie en tant qu'identité et expérience de soi-même. Les trois affirmations existentialistes nietzschéennes (1888) illustrent ce mouvement de l'identité du sujet : « *amor fati* » (accepter sa fatalité/trajectoire avec ses vulnérabilités et forces), « se créer liberté » (attribution des places sociales et de l'affirmation identitaire), « deviens qui tu es » (l'épreuve de la projection de soi dans un plan de vie subjectif).

4. Techniques ATLAS pour mettre en place des rencontres de Justice restaurative

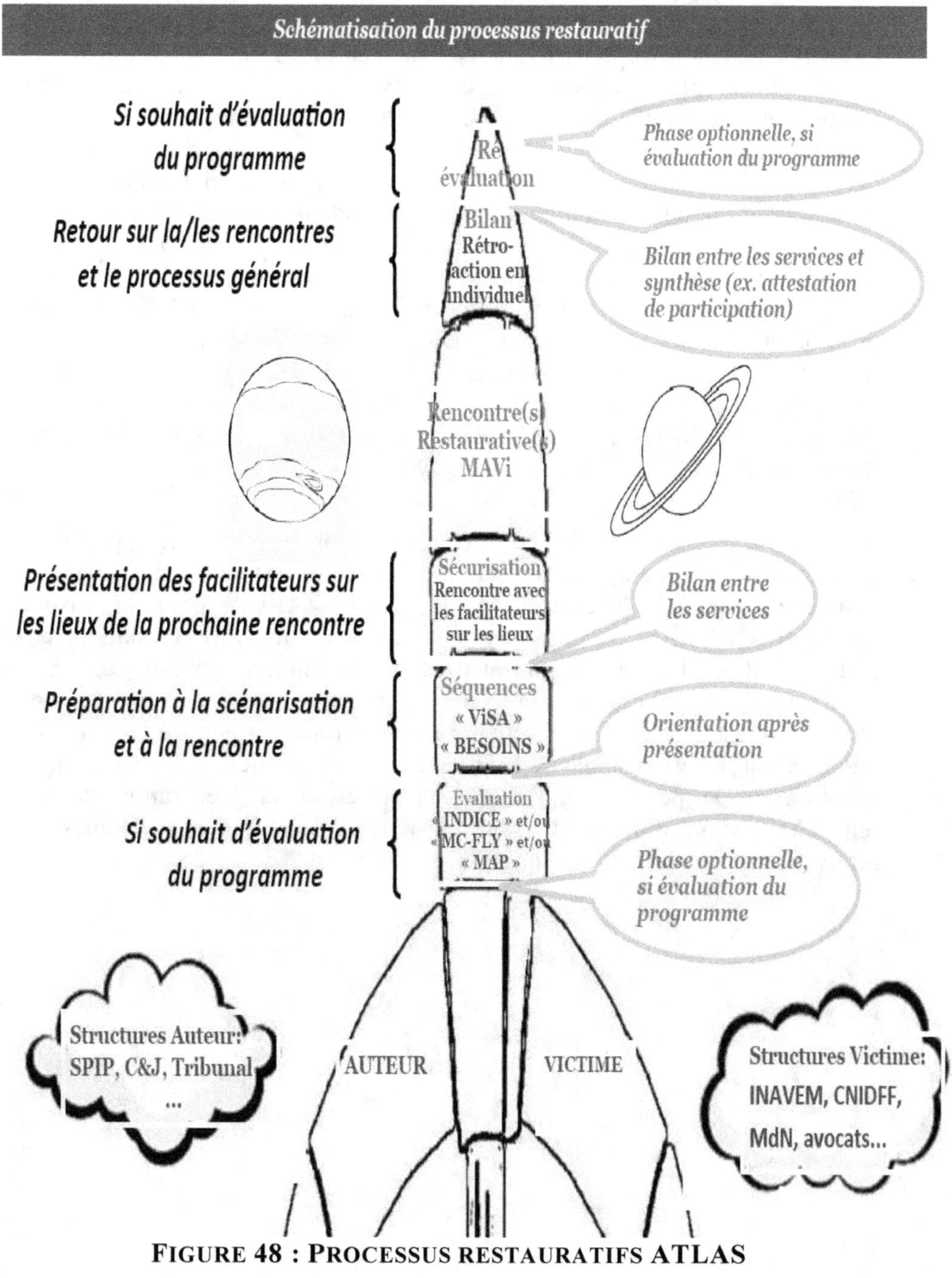

FIGURE 48 : PROCESSUS RESTAURATIFS ATLAS

La question de la motivation

A l'entrée et à la sortie du programme de Justice restaurative, il est essentiel de partager avec les sujets sur ses attentes, besoins, motivations, (non)résolutions et (in)satisfactions. Selon l'expérience du Protocole PARIS de Justice restaurative, la motivation *a priori* et *a posteriori* (entrée et sortie) s'ordonne le plus souvent autour d'axes particuliers (Dieu, 2016). Simplement interrogée sous la forme « *Qu'est-ce qui vous incite à vous impliquer dans le programme ?* » à l'entrée, puis « *Quels sont les bienfaits que vous retirez de ce programme ?* » à la sortie, pour le sujet direct et selon lui ce qu'en attendrait l'autre, les sujets répondent régulièrement : « *Parce que d'autres personnes pensent que c'est une bonne idée pour moi* », « *Pour comprendre l'évènement et ses causes* », « *Pour être en face d'une personne qui a fait / subi* », « *Pour exprimer les conséquences sur moi à long terme* » (ex : honte, culpabilité), « *Pour reprendre le contrôle de ma vie, me sentir respecté par les autres* »... puis à la sortie la satisfaction d'avoir « *aidé autrui, avoir eu de l'empathie, vis-à-vis des répercussions des* actes », « *compris l'évènement passé dans mon cheminement* », de s'être « *restauré/libéré/débarrassé d'un poids...* », « *apaisé d'un sentiment d'insécurité pour reprendre le contrôle de ma vie* »...

A partir d'une taxonomie croisant orientation spatiale, temporelle et motivationnelle, tirée de l'organisation des attentes des sujets en matière de Justice restaurative (Dieu, 2016), le Service ARCA pour la Justice restaurative (ATLAS, 2016) a conçu une échelle de motivation restaurative – phase d'entrée- (EMR) et de satisfaction restaurative –phase de sortie- (ESR). Ces échelles ont pour objectifs de soutenir le sujet dans ses besoins de Justice restaurative (en entretien ou questionnaire d'auto-réflexion avec une cotation lickert possible de 1 à 5) et l'orienter au mieux dans ses attentes vis-à-vis de la personne qu'il va rencontrer et la préparation de ces rencontres. Cinq dimensions sont en jeu au sein des ces échelles de motivation et satisfaction (Dieu, 2016) :

Dimensions	Motivation a priori / EMR	Motivation a posteriori / ESR
Dimension 1	Rien de particulier *(Amotivation)*	Satisfaction générale *(Apports partageables)*
Dimension 2	Lien aux autres - liés au présent *(Motivation extrinsèque)*	Satisfaction relationnelle - Liée au présent *(Apports extrinsèques)*
Dimension 3	Besoins cognitifs - liés au passé *(Motivation intrinsèque)*	Satisfaction cognitive - liée au passé *(Apports intrinsèques)*
Dimension 4	Besoins émotionnels - liés au présent *(Motivation intrinsèque)*	Satisfaction émotionnelle - liée au présent *(Apports intrinsèques)*
Dimension 5	Besoins psychosociaux - liés au futur *(Motivation intrinsèque)*	Satisfaction psychosociale - liée au futur *(Apports intrinsèques)*

FIGURE 49 : EMR ET ESR (MOTIVATIONS ET SATISFACTIONS RESTAURATIVES)

Séquences de préparation, de la scénarisation à la préparation de la rencontre

Présentation de l'outil : Séquences 1 de scénarisation via le « support VISA »

Le support ViSA (Victime-Situation-Auteur) est une aide pour le médiateur/facilitateur dans sa manière d'entrer en contact avec le sujet en besoin de Justice restaurative. *Le support en question peut aussi être laissé à la personne, à compléter avant ou après l'entretien, seule ou avec un proche. En cela, il n'est pas qu'un outil du professionnel, il sert la relation entre le facilitateur et le sujet, à libérer la parole et faciliter l'expression des ressentis dans un cadre sécurisé.* L'objectif du support est ainsi de permettre à la personne visant une mesure restaurative de scénariser l'infraction subie/perpétrée et les répercussions de vie depuis cet événement. Il s'agit d'un support pour entrer en contact avec l'identité perturbée de la personne en besoin, à travers ses perspectives temporelles remises en question. Ce support tend également à respecter l'intimité de la personne afin que le médiateur/facilitateur n'aide à scénariser que ce qui fait sens pour la personne en vue de la rencontre restaurative (individuelle ou groupale).

Des images et allégories aident également à entrer en communication, à scénariser les éléments qui seront partagés au sein de la mesure restaurative. Ce support prend appui sur l'hypothèse que le travail restauratif débute avec ce premier contact social que représente le médiateur/facilitateur, tout en s'assurant de ne pas procéder dans des élaborations psychiques de type psychothérapeutique ou socioéducatif. L'allégorie de la grenouille est un exemple de cette technique relationnelle d'entretien basé sur une allégorie saisissable. L'histoire est présentée de la sorte : Une grenouille mise dans de l'eau brûlante perçoit la situation et s'échappe, mais dans de l'eau froide qui chauffe petit à petit, celle-ci ne remarque pas le danger pour elle. Comment faire une fois que la brûlure est advenue ? Feindre la brûlure et chercher à redevenir comme avant (verte) ou penser au futur et devenir à partir de cet état ? Plusieurs questionnements sont possibles et partageables entre le facilitateur et le sujet : Comment étiez-vous verte ? A quel moment cela fut rouge ? Que fut le processus de changement ? Qu'est-ce que serait pour vous devenir bleue ?

L'approche temporaliste soutient le modèle restauratif proposé ici, notamment dans la communication relationnelle des éléments de vie perturbés. Le médiateur/facilitateur aide la personne à scénariser les impacts identitaires à travers les temporalités : Hier (avant l'infraction et pendant l'infraction) ? Aujourd'hui ? Demain ? Etablir des mouvements dans le temps aide à déterminer les déficits aujourd'hui présents.

- Les Cercles visés : Moi : *Qu'est-ce que cela dit de moi, comment je m'envisage, comment je m'envisageais mon avenir avant cet évènement ?...* Mes proches : *Ce que cela dit d'eux, de moi à travers eux, la place qu'ils occupent pour moi et que j'occupe pour eux ?...* Lui / Elle(s) / Eux : *Ce que cela dit pour l'autre, de l'autre, la place que j'occupe pour l'autre et qu'il occupe pour moi ?...*
- L'expérience de l'identité dans le temps : Parler de l'identité dans le temps, ce n'est pas évoquer les périodes temporelles. Il faut faire « vivre » l'identité dans ces périodes, par exemple : « *et si nous avions avec nous, assis là en face, la personne que vous étiez avant les faits, c'est-à-dire il y a un an. Que dirait-elle cette personne, que penseriez-vous d'elle, décrivez-la moi...* »
- Le niveau d'intensité : Pour chacune des phases, il est possible de dessiner d'un trait l'intensité du vécu, à la manière d'un électrocardiographe. Cela facilite l'expression des spatiotemporalités affectées.
- Les images s'utilisent sous la forme du photo-langage. Il s'agit de demander à la personne ce qu'elle en pense, puis de détailler : sa place (sociale symbolique), ses perspectives futures… C'est-à-dire : « Comment la personne s'envisage ? »

Présentation de l'outil : Séquences 2 de préparation aux rencontres restaurative via le « support des BESOINS »

Le support des « besoins », qui peut aussi être laissé à la personne, est une préparation à la rencontre (ou aux rencontres) restaurative elle-même, lorsque le support « ViSA » était déjà une rencontre avec soi et le médiateur/facilitateur.

- Dans un premier temps, l'échange se centre sur la personne ici présente et ses besoins, ses besoins d'émission, de réception et d'expressions globales.
- Dans un second temps, le médiateur/facilitateur procède aux mêmes questionnements mais du côté de l'altérité, de l'infracteur ou de la victime (cas d'une rencontre auteur/victime MAVi), ou encore des autres infracteurs ou des autres victimes (rencontre groupale RDV/RCV).

Pour les éléments d'émission, il s'agit ici des besoins à communiquer. Pour la personne directement, cela revient à « *ce que j'aimerais profondément dire ? Et ce que je n'aimerais pas dire ?* », et vis-à-vis de l'autre personne « *ce qu'il aimerait profondément dire et ce qu'il n'aimerait pas dire ?* »

Pour les éléments de réception, il s'agit ici des besoins de réception dans le sens où « entendre » prend en considération l'entendement, ce qui fait sens ou non. Pour la personne directement, cela concerne « *ce que j'aimerais profondément entendre ? Et ce que je n'aimerais pas entendre ? »,* et vis-à-vis de l'autre personne « *ce qu'il aimerait profondément entendre et ce qu'il n'aimerait pas entendre* ? »

Pour les éléments dits d'expérience, nous questionnons le « Vivre » qui concerne les choses relationnelles et émotionnelles, tandis que « Partager » renvoie à des éléments concrets (ex : se serrer la main, offrir un présent, etc.). Pour la personne directement, il s'agit « *ce que j'aimerais vivre/partager ? Et ce que je n'aimerais pas vivre/partager ?* », tandis que vis-à-vis de l'autre personne nous proposons « *ce qu'il aimerait vivre/partager ? Et ce qu'il n'aimerait pas vivre/partager ?* »

Comme dans ViSA, les supports visuels sont des soutiens à l'expression :

- La 1re image (les pierres et la plume) évoque la question de l'équilibre des relations ainsi que des charges émotionnelles possibles.
- La 2de image (les branchements) réfère à la communication et l'écoute active possible.

Exemple d'interaction vis-à-vis des supports visuels : « *Je comprends, c'est parfois éprouvant de mettre des mots sur ce que l'on ressent. Parlons des images, celle-ci par exemple, celle des deux personnes, que vous inspire-t-elle ?* »

Préparation à la communication et à la survenue possible des éléments non souhaités / ou l'absence des éléments souhaités (pour la personne et pour l'autre) : Comment faire si jamais les éléments à émettre ne le sont pas ou ne pas émettre le sont… si jamais les éléments à entendre ne le sont pas ou ne sont pas entendus… si nous entendons des choses qui ne nous plaisent pas… ou que nous ne souhaitions pas vivre.

Les rencontre(s) restaurative(s) MAVi en elles-mêmes

Disposition des lieux pour la rencontre restaurative. Le(s) facilitateur(s) est prié de n'intervenir qu'en cas de nécessité. Il doit respecter les personnes, leurs besoins, leurs dires et ressentis, leurs silences. Il ne cherche pas à reformuler ou relancer les échanges. La JR n'est ni un processus socioéducatif ni psychothérapeutique. Afin de sécuriser les personnes qui vont se rencontrer, dans la mesure du possible nous recommandons d'avoir une première familiarisation avec les lieux (ex. pour la séquence 2 des « besoins » ou bien la séquence suivante de présentation des facilitateurs dans certains cas –cf. ci-dessous). Encore une fois dans la mesure des possibilités, ce lieu tend vers la neutralité et les emplacements futurs sont déjà prévus et discutés. Les séquences préparatoires peuvent être organisées conjointement par deux services (ex. SAA et SPIP), nous préconisons que :

- Pour chacun des services un professionnel devienne le référent-facilitateur/médiateur en vue des rencontres restauratives. Ce référent n'est à l'origine pas en charge de la personne qui manifeste un désir de Justice restaurative.
- Chaque référent (ex. AAV et SPIP) prépare des personnes puis recoupe les données afin d'assurer la mise en place des rencontres restauratives.
- Suite à la décision d'une rencontre entre deux personnes (victime et auteur du même fait se connaissant ou non), une rencontre sera organisée avec les deux facilitateurs qui présenteront la démarche, sur les lieux de la rencontre future. Il conviendra de rappeler les besoins possibles, installer des codes en cas de difficulté (ex : couper la séance pour faire une pause, arrêter, indiquer que l'on se sent mal).
- La séance restaurative se lance en reprécisant les règles de respect mutuel, de communication, puis en proposant de se présenter chacun son tour. Les personnes peuvent venir avec les supports ViSA et/ou BESOINS si elles le souhaitent.
- Il peut y avoir une ou plusieurs rencontres, elles doivent rester ouvertes en termes de temps (principe des médiations humanistes :

par exemple prévoir la demi-journée, même si la rencontre ne dure finalement qu'une heure).

- A la fin de la rencontre, il est demandé aux personnes si elles souhaitent une autre rencontre, sinon une rencontre bilan avec le médiateur/facilitateur interviendra par la suite. Aucun accord spécifique entre les deux personnes n'est recherché, cela n'exclut pas cette possibilité s'il s'agit d'un souhait libre entre les personnes.

Suite à la/les rencontre(s) restaurative(s), le(s) facilitateur(s)-médiateur(s) procède(nt) à un bilan avec les personnes. Il est possible d'amener à cette séquence les supports ViSA et/ou BESOINS. Il est question d'échanger sur les ressentis de la personne, comment elle a vécu la ou les rencontres, ses satisfactions et insatisfactions, ce qu'elle compte en faire pour son futur, ce que cela a pu changer en elle.

Chapitre 6 : Les médiations restauratives dans les situations a priori non favorables : l'exemple des violences conjugales

F. GARBARINO & P. GIULINI, criminologues cliniciens responsables du Centre Italien pour la Promotion de la Médiation (CIPM)

1. Introduction

Nous présentons ici un modèle d'intervention criminologique, par définition interdisciplinaire, élaboré dans une perspective de justice restaurative, de prévention des actes violents et de gestion de leurs effets. Ce modèle est mis en oeuvre au sein de trois services, conçus et gérés par l'association C.I.P.M. pour la commune de Milan et sur deux projets de traitement intercarcéral. A partir des résultats que nous avons pu observer par le biais de cette expérience milanaise, nous avons intégré divers plans d'intervention impliquant les sujets d'une politique criminelle nouvelle, axée sur les principes de la justice restaurative. Nous nous référons à ce propos à la définition normative de la directive UE 2012/29/UE du 25 octobre 2012 qui fait référence, dans l'article 2, à "*tout processus permettant à la victime et à l'auteur de l'infraction de participer activement, s'ils y consentent librement, à la solution des difficultés résultant de l'infraction pénale, avec l'aide d'un tiers indépendant*".

La victime du délit est prise en charge par le "service de soutien psychotraumatologique", tandis qu'on propose à l'auteur des actes violents – ainsi qu'aux sujets impliqués dans des situations de conflictualité à risque de conduites antisociales – une activité clinique de traitement tournée vers la prévention, au sein de la "Protection Criminologique Territoriale" et auprès de deux instituts pénitentiaires milanais. La personne offensée, le délinquant et les personnes impliquées dans des situations conflictuelles peuvent accéder au "service de la médiation sociale et pénale". La communauté, enfin, participe à la réinsertion sociale de l'auteur du délit au sein de la Protection[77].

[77] La communauté est aussi représentée par l'association qui a proposé et gère ce service, tandis que la qualification "publique" de ce service, financé par la collectivité locale, est une garantie de contrôle, de qualité et de compétence qui sont déterminants dans un secteur tel que le pénal, où la prudence est fondamentale puisqu'il est question des droits fondamentaux de la personne. La dimension publique est propre au droit pénal, elle est cruciale dans les pratiques restauratives, non réductibles à un fait d'ordre privé entre le délinquant et sa victime, et dont l'objectif est de renouer avec le lien social.

Les situations conflictuelles et pénales sont considérées dans une perspective intégrée, multidisciplinaire (criminologique, psychologique, pédagogique, légale), en réseau, communautaire (regroupant à la fois les services et les figures professionnelles directement et indirectement impliquées). On prévoit des temps d'écoute, un service d'orientation dans la gestion du conflit, des rencontres de médiation ainsi que d'autres instruments de justice restaurative, des conseils juridiques, des entretiens criminologiques, un soutien psychologique, des groupes de traitement. Les services sont connectés les uns aux autres et travaillent en lien avec les projets intercarcéraux. Nous considérons qu'une telle caractéristique constitue une valeur ajoutée dans la prise en charge de situations particulièrement complexes et délicates.

Notre travail se situe dans une perspective de prévention primaire, secondaire et tertiaire. L'accessibilité "à bas seuil" du service pour la médiation sociale et pénale favorise en particulier l'accès d'usagers qui se trouvent dans des situations caractérisées par un niveau de conflictualité "curable", n'ayant pas encore commis de délits passibles d'être poursuivis sur plainte. Il permet également d'offrir une aide à quiconque se trouverait dans une situation à risque de commission d'un acte violent. Par exemple, au premier signal d'un contrôle excessif de la part de son compagnon ou après un comportement agressif, une femme peut demander de l'aide et son compagnon, qui reconnaît parfois de lui-même avoir un problème, peut aussi avoir accès au traitement avant même que son comportement ne dégénère. En bref, il s'adresse à ceux qui ont subi ou qui commettent des actes violents.

L'articulation des services permet aussi, en accueillant des situations présentées et vécues comme étant simplement conflictuelles, de repérer des situations de victimisation réelle, qui autrement ne sortiraient pas du chiffre noir, car les victimes s'autorisent très difficilement à se reconnaître comme telles. Dans le cas où un délit aurait été commis, l'intervention de nos services fonctionne en complémentarité avec la justice, dans l'optique d'une humanisation du droit. En outre, on effectue une activité de prévention tertiaire, qui concerne la clinique criminologique et qui est mise en oeuvre en prison et au-dehors. Les cas abordés concernent, pour la majeure partie, des milieux relationnels de proximité, particulièrement délicats comme le cadre familial, mais aussi des milieux caractérisés par l'absence de relation, comme la pédopornographie et le *grooming*.

De telles situations semblent difficiles à gérer dans une perspective préventive et "a priori non favorables" à la justice restaurative, surtout lorsque l'on considère la vulnérabilité particulière de la victime. Pourtant, notre expérience nous incite à considérer l'approche restaurative, utilisée dans une perspective intégrée, comme étant particulièrement fonctionnelle et significative. Nous choisissons ici de nous focaliser en particulier sur les situations de conflictualité et de violence intrafamiliale de genre.

2. Etat des lieux concernant la violence domestique

La violence de genre en milieu domestique : le panorama européen

Lorsque l'on aborde le thème de la violence de genre, le risque est de mettre en oeuvre des mécanismes de défense, en simplifiant les choses et en utilisant, par exemple, le terme de "monstres" lorsque l'on évoque les auteurs des délits. La tendance est d'éloigner de soi ces aspects que Freud définit comme "perturbants"[78], qui troublent parce qu'ils font profondément partie de chacun de nous et ce, bien qu'ils nous semblent étrangers et effrayants. Paradoxalement, même chez les auteurs de délits sexuels, il existe cette tendance de la part du violeur en série, de qualifier de monstre le pédophile, et vice versa, jusqu'à parler de peine de mort à leur encontre. On prend nos distances plutôt que d'affronter le problème. Il est pourtant important de considérer ces sujets dans la complexité qui les caractérise, où s'entrecroisent différents plans, criminologique et socio-sanitaire, juridique, éducatif et scientifique, ainsi que le plan économique si l'on se situe en particulier dans une perspective de prévention.

D'après les recherches en la matière[79], le foyer apparaît statistiquement comme étant le lieu le plus dangereux pour une femme. En particulier, les données les plus récentes de l'Organisation Mondiale de la Santé mettent en évidence le fait que 35% des femmes subissent ou ont subi une violence au cours de leur vie, que 70% des violences physiques ou sexuelles proviennent de leur partenaire ou ex-partenaire, et que 30% des femmes ont vécu une

---

[78] Freud S., "Il perturbante", in *"L'Io e l'Es e altri scritti 1917-1923"*, Ed.Bollati Boringhieri, Torino.

[79] Données extraites de la Word Healt Organization, *Global and regional estimates of violence against women: prevalence and health effects of intimate partner violence and non-partner sexual violence,* 2013. Le rapport est disponible, en anglais, à l'adresse URL suivante: http://apps.who.int/iris/bitstream/10665/85239/1/9789241564625_eng.pdf?ua=1
Sur ce thème et, en particulier, sur la catégorie des "délits relationnels", voir également G. Kaiser, *Criminologia*, Giuffrè (1985), pp.119-120, 305, 313, où l'on souligne l'importance, par rapport à la criminogénèse, de l'existence ou tout au moins de la connaissance personnelle entre l'auteur et sa victime au moment de la commission du délit" et qu'"un rapport de connaissance de cet ordre se retrouve plus facilement dans les délits contre la personne et dans les délits sexuels que dans ceux contre la propriété et le patrimoine [...] exception faite de l'extorsion. On parle donc, pour une partie des cas mentionnés ci-dessus, de délits de relation. En général, il s'agit de données caractérisées par un conflit en cours entre auteur et victime"; "Souvent, la vraie motivation de l'homicide peut être uniquement réduite au rapport particulier entre l'auteur et sa victime. D'après ce que l'on observe, les meutres de personnes totalement inconnues de l'auteur du crime, se vérifient dans une très faible proportion des cas, d'où le fait que, pour des homicides atroces, on arrive directement à l'évocation de délits à caractère familial".

violence physique ou sexuelle au sein d'un rapport de couple. La législation internationale prévoit l'obligation pour les États d'adopter des mesures préventives et punitives envers les violations des droits dans ce domaine.

En 2011, en particulier, le Comité des Ministres du Conseil européen a approuvé la Convention d'Istanbul sur la prévention et la lutte contre la violence à l'égard des femmes et la violence domestique, ratifiée jusqu'à présent par 14 pays[80] et qui a porté principalement sur la violence domestique en tant que forme de violence la plus répandue. Aujourd'hui encore, en Italie, certaines décisions judiciaires semblent respecter une certaine prudence dans le fait d'entrer dans les dynamiques de la famille, conçue comme valeur en soi, avec ses propres règles.

A ce propos, Garapon (2001) met en évidence le fait que le droit pénal ne vise plus aujourd'hui à sauvegarder l'ordre moral[81] mais remplit comme fonction le fait de poursuivre toutes les inégalités substantielles dans la vie sociale, en contrôlant les rapports de force illégitimes dans les relations familiales, professionnelles, religieuses ou amoureuses, en créant de nouveaux cas, et en devenant l'instrument actif de valeurs libérales, même si, éventuellement, elles sont contraires aux coutumes. Il fait référence au "paradigme de la violence sexuelle", considérée, symboliquement, comme "le mal suprême" et jugée, dans un monde caractérisé par l'égalité démocratique, qui sacralise l'autonomie de la volonté, comme une inégalité injustifiable créée entre deux individus. Dans cette perspective, l'Italie a introduit la loi contre la violence sexuelle (n.66/1996) et celle contre la pédophilie (n.269/1998) ; elle a également prévu la punibilité des "actes de persécution" ou "stalking" (loi n.38/2009) et incriminé les conduites de violences psychologiques dans les relations affectives et de violence assistée (loi 119/2013).

---

[80] L'Italie et la France font partie des pays signataires. Un point de vue fondamental de la Convention est le fait d'avoir introduit une notion large de la violence, comprenant la violence psychologique et économique, et surtout, l'attention vers la forme de violence la plus répandue: la violence domestique. Encore aujourd'hui, en Italie, il semble qu'une peur persiste à ne pas vouloir entrer dans les dynamiques de la famille, conçue comme valeur en soi, avec ses propres règles. C'est sans doute pour cela que l'on assiste encore aujourd'hui à une tolérance de la part de certains juges par rapport à des pratiques perpétuées dans des familles "étrangères" fondées sur des valeurs clairement contraires à la parité des genres, comme ce qui concerne les mutilitions génitales, pénalement interdites en Italie (la Cour d'appel du tribunal de Venise, par exemple, a acquitté deux parents nigériens qui avaient fait subir une infibulation à leurs deux filles).

[81] "Georges Vigarello montre comment, dans l'Ancien Régime, la victime s'effaçait devant l'horreur de la transgression sexuelle, assimilée moins à une violence qu'à un manque de pudeur, un blasphème. *"La victime est "enveloppée" dans l'indignité du délit, corrompue par ce délit, au même titre que son auteur"*. G. Vigarello, *"Storia della violenza sessuale"*, Marsilio Editore, Venezia, 2001, cit. in A. Garapon, F. Gros, T. Pech, *"Et ce sera justice-Punir en democratie"*, Odile Jacob, Paris, 2001

Garapon affirme que de tels délits constituent moins une transgression délibérée de la loi – une révolte contre l'ordre établi – qu'une insidieuse perversion de la relation, l'affirmation d'un pouvoir sur l'autre. Si, dans le modèle de la transgression, on joue à établir la matérialité des faits ou leur imputabilité, dans l'hypothèse de la perversion, on discute de l'existence même du délit. Pour la victime, le préjudice ne provient pas seulement de la violence de l'acte, mais aussi de la négation de cet acte. La violence intrafamiliale se produit entre des personnes liées par un rapport d'intimité. Cela rend difficile la perception de l'illégitimité de certains comportements violents, surtout dans un système social comme celui de l'Italie, qui conserve des résidus d'autoritarisme et de discrimination de genre. Il est difficile de tracer une limite entre ce qui est tolérable et ce qui est légitime. Le recours toujours plus important à l'intervention du domaine judiciaire, dans des situations telles que les situations intrafamiliales, traditionnellement non gérées par le judiciaire, en cela qu'elles sont inhérentes à la « sphère privée », témoigne d'un progressif changement culturel, une conscience accrue de l'importance de la protection des droits des victimes. Ce qui induit une diminution du chiffre noir.

La force symbolique de la loi exprime, de la part de la société, une claire condamnation de la conduite de l'agresseur, qui permet de mettre en évidence sa responsabilité personnelle. Pour autant, pour les délits commis dans le cadre de relations familiales conflictuelles et ambivalentes, ou qui sont l'expression de malaises ou de difficultés surmontables, le recours à la loi risque de nuire à une possibilité d'élaboration et de personnalisation de la problématique. Il ne favorisait pas un changement effectif des dynamiques complexes psychologiques, relationnelles et sociales relatives à l'épisode dénoncé. Dans ces cas-là, le risque est même d'intensifier la conflictualité et la violence et de faciliter les situations de passage à l'acte et de récidive. Notre expérience met en évidence le fait que dans le cadre de relations de proximité et, en particulier, inhérentes au contexte familial, l'utilisation d'une approche multidisciplinaire et intégrée, avec des pratiques de justice restaurative, permet d'évaluer chaque situation de manière concrète, dans toute sa complexité et en l'abordant avec les précautions nécessaires.

Mais la possibilité d'appliquer les pratiques de justice restaurative aux situations de violence de genre, et en particulier, la violence domestique est une thématique sensible, actuellement débattue au niveau européen. Les critiques portent principalement sur la question de l'opportunité de « privatiser » la gestion des actes de violence domestique, dont la tutelle pénale est vouée à protéger non seulement les intérêts de la victime, mais aussi ceux de la collectivité, donc à punir la violence de genre dans le but d'une prévention générale (Parisi, 2015). Cette question est dépassée dans le cas où, comme en Italie, la justice restaurative est exclue durant le procès et est donc applicable uniquement pendant et après l'exécution de la peine.

D'autre part, tandis qu'en Europe de telles pratiques sont aussi prévues non seulement au niveau expérimental, comme alternatives à la justice formelle, certains soulignent le fait que la médiation pénale, dans ces cas-là, promeut ce qui constitue, selon le sociologue Luhmann, le noyau même de la loi, la mise en place de la norme, c'est-à-dire de la légitime demande de la victime (Pelikan, 2015). Les associations de défense des victimes, en revanche, soutiennent l'inutilisation de la médiation, à cause du déséquilibre de pouvoir entre les parties sur le plan psychologique. L'art.48 de la Convention d'Istanbul, qui, par ailleurs, se prête à diverses interprétations, aurait accepté ce point de vue si l'on considère l'interprétation la plus restrictive[82].

Nous considérons que cette position, considérée *a priori* au nom des victimes, risque, de manière idéologique, de leur retirer la possibilité d'une réelle protection. A ce propos, nous soulignons le fait que la justice restaurative se veut individualisée, précisément dans la perspective de répondre de la manière la plus adaptée aux besoins concrets de la victime, alors que la logique pénale cherche à rétribuer un acte par une peine, dans la logique – civiliste – de la réparation d'un préjudice concret, à travers une prestation matérielle et morale (Garapon, et al., 2001).

Les délits intrafamiliaux dans le contexte italien

En ce qui concerne la typologie des délits commis dans le contexte intrafamilial, la loi italienne fait la distinction entre ceux qui sont poursuivis

---

[82] Convention du Conseil de l'Europe sur la prévention et la lutte contre la violence envers les femmes et la violence domestique, approuvée par le Conseil des Ministres du Conseil de l'Europe le 7 avril 2011 et ouverte à la signature le 11 mai 2011 à Istanbul. Article 48 – Interdiction des modes alternatifs de résolution des conflits ou des condamnations obligatoires. Alinéa 1 *"Les Parties prennent les mesures législatives ou autres nécessaires pour interdire les modes alternatifs de résolution des conflits obligatoires, y compris la médiation et la conciliation, en ce qui concerne toutes les formes de violence couvertes par le champ d'application de la présente Convention."* A ce propos, F.Parisi (op.cit.) écrit : "En ce qui concerne l'art. 48 della Convenzione, il n'est pas parfaitement clair que l'interdiction établie concerne réellement les pratiques de Justice restaurative, car ce texte semble se prêter à une double interprétation: selon la première, la médiation et la conciliation seraient interdites seulement si elles sont obligatoires (mandatory), donc la possibilité d'appliquer la RJ dans les cas de violence de genre resterait de fait inchangée, étant toujours soumise aux intentions des parties; selon une interprétation plus restrictive, mais peut-être plus respectueuse des intentions du Conseil de l'Europe, la médiation et la conciliation seraient dans chaque cas comprises entre les processus de résolution des controverses à interdire.
En tout cas, on présume que l'art. 48 de la Convention constituera un nouvel obstacle à la mise en oeuvre de la RJ dans les cas de violence de genre (et ce n'est peut-être pas un hasard si des pays comme l'Angleterre, qui au cours des vingt dernières années a encouragé l'utilisation de la RJ – et en particulier lors de la conférence – le gouvernement ait récemment prévu dans son "code de conduite de la victime" des sections dédiées à l'utilisation de la RJ, mais se soit prémunie d'en exclure l'application aux violences de genre).

sur plainte, et ceux qui sont poursuivis d'office, par rapport à la diverse gravité des conduites. Au sein de la famille, les délits susceptibles de poursuites sur plaintes[83] sont fréquemment commis dans le cadre d'une situation conflictuelle entre les parties, qui mettent en oeuvre une réciprocité de conduites et qui, dans le scénario de conflictualité, revêtent autant le rôle d'auteurs que de victimes. S'ils sont perpétrés aux dépens d'une seule partie, cela peut déjà constituer un premier signal de violence intrafamiliale (les « délits de sentinelle »).

Dans ce cas, la loi prévoit la possibilité de médiation pénale entre auteur et victime de délit, dans le cadre du sursis avec « mise à l'épreuve ». Les délits poursuivis d'office sont souvent commis de manière prolongée dans le temps. Dans le cas de maltraitance, par exemple, des conduites qui, en soi, seraient caractéristiques des délits poursuivis sur plainte deviennent des délits poursuivis d'office, avec pour conséquence une aggravation de peine, en raison de leur répétition dans le temps. On signale à ce propos que dans le contexte pénal, il n'est pas prévu de mise à l'épreuve possible, ainsi qu'en particulier une médiation pénale pour ce type de délits, mais que dans le cadre des ordres de protection civiliste contre les abus familiaux, il est indiqué, dans l'art. 342 bis c.c., un possible transfert de ces cas à des centres de médiation. Il nous semble que cette coordination normative ratée caractérise ce que représente ce thème de l'abus intrafamilial en Italie et qu'elle est certainement symptomatique des problématiques sensibles et complexes qui y sont liées[84].

D'après notre expérience dans les situations de délits intrafamiliaux, il apparaît nécessaire de prendre en charge toutes les parties impliquées, les personnes offensées et les auteurs de délit. Le service offre deux modalités

[83] Il s'agit principalement de menaces, injures, et en ce qui concerne la violence "physique", coups, blessures légères, violences dites intimes. Jusqu'en 1994, les délits poursuivis sur plainte relevaient du juge de paix et, selon l'art. 29 DPR 274/2000, il était possible de confier ces cas aux structures territoriales pour une éventuelle tentative de médiation. La loi 67/2014 a prévu que les délits pour coups et blessures etc. dans le cadre familial relèvent de la compétence du juge ordinaire et enfn la loi 67/2014 a prévu la possibilité de l'application de l'institut de la "mise à l'épreuve" dans le cadre duquel on peut effectuer de la médiation pénale auprès de délinquants dont la peine n'est pas supérieure à quatre ans.

[84] Giovanni Rossi affirme : "si notre code de procédure pénale préconise, dans le Titre I du Livre IV, aux art. 282 bis et ter, des mesures préventives spécifiques coercitives, le code civil prévoit, dans le cadre du Livre I Titre IX bis, « des ordres de protection contre les abus familiaux », constitués par l'éloignement et l'interdiction de s'approcher – substantiellement (même si non co-extensivement), les mêmes sont adoptables avec les mesures préventives évoquées ci-dessus -, que le juge civil peut cependant, avec clairvoyance, prononcer en même temps que la sollicitation de l'"intervention des services sociaux du territoire ou d'un centre de médiation". in G. Rossi, *"La Direttiva 2012/29/UE: vittima e giustizia riparativa nel sistema penale"*, Relazione svolta nel Convegno, Prospettive di cambiamento dell'esecuzione penale, tenutosi il 12 settembre 2014, conclusivo della I edizione del Master in Diritto Penitenziario e Costituzione del Dipartimento di Giurisprudenza dell'Università degli Studi - Roma Tre.

d'intervention. Dans les cas de conflictualité et de délits poursuivis sur plainte, il est possible que les parties nous sollicitent avec le souhait d'effectuer une médiation, spontanément, sur les conseils de la Police ou sur conseil du juge, ex art.464 c.p.p. dans le cadre de la « mise à l'épreuve ».

Dans les cas de délits poursuivis d'office ou lorsque la plainte n'est pas révocable, l'intervention du service est possible pour un soutien aux victimes (service psychotraumatologique), pour un travail de traitement du délinquant (à la Protection) dès la phase de l'enquête[85] et pour les diverses interventions de justice restaurative, en particulier pour la médiation, mais uniquement en fin de peine (service de médiation). En effet, nous pensons qu'en pratique, ce type d'interventions non prévues spécifiquement dans le processus risqueraient d'interférer avec le processus pénal (par exemple, en ce qui concerne l'audition en tant que témoin de la personne offensée). Les auteurs de délit peuvent en outre accéder à des groupes de traitement: pour les auteurs de délits de violence domestique auprès du centre pénitentiaire de Milan-San Vittore, ou un parcours de « traitement intensif pour les auteurs de délits sexuels » pendant leur détention à la prison de Milan-Bollate.

Dans les situations de violence domestique, un point déterminant et délicat consiste pour nous à savoir distinguer une situation comportant un haut degré de conflictualité entre les parties ou un cas de victimisation. Il peut arriver, par exemple, qu'une femme demande une intervention de médiation parce qu'elle peine à se considérer comme victime. Dans des cas analogues, la connexion entre les services permet un transfert au service psychotraumatologique, qui offre alors un soutien psychologique et un service de conseils juridiques, en aidant à la dénonciation de ce délit et en oeuvrant par ailleurs à la baisse du chiffre noir de ce type de délit.

3. Etat des lieux concernant la médiation

Fonction de la médiation

L'intervention du service de médiation "accueille le conflit" en sachant qu'il peut représenter une véritable opportunité pour les sujets impliqués. On vise

---

[85] En apportant des dispositions urgentes en matière de sécurité face à la violence de genre, la loi 119/2013 a également introduit la possibilité d'un accès au traitement de l'auteur du délit au cours du procès. La participation à une activité de traitement peut être proposée dans le cadre de mesures préventives non carcérales, selon l'art. 282 quater c.p.p. Dans les travaux parlementaires relatifs à cette loi, la pratique a été codifiée précisément par rapport à l'action du C.I.P.M., dans le cadre de l'activité de la Protection Criminologique Territoriale. Il est prévu notamment que le ministère public puisse évaluer positivement l'accès à un programme de traitement dans le cadre d'un "service d'aide social" actif sur le territoire. Cette évaluation peut être effectuée selon l'art. 299. paragraphe 2 du C.p.p., dans le but de donner une opinion relative à l'application d'une mesure moins afflictive que la prison, et le Juge des investigations préliminaires peut prévoir la fréquentation du programme comme étant une prescription en soi.

à remettre en jeu les ressources personnelles de chacun et à rééquilibrer les fonctionnements inadéquats impliqués dans le conflit lui-même, en permettant d'accéder à une voie de symbolisation de la conflictualité, à travers la parole et une communication assujetties à ces "limites" que sont la reconnaissance et le respect de l'autre, et ce, une avant tout conflit ou "explosion". En ce sens, la mise en oeuvre du dispositif de la médiation favorise chez les acteurs impliqués la réappropriation d'un contact avec la réalité émotive, ainsi que la réacceptation de la complexité des relations interpersonnelles et en particulier, l'intégration de ces parties de soi et de l'autre vécues comme menaçantes et mauvaises. On active ainsi un processus de réduction de la conflictualité d'une part et sa gestion progressive d'autre part.

La reconnaissance réciproque des parties est un effet significatif d'une telle dynamique et comporte une forte valeur restaurative. Il en résulte cette valeur préventive de l'intervention de médiation, qui oeuvre vers une maîtrise de soi par rapport aux passages à l'acte et aux agissements violents. Les interventions de médiation consistent en des rencontres entre les parties, facilitées par des médiateurs, et peuvent guider les parties dans le processus d'élaboration, de clarification par rapport aux épisodes de violence et de renforcement des instances de changements. Les parties peuvent, par exemple, se rendre compte que le fait de rester dans ce conflit en s'obstinant à faire reconnaître leurs raisons produit un préjudice, tandis qu'en sortir peut produire des changements qui tendent à une amélioration de leur qualité de vie, ainsi qu'à la réduction du préjudice.

Dans cette optique, il est important de réussir à aider les parties à modifier leurs propres objectifs, par exemple en les incitant à réfléchir au fait qu'il est plus fonctionnel de se préserver en s'éloignant de cette conflictualité, notamment face à cette énorme dépense de ressources subjectives - et économiques – qu'induit notamment le fait de s'engager dans un procès judiciaire. Cette étape peut être favorisée par les interventions des médiateurs qui assistent individuellement les parties et reconnaissent en particulier au sujet le tort subi. C'est précisément cette reconnaissance qui peut comporter une valeur symbolique pour le sujet. En fin de compte, le médiateur aide le sujet, en reconnaissant son tort et l'affectivité connexe, à assumer une vision pragmatique du problème, en mettant en oeuvre les instances de résolution de celui-ci.

Surtout lorsque le délit a été subi de manière univoque, la médiation entre victime et auteur a une fonction expressive de la violence symbolique, une fonction de clarification et d'élaboration. Elle favorise la reconnaissance de la responsabilité substantielle, en ce qu'elle est née de la relation. Il s'agit de la responsabilité « envers » quelqu'un et donc la reconnaissance de la victime. La reconnaissance de la victime peut constituer la manière la plus adaptée de répondre à ses besoins. La médiation peut en outre constituer l'une des plus grandes opportunités pour la personne offensée de jouer un rôle actif dans la gestion de la situation. Dans le cas où une plainte a été effectuée, elle est en effet en position d'influer sur le sort de l'accusé, en pouvant déterminer, dans le cas de délits peu graves, la bonne réussite de sa mise à l'épreuve. Dans tous les cas, la médiation peut aider les parties à tendre vers un accord.

Modalités de médiation dans le cadre familial

L'approche intégrée vers laquelle s'oriente notre pratique prévoit, comme on l'a déjà évoqué, des interventions de médiation et des interventions de prise en charge multidisciplinaires. L'intervention de médiation dans le cadre des conflits et délits réciproques intrafamiliaux comporte principalement l'objectif de reporter les parties à un point zéro par rapport à la conflictualité. Les épisodes de conflictualité relatés par les parties sont utilisés dans le contexte de la médiation de manière dialectique, comme des expériences sur lesquelles réfléchir. On évoquera les impasses de la communication et l'aspect spécifique du style communicatif, en mettant en évidence surtout les états émotifs assujettis à certains mécanismes de distorsion qui ont déterminé les comportements conflictuels.

Cette pratique proposée aux parties est difficile. On propose donc aux sujets des rencontres individuelles, avant la médiation et en parallèle. Ces entretiens ont pour but de bien comprendre le besoin exprimé par le sujet, de reconstruire les événements spécifiques connexes à la conflictualité et à la commission des délits, ainsi qu'à établir une bonne alliance avec les opérateurs. Chacun peut apporter de manière instinctive et directe ses propres affects, sa propre condition émotive et psychologique ; cet espace devient véritablement un contenant pour les émotions et le médiateur reconnaît au sujet impliqué la souffrance produite par le conflit. Ce point permet de développer une bonne alliance entre le médiateur et chacune des parties, des parties qui se sentent ainsi reconnues et comprises. Face à ce niveau d'acceptation et de confiance, chacun peut commencer à voir « le rôle qu'il a dans le désordre dont il se plaint ».

Les temps individuels jouent davantage une dimension cathartique, dans le sens d'une élaboration et d'une expulsion de l'émotivité, par rapport à de la pure médiation. On pousse ainsi les parties à expérimenter un degré divers d'interaction, dans laquelle elles peuvent se rencontrer de manière plus détendue, débarrassées des revendications liées à l'émotion, à travers donc une communication inédite, qui favorise la clarification des malentendus et des interprétations erronées. Chacun expose avec tranquillité ses exigences réciproques dans l'optique d'aboutir à des accords satisfaisants pour l'un et l'autre. Lorsque l'on perçoit un besoin thérapeutique spécifique, on met en oeuvre des interventions spécifiques en parallèle des rencontres de médiation. Dans le cas où il y a une victimisation envers une seule partie, notre expérience met en évidence le rôle déterminant de la reconnaissance du tort subi par la personne offensée et de sa propre souffrance. Parmi les succès des accords stipulés au terme des médiations, nous signalons par exemple l'engagement pris par le partenaire de participer à un groupe de traitement qui l'aidera à la gestion de son impulsivité et de sa colère.

Les relations familiales violentes et la médiation dans le cas de délits poursuivis sur plainte

La conflictualité dans le cadre des délits intrafamiliaux se caractérise par un processus de hausse progressive de l'intensité et de la violence qui concerne les parties. La progression de la conflictualité cristallise le rapport en un schéma de violence, ne permettant pas une voie d'issue[86], en créant des préjudices toujours plus graves. Souvent, la conflictualité ne se limite pas à la victime directe de la conduite délictueuse, mais s'étend fréquemment aux enfants, ainsi qu'à l'offenseur lui-même et à son milieu parental. C'est ainsi qu'on appelle ces préjudices « systémiques-familiaux » (G. Rossi, 2014). La dimension conflictuelle dans le milieu intrafamilial est souvent étroitement corrélée à la nécessité, imposée précisément par le contexte et par le système relationnel, d'un échange communicatif entre les parties concernées, ce qui exige donc, dans la majeure partie des cas, qu'elles s'engagent dans cet objectif difficile d'aboutir à un accord. Par exemple, dans certains cas, l'objet de la dispute peut concerner le partage d'un espace d'habitation et, comme cela arrive souvent dans la relation entre un parent âgé et son fils adulte, peut impliquer de complexes dynamiques familiales transgénérationnelles. Une autre typologie fréquente concerne la relation entre les conjoints séparés ou en cours de séparation.

Outre les diverses typologies de situations conflictuelles, les interventions de médiation peuvent également être appliquées à certains niveaux de la conflictualité dans une perspective de prévention. Un haut degré de conflictualité peut en effet faciliter la commission de passage à l'acte violent. Par exemple, une femme peut remarquer des attitudes de contrôle excessif de la part de son compagnon; une intervention dans une telle situation peut être utile pour prévenir la commission d'un premier délit[87].

---

[86] cf. également F. Garbarino, S. Cavalli, *"Intrafamily conflicts and offences. Victim and offenders within mediation paths"*, in "I'll never leave you alone- Stalking, maltreatment, and abuse : strategies and interventions models", acts of congress organized by the 'Centro Italiano per la Promozione della Mediazione', Milan, 16 september 2011

[87] L'art.7 de la Convention de Lanzarote (2007) se réfère de manière significative à la prevention du premier acte violent, en proposant d'anticiper les propositions de traitement pour ceux qui craignent de passer à l'acte : *"Chaque Partie veille à ce que les personnes qui craignent pouvoir commettre l'une des infractions établies conformément à la présente*

Nous entrons là dans le sujet des éléments spécifiques qui peuvent nous guider à l'identification des cas où la médiation est applicable. Pour cela, nous analysons certaines typologies de relations caractérisées par la vérification de comportements violents.

- Une première causalité concerne les liens dans lesquels la violence réciproque entre les parties semble être la modalité elle-même avec laquelle ils sont en relation. Il s'agit souvent de couples séparés avec des enfants; ce type de cas arrive à la Protection sur transfert de la Police avant le début d'un procès ou par le biais du juge à la suite de plaintes réciproques.

Par exemple, lorsqu'à la suite d'une séparation le juge décide la garde alternée des enfants et la jouissance du logement pour la femme. Dans notre cas, l'ex-conjoint avait affirmé: « Je m'en vais, mais je te le ferai payer jusqu'à ta mort. » Dans un second temps, il avait dénoncé son ex-femme de soustraction de mineurs parce qu'elle aurait gardé ses filles durant l'été quelques jours de plus par rapport à ce qui avait été établi par le décret. Comme le montre ce type d'épisode, la conflictualité, dans l'histoire de ce couple de parents, se déchaîne à partir d'espaces incertains, non définis par le décret. Il faut donc faire établir précisément des accords entre les parents eux-mêmes en ce qui concerne, par exemple, les vacances des enfants, les maladies et les questions d'éducation. Souvent, comme dans cet exemple, la séparation du couple ne correspond pas une réelle élaboration de la fin du lien affectif. Il résulte de notre expérience que la conflictualité successive à une séparation peut devenir, dans ce cas, le substitut de l'intimité perdue et que la commission de délits peut représenter une manière de maintenir un lien, même s'il est dysfonctionnel.

- Un autre scénario concerne les contextes familiaux ou les relations de couple dans lesquels il n'y a pas d'habitude de violence physique ou psychologique. Il se produit des épisodes violents contingents, connexes à des situations de changement ou stressantes, qui sont perçues comme des expériences perturbantes par les acteurs impliqués dans ce scénario conflictuel, par celui qui subit la victimisation, mais aussi, parfois, par celui qui la met en acte.

Dans ces cas, les parties impliquées s'adressent également à notre service de manière autonome. Elles ressentent de la gêne face à l'événement, et elles craignent que signaler l'événement provoque le début d'une procédure, ce qui est souvent vécu comme une potentielle menace contre le lien ou l'état relationnel. Le sujet qui s'adresse à notre service a besoin d'être rassuré sur

---

Convention puissent accéder, le cas échéant, à des programmes ou mesures d'intervention efficaces destinés à évaluer et à prévenir les risques de passage à l'acte".

le fait que personne ne prendra d'initiatives contre sa volonté; seulement ensuite, on pourra élargir l'intervention à d'éventuels autres membres de la famille ou, s'il s'agit d'un couple, au partenaire lui-même. Dans le cas où une plainte a été effectuée, les cas peuvent être transmis au juge dans le cadre de la mise à l'épreuve. Un bon exemple de cette gestion intégrée est la prévision du possible engagement par le maltraitant à suivre un traitement, ce qui correspond à l'objet d'accord en médiation.

4. Violence domestique et interventions criminologiques plurielles

Violence domestique : une prise en charge psycho-criminologique

Il y a, enfin, les cas caractérisés par la continuité des épisodes de violence, dans une relation où la victimisation est subie d'un côté seulement. Il s'agit par exemple de cas d'actes de persécution (« stalking »), ou bien de maltraitance, mais aussi des violences sexuelles. De telles situations, si elles ne sont pas gérées de manière adéquate, risquent de provoquer un effet « multiplicateur » de la victimisation. Notre expérience prend en compte une variété de situations, mais de manière générale, elle reflète les données européennes dans lesquelles la grande partie des délits violents intrafamiliaux est perpétrée à l'encontre d'une partenaire ou ex-partenaire. La recherche criminologique met en évidence[88] le fait que l'isolement constitue un facteur de risque de commission de délits ultérieurs pour leur auteur et de nouvelles victimisations pour la victime, en particulier dans le cadre de la violence domestique.

La caractéristique de notre service est la possibilité d'employer des ressources et des interventions autant vis-à-vis des victimes que des auteurs; on peut donc mettre en oeuvre substantiellement une prise en charge des parties. Face à la commission d'un délit violent, nous considérons qu'il est nécessaire de rétablir la dignité de celui qui a subi un délit et de celui qui l'a commis (A. Garapon, 2001). La restauration de la dignité réside dans la capacité à définir et à protéger son identité. L'intervention avec la victime prévoit une approche intégrée, dans laquelle sont prévues des interventions non seulement de type criminologique, mais aussi de type thérapeutique, auprès du « service psychotraumatologique de soutien aux victimes de délit ».

La « Protection Criminologique Territoriale » offre ainsi un espace d'élaboration pour les sujets qui risquent un passage à l'acte violent ou qui ont commis des délits violents, dans le cadre d'une activité clinico-

---

[88] In I.Merzagora Betsos, *"Uomini violenti-I partner abusanti e il loro trattamento"*, Cortina Editore, Milano, 2009

criminologique. Dans le domaine intracarcéral, le C.I.P.M. gère l'Unité de traitement intensif auprès de la maison d'arrêt de Milan-Bollate qui s'adresse à des auteurs de délits sexuels, un projet de traitement auprès du centre pénitentiaire de Rebibbia à Rome[89], et enfin des groupes de traitement adressés à des auteurs de délits violents intrafamiliaux (résultant d'un projet financé par l'Union européenne qui prévoyait la constitution d'un service pour la prise en charge des victimes et des délinquants d'actes de persécution auprès du centre pénitentiaire de Milan-San Vittore[90]).

Notre expérience de travail avec les auteurs de délits violents met en évidence le fait qu'il n'existe pas un type d'auteur et que les personnes ne sont pas réductibles aux délits qu'elles ont commis, soit parce que le délit n'est pas l'unique clé de lecture de leur manière d'être, soit parce que « personnalité » et « délit » ne sont pas des entités épistémologiquement réductibles. Lorsque l'on tente d'identifier des dénominateurs communs, il en ressort que la grande partie des hommes violents ont été victimes ou témoins de violence pendant leur enfance[91]. Certains parlent même de « processus de violentisation » (Athens, 1997), en référence au lien entre les abus subis et perpétués. Il faut donc s'occuper des auteurs pour éviter de nouvelles victimes et de nouveaux auteurs. La violence constitue une modalité inadéquate de gérer de grosses difficultés qui caractérisent certains sujets au niveau personnel et relationnel, en particulier, en ce qui concerne la violence domestique, envers la femme.

Encore une fois, en tentant de mettre en évidence les caractéristiques communes aux auteurs de délits intrafamiliaux, on rencontre fréquemment un fonctionnement psychopathologique, qui se traduit par une tendance à entrer difficilement en contact avec la sphère affective. Souvent les émotions douloureuses et les points sensibles sont niés et traduits par des attitudes violentes, tandis que le sujet conserve une vision idéalisée de lui-même, de la « partie de lui qui fonctionne ». Par exemple, un homme que nous suivons et qui avait tué sa femme dans une escalade de violence : il se présentait comme un mari irréprochable et travailleur. A la question: « Pour vous, les règles sont importantes ? », il avait répondu, convaincu : « Bien sûr, je n'ai jamais eu aucune amende ».

---

[89] Voir dans cet ouvrage: C.M.Xella, "L'applicazione del Good Lives Model in regime carcerario. Un'esperienza italiana"

[90] European Project n. HOME/2008/ISEC/AG/073 "Costitution of a Stalking Violence Office SV-OFF"

[91] Le programme norvégien de traitement pour les hommes violents 'Alternative To Violence-ATV' met par exemple en évidence le fait que 83% des hommes traités a été victime ou témoin de violence dans sa famille d'origine. Voir M.Rakil, *"Fighting violence against women and children, the need for integreted models in work with violent men"*, Eurosafe Conference, Wien, 25-27 june 2006

Souvent la capacité d'éprouver de l'empathie et les capacités impliquées dans les processus de compréhension des milieux relationnels et affectifs apparaissent fortement compromises ; à cela s'ajoutent des distorsions cognitives, liées à des mécanismes rigides de défense, qui permettent au sujet de réduire le poids moral et la gravité du délit. La responsabilité est en effet déplacée sur la victime, vue comme un objet sur lequel les désirs et les peurs sont projetés de manière inconsciente. Il y a par exemple, parmi nos usagers, un homme qui avait abusé d'une petite fille de quatre ans qui, selon lui, le regardait avec « une envie de sexe ». Un autre exemple encore, ces auteurs de délit qui se convainquent, pour faire face à l'inadéquation de leur relation avec leur femme, ou à leur dépendance vis-à-vis d'elle, de leur infidélité présumée, à cause de laquelle ils la persécutent et usent de violence.

En conclusion, il ressort de ces sujets, dans la majeure partie des cas, suite à des victimisations subies, une difficulté à percevoir la réalité dans sa complexité et une tendance à la distordre. Il est ressorti de notre travail que les aspects pathologiques caractérisant les auteurs de délits dans leurs rapports aux femmes, caractérisent finalement la sous-culture de l'inégalité de genre, qui distord la réalité et est donc l'expression d'une patho-logique, d'une logique malade, perverse. On peut également observer une circularité d'une telle logique, de la sphère intime à la sphère publique et culturelle. Pour la dépasser, il est donc déterminant de la combattre à la source, grâce à ce travail avec les victimes et les auteurs de délits. L'intervention clinico-criminologique intégrée vise à rectifier le rapport avec la réalité et surtout à reconnaître les comportements violents sur la victime.

Quant aux victimes de délits violents, on observe par le biais de nos recherches et de notre expérience que, suite à des événements traumatisants, elles utilisent des mécanismes de défense spéculaires par rapport à ceux de leurs agresseurs, souvent liés à un sentiment de culpabilité et de dévalorisation de soi. Ces dynamiques, en lien avec la violence domestique, se raccordent également à l'état de dépendance mutuelle avec le partenaire. Par exemple, une femme d'origine turque, immigrée en Italie avec son mari, avait subi de sa part et pendant une vingtaine d'années de fréquentes scènes de jalousie –non fondées-, des maltraitances et des violences sexuelles. De nombreux facteurs avaient pesé sur la difficulté pour elle de le dénoncer et de le quitter, parmi lesquels une tradition culturelle, un lien fort avec sa famille, l'entreprise de restauration dans laquelle tous les membres de la famille travaillaient, mais surtout, la difficulté de se considérer comme une victime, jusqu'à ce qu'elle découvre que son mari la trompait. Cette femme, prise en charge par le service psychotraumatologique, disait de ne pas avoir dénoncé son mari durant les années précédentes « par amour pour ses enfants ».

Subir un délit grave équivaut à subir une expérience d'annulation, de perte, de négation de son identité qui peut seulement trouver son enracinement dans les relations humaines. Le délit ne bloque pas seulement la relation entre la victime et son bourreau, mais cette propre capacité à être en relation avec l'autre, en cela qu'elle détruit la confiance (Garapon, 2001). L'acquiescement tacite de l'outrage représenté par le délit peut représenter un mal encore pire que celui de l'humiliation subie.

L'objectif principal doit être, dans cette optique, d'initier des interventions de défense de la victime, en lien avec les services du territoire, en cherchant à favoriser chez elle la mise en place de décisions et de comportements ayant pour but de lui éviter de s'exposer de nouveau à des situations de violence. Il est nécessaire qu'il lui soit permis d'accéder à une élaboration qui humanise le traumatisme et rétablisse la capacité de faire confiance et d'entrer en relation avec l'autre. La première reconnaissance de la victime consiste à pouvoir désigner son propre agresseur, en redevenant ainsi active.

L'intervention de la loi est importante: elle souligne le fait que l'abus est un délit, donnant une limite aux distorsions cognitives de l'auteur et de la victime. Il est nécessaire de donner un message précis, en particulier dans un pays où la culture apparaît encore perméable à des résidus d'autoritarisme et de discrimination de genre que l'on a tendance à laisser faire pour sauvegarder l'unité familiale. D'un point de vue du traitement, l'intervention de la loi exerce une fonction symbolique et peut produire déjà en soi pour le délinquant un effet de rectification, dans le sens où elle définit la négativité et la nocivité de son comportement, en constituant ainsi le premier moment d'érosion de la minimisation et de la négation.

La peine de détention, seule, et des mesures préventives déterminées –telles que l'éloignement du foyer, l'interdiction de rencontrer sa victime-, avec un engagement souvent formel de sa responsabilité, provoque fondamentalement une simple « congélation » des problématiques sous-jacentes au délit. Il s'ensuit un haut risque de récidive, favorisé aussi par cette circonstance qui ressort des statistiques, que souvent les auteurs de délits retournent au sein de leur famille à leur sortie de prison. Bien qu'il y ait contradiction interne du modèle de la peine, qui part du postulat de « contrat » du détenu avec l'intention de favoriser chez lui l'apprentissage de l'autonomie, tout en le soumettant à une dépendance totale, nous pensons que, si la détention est nécessaire pour une exigence de défense sociale, alors l'accès à un programme de traitement intégré, effectué dans une perspective de justice restaurative et de prévention de la récidive, peut favoriser une véritable responsabilisation du délinquant. Un tel accès est volontaire.

D'après notre expérience, les fonctions de prévention et de restauration de la peine apparaissent en effet étroitement liées, notamment en ce qui concerne les délits relationnels et les délits sexuels caractérisés par l'absence de relation, comme la pédopornographie. Un traitement orienté dans une perspective restaurative peut favoriser la responsabilisation du condamné. Cependant, l'accès à des pratiques de justice restaurative ne peut pas être envisagé sans un accès préalable à un travail de traitement et ce, pour une réelle protection de la victime.

Considérant les difficultés des auteurs de délits violents à raisonner en termes d'implication et de responsabilité et à mûrir une « motivation au changement », nous pensons qu'il est nécessaire de mettre en oeuvre une culture de l'intervention qui aille au-delà de l'opposition entre volonté et co-action. Nous proposons d'introduire un « champ de traitement » conjoint de soin et de peine, en milieu carcéral puis au-dehors. Sur un lieu symbolique consacré à l'élaboration,la rencontre restaurative constitue une pression adéquate pour soutenir l'opérateur et les délinquants eux-mêmes face aux défenses de négation, en favorisant la confrontation des sujets avec leur propre intériorité et avec des valeurs diverses. Dans une telle perspective, ce principe de continuité apparaît donc fondamental, en ce qu'il garantit un soutien dans la gestion des difficultés relationnelles et familiales que les sujets doivent affronter.

La constitution de la Protection Criminologique Territoriale dans cet espace de prévention tertiaire permet la continuité de ce travail, par le biais d'entretiens individuels et de groupes de parole de type psycho-socio-éducatif en lien avec le service de médiation pour les auteurs de délits, et le service psychotraumatologique pour les victimes de délit. Ceux qui sentent en eux le risque de commettre des actes violents et les auteurs de délit à n'importe quelle phase du procès peuvent également accéder à ce parcours, dans le cadre de l'application de mesures préventives, avec l'autorisation du magistrat grâce à l'introduction de l'art. 282 c.p.p., ou au cours de l'exécution de la peine, dans le cadre de mesures alternatives, ou bien encore suite à la sortie de prison. Souvent l'auteur de délits établit une alliance avec l'opérateur qui a principalement pour but de maintenir un lien avec la victime, afin d'améliorer sa situation judiciaire.

Il s'agit d'une sorte d'injonction thérapeutique, ou tout au moins d'un levier de traitement; il y a en effet une instrumentalité dans la possibilité d'être soumis à une mesure préventive moins afflictive, mais dans ce cas, cela semble souvent l'unique manière de favoriser un "abaissement" du narcissisme. Nous avons mis en oeuvre des groupes de traitement s'adressant à des auteurs de violence de genre auprès des trois établissements pénitentiaires milanais précisément dans l'optique de créer une motivation au traitement pendant la période d'exécution de la peine. Le modèle de traitement intégré s'adressant à des auteurs de délit sexuel et celui s'adressant à des auteurs de violence « de genre », élaboré dans le cadre de cette expérience milanaise, a aussi une fonction de "contrôle bénévole" sur le territoire. Il nécessite donc une approche intégrée, qui comprenne le cadre juridique, lequel apporte un facteur contraignant, puis le traitement et la rééducation.

Le parcours de traitement favorise l'engagement de la responsabilité du sujet, indépendamment du « savoir », de ce que l'auteur sait des motivations qui sous-tendent ses actes, ainsi que comprendre, étymologiquement, la possibilité de « répondre à quelqu'un de ce que l'on a fait » -c'est à dire de répondre à quelqu'un de ses propres actes, en s'impliquant et en les assumant (Bonazzi, 2014). Le délit, en tant que violation de la loi, représente une rupture du lien, pour son auteur également. En assumant véritablement sa responsabilité, le sujet retrouve sa singularité et peut rentrer dans le lien social, au lieu de s'aliéner à soi-même et de risquer de répéter le délit. Le traitement doit viser à rétablir le lien social et ce, également dans une perspective de prévention: la théorie du lien social met en évidence l'importance de l'implication du délinquant dans un réseau de relations (Merzagora, 2009).

Violence domestique et activités réparatrices

Comme nous l'avons déjà évoqué, les pratiques de justice restaurative peuvent constituer une réponse adéquate aux besoins de la victime et avoir un effet responsabilisant sur l'auteur du délit. Il ressort par ailleurs de certaines expériences un possible effet thérapeutique de telles pratiques dans la confrontation entre les deux parties (Parisi, 2015). Notre expérience met en évidence le fait que les pratiques de justice restaurative fonctionnent comme des « dynamiques de compétence à la relation », en particulier en ce qui concerne les délits dans lesquels il y a eu un déséquilibre de pouvoir entre l'auteur et la victime: les délits relationnels, tels que la violence domestique, mais aussi ceux qui sont caractérisés par l'absence de relation, tels que les délits sexuels et pédopornographiques.

En ce qui concerne les délits de violence domestique, objet de ce présent travail, notre position contraste nettement avec la position de la majeure partie des associations de défense des victimes qui ont influencé la législation de plusieurs pays européens dans lesquels, dans de tels cas, la médiation n'est pas autorisée[92].

---

[92] G.Rossi (op.cit. 2014) écrit : *"A ce propos, il est peut-être intéressant d'évoquer ici une résolution de 2011 de la Cour de Justice de l'UE qui s'est exprimée sur l'interprétation de la Décision Cadre de 2001 en matière de violence domestique, suite à un conflit entre la volonté des victimes de reprendre leur vie en commun avec les auteurs de délit, et les mesures judiciaires d'interdiction de contact avec eux/d'éloignement (même s'il s'agit de peines accessoires dans ce cas de figure, - de un à cinq ans ou bien de six mois à cinq ans, en tenant compte des circonstances concrètes -, et non de mesures préventives). Et bien, sur la prémisse que la tutelle pénale contre les actes de violence domestique garantie par un Etat membre*

Cependant, nous signalons qu'un récent projet européen[93] a mis en évidence l'utilisation de la justice restaurative dans le cas de violence domestique dans sept pays participants, avec des différences significatives d'application au niveau local. Cette recherche met en exergue certains points communs tels que l'importance d'une solide phase de préparation et d'une prise en charge suite aux interventions restauratives.

Notre expérience reflète les données de la recherche, selon laquelle les cas de violence domestique de genre, généralement caractérisés par des liens dysfonctionnels, apparaissent donc par définition difficilement gérables. On sait par exemple que la majeure partie des auteurs de délits violents intrafamiliaux retournent vivre avec leur famille et leurs victimes. Dans ces situations, si l'on vise une prévention sur le long terme, il apparaît fondamental de favoriser l'accès à des opportunités de changement, telles que celles constituées précisément par les instruments de justice restaurative. Dans de tels cas et dans une perspective intégrée, nous pensons qu'il est déterminant de pouvoir proposer l'utilisation de ce type d'instruments lorsque cela apparaît opportun. Nous pensons en particulier qu'il est déterminant, à la lumière de cette expérience, de permettre un accès préalable de la victime et de l'auteur du délit à un espace d'élaboration, dans le cadre d'un parcours de prise en charge clinico-criminologique.

Il est en effet nécessaire, comme cela est prévu par la Recommandation de 2012 concernant la protection de la personne offensée au sein des services de justice restaurative[94], que les pratiques de justice restaurative soient effectuées avec la prudence adéquate, afin de ne pas encourir le risque d'une

---

exerçant son pouvoir répressif est vouée à protéger non seulement les intérêts de la victime selon la manière dont elle les perçoit, mais aussi les intérêts de la collectivité, la Cour s'est prononcée pour la conformité de la normative interne avec le droit de l'Union, en reconnaissant aux Etats membres le pouvoir discrétionnaire d'individualiser les typologies de délits pour lesquels il est possible d'appliquer la médiation, et en particulier, en retenant conforme le choix de l'Etat membre rémittent à exclure le recours à la médiation pour tous les délits commis dans le cadre familial, s'il s'appuie sur des critères objectifs. Cf. enfin: *A. Pisapia, La protezione europea garantita alle vittime della violenza domestica, in «Cassazione Penale», fasc.5, 2014".*

[93] *Project Restorative Justice in cases of domestic violence, best practice examples between increasing mutual understanding and awareness of specific protection needs"*, coordonné par le Verwey-Jonker Institute, Neederlands. 2013

[94] A ce propos, F.Parisi (op.cit., 2015) observe : *"Quoi qu'il en soit, dans ce débat pour ou contre, même ceux qui se montrent favorables à l'application de la RJ dans le cadre des violences domestiques demandent à ce que l'on introduise des précautions supplémentaires, afin d'éviter les risques de victimisation ou, au contraire, de déterminer les bienfaits considérables qu'elle représenterait pour la victime. Pour conclure, plutôt que d'encourager ou au contraire d'interdire l'utilisation de la RJ dans ce type de délit, il s'agirait de procéder à une évaluation au cas par cas (sur la base d'une risk assessment approach), en se focalisant plus sur la spécificité des sujets concernés par le processus de RJ que sur la typologie du délit en soi".*

ultérieure victimisation. Il apparaît évident qu'une protection réelle de la victime ne peut pas être envisagée sans une évaluation concrète de la situation. Par conséquent, la capacité des parties est donc évaluée. En outre, il est en important de pouvoir répondre de la manière la plus adaptée aux besoins des victimes, en respectant la singularité des situations, en créant les conditions pour une véritable reconstruction, en n'utilisant pas un traitement unique pour tous, mais les instruments divers et flexibles offerts par le panorama de la justice restaurative.

Cela implique la dimension juridique dans une perspective d'anthropologie concrète, centrée sur la spécificité de chacun, pour éviter le risque d'une sanction adressée à un sujet abstrait. (Garapon, 2001). Parmi les pratiques de justice restaurative dans les cas de délits violents, nous considérons comme étant significatives les rencontres d'auteurs de délit avec des victimes non spécifiques, les rencontres de médiation, les cercles de soutien autour de la responsabilisation et les groupes de soutien qui s'adressent aux parents des auteurs, en tant que victimes indirectes du délit.

Les interventions de justice restaurative

Les rencontres avec des victimes non spécifiques constituent un instrument utilisé dans le contexte de groupes de traitement s'adressant aux auteurs de délit. Après un travail préparatoire articulé, le parcours prévoit une phase visant à approfondir les conséquences du délit sur la personne offensée, prodromique à une rencontre du groupe avec une victime non spécifique[95].

Le développement des capacités empathiques chez les auteurs de délits sexuels constitue un axe fondamental de traitement dans son ensemble (Marshall, et al., 1999), qui est particulièrement approfondi dans la dernière partie du travail de groupe sur la conflictualité, en général au cours des quatre derniers mois avant la fin de présence des détenus dans l'Unité de traitement. Les dynamiques liées au délit et au rapport avec la victime sont fortement caractérisées par l'absence de capacités adéquates à considérer l'autre dans son émotivité, dans sa particularité de sujet.

La victimisation oeuvre toujours dans la direction d'une « objectivation », utilisée pour assouvir les désirs ou pour décharger la colère ou l'insatisfaction. L'empathie est un processus qui permet au sujet de percevoir et de comprendre l'état émotif de son interlocuteur. La clinique met en évidence dans quelle mesure certains facteurs déterminés et certaines conditions de malaise psychologique peuvent compromettre les capacités empathiques. Certaines formes de stress et des événements traumatisants

---

[95] S.Cavalli, F.Garbarino, *"Il gruppo di gestione dei conflitti-L'empatia come strumento terapeutico"*, in P.Giulini, C.Xella, *"Buttare la chiave? La sfida del trattamento per gli autori di reati sessuali"*, Cortina Editore Milano, 2011

sont sûrement parmi les facteurs les plus importants qui invalident la qualité des relations et du contact affectif, tandis que parmi les troubles psychiques, on peut repérer par exemple des syndromes dépressifs, des troubles de la personnalité et des tendances sociopathes (American Psychiatric Association, 2000).

Cette situation permet à chacun de se rapprocher du vécu émotif de la victime qui serait inaccessible du fait de son sentiment de culpabilité, de honte et à cause de mécanismes de défense. Un autre élément important, auquel les participants sont invités à se confronter, concerne le fait de constater qu'un délit produit souvent un préjudice qui touche aussi les personnes les plus proches de la victime, ses enfants, ses parents, son partenaire, ceux qu'on nomme les « victimes indirectes ». Une telle élaboration nous semble mettre en évidence de manière adéquate que la compréhension empathique de la souffrance et du préjudice dont souffre la victime. Elle favorise chez l'auteur du délit un relâchement de ses résistances et un véritable engagement de responsabilisation du délit. En effet, on peut affirmer que seule la reconnaissance de son propre « manque », dans le sens d'avoir « manqué » vis-à-vis de quelqu'un et du manque de quelque chose en lui-même, peut permettre au sujet d'entamer une discussion personnelle. Celle-ci fonde le travail réparatoire et la reconnaissance du « manque » provoqué à la victime et renvoie à une souffrance (Bouchard, 2015).

Si l'on perçoit la capacité de ceux qui ont mis en acte des comportements ayant porté atteinte à autrui, à comprendre les préjudices subis par la personne offensée. On effectue alors la rencontre avec la victime non spécifique, qui, elle aussi, a suivi un parcours thérapeutique et qui considère que cette expérience sera significative pour elle. D'après les rencontres que nous avons effectuées, il en est ressorti que la victime avait apprécié la valeur restaurative de cette expérience, qui avait pour but d'éviter la récidive et de futures victimisations de la part des participants. L'effet de la rencontre peut être déterminant pour l'auteur de délits par rapport à la manière de concevoir sa relation avec l'autre, par rapport à la perception de la sexualité, et en particulier la manière dont la femme la vit. Dans un cas où l'auteur de violences sexuelles envers sa femme avait dit avoir interprété son silence comme un consentement, la confrontation avec le témoignage d'une victime qui rapportait sa propre sensation de paralysie causée par la terreur que l'expérience de la violence subie avait induite et qui a favorisé chez lui le démantèlement de la distorsion cognitive.

La médiation pénale entre la victime et l'auteur représente certainement l'instrument privilégié avec lequel mettre en oeuvre la justice restaurative. Comme nous l'avons déjà mis en évidence, les rencontres de médiation pénale présupposent l'évaluation de la réceptivité des parties pour des rencontres de médiation. Les cas de violence domestique de genre sont fondamentalement caractérisés par des liens dysfonctionnels, difficilement gérables autrement que par le biais d'une approche multidisciplinaire et intégrée, avec le soutien de tous les services compétents, en réseau entre eux et en mesure d'évaluer si la médiation risquerait de pousser à la récidive ou si, au contraire, elle peut offrir une occasion unique et précieuse d'élaboration et de changement.

Par exemple, pour les cas de délits de « stalking »: lorsque la partenaire a mis fin à la relation, la difficulté de faire son deuil pousse l'homme à agir par des comportements de persécution qui maintiennent pour lui la relation en vie, de manière déformée. Le travail de traitement peut offrir au stalker un temps et un lieu qui favorisent l'élaboration du deuil. Dans de tels cas, un aspect fondamental dans la prévention de la récidive tient dans le fait que la femme a clos définitivement la relation, en évitant une ambiguïté qui renforcerait les distorsions cognitives et en évitant, par exemple, de le rencontrer dans le cadre d'une médiation qui risquerait de l'exposer au risque de malentendus et d'ultérieures victimisations.

Dans le cas de délits intrafamiliaux, on observe que la majeure partie des auteurs retournent dans leur famille après leur détention. Cette donnée s'explique par une dépendance mutuelle psychologique de la victime et de l'auteur du fait de la relation de couple, et/ou par des éléments sociaux et économiques de dépendance de la part de la femme. Il apparaît donc évident que de telles situations favorisent la répétition des comportements violents, en l'absence d'une prise en charge articulée de chacune des parties. Même dans le cas où le couple s'est séparé, s'il y a la présence d'enfants mineurs, qui souvent ont subi la « violence assistée », victime et auteur continuent à maintenir des contacts relatifs à la gestion des enfants. Les autres situations à risque sont fréquentes, liées au maintien d'un rapport direct ou indirect entre la victime et l'auteur de délit. Même si le couple s'est séparé, par exemple dans des situations où la victime peut être contactée par le biais de parents ou par des connaissances du délinquant, il peut s'entretenir des pratiques conflictuelles relatives aux biens ou travaux en communs. Ces situations maintiennent un lien entre le délinquant et sa victime souvent bien au-delà de la volonté de la victime elle-même.

Les rencontres de médiation font suite au parcours thérapeutique effectué par la victime et au parcours de traitement de l'auteur. Ces rencontres peuvent avoir une fonction de reconnaissance des torts subis par la victime, d'élaboration et de renforcement des instances de changement et, en particulier, dans le cas de la présence d'enfants dans la relation, de soutien dans l'exercice de la parentalité. Il ressort de notre expérience que l'opportunité de se confronter avec l'auteur du délit dans des "conditions de sécurité", avec la présence d'un tiers impartial, peut avoir l'effet de renforcer la condition psychologique de la victime et de corriger le déséquilibre de pouvoir. Une étude récente menée en Australie, où la médiation dans le contexte de la violence domestique est permise comme une procédure alternative au procès (Pelican, 2015), met en évidence le fait que cet instrument a donné des résultats surprenants. En comparant les résultats de recherches qualitatives et quantitatives d'il y a dix ans, on observe qu'avant la justice restaurative avait pour effet essentiellement de rendre les femmes profondément conscientes de leurs droits, tandis qu'aujourd'hui il est question de la prise de conscience chez les délinquants des préjudices causés aux victimes[96].

En Italie, la médiation dans les cas de violence domestique est possible dans les cas de délits poursuivis sur plainte, tandis que dans les cas de délits poursuivis d'office, il n'est pas prévu comme instrument interne du procès. Même si, théoriquement, il serait possible d'effectuer des rencontres de médiation parallèlement au procès pénal, dans notre expérience, la médiation est utilisée après l'exécution de la peine, afin d'éviter les risques qu'une intervention pourrait avoir sur la tenue du procès, par exemple, en influant sur le témoignage de la personne offensée. Nous pensons en particulier que dans une perspective préventive la médiation est un instrument indispensable dans le cas de retour du maltraitant dans sa famille, et en cas de séparation, quand les enfants sont présents.

Par exemple, dans un cas analogue, l'ex-mari, condamné pour maltraitance intrafamiliale, fréquente un groupe de traitement après sa détention, dans lequel il raconte qu'à la suite de sa condamnation, il a perdu son autorité aux yeux de sa fille adolescente, dont il parle avec une profonde affection, mais il explique qu'il lui arrive de ne pas contrôler sa colère lorsqu'elle lui désobéit. La situation apparaît difficile à gérer pour l'ex-femme. Alors que le sujet a perdu le contrôle à deux reprises en hurlant sur sa fille, elle lui annonce qu'elle va le dénoncer, en évoquant l'intervention des services sociaux et le placement des enfants. La proposition de médiation de la part de l'ex-mari permet de prendre contact avec sa femme, qui est alors prise en charge par le service pour les victimes.

Dans un second temps, on procède à des rencontres conjointes, au cours desquelles chacun finalement est en mesure de s'expliquer; enfin, ils sont également soutenus dans l'exercice de leur parentalité. Il ressort d'un tel exemple que la médiation aussi constituer une occasion d'accès à une prise

[96] D'après certaines recherches effectuées en Estonie, un pays qui, comme on l'a vu, utilise la médiation principalement dans le cadre des violences domestiques, il semblerait que, pour cette typologie de délit, les délinquants qui ont participé à une médiation pénale, présentent un taux de récidive remarquablement inférieur à ceux qui suivent un parcours de "justice traditionnelle". cf. SALLA-SURVA, *"Procedural Practice of Domestic Violence Cases: 2010"*, Tallin, Ministry of Justice, 2011.

en charge thérapeutique qui n'est pas toujours effectuée, souvent par absence de conscience et de motivation des parties.

Les parcours de médiation peuvent aussi protéger les parties des tentatives de faire par soi-même, qui peuvent être dangereuses, si elles ne sont pas « interceptées » en temps utile. Ainsi voici l'exemple d'une fille abusée. Devenue majeure durant la détention de son père, elle décide de s'excuser de sa dénonciation, décision de manière autonome et au cours d'une rencontre occasionnelle avec lui pour certaines questions notariales. Notre système pénal ne prévoit pas de filtres pour conjurer de telles situations qui peuvent causer des effets traumatisants parfois plus importants que ceux déterminés par le délit. Au sein du service pour la médiation sociale et pénale, on réalise aussi des interventions de justice restaurative lato sensu, selon l'approche maximaliste qui considère ainsi « chaque action orientée à faire justice en réparant la blessure causée par le délit » (F. Parisi, 2015). En ce qui concerne les rapports avec les associations de victimes, nous sommes en train d'effectuer un travail préparatoire pour mettre en oeuvre des rencontres entre victimes et auteurs non spécifiques de violence domestique.

Nous avons un nouvel instrument de justice restaurative, tout juste mis en oeuvre auprès de la Protection. Il s'agit des groupes de parole pour les parents d'auteurs de délit violent. Une telle intervention répond aux besoins spécifiques d'élaboration de la part des victimes indirectes et facilite une prise de conscience des proches sur l'importance du traitement des personnalités violentes, en développant aussi des stratégies de contrôle dans les contextes des relations affectives et parentales. Une fonction fondamentale de la prévention des agissements violents peut être mise en oeuvre par la communauté par le biais d'un instrument de justice restaurative. Dans un contexte de support et de « contrôle bénévole » pour les sujets à risque d'agissements violents, nous avons introduit un instrument tourné vers la création en les accompagnant dans le temps dans une sorte de tutoring. Pour le déroulement de cette activité, notre groupe de travail a pris pour exemple l'expérience des pasteurs mennonites canadiens, avec la structuration des « cercles de soutien et de responsabilité » dans le cadre de la Protection Territoriale. Un tel parcours se base sur les principes de justice restaurative, à travers lesquels les participants sont activement impliqués et responsabilisés dans le parcours de réinsertion social en, tandis que la communauté se charge de sa propre sécurité[97].

[97] Cette expérience de justice restaurative est née des pratiques sociales des pasteurs mennonites canadiens, en constituant des *"Cercles de soutien et de responsabilité"*. Des citoyens, appartenants à des associations de volontariat engagées dans le milieu carcéral, sont formés et supervisés par des professionnels de l'équipe de traitement en prison et par les opérateurs de la Protection Criminologique, dans le but de constituer un *"Cercle"* pour chaque usager ayant participé au traitement en prison ou à la Protection et pour lequel

Comme nous l'avons démontré, le traitement des auteurs de délit auprès de la « Protection Criminologique Territoriale » peut constituer un acte réparatoire en soi; en tant que tel, il peut par exemple constituer un contenu aux "activités restauratives" prévues dans le cadre du programme de "traitement" pour un sursis avec mise à l'épreuve, ou bien l'engagement de la part de l'auteur de délit à effectuer ce traitement peut aussi constituer l'objet de l'accord d'une médiation. L'intégration des interventions de traitement et restauratives grâce à un travail en réseau avec les services territoriaux qui soutiennent ces sujets constitue un aspect déterminant dans l'efficacité des interventions elles-mêmes[98].

5. Conclusion

Nous avons défini un modèle criminologique dans lequel la justice restaurative, que nous considérons comme le paradigme de la justice du futur, puisse s'intégrer avec des interventions de type psycho-socio-éducatif offrant une possibilité d'élaboration à chacune des parties du délit, caractérisées, toutes les deux, par un "manque", qu'il nous paraît essentiel de rencontrer. La rencontre de la vulnérabilité de l'autre partie peut "réveiller la conscience de chacun des deux et amorcer la reconstruction" (Garapon, et al., 2001). Pour cela, nous préférons nous référer, avec Garapon, à la "justice reconstructive". Notre expérience montre la fonctionnalité d'un tel modèle, en particulier par rapport à des situations de gestion difficile et dans une

---

l'équipe considère utile un accompagnement sur le territoire en fin de peine ou pendant la fréquentation des groupes. Pour chaque *"Cercle"*, on forme trois volontaires qui, après avoir rencontré le sujet susceptible de récidive, décident de signer un contrat les engageant à suivre pendant un an ce sujet violent, lequel devient le *"membre principal"* du *"Cercle"* et s'engage, à son tour, à fréquenter une fois par semaine les 3 autres membres, à s'adresser à eux dans les moments de difficulté, en dehors du fait de suivre sa prise en charge clinique auprès de la Protection Criminologique. Il s'agit d'une pratique de mise en oeuvre d'un mécanisme concret de *"contrôle bénévole"* qui, outre le fait de garantir une pression sur le sujet dans la poursuite de son traitement, constitue un véritable contexte de soutien, de type amical et non clinique, pour l'usager qui suit le traitement et est considéré particulièrement susceptible de récidiver. In P.Giulini, L.Emiletti, *"Il campo del trattamento per il reo sessuale. Descrizione di un progetto"*, in "Minori e Giustizia", n°3/2009, Franco Angeli, Milano.

[98] Sur les résultats obtenus face aux violence de genre de la part de politiques principalement fondées sur des stratégies de supports multiples aux victimes, et non seulement sur la lourdeur de la peine, cf. HOWARTH-STIMPSON-BARRAN-ROBINSON, *"Safety in numbers: Summary of Findings and Reccomendations from a Multi-Site Evaluation of Indipendent Domestic Violence Advisor Services"*, London, 2009; ROBINSON, *"The Cardiff Women's Safety Unit: a Multi-Agency Approach to Domestic Violence. Final Evaluation Report"*, Cardiff, 2003. La "method Scotland", du nom du ministre du gouvernement Blair qui a introduit cette multi-agency approach contre les violences domestiques, a eu un certain écho en Italie, suite à la diffusion de publications non spécialisées : nous faisons ici référence en particulier à AGNELLO- HORNBY, *"Il male che si deve raccontare per cancellare la violenza domestica"*, Milano, 2013

perspective préventive "a priori non favorables" à la justice restaurative, surtout lorsque l'on considère la vulnérabilité particulière de la victime. Nous nous référons, en particulier, aux délits violents "relationnels" en milieu domestique, pour lesquels une réelle protection de la personne offensée implique l'évaluation de la complexité de la situation abordée et ce, au-delà des préjudices idéologiques. Notre travail montre aussi, presque paradoxalement, l'impact significatif d'un tel modèle, centré sur la relation, sur les délits caractérisés par l'absence de relations.

Caractérisées par la souplesse et par la possibilité de s'adapter aux réels besoins de la victime, l'application des pratiques de justice restaurative peut permettre d'éviter le « risque d'une peine qui s'adresse à un sujet abstrait, en impliquant la dimension juridique dans le cadre d'une anthropologie concrète »[99], en ne restaurant plus symboliquement la loi mais en cherchant à pacifier un conflit particulier ; enfin, en demandant, à la justice de s'adapter au contraire à la réalité (Garapon, 2001). Nous considérons que l'utilisation d'un modèle criminologique, toujours plus orienté vers une offre de traitement intégré sur le territoire, dans une perspective de justice restaurative et d'un abandon progressif de ce type de système carcéral, favorise une réelle responsabilisation du délinquant et peut aussi constituer un facteur de protection dans une perspective de prévention de la récidive. Nous en souhaitons le développement et le soutien, dans le maintien des caractéristiques actuelles. Nous considérons en effet déterminant le soutien des politiques de welfare dans le fait de donner une continuité au projet, en garantissant la spécificité de la gestion autonome par un organisme social du secteur privé, dans la perspective de protéger la sauvegarde de l'unicité et de l'humanité des expériences des sujets impliqués dans les délits et des compétences sociales de la communauté. Le risque est en effet qu'une plus grande formalisation revitalise le contrôle du système pénal, en reléguant l'expérience du conflit à la routine des agences.

[99] ad ibidem

Chapitre 7 : Les CSR comme lien possible entre le modèle RBR et la Justice restaurative

H. LEFEBVRE, CPIP SPIP Dax & **E. DIEU**, Chercheur en psycho-criminologie et directeur du Service de criminologie-victimologie appliquées ARCA

1. Introduction au lien possible

À l'évidence, alors que la justice restaurative commence à prendre place aux côtés de notre justice rétributive, force est de remarquer combien elle nous oblige à dépasser nos modes de fonctionnement actuels pour introduire des innovations prometteuses (Strimelle, 2007) qui devraient permettre aux victimes, aux auteurs, ainsi qu'aux membres de la collectivité de restaurer les liens déchirés par la commission d'infractions de nature plus ou moins graves. Telle est la promesse formulée par le champ fertile de la justice restaurative.

Si Howard Zehr, dans sa volonté de mettre à la portée du plus grand nombre la philosophie englobante de la justice restaurative, invitait à changer la focale judiciaire afin qu'elle puisse capturer l'ensemble des parties concernées par le crime (Cario, 2006), il faut croire que le législateur français, en votant la loi *relative à l'individualisation des peines et renforçant l'efficacité des sanctions pénales* à l'été 2014 a su enfin écouter ce prodigieux conseil en introduisant dans notre droit positif cette conception complémentaire de la justice. Les cercles de soutien et de responsabilité (CSR), innovation à ses débuts intuitive en provenance du Canada, nous proposent aujourd'hui de partager leurs vingt années d'existence au cours desquelles ils ont acquis une expérience plus que probante en matière de prise en charge des auteurs d'infractions à caractère sexuel (AICS) présentant un risque avéré de récidive.

Précédent le législateur, les travaux de la conférence de consensus sur la prévention de la récidive ont permis d'engager les acteurs de la justice – au sens large – sur le chemin d'une (r)évolution actuellement en cours qui pourrait bouleverser le champ des *praxis* des professionnels qui prennent en charge les infracteurs, notamment en les adossant à un corpus de savoirs théoriques largement allochtones. Au premier rang, figure le modèle Risque-Besoins-Réceptivité (RBR) construit par Andrews et Bonta (2015). Il repose sur le mouvement du « What Works » faisant écho au fameux « Nothing Works » de Martinson (1974). Ce champ théorique désormais solide a permis de dégager trois grands principes d'intervention auprès d'un public d'infracteurs qui repose en premier lieu sur l'indispensable adéquation entre le niveau de prise en charge et le niveau de risque de récidive.

Puis, l'intervention doit être centrée sur les besoins criminogènes du délinquant (facteurs de risque dynamiques), tout en adaptant l'intervention aux facultés cognitives propres du sujet (réceptivité spécifique) au moyen de stratégies cognitives et comportementales (réceptivité générale) car identifiées comme les plus efficaces. C'est cet ensemble de savoirs et techniques qui est en train d'irriguer le champ de la probation française que l'administration pénitentiaire a notamment choisi d'adosser aux règles européennes relatives à la probation (2013) dont la philosophie générale s'inspire largement du modèle RBR. En outre, l'introduction sur notre territoire des CSR, dans une dynamique collaborative, devrait aussi permettre d'enrichir notre modèle de justice pénale rétributive en introduisant à ses côtés les principes et pratiques proposés par la justice restaurative.

Dès lors, nous nous proposons dans ce chapitre, après avoir décrit plus avant les grands principes qui prévalent au fonctionnement des CSR ainsi qu'à leur implantation sur le territoire français, d'étudier dans quelle mesure le modèle RBR peut faire alliance avec ce programme parfaitement ancré dans le champ de la justice restaurative, pour proposer une prise en charge alternative, dans et par la communauté, des AICS présentant un risque de récidive objectivé.

2. Les Cercles de Soutien et de Responsabilité, origines et intérêts

Entre défi moral et défi social, une prise en charge novatrice des auteurs de violence sexuelle

Mis en place en 1994 à Hamilton par un pasteur mennonite et quelques paroissiens, sur intervention d'un psychologue et d'un psychiatre du Service Correctionnel du Canada n'ayant pas les moyens d'une prise en charge additionnelle à la sortie de prison d'un auteur de violences sexuelles sur mineur, les Cercles de Soutien et de Responsabilité (Molzahn, 2007) ont pour objectif de soutenir un auteur de violence sexuelle dans sa réinsertion sociale et sa non-récidive en impliquant une communauté de bénévoles et des professionnels.

L'attention médiatique, l'inquiétude de la collectivité, et la peur suscitée à la fois par la transgression sexuelle et la récidive, ont cultivé des expériences similaires, d'abord à Toronto, puis disséminés en Amérique avec une reconnaissance officielle[100] de leurs applications (eg. Comité Central

[100] Pour exemples : Service Correctionnel Canada (2002). Cercles de soutien et de responsabilité : guide à l'intention des candidats bénévoles, Manuel de formation 2002. Ottawa ; Lynch. (2009). Treatment Program for Sexual Offenders and Those at Risk of

Mennonite de l'Ontario) et efficacités (Wilson & Prinzo, 2001 ; Wilson, et al., 2005). En soutenant et en responsabilisant les ex-détenus dans leur retour dans la société (Wilson, et al., 2007 ; Lynch, 2009), les « CSR » permettent d'accroître la sécurité des collectivités, et de diminuer le nombre de victimes d'abus sexuels, une prévention tertiaire confirmée par la diminution du taux de récidive chez les ex-détenus participant au programme (Wilson, et al., 2005). Autour du « membre principal », le délinquant sexuel libéré de prison présentant un risque élevé de récidive, un groupe de bénévoles formés (trois à six) constitue le « cercle interne », tandis que le coordonnateur et les divers professionnels composent le « cercle externe » (Armstrong et al., 2008 ; Hoïng et al., 2011 ; Dieu & Sorel, 2015). Le coordonnateur est un professionnel expérimenté et rémunéré qui veille à la sélection et la formation des membres du cercle interne et à son bon fonctionnement, comme aux relations avec les divers professionnels du « cercle externe » (eg. psychologue, contrôle socio-judiciaire, aide à l'emploi et au logement). Les rencontres ayant lieu très régulièrement (environ une fois par semaine), le « cercle interne » de bénévoles est un réel soutien, stable et informel ; un réseau social à effets thérapeutiques plus qu'un cadre thérapeutique en soi (Armstrong et al., 2008). Il lutte notamment contre le sentiment de solitude du membre principal, facteur à haut risque de récidive (Wilson, et al., 2010).

En remettant en question les attitudes et comportements à risque du membre principal, le cercle interne questionne les distorsions cognitives de l'ex-détenu (Sorel & Dieu, 2015), ses « *contenus de pensée idiosyncrasiques reflétant des conceptualisations irréalistes ou déformées* » (Beck, 1963). Confronter le membre principal à ses minimisations (Armstrong, et al., 2008), par exemple, est un travail sur les perceptions erronées, et donc un travail sur une des conditions du passage à acte (Finkelhor, 1984), tout en apportant un soutien émotionnel et pratique à la sortie de la détention. « *Dans le cadre de la violence sexuelle, ces distorsions rendent compte d'une perception déformée chez l'auteur des intentions de la victime et de la responsabilité de celle-ci dans la survenue des comportements sexuels déviants. La littérature a pu également mettre en lumière les liens entre distorsions cognitives et récidive. En effet, ces distorsions étant à l'origine de processus de rationalisation, de banalisation et de minimisation des passages à l'acte, elles peuvent maintenir l'utilisation de ces comportements.* » (Bertsch, 2013).

Offending Sexually: A Program Proposal. En ligne http://www.attorneygeneral.jus.gov.on.ca/inquiries/cornwall/en/report/research_papers/Action_RP/1_Cornwall_Community_Hospital_Assault_and_Sexual_Abuse_Program_en.pdf, consulté le 23/10/2012 ; Institute of Technology & Advanced Learning, Service correctionnel du Canada et Adler School of Psychology, 20 pages. En ligne http://www.cscscc.gc.ca/text/rsrch/reports/r185/r185-fra.shtml, consulté le 30/07/2012.

Une logique d'expérimentation : premiers CSR à la française dans les Yvelines

Suite à un projet d'étude au Canada en 2009, depuis 2014 trois cercles ont déjà eu lieu au sein du SPIP78. Selon le bilan DISP-Paris de l'expérimentation du SPIP 78, un Cercle de Soutien et de Responsabilité (CSR) se caractérise ainsi *:*

> « *Un CSR se déroule en milieu ouvert. Il a pour but de constituer autour d'une personne condamnée, le soutien nécessaire pour favoriser son insertion grâce à une écoute et un accompagnement dans un objectif de prévention de la récidive. Le membre principal est la personne condamnée, volontaire, ayant été incarcérée ou pas, quelle que soit la nature de l'infraction, un homme, une femme, isolé socialement. Quatre membres bénévoles issus de la société civile s'engagent à appuyer, soutenir, écouter le membre principal. Le cercle ainsi constitué autour du membre principal est supervisé par deux CPIP pilotes. Ils bénéficient tous de la supervision d'un psychologue. Des retours sont également organisés avec le CPIP référent de la mesure.* »

Le cercle primaire se réunit chaque semaine durant une heure à une heure et demie pendant une période d'un an (ou six mois suivant les cas particuliers comme la fin de la mesure judiciaire). En lancement également en région centre, plusieurs difficultés se présentent au CSR et furent essuyées par le SPIP78 : nombre suffisant de séances et selon quels critères ? L'annulation des séances selon quels motifs et combien de fois ? Le saisissement du temps de la durée des séances et encore une fois selon quels critères ? Comment évaluer la qualité du programme, selon quels critères et quels effets ? Quelles supervisions pour ce type de programme ?

La DISP de Paris et le SPIP78 se tournent désormais vers une supervision de projet sous la forme d'une réunion mensuelle de travail afin de soutenir les professionnels qui coordonnent le dispositif, soumis à une grande charge de travail, à partir d'un « *questionnement sur les fondements symboliques et méthodologiques du dispositif ainsi que sur les positionnements et représentations individuelles et collectives qui y sont attachés...* » (Bilan DISP). C'est pour ces questionnements que les CRIAVS, ainsi que l'ENAP ou les Observatoires externes comme l'ARCA en région centre, détiennent une place essentielle dans la mise en place de ces expérimentations.

La place des CRIAVS

La création des Centres Ressources pour Intervenants auprès des Auteurs de Violences Sexuelles (CRIAVS), a été inaugurée légalement le 17 juin 1998 (Prévention et répression des atteintes sexuelles ainsi que la protection des mineurs) et via le plan Psychiatrie et Santé mentale de 2005-2008. Les structures CRIAVS sont régionales suivant l'objectif du développement stable des liens entre les acteurs de la prise en charge pluri-professionnelle et multidimensionnelle des agresseurs sexuels. C'est dans le cadre du projet européen de prévention « Circles4EU » que le CRIAVS d'Aquitaine[101] s'est vu investi du projet de réflexion sur les pratiques et possibilités d'application des Cercles Soutien et Responsabilité en France. Sous la direction du Dr F. Cochez, regroupant praticiens hospitaliers, psychologues, infirmières, psychomotriciens (liste non exhaustive), le CRIAVS d'Aquitaine est alors au cœur de l'ensemble de ses activités :

i) le moteur d'impulsion et d'innovation dans la recherche sur l'amélioration des traitements, des pratiques thérapeutiques et de l'accompagnement des auteurs de violences sexuelles ;

ii) le développement de réseaux inter-partenariaux en vue de faciliter le suivi des auteurs de violences sexuelles ;

iii) l'élaboration d'une documentation et d'une littérature actualisée concernant les auteurs de violences sexuelles.

L'aboutissement du projet et l'inclusion en France de pratiques telles que les Cercles Soutien et Responsabilité recouvriraient quatre secteurs clés du CRIAVS :

i) la prévention (notamment secondaire et tertiaire) des violences sexuelles en lien avec les acteurs de terrain ;

ii) la capacité d'orientation optimale des personnes sous obligation ou injonction de soin vers ce type de programme ;

iii) le soutien (coordonnateur, cercle interne et/ou cercle externe) pour la prise en charge des auteurs de violences sexuelles ;

iv) la formation des professionnels à une prise en charge socio-thérapeutique novatrice des auteurs de violences sexuelles.

Naviguant entre défi moral et défi social, le CRIAVS d'Aquitaine questionne en premier lieu les représentations du monde socio-judiciaire concernant cette prise en charge novatrice des auteurs de violence sexuelle.

---

101 Centre Hospitalier Charles Perrens, 121 rue de la Béchade - CS 81285 - 33076 Bordeaux cedex.

A cet effet, une enquête d'opinion sous la forme d'un sondage est réalisée[102]. Le dispositif à destination des auteurs d'infractions sexuelles y est présenté comme original et visant à limiter l'isolement et favoriser la responsabilisation des auteurs. Sur le plan international, les Cercles de soutien et de responsabilité en direction des auteurs de violences sexuelles ont les résultats les plus significatifs des programmes restauratifs avec une réduction de 83 % dans la récidive sexuelle par rapport au groupe témoin, de 73 % pour tous les types de récidive avec violence, et une réduction globale de 72 % dans tous les types de récidive[103]. Ces bénéfices s'évaluent sous le primat de la paix sociale restaurée, définie par l'absence de transgressions pénales (non récidive) et la réintégration sociale des auteurs (tolérance à leur égard). Les facteurs ayant un effet sur la récidive sont le sentiment d'implication dans le processus, la reconnaissance en tant que personne, et les remords éprouvés avec présentation des excuses (Lecomte, 2012). En plus de diminuer la récidive, la réinsertion sociale des auteurs et le regard social à leur encontre sont positifs (Dieu, et al., 2015). Effectivement, l'existence des « CSR » favorise le sentiment de sécurité et les sentiments positifs à l'égard de l'auteur participant (cf. rapport de recherche CSR du SCC, 2007).

3. La complémentarité entre le restauratif et le réhabilitatif

CSR/RBR, ou l'art d'une alliance pertinente au service de la justice restaurative.

Les CSR, même s'ils ne permettent pas la rencontre entre un auteur et sa/ses victimes, appartiennent à l'évidence au champ de la justice restaurative pour deux raisons essentielles. D'une part, en attribuant le rôle principal aux membres de la communauté - les bénévoles -, dans le fonctionnement de cette fine mécanique, et d'autre part en leur confiant la mission de refabriquer le lien social brisé par l'infracteur, il y a bien là les ingrédients fondamentaux de l'alchimie proposée par la justice restaurative. Comme a pu le souligner Cario, dont l'important corpus doctrinal en matière de justice restaurative fait autorité, ce concept a fait l'objet de multiples définitions[104].

---

102 Sondage organisé par ERIOS (CRIAVS Aquitaine, Centre Hospitalier Charles Perrens, Bordeaux) et ses partenaires dans le cadre d'un projet européen de prévention appelé « Circles4EU ».

103 Rapport de recherche Cercles de soutien et de responsabilité : Reproduction à l'échelle nationale des résultats obtenus, 2008 N°R-185 du Service correctionnel du Canada (SCC) : Porte ouverte sur les cercles de soutien et de responsabilité, 20 (1), 2007.

104 Pour consulter les principales définitions : http://www.justicerestaurative.org/justice restaurative.html

Nous souhaitons toutefois retenir ici la vision synthétique qu'il en a proposée : « *conformément à la philosophie de la justice restaurative, les mesures qu'elle promeut s'inscrivent dans un processus dynamique. Elles supposent : la participation volontaire de tou(te)s celles et ceux qui s'estiment concerné(e)s par le conflit de nature criminelle, afin de négocier, ensemble, par une participation active, en la présence et sous le contrôle d'un « tiers justice » et avec l'accompagnement éventuel d'un « tiers psychologique et/ou social », les solutions les meilleures pour chacun, de nature à conduire, par la responsabilisation des acteurs, à la restauration de tous, au retour, plus globalement, à l'Harmonie sociale.* » Dans ce sens, les cercles de soutien et de responsabilité sont placés sous le signe de cette justice restaurative qui « *vise, finalement, plus que tout autre modèle, à la restauration complète de l'harmonie sociale* » (Cario, 2010).

Comme nous avons pu l'évoquer ci-dessus, l'implantation des CSR en France est certes une innovation puissante, mais sa complexité implique la collaboration d'acteurs divers (champ sanitaire, champ judiciaire, champ associatif, Europe) afin de garantir le haut niveau d'exigence requis par un tel programme de prise en charge des AICS. Pour autant, complexité ne rime pas avec impossibilité, bien au contraire. Parallèlement à cette volonté de développer les CSR, il faut bien constater que dans le sillage de la conférence de consensus sur la prévention de la récidive, un vent novateur souffle sur la probation française, ainsi que sur un certain nombre d'acteurs qui collaborent avec l'institution judiciaire. Rappelons ici les propos tenus par Mme Christiane Taubira, Garde des Sceaux, lors de sa visite rendue au SPIP du Mans en mars 2014 : *« Je tiens à ce que les innovations et les expérimentations originales et efficaces soient connues et se répandent ».* Cela n'illustre-t-il pas au mieux la dynamique actuelle qui pénètre la sphère de notre justice pénale, ainsi que celui plus large encore de la criminologie ? Cela étant convenu, attachons-nous maintenant au fameux modèle RBR, puis à sa colonisation progressive du programme des CSR, l'ensemble étant au service de la justice restaurative.

Retour vers le futur, aux origines du modèle RBR (Risque-Besoins-Réceptivité)

Comme le rappellent Andrews et Bonta « *la prévention de la délinquance a trop longtemps fait défaut, abandonnée à la seule justice répressive et à la dissuasion, en raison de la crainte que les auteurs d'infraction ne fussent perçus comme étant traités avec trop d'indulgence* » (2015). Appliquée à la catégorie particulière des AICS, cette remarque voit sa valeur largement amplifiée tout en expliquant l'hostilité importante à l'endroit de ces infracteurs lorsqu'ils sont repérés par le système pénal.

Pour autant, même appliqués à cette typologie d'infracteurs, les principes dégagés par le modèle RBR ont démontré leur efficacité (Hanson, 2006). C'est en 1990 (Andrews, et al., 1990), à l'occasion d'une publication dans la revue *Criminal Justice and Behavior* que les trois principes fondamentaux qui composent le modèle RBR ont commencé à prendre place dans l'immense corpus de savoirs et pratiques relevant de la criminologie. Largement ancré dans le champ du modèle théorique de la personnalité globale et de l'apprentissage cognitif et social (*General personality and Cognitive Social Learning*) s'attachant au comportement humain en général, mais aussi au comportement délinquant en particulier, le modèle RBR dessine un spectre qui va de l'évaluation d'un niveau de risque, aux méthodes d'interventions efficaces pour réduire ce niveau de risque. Plus d'un quart de siècle s'est écoulé, et non seulement le modèle s'est développé, mais il s'est aussi disséminé au-delà de ses frontières initiales. Si sa solidité scientifique n'est plus à démontrer, ainsi que son efficience en matière de réduction des risques de récidive (Benbouriche & Guay, 2015), regardons plus avant les trois grands principes (sur un total de 15 principes dégagés) sur lesquels il repose.

En premier lieu, rappelons avec insistance que le principe du risque tel que défini par Andrews et Bonta (2015) repose sur le postulat largement vérifié par les données statistiques que le comportement délinquant est prédictible. Dans ce sens, la recherche a dégagé un ensemble de huit grands facteurs de risque les plus fortement associés au comportement délinquant. Outre les antécédents criminels (facteurs de risque statiques), les sept autres facteurs de risque sont la personnalité antisociale, les attitudes favorables au crime, les relations avec les pairs criminels, la toxicomanie, les relations familiales et/ou conjugales, la scolarité et le travail, et les activités récréatives. Ces sept sphères de facteurs de risque sont qualifiées de dynamiques car elles pourront évoluer dans le temps, notamment en faisant l'objet d'interventions spécifiques, ou bien encore en s'inscrivant dans un cheminement plus général de désistement.

Le principe du risque propose de corréler l'intensité de la prise en charge d'un délinquant à son niveau de risque de récidive, défini au préalable par l'utilisation d'outils d'évaluation appropriés validés cliniquement et scientifiquement (Guay, et al., 2015). Même si la question du préalable de l'évaluation (innovation criminologique peut-être en devenir sur notre territoire) ne sera pas développée ici, il convient de rappeler que le modèle RBR intègre remarquablement cette pratique car c'est sur elle que reposera ensuite toute la clinique de la prise en charge des infracteurs. Dès lors qu'un niveau de risque de récidive aura pu être évalué, alors l'intensité de la prise en charge pourra être définie. Ainsi, fort logiquement, ce sont les délinquants qui présenteront le niveau de risque le plus élevé qui devront être ciblés par les prises en charge les plus intensives. À l'inverse, les infracteurs présentant un faible niveau de risque ne seront que très peu pris en charge par les services de probation. Et il n'est pas inutile de rappeler qu'il a été observé scientifiquement qu'un niveau de prise en charge inadéquat pouvait élever le risque de récidive (Bonta, et al., 2000) (prise en charge intensive d'une personne présentant un niveau de risque faible).

Le principe des besoins criminogènes consiste à déterminer chez un délinquant quels sont les facteurs de risque de récidive sur lesquels l'intervention des professionnels devra se centrer pour réduire le comportement délinquant. Ici, nous retrouvons les sept principaux facteurs de risque criminogènes évoqués auxquels peuvent correspondre des méthodes d'intervention spécifiques à chaque besoin criminogène. Par exemple, si l'évaluation d'un infracteur permet de dégager chez lui une forte propension à valoriser les attitudes criminelles, alors l'intervention aura pour but de restructurer ce champ cognitif afin de construire une identité prosociale. Notons par ailleurs que les besoins personnels du délinquant doivent être distingués de ses besoins criminogènes car ils ne sont pas associés à des facteurs de risque significatifs sur le plan statistique. Toutefois, ils pourront faire l'objet d'une prise en charge périphérique par les professionnels compétents (logement, santé, estime de soi...) afin d'augmenter le mieux-être, et par conséquent de les rendre plus réceptifs au traitement de leurs besoins criminogènes.

Enfin, le troisième grand principe, celui de la réceptivité, il se subdivise en deux sous-catégories complémentaires. D'un côté la réceptivité générale s'attache à définir des programmes d'intervention basés sur les techniques cognitives et comportementales car elles sont massivement identifiées comme les plus efficaces. L'objectif central consiste à pouvoir modifier un comportement associé au risque de récidive. Les techniques d'intervention pourront ainsi faire appel à l'entretien motivationnel, au modelage prosocial, à la restructuration cognitive, ou bien au renforcement personnel afin de pouvoir modifier en profondeur les comportements induits par des situations à risque. Quant à la réceptivité spécifique, elle s'attache à identifier les capacités cognitives du sujet délinquant, son spectre émotionnel personnel, ses aptitudes aux relations interpersonnelles, ainsi que son niveau de motivation.

Ainsi, on aura compris qu'une évaluation pertinente de la réceptivité spécifique permettra d'adapter au mieux la prise en charge du délinquant dans le cadre de ce qui est proposé par les techniques cognitives et comportementales pour traiter les comportements et croyances qui mènent au passage à l'acte criminel. À la lecture de ce qui précède, les différentes importations qui sont en cours dans le champ de la probation française signifient bien qu'un vent novateur souffle actuellement sur les pratiques professionnelles des agents de l'administration pénitentiaire qui prennent en charge les publics devant exécuter une peine. Si l'innovation criminologique comme moteur des évolutions est une réalité parfaitement palpable, alors la mise en œuvre, certes encore embryonnaire, de programmes tels que les CSR pourrait accroître encore la propension à innover dans le champ global de la criminologie clinique.

CSR et RBR ?

Une symbiose remarquable

Si la genèse des CSR doit beaucoup à la démarche intuitive et empirique, le modèle tel qu'il fonctionne aujourd'hui bénéficie de vingt années d'existence au cours desquelles il s'est non seulement largement développé, professionnalisé, mais aussi perfectionné, notamment en y intégrant un modèle probant tel que le RBR. L'idée fondamentale sur laquelle repose le programme est simple, et universellement admise puisqu'elle énonce qu'une personne aidée par les autres pour résoudre ses problèmes augmentera son bien-être (Wilson & McWhinnie, 2012). Ce principe, s'il se vérifie dans de nombreux domaines, ne faisait pas évidence en matière de prise en charge des AICS, et à fortiori lorsque ladite aide doit être fournie par des bénévoles, il faut bien en convenir.

En outre, les CSR canadiens actuels reposent sur un socle de connaissances théoriques complémentaires parfaitement ancrées dans les pratiques professionnelles qui organisent la prise en charge des infracteurs en Amérique du Nord. Alors qu'il était intuitif à ces débuts, le modèle s'appuie désormais à la fois sur le triptyque risque, besoins, réceptivité (RBR) façonné par Andrews, Bonta et Hoge (1990), tout en étant adossé au « Good lives Model (GLM)» ou modèle des vies saines conceptualisé principalement par Ward et ses collaborateurs (Brown, Gannon et Stewart 2003-2006)[105]. Cette colonisation s'est produite progressivement du fait de la porosité naturelle qui existe entre le monde de la probation et les structures qui se sont développées pour mettre en œuvre les CSR.

Les deux principes fondamentaux qui gouvernent les CSR

« Plus jamais de victimes », et « Personne n'est jetable » telles sont les deux pierres angulaires sur lesquelles repose la raison d'être des CSR. Alliée à la dimension de gestion du risque dans et par la collectivité, il y a la notion de

[105] Pour une approche synthétique remarquable de ces deux modèles: Coco, G., & Corneille, S. *Quand la justice restaurative rencontre le Good Lives Model de réhabilitation des délinquants sexuels : fondements, articulations et applications,* Psychiatrie et violence, volume 9, numéro 1, 2009.

nécessaire réintégration d'une personne qui a été mise à l'écart en raison de ses agissements graves contre la société.

Cette véritable dialectique s'inscrit naturellement dans une perspective dynamique et positive qui vise non seulement à la protection de la société contre toute nouvelle victimisation à caractère sexuel, tout en participant à la réintégration d'un auteur d'infraction à caractère sexuel au sein de la communauté. L'action des membres bénévoles est donc gouvernée par ces deux principes qu'ils intègrent dans le champ de leurs valeurs personnelles. Plus encore, ces deux prescriptions alimentent et irriguent les CSR d'une philosophie pragmatique tendue vers l'idée profonde que tout humain peut changer son mode de fonctionnement, aussi ancré fut-il dans ses représentations et dispositions. Nous sommes bien là au cœur de la raison d'être de ce programme dont les bénévoles représentent la véritable pierre angulaire (Chouinard & Riddick, 2015). Dans ce sens, les CSR ont une véritable mission de prévention du risque de récidive puisqu'ils se proposent de réhabiliter un infracteur en le restaurant dans ses aptitudes à faire lien avec les membres de la communauté. Pour ce faire, les CSR apportent du soutien tout en étant très exigeants sur la notion de responsabilisation.

L'intégration du principe du risque aux CSR

Les CSR mobilisant beaucoup de ressources humaines (bénévoles, coordonnateur, professionnels du cercle externe) , il est logique que le choix du membre principal soit en premier lieu guidé par le niveau de risque qu'il peut représenter pour le corps social qu'il devra réintégrer une fois sa peine d'emprisonnement achevée. Seuls les AICS présentant un risque substantiel de récidive sont essentiellement ciblés par les CSR. Évalués au moyen d'outils actuariels spécifiques (Wormith, et al., 2012), ce travail préalable permet de respecter rigoureusement le principe fondamental d'une prise en charge adaptée au niveau de risque défini.

Dès lors, comme le préconisent Andrews et Bonta il convient d'allouer plus de moyens à l'endroit des personnalités présentant le niveau de risque le plus important, et c'est bien ce que proposent les CSR lorsqu'il s'agit d'intégrer un candidat éventuel qui, même s'il doit être volontaire, appartient à un groupe statistiquement identifié comme présentant un risque de récidive significatif. En respectant le principe d'un niveau d'intervention en fonction du niveau de risque, la mécanique des CSR s'oblige à être pertinente dès le départ pour pouvoir être efficiente par la suite. Aujourd'hui, les bénévoles qui participent aux CSR connaissent ce principe essentiel sur lequel repose l'ensemble de leur travail à venir. Concernant l'évaluation initiale du niveau de risque, il revient encore largement aux agents de probation de le produire, puis il sera communiqué au coordonnateur afin qu'il puisse en faire bon usage dans le cadre de la mise en place du cercle qui prendra en charge la personne concernée. Toutefois, le compte rendu des CSR du Canada pour l'année 2011 fait clairement état de la nécessité pour les CSR de pouvoir utiliser un outil d'évaluation tel que le SONAR (Sex Offender Needs Assessment Rating) afin d'ajuster au mieux la prise en charge en matière de besoins criminogènes, mais aussi de pouvoir mesurer l'évolution dans le temps du membre principal[106].

Besoins criminogènes : comment les bénévoles peuvent travailler ce champ ?

En premier lieu, les CSR ont pour objectif d'accompagner et de soutenir le membre principal dans sa volonté de réintégrer le corps social, notamment en lui permettant de tisser un lien avec les membres bénévoles. En effet, à l'issue d'une longue peine d'incarcération, les infracteurs à caractère sexuel, plus que tout autre, se retrouvent particulièrement isolés, ce qui représente un facteur de risque de récidive bien repéré. Aussi, cette notion de lien entre les bénévoles et le membre principal est un élément déterminant qui permettra, par la suite, de travailler sur les besoins criminogènes du membre principal tout en induisant l'apprentissage de comportements positifs par le biais du modelage social.

Comme l'observe un membre principal (Chouinard & Riddick, 2015), c'est surtout dans la première période de vie du cercle que les facteurs de risque sont travaillés avec les bénévoles afin de les identifier et de procéder à leur évitement. Plus le cercle sera solide et plus le travail mené sera profond puisqu'il sera tout à la fois orienté vers les besoins personnels du membre principal (logement, travail, problèmes administratifs) mais aussi vers les facteurs de risque propres à ce dernier. La relation de confiance, voire d'amitié, qui se tisse tout au long de la vie du cercle facilite l'approche, l'identification et le traitement de ce champ essentiel.

Ainsi, lors des rencontres hebdomadaires, les bénévoles s'attacheront à décortiquer le discours du membre principal afin de centrer leur intervention sur les éventuels facteurs de risque tels que la gestion de la colère et/ou de la frustration, les identifications émotives aux cibles potentielles, le faible niveau d'empathie, la qualité des relations sociales, ou bien encore la consommation de toxiques. Tous ces facteurs criminogènes font donc l'objet d'une attention particulière de la part des bénévoles afin de responsabiliser le membre principal face aux décisions qu'il sera amené à prendre, notamment en matière de risque de passage à l'acte.

---

106 CSR au Canada, compte rendu du rassemblement 2011, p 10. http://ccjc.ca/wp-content/uploads/2012/03/le-Compte-Rendu-du-Rassemblement-des-sites-de-CSR-2011.pdf

De même, les bénévoles sont particulièrement sensibilisés par les distorsions cognitives qui pourront émerger lors des rencontres avec le membre principal. Alors, un travail pragmatique sera mené afin de contrer ce type de position relativement classique chez un AICS. Déconstruire des minimisations, des représentations altérées de l'autre, mais aussi s'attacher aux rationalisations produites par le membre principal, tout cela représente une cible d'intervention essentielle en matière de facteurs de risque.

Mené avec bienveillance et intelligence, ce travail permet naturellement de réduire le risque de récidive car l'intervention est alors pleinement centrée sur les besoins criminogènes du membre principal. En outre, comme le notent Andrews et Bonta, l'intérêt porté aux besoins personnels de l'individu permettra d'établir une bonne alliance de travail qui favorisera l'approche et le traitement des facteurs de risque auxquels le membre principal sera potentiellement exposé. Mais, cela ne pourra être efficace que si la méthode d'intervention est valide puis adaptée aux capacités cognitives et personnelles du bénéficiaire du CSR.

La réceptivité ou l'art d'entrer en résonance avec le membre principal d'un CSR

Après le qui (AICS isolé présentant un risque de récidive élevé) et le quoi (besoins personnels et criminogènes), il s'agit d'adapter l'intervention des bénévoles aux facultés propres du membre principal, ainsi qu'à ses caractéristiques idiosyncratiques. La question de la réceptivité spécifique est ici déterminante puisqu'elle permettra aux bénévoles de tenir compte des aptitudes personnelles du sujet, en sorte que le cercle puisse fonctionner au mieux en appliquant notamment des méthodes d'intervention reposant sur l'approche cognitive et comportementale car reconnues comme la plus efficace, et notamment sur les infracteurs à caractère sexuel (réceptivité générale).

Si Andrews et Bonta (2015) identifient la notion de réceptivité comme essentielle c'est en raison de sa corrélation la plus marquée avec la baisse du taux de récidive (r : 0,23). Aussi pour les bénévoles des CSR c'est cet espace qui va être le plus prégnant dans la vie du cercle interne. Ici, les bénévoles pourront mobiliser leurs ressources propres pour les accorder à celles du membre principal afin d'entrer en résonance avec ce lui-ci.

De manière diffuse, c'est le modelage prosocial qui fera office d'ingrédient principal permettant à la personne accompagnée de s'inspirer des comportements sociaux positifs proposés par les bénévoles. Là encore, la qualité des relations construites au travers d'un CSR permet à l'évidence de produire un effet de modelage de grande qualité car le lien s'inscrit dans une relation horizontale égalitaire.

Cela constitue une différence fondamentale par rapport aux relations établies dans le cadre soit d'une relation professionnelle (thérapeutes), soit d'une relation institutionnelle contrainte (CPIP). De manière plus active encore, lors des rencontres du cercle interne, les bénévoles, en fonction de leurs compétences respectives, pourront aussi travailler la restructuration cognitive du membre principal en agissant concrètement sur les distorsions cognitives repérées. Agir sur les pensées et les émotions négatives est une approche très pertinente qui permet de cibler les fragilités du membre principal pour l'aider à progresser au plan cognitif, et de mettre en place les réponses adaptées aux différents stimuli générés par les relations interpersonnelles.

Le rapport final d'évaluation sur les CSR publié en février 2015 observe que les besoins les plus récurrents des membres principaux sont l'ennui, l'isolement, les problèmes de drogue et d'alcool, l'absence d'acceptation sociale, le manque de confiance, ainsi que la difficulté d'apprendre à vivre en respectant les conditions imposées par la mesure de surveillance dans la communauté. On peut alors prendre conscience de la constellation de problèmes à résoudre pour un AICS lors de son retour dans le corps social et, en conséquence, on peut aussi mesurer l'éventail du travail mené dans le cadre d'un CSR et ainsi de consacrer leur profonde complémentaire utilité.

Modélisation, renforcement, développement des compétences personnelles, intervention sur les pensées et les émotions sont des stratégies parfaitement adaptées aux AICS, et c'est dans ce sens que les membres bénévoles des CSR interagissent avec ces derniers alors qu'ils sont portés par une philosophie humaniste qui augmente certainement les effets bénéfiques escomptés. De plus, lorsque les bénévoles se trouvent en limite dans leur intervention auprès d'un membre principal, ils peuvent faire appel au membre coordonnateur et/ou aux professionnels qui composent le cercle extérieur afin de trouver des solutions aux problèmes les plus difficiles à traiter.

Ces points d'appui sont sécurisants pour les bénévoles et ils permettent de lever les craintes éventuelles, notamment pour les bénévoles néophytes. Notons aussi que les bénévoles rendent compte systématiquement au coordonnateur de la vie du cercle en documentant de manière rigoureuse un carnet de bord prévu à cet effet. Ainsi, en s'appuyant sur le modèle théorique du RBR formalisé par Andrews et Bonta, les CSR ont pu gagner en maturité sans perdre de vue la philosophie fondamentale qui a prévalu à leur apparition balbutiante en 1994. Le dernier rapport d'évaluation publié abonde dans ce sens puisqu'il confirme parfaitement les effets probants des CSR tant en matière de réduction de la récidive, qu'au plan économique puisqu'ils affichent un ratio coût/bénéfice de 4.6 dollars canadiens.

Conclusion : Évaluer la personne dans le champ pénal : un problème de méthode ?

T. FERRI, philosophe, docteur en philosophie, chercheur au Gerphau, conseiller pénitentiaire d'insertion et de probation

La position du problème

Dans le champ pénal, l'activité de jugement suppose la capacité d'évaluation de l'autre. Quand le juge correctionnel envoie derrière les barreaux un individu, quand le juge de l'application des peines et le conseiller pénitentiaire d'insertion et de probation étudient la demande d'aménagement de peine formée par le condamné, il est requis d'évaluer la situation globale de l'intéressé, de mesurer les conséquences de ses actes, de saisir sa personnalité, de faire des hypothèses sur ses potentialités de récidive selon son parcours et son comportement, et par conséquent d'étudier ses appuis et ses besoins, ses forces et ses faiblesses, ses ressources et ses manques, ses capacités et ses handicaps, le caractère soutenant de son environnement ou, au contraire, le caractère désocialisant de celui-ci lié à de mauvaises fréquentations, à l'instabilité familiale ou à l'usage de toxiques (alcool, stupéfiants).

Il s'agit par là, d'une part, de rendre une décision ou un avis en vertu des dispositions prévues par les articles du Code pénal et du Code de procédure pénale, de veiller à la bonne correspondance, c'est-à-dire au juste équilibre entre la commission de l'infraction, le tarif de la sanction et les conditions d'octroi d'un aménagement de peine, et, d'autre part, d'évaluer les conséquences des actes commis par le mis en cause en termes de troubles à l'ordre public et de traumatismes causés sur les victimes, de considérer l'éventuel mérite ou démérite du condamné, ainsi que les avancées ou les reculades réellement accomplies par celui-ci, et donc de se faire une idée sur sa personnalité, son comportement, son « profil ».

Autrement dit, deux dimensions entrent en ligne de compte dans l'activité de jugement ou d'évaluation d'un individu placé dans l'œil du cyclone de l'activité judiciaire : une dimension objective et une dimension subjective. A l'audience correctionnelle (le pré-sentenciel) ou lors de la tenue d'un débat contradictoire (le post-sentenciel), le tribunal est censé tenir compte, par l'instauration d'un débat, d'une part, des faits commis, de la transmission d'un dossier, des actes de procédure, des antécédents judiciaires, des certificats médicaux ou des attestations professionnelles, des divers rapports existants, en d'autres termes des éléments qui tendent à avoir le statut de preuve favorable ou défavorable au mis en cause, et, d'autre part, des récits de vie, de l'histoire personnelle ou de l'éducation de l'intéressé, des circonstances de son passage à l'acte, de la nature de sa personnalité, des témoignages à charge et à décharge, de son prétendu « tempérament » alcoolique ou violent, toxicomaniaque ou psychopathique, ou, au contraire, de son profil considéré comme étant au-delà de tout soupçon, de ses efforts de réadaptation ou de ses manquements, de son investissement ou non dans des activités relevantes, bref des éléments qui tendent à refléter un sentiment, un positionnement, une impression générale sur la manière qu'à l'individu mis sur la sellette de penser, de se confronter ou de s'associer à la collectivité, ou de se conduire.

Il n'en va pas autrement pour le conseiller pénitentiaire d'insertion et de probation qui est appelé à rendre des rapports à l'autorité judiciaire sur le suivi des mesures. En effet, s'il lui faut évaluer les perspectives de réinsertion ou les risques de récidive des personnes placées sous main de justice (PPSMJ), il y a lieu pour lui d'être tout particulièrement attentif aux éléments objectifs tenant tantôt à la présence ou à l'absence des probationnaires aux convocations en milieu ouvert, tantôt à la participation des détenus, en milieu fermé, à des activités mélioratives, socio-éducatives, adaptatives, curatives, tantôt encore à la capacité qu'ont les condamnés à produire des documents attestant de la réalité de leurs propos et de l'effectivité de leurs démarches de recherche d'emploi, de soins ou d'indemnisation, tantôt enfin à l'existence d'un dossier où sont consignés, comme dans le marbre, le jugement de condamnation, le casier judiciaire, éventuellement des expertises, des procès-verbaux de justice ou de police, des instructions ou des recommandations formulées par le juge de l'application des peines.

Mais il lui faut aussi avoir recours à des éléments subjectifs tenant à la manière dont les condamnés regardent et investissent leurs peines, au profil de ces derniers lié non seulement à la nature de l'infraction commise, à l'âge ou aux mentions figurant au bulletin numéro un du casier judiciaire, mais à leur environnement immédiat et à leurs habitudes acquises. Une attention particulière est attachée au positionnement des PPSMJ vis-à-vis de leur condamnation, de la justice, de la société, des victimes. Le condamné reconnaît-il les faits qui lui sont reprochés ? Obtempère-t-il ? Quelle leçon tire-t-il de sa condamnation ? Sous quel angle envisage-t-il l'avenir ? Y a-t-il au fond de lui une dépendance aux toxiques ou une inclination à la violence (physique, sexuelle, conjugale) qui n'est pas encore réglée ? Autant de questions qui influent sur la manière dont sont appréciées et orientées les prises en charge des mesures au sein des services pénitentiaires d'insertion et de probation.

C'est pourquoi il y a lieu de s'interroger sur le poids respectif des éléments objectifs et des éléments subjectifs dans le processus de connaissance de l'autre, en l'occurrence ici le condamné. Comment s'articule le registre de l'objectivité avec celui de la subjectivité dans les processus d'évaluation d'un individu ? C'est à soutenir cette interrogation et à proposer des réponses pratiques, à partir de techniques probantes et innovantes, que s'emploie ce livre collectif.

S'il apparaît que, dans la tradition philosophique, depuis Socrate et son *γνῶθι σεαυτόν*, la tâche philosophique la plus ardue est celle qui consiste à tenter de se connaître soi-même, ne suit-il pas alors de là qu'il est plus difficile encore de connaître l'autre, en raison de l'expérience d'une distance irréductible entre les subjectivités ? Par suite, tout effort de connaissance ou d'identification de la personne humaine ne risque-t-il pas, au fond, quand il est mal conduit, de revenir à une procédure d'étiquetage[107], et donc à une activité déformatrice de l'individualité ? En d'autres termes, à quelles méthodes, à quelles pratiques, à quels savoirs peut-on avoir recours pour s'assurer de ne pas se tromper dans l'évaluation des identités individuelles ? Où l'on voit que l'intérêt de cet ouvrage repose sur une volonté de lever bien des ambiguïtés dans la pratique de l'évaluation des personnes condamnées et de rompre avec l'illusion de croire en l'impossibilité d'accéder à une forme de connaissance suffisamment objective et maîtrisée des individus.

L'hypothèse des praticiens et des chercheurs qui se sont réunis dans ce livre consiste donc à soulever le problème de la connaissance objective des personnes et à montrer l'importance d'établir des « règles pratiques communes » d'évaluation destinées à servir le processus d'identification des subjectivités et un accompagnement assuré des personnes condamnées par les praticiens de la justice. Dès lors, afin d'insister sur le bien-fondé et l'heureuse ambition de cette entreprise, il n'est pas inutile de montrer comment elle se justifie, sur un plan philosophique et *a contrario*, par la difficulté inhérente à toute tentative ordinaire de saisie des subjectivités.

Qu'est-ce que saisir une subjectivité ?

Par l'acte de tentative de saisie d'une subjectivité, d'une personnalité, d'une conscience, que convient-il d'entendre ? S'agit-il, par là, d'établir une biographie de l'individu en s'attachant essentiellement à son passé, de faire œuvre de psychologie pour tenter de cerner ses traits de caractère ou d'entrer dans une relation psychanalytique interminable avec lui pour l'aider à sonder son inconscient ? S'agit-il plutôt de se présenter comme le sociologue de sa catégorie socio-professionnelle ou de sa structure sociale ? Ou bien encore est-il requis d'adopter à son égard l'attitude du découvreur de ses possibles, la posture du catalyseur de son idéal ? Par où l'on voit déjà nettement que,

[107] Voir E. Dieu et T. Ferri, *Punition et risque. Les geôles du quotidien*, Studyrama, 2015.

quel que soit l'angle que l'on privilégie pour tenter de circonscrire les traits d'une personnalité, le choix de la méthode relève d'un puissant parti pris et exclut nécessairement d'autres approches complémentaires qui, pour différentes qu'elles soient, ne prétendent pas moins à un statut méthodologique équivalent.

La première difficulté qu'il y a à connaître la personnalité d'un individu tient au fait que les relations que les individus entretiennent entre eux ne sont précisément pas d'abord de connaissance, mais d'être. En effet, l'expérience immédiate et sensible qu'on a d'autrui témoigne d'abord de ce que les autres ne nous apparaissent pas selon des traits d'identité évidents, mais selon des manières d'être relativement opaques, confuses, imprévisibles. C'est que les fondements des rapports interindividuels ne résident pas dans l'élucidation d'une personnalité, comme si sommeillait en chacun l'instinct d'un chercheur ou d'un épieur infatigable, mais dans le fait de s'accomplir soi-même au contact des autres, de jouir de la présence d'autrui, dans le cadre d'une relation d'être assumée. Autrement dit, le rapport de soi aux autres n'est pas d'abord un rapport de connaissance, mais un rapport d'être.

Qu'on existe au milieu d'autres individus n'implique pas, comme allant de soi, qu'il faille avoir une connaissance précise de leur intimité, à moins de tomber amoureux. Mais même dans le cas de l'amour, ce qui compte préalablement, ce n'est pas l'activité de connaissance, mais, là encore, la matérialité de la présence de l'être aimé, la suavité de son contact. C'est que chacun éprouve les autres comme présents immédiatement à soi, avant de les connaître et de se connaître soi-même. Bref, dans la relation d'être authentique, le recours à la connaissance est inutile ou secondaire. A cet égard, le monde du vivant, qui se distingue plus encore que l'humain par son attachement au rapport d'être et à la relation de plénitude avec l'environnement, semble se passer de toute recherche de connaissance du semblable.

La distance du sujet et de l'objet

L'opacité de la personnalité d'autrui tient, originairement, à la posture d'objet de celui-ci. De prime abord, autrui se présente à moi comme un objet, c'est-à-dire comme une extériorité pure, un être doté d'un habillement, un individu capable de déplacement, un corps ou un mobile en mouvement, bref un autre qui n'est pas soi et qui m'échappe. La difficulté première de connaître autrui intimement tient donc au fait que celui-ci apparaît strictement d'abord, dans la relation interindividuelle, comme un objet. Cela signifie encore qu'autrui se présente à soi comme cet être - quoique *apparemment*, sur le plan de la physionomie, le plus familier - le plus étrange ou étranger, dans l'exacte mesure où son essence même paraît intouchable, son intériorité inaccessible à notre regard. Au moment même où l'on croit le connaître, le saisir ou le maîtriser, il échappe à notre connaissance et à notre contrôle en raison de la distance infranchissable qui le scinde de notre subjectivité par le fait qu'il n'est pas soi. Cela revient à dire que la difficulté à connaître autrui tient à l'opposition des consciences, au constat que deux subjectivités se font face sans pouvoir exactement s'interpénétrer. L'autre sera toujours au-delà ou en deçà de la conscience qu'on en a, du fait même de la distance irréductible qui sépare les moi qui se regardent et du fait de leur historicité respective irréversible qui implique que chacun se transforme à chaque seconde et n'est déjà plus tout à fait le même entre l'instant du sentiment d'être et l'instant de la prise de conscience de ce sentiment ou de cet état.

Dès lors, tenter de découvrir autrui, n'est-ce pas déjà le modifier, altérer ou voler son image ? Le juger, n'est-ce pas déjà l'étiqueter, lui donner le caractère de la chose, et par conséquent l'aliéner ou l'oppresser ? Si la conscience comme *conscientia* désigne cet état psychologique par lequel apparaît la possibilité de découvrir l'autre, elle instaure aussi une brisure entre les subjectivités, reconnaît l'irréductibilité des temporalités entre un moi et un non-moi qui se rencontrent, selon le vocabulaire de Fichte, et réaffirme, du même coup, la singularité abyssale des consciences : un abîme sépare effectivement, d'un côté, le « je » d'une subjectivité et, d'un autre côté, le « tu » de la subjectivité qui lui fait face, et l'épaisseur de cet abîme tient à ce dont la conscience a conscience, et se dévoile à l'occasion même de la prise de conscience. Prendre conscience d'autrui, ce n'est donc pas le connaître, mais s'apercevoir d'abord qu'il n'est pas soi, c'est-à-dire le voir comme objet, comme ce quelque chose qui est placé devant soi dans une pure « extériorité d'indifférence », selon l'expression de Sartre[108], dans un geste d'éloignement. Dès lors, dans une telle configuration de rupture entre les subjectivités, le processus de connaissance de l'autre n'est-il pas condamné à n'être qu'une illusion psychologique, voire un mensonge ?

Mais il y a plus. Car, lors même qu'on découvre autrui comme ceci ou cela, comme courageux ou lâche par exemple, n'y a-t-il pas lieu de considérer qu'il s'agit là, en fait, d'une perception de l'autre entachée d'une méconnaissance constitutive d'autrui ou d'une illusion inhérente aux relations interpersonnelles, dans l'exacte mesure où la conscience qu'on a de lui, à ce moment-là, est l'effet d'une altération radicale de l'identité de l'interlocuteur, et ce parce que découvrir, c'est non seulement dévoiler une épaisseur ontologique entre nos vécus de conscience et ceux de notre interlocuteur, et, par suite, apercevoir un décalage temporel entre soi et l'autre, mais, en outre, ôter, du même coup, la naïveté à cette découverte, ne serait-ce qu'en raison du discours qui vient se superposer à la réalité ainsi aperçue ?

---

[108] Cf., J.-P. Sartre, *Cahiers pour une morale*, Paris, Gallimard, 1983.

Cela veut dire que, quand on prend conscience de l'autre, cette prise de conscience ôte, du même coup, toute innocence à la réalité brute de l'être d'autrui, puisque celui-ci, pris en étau dans notre regard, en vient soit à modifier son comportement, comme dans les cas de la honte ou de la timidité qui témoignent de l'existence de relations proprement « troublantes » ou influentes entre les individus, soit à endosser l'image dont on l'affuble, l'étiquette qu'on lui colle, ce qui est proprement la définition de l'aliénation.

En définitive, connaître autrui, ce n'est jamais le connaître selon d'innocentes impressions, mais le découvrir toujours selon des connaissances de seconde main, « en dernière instance » ou après coup, c'est-à-dire toujours trop tard, ce qui implique, d'une part, l'impossibilité d'avoir affaire, dans la conscience, à de réelles premières impressions de l'autre, c'est-à-dire à des impressions naïves, immédiates, brutes, non altérées par le regard, et, d'autre part, l'impossibilité de retrouver ces premières impressions telles qu'elles étaient avant l'intervention de la subjectivité. Tout se passe donc comme si la conscience avait pour particularité d'interdire paradoxalement toute possibilité de coïncidence entre les consciences.

La conscience est ce par quoi je sais qu'il y a une autre conscience qui n'est pas moi et qui ne saurait m'être coextensive. D'où il résulte qu'entre être et savoir s'interpose toute la distance formée par la supercherie de la conscience et du discours. Cette antinomie du discours et de l'être, cette impossibilité d'une superposition parfaite du registre noétique et du registre ontologique a été amplement développée par V. Jankélévitch : « L'enfant est l'innocence même, ou la pureté substantielle, mais par définition, il n'en sait rien ; l'enfant *est* pur, mais il ne le *sait* pas, et il n'est précisément pur qu'à la condition de l'ignorer ; l'adulte conscient le saurait et même ne le saurait que trop s'il l'était, mais justement parce qu'il le sait il ne l'est plus ! (...) Ce que je suis, je ne le sais pas, et ce que je sais je ne le suis pas. La profondeur de l'Être et l'unilatéralité du Savoir semblent s'exclure[109] ».

Le caractère tronqué ou truqué du processus de connaissance de l'autre par soi retentit jusque dans le processus de connaissance de soi par soi, consécutivement au phénomène de dédoublement de la conscience par la capacité de celle-ci à dire « je », et donc à aménager une brisure entre soi et soi-même, comparablement à celle qui sévit entre les subjectivités. Force est de reconnaître que la conscience, en tant qu'instance qui permet la vision, l'aperception, l'auto-position de soi, la réflexivité du savoir, est, dans le même temps, l'instance qui interdit l'élévation à la transparence non seulement d'une subjectivité à une autre, mais d'une subjectivité à elle-même.

---

[109] V. Jankélévitch, *Le pur et l'impur*, Paris, Flammarion, coll. « Champs », 1960, p. 6.

Car c'est bel et bien dans l'élément relationnel, le rapport de soi à autrui (ainsi que dans le rapport de soi à soi) que se niche la brisure du sujet ; c'est dans la relativité de ces rapports que se ternissent les processus de découverte de l'autre et de connaissance de soi, et qu'apparaît le jeu chaotique et confus des rencontres intersubjectives.

La querelle des deux rationalités pénitentiaires

Dans le champ pénitentiaire, les conseillers pénitentiaires d'insertion et de probation sont confrontés aujourd'hui, dans l'exercice de leurs missions de réinsertion et de prévention de la récidive, à l'existence d'un clivage entre deux rationalités ou deux modèles logiques de prise en charge des personnes placées sous main de justice[110]. En effet, il est frappant de constater que ces deux rationalités majeures, qui se présentent sous une forme on ne peut plus antinomique, s'affrontent actuellement sur le terrain de l'accompagnement des personnes faisant l'objet d'une mesure de justice pour recevoir les lettres de noblesse relatives à la meilleure méthodologie de suivi. Dès lors, afin de mesurer les tenants et les aboutissants de chacune de ces rationalités et de comparer ces deux logiques, il y a lieu de décrire leurs caractéristiques propres, leur paradigme respectif, leur méthodologie spécifique, leur élément arbitraire intrinsèque et leur éthique distincte.

Tournée vers une exigence absolue de protection de la société, la première rationalité est la *rationalité prédictive*. Il s'agit d'une logique qui vise à prévoir le crime, d'une part à partir de la considération du passé du délinquant, et d'autre part à partir de données antérieurement compilées en ce qui concerne l'état d'une population. S'appuyant sur des tables statistiques, cette rationalité a pour paradigme, dans le registre criminologique, la question de la prévention de la récidive. Selon cette logique, la pénalité est d'abord conçue comme une arme de défense sociale, et cette manière d'envisager la peine s'est développée et renforcée au contact du mouvement

[110] Dans le langage pénitentiaire, la personne placée sous main de justice (PPSMJ) se rattache à l'une ou à l'autre de ces deux catégories d'individus placés sous l'autorité judiciaire et faisant l'objet d'une mesure de justice. Si la personne est accompagnée en milieu ouvert, elle est appelée « probationnaire », parce qu'elle fait l'objet d'une mesure *restrictive* de liberté. Si elle est prise en charge en milieu fermé, elle est dite « détenue », parce qu'elle fait l'objet d'une mesure *privative* de liberté. Ainsi donc, la différence de classement des individus tient à la nature de la mesure (restrictive ou privative de liberté) et au lieu du suivi (en milieu ouvert ou en milieu fermé). Néanmoins, il y a lieu de noter que, parmi les probationnaires, se comptent aussi des individus qui ne sont pas détenus, mais qui sont considérés comme tels, ainsi, par exemple, des placés sous surveillance électronique ou des placés à l'extérieur, qui ont en commun de recevoir un numéro d'écrou, comme les prisonniers ; et que, parmi les détenus et les probationnaires, ne se rencontrent pas seulement les condamnés, mais également les prévenus.

de politique pénale appelé la Nouvelle Défense sociale (1945-1975), qui a milité notamment en faveur d'un accroissement des effectifs au sein des équipes de police et de magistrats. La particularité de la rationalité prédictive est qu'elle s'appuie sur une méthodologie actuarielle visant à établir des calculs prévisionnels sur le devenir comportemental des délinquants en fonction de données liées notamment à leur passé infractionnel, à leur âge, à la nature de l'infraction qu'ils ont commise. Elle privilégie un raisonnement en termes de facteurs de risque, de gestion de flux, et attache une importance toute particulière à l'antériorité, à la globalité et à l'enregistrement des données macro-sociologiques afin non seulement d'anticiper le crime, mais de dégager les causes structurelles de la délinquance.

Son postulat général tient en ce que le phénomène de la délinquance s'explique entièrement par un principe de causalité, en ce qu'il peut donc être envisagé sous un angle strictement scientifique, puisque l'acte infractionnel n'est rien que le résultat d'un enchaînement de causes et d'effets en partie prévisibles, la conséquence d'une combinaison de mécanismes suffisamment identifiables. De là vient que la rationalité prédictive envisage la pénalité sous l'angle d'une logique comptable et gestionnaire. L'élément arbitraire de cette rationalité réside dans le fait qu'elle subsume l'individu sous la catégorie de population (les « dangereux », les « récidivistes », les « violents », les « irrécupérables », etc.) : comment, dans un tel schéma, s'assurer que les règles de droit, entachées qu'elles sont de généralités normatives, soient compatibles avec l'ensemble des dispositions individuelles disparates ? Comment garantir aux individus le respect de leur idiosyncrasie dans un univers dominé par des généralités et des dogmes standardisés ?

Et surtout, comment prétendre que l'individu récidivera, sans, du coup, le condamner arbitrairement par avance ? En d'autres termes, est-il légitime et sécurisant d'admettre comme une loi d'airain que les individus, à commencer par les délinquants, se conduisent selon des facteurs démographiques structurels ? Par où l'on voit que cette rationalité vise à prévoir, à dégager des lois, à rendre des comptes, à quantifier, en réaffirmant la subordination de l'étude de la délinquance à l'ordre des faits, à l'objectivité du réel, à la matérialité de l'événement, à la positivité des données démographiques et criminologiques. Son programme s'articule à des résolutions de nature bio-politique, et se définit par une activité de découpage, de classement, de segmentation et de régulation.

Concrètement, dans le cadre de cette rationalité, l'accompagnement des délinquants relativement à leurs obligations et à leurs besoins, relativement aux soins, au versant éducatif, au registre social, à la détermination de la fréquence des convocations, suppose d'abord un travail préalable de recoupements des données qui les concernent et l'examen minutieux de leur dossier, et implique ensuite l'orientation des suivis vers des structures adaptées au traitement de chaque type de délinquance. Dès lors, l'expertise du conseiller pénitentiaire d'insertion et de probation consiste, par une activité préalable de découpage et de segmentation d'ordre criminologique, à orienter la personne placée sous main de justice (PPSMJ) vers les partenaires du soin et de l'accompagnement social, vers des groupes de parole, vers des programmes de prévention de la récidive (PPR), vers des dispositifs de suivi de nature bio-politique, en tenant compte de ses antécédents judiciaires, de l'évaluation de sa dangerosité, de son profil, des indications des tables actuarielles. L'éthique qui prévaut ici du côté des professionnels est celle de la responsabilité, puisqu'il s'agit, pour les conseillers pénitentiaires d'insertion et de probation, de faire droit à la réalité des données factuelles ou statistiques, aux actuariats, à l'état d'un budget, qui s'imposent à eux de l'extérieur. Dans cette optique, il est attendu de ces professionnels qu'ils soient moins des accompagnateurs que des évaluateurs ou des prévisionnistes.

Adossée à l'impératif d'aide à la réinsertion, le seconde rationalité pénitentiaire est la *rationalité situationnelle*. Cette dénomination vient de ce que cette rationalité vise à explorer les différents aspects de ce qui caractérise l'*in-situ* des personnes prises en charge, c'est-à-dire à circonscrire leur situation à un moment donné de leur existence, à faire cas des circonstances du passage à l'acte infractionnel, à examiner les particularités de leur environnement. Loin d'accorder la prééminence au passé du délinquant et à ses antécédents judiciaires, la rationalité situationnelle cherche à privilégier son présent, et à explorer avec lui des pistes favorables à la (re)consruction de son avenir. Ici, le diagnostic du professionnel de l'insertion et de la probation ne repose pas prioritairement sur des éléments statiques émanant des tables actuarielles, mais sur des éléments dynamiques qui se dégagent à l'occasion de la conduite d'entretiens ou de visites à domicile. A l'égard de la personne condamnée ou prévenue, la détermination d'un projet, l'évaluation de perspectives réalistes, le soutien à la remobilisation positive sont particulièrement recherchés par la logique situationnelle. A partir d'un examen analytique, la rationalité situationnelle vise à établir des plans de suivi adapté à la situation immédiate de l'individu, et ce à plus ou moins longue échéance en fonction de la complexité de celle-ci.

Dans le registre criminologique, son paradigme est celui de la réinsertion individuelle, qui implique d'attacher une attention particulière à la question de la place et du rôle de l'individu dans la communauté, ainsi qu'à la question de la normalisation. Cette rationalité requiert le recours à une méthodologie analytique ou clinique. L'élaboration de techniques d'accompagnement est destinée à encourager l'individu à activer une dynamique de transformation de soi, à l'aider à intérioriser les normes et les lois, et à le soutenir dans ses efforts pour recouvrer son autonomie et assumer ses responsabilités d'adulte. Une attention particulière est portée, avec l'intéressé, sur l'instauration progressive des conditions favorables à la sortie hors de la délinquance et de la condition de minorité (au sens kantien). Cela suppose donc de solliciter la participation et l'adhésion de la personne condamnée ou prévenue à une discussion susceptible de l'aider à prendre conscience de la nécessité de respecter les règles de droit et les codes en société, et du malheur auquel conduit les actes de transgression, aussi bien pour la communauté que pour lui-même, en termes d'équilibre social et de stabilité individuelle.

Dans cette logique, il s'agit de réfléchir avec l'intéressé à la mise en exergue de points d'accroche susceptibles de déclencher chez lui une motivation réelle et suffisante afin qu'il abandonne ses éventuelles ou anciennes habitudes délinquantielles, qu'il exploite les ressources qu'il a laissées en sommeil et qu'il investisse décisivement un parcours de réinsertion. Par où l'on voit que cette rationalité a soin de tenir compte des éléments singuliers, contextuels, conjoncturels et accidentels de l'existence, et ne néglige aucunement l'histoire et l'environnement de l'individu. La dimension relationnelle et interindividuelle est perçue comme une composante fondamentale du suivi, parce qu'elle est de nature à établir des liens de confiance respectueuse, en lieu et place d'un rapport de confrontation. A l'intérieur des espaces de discussion institutionnels, comme dans un bureau du service pénitentiaire d'insertion et de probation et dans le cabinet du juge de l'application des peines, et à l'occasion d'entretiens ou de débats contradictoires, les peines sont susceptibles d'être individualisées ou aménagées.

Le principe de l'individualisation des peines, qui peut donner lieu soit à un assouplissement soit à un durcissement de la sanction, est appliqué en fonction de l'évolution du condamné. Dans la perspective de la rationalité situationnelle, si la reconnaissance par le condamné de sa culpabilité et la manifestation par lui d'un regret conditionnent l'octroi d'un aménagement de peine ou l'entrée dans un régime progressif de détention, il faut encore évaluer son positionnement à l'égard des faits commis, apprécier le niveau de respect de ses obligations, déterminer son degré d'investissement dans un objectif de changement aux conditions de la légalité. L'élément arbitraire de cette rationalité réside dans la conséquence qu'implique le principe d'individualisation : comment, en effet, avoir l'assurance que les décisions du juge, qui a à se prononcer notamment sur les demandes ou les retraits des aménagements de peine, ne soient pas fantaisistes, injustifiées, partiales et inégales, non seulement d'un juge à un autre, mais dans le cadre du traitement juridictionnel individualisé du condamné ?

La peine s'affirme ici, tantôt comme une arme de rétribution et d'expiation par la souffrance, tantôt comme une procédure de réhabilitation ou comme une promesse de resocialisation. Selon la rationalité situationnelle, l'établissement d'une synthèse socio-éducative ou d'un rapport tenant compte des divers secteurs du soin, de l'éducatif, du social, puise sa source précisément dans l'examen des différentes caractéristiques psychologiques, éducatives et sociales de l'individu pris en charge, et non pas dans les tables actuarielles. Le diagnostic du conseiller pénitentiaire d'insertion et de probation est destiné à permettre l'orientation de la mesure dans une direction qui soit conforme au comportement et à la personnalité du condamné. Les propositions que ce professionnel fait, en termes de parcours d'exécution de peine en milieu fermé, ou en termes de prescription d'une conduite ou de détermination d'objectifs individualisés en milieu ouvert, reflètent le mérite ou le démérite de l'attitude de l'intéressé.

La fréquence des convocations au service pénitentiaire d'insertion et de probation peut varier et s'établir sur un mode intensif, espacé, ordinaire, administratif, selon les objectifs à atteindre et le degré d'investissement du condamné dans sa mesure judiciaire. De là vient que la rationalité situationnelle s'inscrit, non pas dans l'horizon de la bio-politique, à savoir la logique du vivre et du mourir, comme dans le cas de la rationalité prédictive, mais bien davantage dans le giron de l'anatomo-politique, à savoir la logique des disciplines. L'éthique qui prévaut ici du côté des professionnels de l'insertion et de la probation est celle de la conviction, en ce sens qu'elle considère que les actes de transgression procèdent d'une volonté individuelle en situation, du tempérament du mis en cause et des circonstances particulières du passage à l'acte. Dans cette optique, le phénomène de la délinquance est moins associé à un principe explicatif de causalité mécanique qu'à un facteur humain compréhensif d'existence individuelle et circonstancielle.

Les structures du pouvoir pénitentiaire moderne

Dans le champ pénitentiaire, l'affrontement entre ces deux rationalités pénitentiaires est emblématique d'un clivage qui affecte durablement les structures du pouvoir actuel de punir. Par-delà l'opposition entre ces deux logiques, il est frappant de constater qu'elles sont reliées par un point de jonction par où pivotent les deux grandes formes du gouvernement des vivants. En effet, d'un côté, avec la rationalité prédictive, on a affaire à une méthodologie qui se réclame d'une démarche scientifique d'objectivation des données et d'une réduction des disparités susceptibles d'influer sur les pratiques professionnelles et la prise en charge des condamnés en faisant référence à des tables actuarielles, à des grilles statistiques, à des données démographiques.

Cette rationalité, on l'a vu, postule que les idiosyncrasies et les singularités peuvent être regardées comme inutiles et insignifiantes eu égard à l'explication du phénomène global ou générique de la délinquance, et crédite, au contraire, les données macro-sociologiques d'une valeur heuristique infiniment supérieure. M. Foucault nomme cette technologie de pouvoir le « gouvernement par totalisation ». A l'inverse, avec la rationalité situationnelle, s'affirme le besoin du travail analytique ou clinique, de manière à élaborer, à partir de techniques d'entretiens individuels, un pouvoir-savoir fin sur les subjectivités et la conscience des condamnés. Selon cette conception, les variables macroscopiques sont jugées mineures ou accessoires dans la compréhension des actes de délinquance et des passages à l'acte, au profit des récits de vie, des positionnements individuels et des représentations des condamnés, qui permettent d'approcher au plus près l'intériorité de ces derniers. M. Foucault qualifie cette technologie de pouvoir de « gouvernement par individualisation », et a à voir, selon l'auteur de *Surveiller et punir*, avec le pouvoir pastoral hérité du christianisme en tant qu'il est, selon lui, « une forme de pouvoir qui ne se soucie pas seulement de l'ensemble de la communauté, mais de chaque individu particulier, pendant toute sa vie », et en tant qu'il se caractérise par le fait qu'il « ne peut s'exercer sans connaître ce qui se passe dans la tête des gens, sans explorer leurs âmes, sans les forcer à révéler leurs secrets les plus intimes. Elle implique une connaissance de la conscience et une aptitude à la diriger[6]».

D'où il résulte l'observation que le gouvernement par totalisation et le gouvernement par individualisation sont deux formes de pouvoir qui visent soit à prédire les comportements individuels à partir de schémas explicatifs liés à des grilles catégorielles de population, soit à explorer l'intériorité des individus à partir d'entretiens et d'un processus d'accompagnement individualisé. Bien que ces deux types de gouvernement, en dépit de la divergence de leur postulat de départ, soient susceptibles d'apporter des angles d'approche ou de connaissance d'autrui complémentaires, bien qu'ils tendent à se rejoindre ou à coopérer dans le système judiciaire, il n'en demeure pas moins que leur articulation persiste à être problématique et que, loin d'être utilement et intelligemment combinés, ils se conjuguent encore souvent, dans la pratique professionnelle, sur le mode du conflit.

L'un des mérites de M. Foucault est d'avoir attiré l'attention sur l'existence de ces deux grandes formes de pouvoir pastoral structurant, à l'époque moderne, le punitif et sur la persistance de la difficulté qu'il y a à sortir

---

[6] Voir « Le sujet et le pouvoir », dans M. Foucault, *Dits et écrits, II (1976-1988)*, Paris, Gallimard, 2001, p.1048 [306].

aujourd'hui de ces deux schémas de connaissance d'autrui qui fonctionnent comme une puissante alternative fermée, lors même qu'il conviendrait de les harmoniser. A cet égard, voici ce que souligne M. Foucault, à propos de l'avènement, au cours de l'histoire moderne, du pouvoir pastoral :

> « *La multiplication des objectifs et des agents de pouvoir pastoral a permis de centrer le développement du savoir sur l'homme autour de deux pôles : l'un, globalisant et quantitatif, concernait la population ; l'autre, analytique, concernait l'individu*[7] ». *Et, désireux de promouvoir d'autres formes de subjectivité, d'ajouter plus loin : « Il nous faut imaginer et construire ce que nous pourrions être pour nous débarrasser de cette sorte de 'double contrainte' politique que sont l'individualisation et la totalisation simultanées des structures du pouvoir moderne*[8] ».

C'est pourquoi il y a tout lieu de considérer que l'état actuel du champ pénal, dans son organisation et son fonctionnement, suggère désormais de poser comme une urgence capitale l'exigence de création, et de définir comme un impératif catégorique la tâche d'oser déplacer la frontière habituelle entre le possible et l'impossible dans le domaine des pénalités, afin d'imaginer tout autre chose, et ce au nom d'une refondation du rapport à autrui, de la valorisation de la dignité humaine et de l'établissement d'une méthodologie des pratiques inaugurant l'intégration réfléchie de ces deux pôles de connaissance et d'évaluation de l'autre.

Les deux formes de l'identité

Dans le prolongement de la réflexion sur les deux structures du pouvoir de punir moderne, se discernent deux manières de concevoir l'identité ou d'avoir rapport à celle-ci. Sur la question identitaire, la référence à P. Ricœur est on ne peut plus utile, car il a su dégager une distinction particulièrement féconde du concept d'identité, en insistant sur ces deux formes principales, à savoir l'identité comme « mêmeté » et l'identité comme « ipséité ». Quelles sont les caractéristiques de ces deux formes d'identité ?

L'identité de l'*idem* est, selon le phénoménologue herméneutique, celle qui insiste sur la *permanence* de l'être dans le temps. Elle correspond donc essentiellement à l'identité numérique, à l'unicité, à l'existence de la chose en tant qu'elle est une seule et même chose, en tant qu'elle est invariable en dépit de l'écoulement du temps. C'est pourquoi, par référence au vocabulaire aristotélicien, on peut soutenir qu'elle se préoccupe moins de la question des accidents que de celle de la substance. Par conséquent, à la faveur d'une telle

---

[7] *Ibid.*, p.1050.
[8] *Ibid.*, p.1051.

définition de l'identité comme « mêmeté », il est à remarquer que la prééminence du rapport à l'identique doit être ici rattachée aux éléments stables d'un quelque chose, à l'invariance de la chose, à l'immutabilité de l'essence. Il s'agit, par là, de chercher à dégager ce qu'il y a de permanent sous les apparences du flux et du changement. Dans le cadre d'une démarche pour connaître autrui, il en résulte que connaître quelqu'un selon la modalité du même, revient, au fond, à tenter de remonter jusqu'à la nature de sa personnalité, et donc à vouloir déterminer qui il est à partir de ce qu'il est, en présupposant l'existence d'une continuité ou d'une constance d'un soi par-delà la variabilité. Par où l'on voit que, d'un point de vue de l'histoire de la philosophie, on a affaire ici à la définition classique de l'identité, celle qui se rencontre chez Descartes ou Kant, par exemple.

Rappelons effectivement que la conception cartésienne du sujet se présente sous la forme d'une subjectivité définie comme transparente à elle-même, accessible, par conséquent, à sa propre essence et que, dans la *Critique de la raison pure*, Kant, établissant sa célèbre table des catégories, range la notion de substance parmi celles de la relation, et la subsume même sous la première catégorie de la relation. L'identité de *l'idem* se présente donc comme l'identité qui se dégage à partir d'opérations de comparaison et de mise en rapport. C'est pourquoi elle n'accorde, du coup, que peu d'importance à l'élément transitoire, et dissout les singularités individuelles dans le « ce que » de la chose. D'où il résulte que, pour P. Ricœur, vouloir déterminer la personnalité ou la nature d'un individu revient à concevoir l'identité comme *idem*, et donc à réifier l'individu en le privant de sa dimension fondamentale d'ouverture au devenir : « L'identité du caractère exprime une certaine adhérence du *quoi ?* au *qui ?*. Le caractère, c'est véritablement le 'quoi' du 'qui' [111]».

A l'inverse, la définition de l'identité comme « ipséité » permet, selon P. Ricœur, de penser l'identité dans son rapport au devenir et à l'histoire, puisque, par elle, s'ouvre un espace favorable à l'idée d'impermanence ou d'inconstance et s'élargit la brisure à l'intérieur même de la subjectivité. Si, par opposition à l'identité comme « mêmeté », l'identité comme « ipséité » concerne la question du soi en tant qu'il échappe à la définition du même et s'ouvre à l'historicité, c'est que la subjectivité, loin de coïncider avec elle-même comme une chose qui est tout ce qu'elle est, se dés-assigne du monde matériel et débouche sur la notion capitale d'identité *narrative*.

Cela signifie que c'est par le récit, et uniquement par le récit, que c'est, par conséquent, par la capacité de *se* raconter soi-même que se construit l'identité personnelle. Il n'y a donc pas d'authenticité d'être sans l'ouverture d'une brèche au sein de la subjectivité qui ne puisse ni ne doive être

---

[111] P. Ricœur, *Soi-même comme un autre*, Paris, Éditions du Seuil, coll. « L'ordre philosophique », 1990, p. 147.

colmatée par l'histoire. L'intérêt de la présentation de ces deux formes d'identité repose sur le fait qu'elle permet de ne pas confondre l'identité substantielle propre à la chose et l'identité narrative propre à l'humain. De plus, le refus d'admettre la confusion entre ces deux ordres d'identité conduit à réaffirmer l'idée que l'expérience vécue est unique et insubstituable, que l'identité individuelle est inséparable de la capacité de se souvenir de soi, et que, par conséquent, il ne saurait y avoir de singularité en dehors de l'aptitude à se raconter[112]. Où l'on voit que la conception de l'identité narrative a ceci de précieux qu'elle invite à penser les conditions d'une résistance aux tentatives de chosification de l'humain, ainsi de la théorie de l'eugénisme et des discours idéologiques tels que ceux propres au racisme : « Nous connaissons les ravages que provoque cette confusion entre les deux acceptions de l'identité, lorsque des idéologues tentent de revêtir la revendication historique d'identité des prestiges de l'immutabilité, en vue de soustraire l'identité à la morsure du temps de l'histoire [113]».

L'illusion du réalisme psychologique

Même dans le cas où l'on accorde la préséance à l'identité narrative sur l'identité du même, l'accession à la nature profonde de la subjectivité semble non seulement longue et semée d'embûches, mais impraticable, en l'absence de méthodologie sérieuse. Puisque la recherche d'une connaissance d'autrui n'est pas propre à permettre l'accession véritable à une connaissance transparente de l'autre, à la découverte claire et distincte de sa personnalité, puisque donc, entre soi et l'autre se glisse, comme on l'a vu, toute l'épaisse distance qui sépare irrémédiablement deux subjectivités, deux temporalités, il s'ensuit qu'on ne peut accorder un quelconque fondement au postulat du réalisme psychologique, quand bien même le sujet se raconterait interminablement.

Cela signifie qu'on est placé dans l'incapacité de mettre au jour, de façon réaliste, selon une sorte de fidélité de miroir, les caractéristiques du moi qui nous fait face, et que le besoin est grand de promouvoir justement une méthodologie qui soit susceptible de dépasser les naïvetés du réalisme psychologique. La tentative d'une connaissance de l'autre par soi ne saurait déboucher sur une science totalement transparente et certaine, ne serait-ce qu'en raison de l'interférence, tant dans la subjectivité de l'expert que dans

---

[112] Chez Locke, l'identité individuelle procède à ce point fondamentalement de la mémoire, fût-elle défaillante, que la modification des souvenirs reviendrait à faire d'un individu quelqu'un d'autre et qu'une altération grave de la capacité mémorielle est de nature à effacer l'identité. De même, on ne peut imaginer possible de transférer la mémoire d'un individu dans celle d'un autre individu sans affecter l'identité de l'émetteur et du récepteur.

[113] P. Ricœur, *Le Juste 2,* Paris, Éditions Esprit, coll. « Philosophie », 2001, p. 93.

celle de l'expertisé, de préférences personnelles, de désirs inconscients, de préjugés indéracinables, qui influent sur les choix et les comportements individuels. De sorte qu'une connaissance absolument fidèle à la nature de la personnalité de l'autre n'est pas possible et que, si d'aventure cela paraissait à la portée du savoir, il ne s'agirait pas de connaissance, mais d'une illusoire réplique de la subjectivité de l'autre, d'une sorte de clonage subjectif impraticable. Au fond, il ne s'agirait pas d'un acte de connaissance, mais d'un acte de création, ce qui reviendrait à prétendre égaler Dieu.

L'impossibilité du réalisme psychologique tient au fait qu'entre le vécu de la conscience et la connaissance de ce vécu surgit toute l'épaisseur formée par la séparation des consciences et l'hétérogénéité des représentations. Si nul ne peut connaître « totalement » le moi d'autrui, cela vient de ce qu'on ne saurait accéder aux états de conscience de l'autre tels qu'ils sont vécus par l'intéressé lui-même, exactement dans les mêmes termes, selon des circonstances identiques, vis-à-desquelles chacun pose, au demeurant, un regard différent. Il y a donc une indépassable différence, et même une foncière « différance », au sens de J. Derrida, entre l'expérience vécue par l'autre et la connaissance que l'on en a, entre la personnalité plastique d'autrui et celle que l'on croit saisir. Mais le fait même d'être placé devant l'impossibilité d'accéder, « dans sa totalité », à l'identité du moi d'autrui, n'annule ni le principe de la communication avec l'autre, ni la saisie de certains aspects de la personnalité ou l'anticipation des actes d'une autre subjectivité.

Pour expliquer les actions qu'il a entreprises, les projets qu'il a formés, les choix qu'il a faits, il est constant qu'autrui ait recours à l'exposition de toutes sortes de motivations qui auraient commandé sa conduite. Or, il y a lieu de noter que, entre le moment de la prise de décision et le moment de l'évocation de cette décision, s'accumulent et s'entrechoquent des constellations de mobiles défraîchis par l'éloignement des circonstances et désincarnés par le retour réflexif et tardif de la conscience sur des motifs qui ne sont plus du tout les même bien longtemps après l'épreuve du contexte. Placé en dehors de la réalité singulière du moment, qui se caractérise par un nœud de complications et d'interactions et par la survenue d'événements inattendus, le sujet ne saurait découvrir, ni pour lui-même ni *a fortiori* pour les autres, les ressorts de sa subjectivité. Car, insistons-y, dans des conditions d'éloignement de l'expérience *réelle* vécue, à la suite d'un processus d'abstraction tant des circonstances du déroulement de la vie intérieure que de l'environnement extérieur, il appert que jamais aucune expérience ne saurait être totalement et véridiquement pensée et mise au jour *exactement* comme elle a été, ni par soi ni par les autres. Le réalisme psychologique est un leurre, et c'est pourquoi la psychanalyse a développé l'idée d'une nécessité de ne pas marquer l'arrêt dans l'effort analytique de l'introspection.

Par où l'on voit que prétendre établir l'histoire d'une vie *telle qu'elle a été*, affirmer être capable de livrer la nature d'une personnalité telle qu'elle est, aspirer à rédiger une biographie exhaustive ou tout simplement prétendre pouvoir parler de l'autre, non seulement en son nom, mais à sa place, supposent la réalisation d'une démarche qui, pour ambitieuse qu'elle soit, n'en reste pas moins indéfinie, illusoire ou fallacieuse. Car, comment connaître la nature du moi ? En réalité, par cela même qu'elle exige un approfondissement du moi et de son vécu, une telle entreprise de connaissance rétrospective de l'identité de l'autre semble condamnée à suivre la marche d'une régression à l'infini, à ne développer que des hypothèses interminables, sans être en état de découvrir un quelconque fondement au moi et de marquer l'arrêt.

C'est ce que suggère Pascal dans le §688 des *Pensées*[114], qui expose, au cours d'une argumentation serrée, le caractère insaisissable, voire inassignable du moi, surtout quand il est considéré sous l'angle d'objet :

> « *Qu'est-ce que le moi ? Un homme qui se met à la fenêtre pour voir les passants ; si je passe par là, puis-je dire qu'il s'est mis là pour me voir ? Non ; car il ne pense pas à moi en particulier ; mais celui qui aime quelqu'un à cause de sa beauté, l'aime-t-il ? Non : car la petite vérole, qui tuera la beauté sans tuer la personne, fera qu'il ne l'aimera plus. Et si on m'aime pour mon jugement, pour ma mémoire, m'aime-t-on, moi ? Non, car je puis perdre ces qualités sans me perdre moi-même. Où est donc ce moi, s'il n'est ni dans le corps, ni dans l'âme ? et comment aimer le corps ou l'âme, sinon pour ces qualités, qui ne sont point ce qui fait le moi, puisqu'elles sont périssables ? (...) On n'aime donc jamais personne, mais seulement des qualités. Qu'on ne se moque donc plus de ceux qui se font honorer pour des charges et des offices, car on n'aime personne que pour des qualités empruntées* ».

Loin donc de pouvoir s'indexer sur un réalisme psychologique, sur la révélation d'un passé absolument fidèle, la connaissance de l'autre s'exprime sur le mode de la disjonction, elle est tributaire de *justifications* qui ne reflètent rien d'autre qu'un discours qui tend à combler les lacunes de la mémoire, à replâtrer les trous de l'existence, à évoquer le passé selon les exigences du présent.

Si, une fois l'acte réalisé, il y a lieu de le relier à son intention, tantôt pour le rendre intelligible aux autres, tantôt pour l'exemplifier quand il est heureux, tantôt pour l'excuser quand il est malheureux, il n'en est pas moins frappant de constater que, bien souvent, on tente de le *reconstruire* après coup. Et que dire d'un acte jugé condamnable, d'une infraction commise dont l'auteur ne

[114] Éditions Lafuma.

saurait être raisonnablement fier ? Ne va-t-il pas le rendre présentable ou tenter de se déresponsabiliser par un travail de sélection ? En d'autres termes, loin que le récit de son passé soit fidèle à ce passé, il en est bien davantage une reconstitution, un réajustement aux conditions de l'actuel : cela signifie que, peu ou prou, on se borne à choisir son passé en fonction du présent, en fonction des sentiments actuels, en fonction même de la manière dont on envisage l'avenir. Cette idée que le présent éclaire et réinvente le passé, que le passé n'est rien qu'une recréation rétrospective perpétuelle de soi selon les exigences du moment, que toute transmission de faits antérieurs n'est, au fond, que l'expression d'une interprétation, a été fortement soulignée par R. Aron, tant du point de vue psychologique que du point de vue historique :

> « *La pluralité des interprétations est évidente, dès que l'on envisage le travail de l'historien. Car autant d'interprétations surgissent qu'il existe de systèmes, c'est-à-dire, en termes vagues, de conceptions psychologiques et de logiques originales*[115] ». Et d'ajouter : « *Pas de savant ou d'artiste qui ne parte d'un acquis, pas de transmission non plus qui ne corresponde à une sorte de recréation (...). Chaque époque se choisit un passé, en puisant dans le trésor collectif, chaque existence nouvelle transfigure l'héritage qu'elle a reçu, en lui donnant un autre avenir et en lui rendant une autre signification*[116] ».

On ne peut mieux exposer l'idée que la connaissance d'une identité ou d'une histoire, aussi bien personnelle que collective, est objet de pure projection et recomposition, qu'elle est donc fonction de la subjectivité chaotique du récit de celui qui (se) raconte et de la déformation interprétative de celui qui écoute. C'est pourquoi il y a tout lieu de maintenir ouverte l'interrogation, qui, si elle se donne d'abord comme une impasse, est marquée du sceau d'un appel en direction de la créativité : comment garantir les conditions de l'objectivité historique (individuelle et collective) ? Comment connaître autrui ? Par voie de conséquence, le lecteur sera sensible au fait que c'est à apporter de réelles et décisives innovations face à ces divers problèmes méthodologiques, dans le registre de la connaissance et de l'évaluation des autres, et en particulier des personnes condamnées, que s'attache ce livre, dont l'enjeu est, on l'aura compris, foncièrement criminologique et pratique.

---

[115] R. Aron, *Introduction à la philosophie de l'histoire. Essai sur les limites de l'objectivité historique*, Paris, Gallimard, coll. « Bibliothèque des idées », 1938, p. 111.
[116] *Ibid.*, p. 125.

Références

Agnello- Hornby, S. (2013).“Il male che si deve raccontare per cancellare la violenza domestica”. Feltrinelli editore, Milano

Akers, R.L. (1973). Deviant Behavior: A Social Learning Approach. Belmont, CA: Wadsworth

Andrews, D. (2011), The impact of nonprogrammatic factors on criminal-justice interventions. Legal and Criminological Psychology, 16, 1-23.

Andrews D & Bonta, J. (2007). Risk-need-responsivity model for offender assessment and rehabilitation. In Rehabilitation, 6.

Andrews, D. & Bonta, J. (2010). The Psychology of Criminal Conduct. LexisNexis, 5e ed.

Andrews, D. & J. Bonta (2003). The Psychology of Criminal Conduct, Cincinnati: Anderson (3th).

Andrews, D. A., & Bonta, J. (2007). Modèle d’évaluation et de réadaptation des délinquants fondé sur les principes du risque, des besoins et de la réceptivité 2007-6. Retrived from : http://www.securitepublique.gc.ca/cnt/rsrcs/pblctns/rsk-nd-rspnsvty/index-fra.aspx

Andrews, D. A., Bonta, J., & Wormith, J. S. (2004). The Level of Service/Case Management Inventory (LS/CMI). Toronto: Multi-Health Systems.

Andrews, D.A, & Bonta, J. Le comportement délinquant, analyse et modalités d'intervention, Les Presses de l'ENAP, Collection Savoirs et Pratiques criminologiques, 5e édition, 2015.

Andrews, D.A., Bonta, J., & Wormith, S. (2011). The Risk-Need-Responsivity (RNR) Model: Does Adding the Good Lives Model Contribute to Effective Crime Prevention? Criminal Justice and Behaviour. 38(7), 735-755.

Andrews, D.A., Bonta, J., & Hoge R.D. (1990). « Classification for Effective Rehabilitation. Rediscovering Psychology », Criminal Justice and Behavior, 17, 1 : 19-52

Armstrong, S., Chistyakova, Y., Mackenzie, S. & Malloch, M. (2008). Circles of Support & Accountability : Consideration of the Feasibility of Pilots in Scotland. SCCJR (The Scottish Centre for Crime & Justice Research) – Report No.01. En ligne http://www.sccjr.ac.uk/pubs/Circles-of-Suppor t —Accountability-Consideration-of-the-Feasibility-of-Pilots-in-Scotland/129, consulté le 23/10/2012.

Ashworth, A. (2001). Is restorative justice the way forward for criminal justice? Current Legal Problems, 54(1), 347.

Athens L. (1997). “Violent criminal acts and actors revisited”. University of Illinois Press, Urbana

Baehler, K. (2007). Justifying restorative justice. In G. Maxwell & J. Liu (eds.), Restorative Justice and Practices in New Zealand: Towards a Restorative Society, Wellington (NZ): Institute of Policy Studies, Victoria University, 289-299.

Bailey, R., Knight, C. & Williams, B. (2007). The Probation Service as part of NOMS in England and Wales: fit for purpose? in Gelsthorpe l; ET Morgan R. (dir.). Handbook of Probation. Cullompton: Willan PUblishing, 114-130.

Bandura, A. (1977). Social learning theory. Englewood Cliffs, NJ: Prentice Hall.

Barnett G.D., Manderville-Norden R. & Rakestrow J. (2014). The Good Lives Model or Relapse Prevention: What works better in facilitating change? Sexual Abuse: A Journal of Research and Treatment, 26(1), 3-33.

Barnett G.D., Wakeling H.C., Mandeville-Norden R. & Rakestrow J. (2012). How useful are psychometric scores in predicting recidivism for treated sex offenders? International Journal of Offender Therapy and Comparative Criminology, 56(3), 420-446.

Barrois, C. (2014). Entretien avec J Gortais et T. Tovmassian. In T. Tovmassian et H. Bentat (sous la direction de), Quels traitements pour l’effraction traumatique ? Apports de la clinique et de la pratique psychanalytique (pp. 169-183). Paris : Editions In Press.

Baumrind, D. (1967). Child care practices anteceding three patterns of preschool behavior. Genetic Psychology Monographs, 75(1), 43-88

Beck, AT. (1963). Thinking and depression: Idiosyncratic content and cognitive distortions. Archives of General Psychiatry, 9: 324-333.

Beck, A.T. (1975). Cognitive therapy and the emotional disorders. Madison, CT: International Universities Press, Inc.

Benbouriche, M. et Guay J.-P. (2015). La prévention de la récidive en France : les principes d’une évaluation et d’une intervention efficace. Pratique psychologique, 21(3), 213-217.

Benbouriche, M., Ventéjoux, A., Lebougault, M., Hirschelmann, A. (2013). L’évaluation du risque de récidive en France : Expérience et Attitudes des Conseillers Pénitentiaires d’Insertion et de Probation. RICPT, 3-12, 305-318.

Bénézech, M. (2004). Le crime et sa scène : méthode d’analyse comportementale de l’acte homicidaire. Forensic, 19, 19-25.

Bénézech, M., & le Département des sciences du comportement de la Gendarmerie nationale. (2010). PRACTIS : protocole d'analyse comportementale des infractions sexuelles extrafamiliales. Annales Médico-Psychologiques, 168, 360-366.

Bénézech, M., & le Département des sciences du comportement de la Gendarmerie nationale. (2008). Elaboration d'un test d'analyse comportementale des crimes sexuels extrafamiliaux : principes médicopsychologiques et criminologiques généraux. AnnalesMédico-Psychologiques, 166, 552-557.

Bénézech, M., Toutin, T., Le Bihan, P., & Tagushi, H., avec la participation du Groupe Analyse Comportementale (GAC) de la Gendarmerie Nationale. (2006). Les composantes du crime violent : une nouvelle méthode d'analyse comportementale de l'homicide et sa scène. Annales Médico-psychologiques, 164, 828-33.

Benjamin R. V.N. (2015). Non Compliance with Chemotherapy in the Oncology Patient with a Good Prognosis, 2 volumes. CreateSpace Independent Publishing Platform.

Bertsch, I. (2013). Introduction partie III : « La place de la victime chez l'auteur de violences sexuelles ». In Dieu, E. (dir.), & Sorel, O. Psycho-criminologie, volume II : L'Interprétation du crime ; Trajectoires, Dynamiques, Justice. Studyrama (part. de E. Person, N. Combalbert, A. Hirschelmann, I. Bertsch, L. Villerbu).

Bickley, J., Beech, A. (2002). An Investigation of the Ward and Hudson Pathways Model of the Sexual Offense Process With Child Abusers. Journal of Interpersonal Violence. 17: 371

Birgden A. & Cucolo H. (2011). The treatment of sex offenders: Evidence, ethics and human rights. Sexual Abuse: A Journal of Research and Treatment, 23(3), 295-313.

Blad, J. (2006). Institutionalizing restorative justice? Transforming criminal justice? A critical view on the Netherlands. In I. Aertsen, T. Daems & L. Roberts (eds.) Institutionalizing restorative justice, 93-119, Cullompton: Willan Publishing.

Blad, J., Cornwell, D., & Wright, M. (eds.) (2013). Civilising criminal justice: an international restorative agenda for penal reform. Hook: Waterside Press.

Blagden N., Winder B., Gregson M. & Thorne K. (2013). Working with denial in convicted sexual offenders: A qualitative analysis of treatment professionals' views and experiences and their implications for practice. International Journal of Offender Therapy and Comparative Criminology, 57(3), 332-356.

Boer, D. P., Hart, S. D., Kropp, P. R. e Webster, C. D. (1997). Manual for the Sexual Violence Risk-20: Professional Guidelines for Assessing Risk of Sexual Violence. The Mental Health, Law, & Policy Institute, Vancouver.

Bokanowski, T. (2002). Traumatisme, traumatique, trauma. Revue française de psychanalyse, 66 (3), 1181-1199.

Bonazzi. M. (2014)."Col crimine nasce l'uomo". Mimesis Edizioni, Fano

Bonta & Andrews. 2007. Modèle d'évaluation et de réadaptation des délinquants fondé sur les principes du risque, des besoins et de la réceptivité. Sa Majesté la Reine du Chef du Canada, 2007.

Bonta J. (1997) La réadaptation des délinquants: De la théorie à la pratique. 1997-01. Retrived from : http://www.securitepublique.gc.ca/cnt/rsrcs/pblctns/ffndr-rhblttn-rsrch/ffndr-rhblttn-rsrch-fra.pdf

Bonta, J. (1996). Risk-needs assessment and treatment. In A. T. Harland (Ed.), Choosing correctional options that work: Defining the demand and evaluating the supply (pp. 18-32). Thousand Oaks, CA: Sage.

Bonta, J., Andrews, D.A. (2007). Modèle d'évaluation et de réadaptation des délinquants fondé sur les principes du risque, des besoins et de la réceptivité. Sécurité Publique Canada.

Bonta, J., Bourgon, G., Rugge, T., Scott, T.-L., Yessine, A. K., Gutierrez, L. & Li J. (2010). L'initiative de formation stratégique en surveillance communautaire : les principes du risque, des besoins et de la réceptitivé dans le monde réel. Sécurité publique Canada.

Bonta, J., Rugge, T. A., Cormier, R. B., & Jesseman, R. (2006). Restorative justice and recidivism: Promises made, promises kept? In D. Sullivan & L. Tifft (Eds.), Handbook of restorative justice: A global perspective (pp. 108-118). Routledge, London

Bonta, J., Wallace-Captretta, S. & Rooney, R. (2000). A quasi-experimental evaluation of an intensive rehabilitation supervision program. Criminal Justice and Behaviour, 27, 312-329.

Born M. Psychologie de la délinquance. De Boeck, Bruxelles ; 2003.

Bottoms, A. (2001). Compliance and community penalties. in Bottoms A., Gelsthorpe L., Rex S. (dir.), Community Penalties. Change and Challenges. Cullompton, Willan Publishing, 87-116.

Bouchard, M. (2015). "Breve storia della giustizia riparativa". In 'Questione Giustizia' n.2/2015

Bourdieu, P. (1979). La distinction. Critique sociale du jugement, Paris : Minuit.

Boutellier, H. (2000). Crime and Morality. The Significance of Criminal Justice in Post-Modern Culture, Dordrecht: Kluwer Academic Publishers.

Bouzar D. & Martin M., L'individualisation des motifs d'engagement dans le djihadisme, Revue Neuropsychiatrie de l'enfant et de l'adolescent, à paraître septembre 2016.

Bouzar D. (2006). Quelle éducation face au radicalisme religieux ? Paris : Ed Dunod.

Bouzar D. (2014). Désamorcer l'islam radical. Paris : Ed de l'Atelier.

Bouzar D. (2015). Comment sortir de l'emprise djihadiste ? Paris : Ed de l'Atelier.

Bouzar D. (2015). La vie après Daesh. Paris : Ed de l'Atelier.

Bouzar D. « La mutation du discours djihadiste : les nouvelles formes de radicalisme musulman », in Cahiers de la Sécurité et de la Justice – La Radicalisation violente -, N°30, Paris, La Documentation Française, dernier trimestre 2014.

Bouzar D. Bilan 2015 :
http://www.cpdsi.fr/wpcontent/uploads/2016/03/rapport_activite_annuel-2015_CPDSI.pdf

Bouzar D., Caupenne C., & Valsan, S. La métamorphose opérée chez le jeune par les nouveaux discours terroristes, 2014, http://www.bouzar-expertises.fr/publications/526-la-metamorphose-operee-chez-le-jeune-par-les-nouveaux-discours-terroristes.

Bouzar D., & Hefez, S (2016), à paraître septembre 2016 : Au cœur des adolescents du djihad. Paris : Ed Stock.

Bouzar, D. & Martin M. (2016). Méthode expérimentale de déradicalisation : quelles stratégies émotionnelles et cognitives ? Revue Pouvoir, Edition du Seuil, à paraître septembre 2016.

Braithwaite, J. (1989). Crime, shame and reintegrative. Cambridge Univ. Press, 1999, p.226.

Braithwaite, J. (2002). Restorative justice & responsive regulation. Oxford: Oxford University Press.

Braithwaite, J. (2005). Between proportionality & impunity: confrontation => truth => prevention. Criminology, 43 (2), 283-306.

Braithwaite, J., & Pettit, P. (1990). Not just deserts: a republican theory of criminal justice (Vol. 78). Oxford: Clarendon Press.

Braithwaite, J., Strang, H., (2002). Restorative Justice and Family Violence. Cambridge University Press, Cambridge

Brennan, T., & Oliver, W.L. (2000). Evaluation of reliability and validity of COMPAS scales: National aggregate sample. Traverse City, MI: Northpointe Institute for Public Management.

Brown, S.L. et Motiuk, L.L. (2005). Le volet Outil de définition et d'analyse des facteurs dynamiques (IDAFD) du processus d'évaluation initiale des délinquants (EID) : Examen méta-analytique, psychométrique et consultatif. Ottawa : Direction de la recherche du Service Correctionnel du Canada.

Calverley A., Farral S., Individu, famille et communauté : des sorties ethno-culturelles de la délinquance ? in Mohammed M. (dir.), Les sorties de la délinquance, Ed. La Découverte, 2012 p. 131-156

Campbell J., Sellen L.S. & Mc Murran M. (2010). Personal Aspirations and Concerns Inventory for Offenders: Developments in the measurement of offenders' motivation. Criminal Behaviour and Mental Health, 20, 144-157.

Campbell, M., French, S., & Gendreau, P. (2009). The prediction of violence in adult offenders: A meta-analytic comparison of intruments and methods of assessment. Criminal Justice and Behavior, 36, 567-590

Cario, R. (2005). Justice restaurative. Principes et promesses. Paris: l'Harmattan.

Cario, R. « Changing lenses ». Atour de l'œuvre d'Howard Zehr, In les Cahiers de la justice, Revue de l'École Nationale de la Magistrature (ENM), Ed. Dalloz, 2006-1, pp. 45-58.

Cario, R. Justice restaurative. Principes et promesses, l'Harmattan, Traité de sciences criminelles, pp. 83, 2010.

Cario, R., Herzog-Evans, M. & Villerby, L.M. (2012). La criminologie à l'Université, Mythes et réalités. Paris L'Harmattan.

Casey S., Day A., Howells K. & Ward T. (2007). Assessing suitability for offender rehabilitation: Development and validation of the treatment readiness questionnaire. Journal of Interpersonal Violence, 34(11), 1427-1440.

Casey, S., Day, A., Howells, K., & Ward, T. (2007). Assessing the suitability for offender rehabilitation: Development and validation of the treatment readiness questionnaire. Criminal Justice and Behavior, 34, 1427–1440.

Cavadino, M. et Dignan, J. (2005). Penal Systems : A Comparative Approach, London: Sage, 4e ed.

Cavalli, S., Garbarino, F., (2009)."Il gruppo di gestione dei conflitti- L'empatia come strumento terapeutico". In Giulini, P. (2009),"Il campo del trattamento per il reo sessuale. Descrizione di un progetto". In "Minori e Giustizia", n°3/2009, Franco Angeli, Milano.

Chapman, S.G. (2013) Communiquez en pleine conscience, Payot, 260 p.

Chouinard, J.A., & Riddick, C. Évaluation du projet de démonstration du programme des Cercles de support et de responsabilité, Rapport final, février 2015.

Christian, J. (1897). Revue critique. A propos de l'open door. Annales médico psychologiques. T.5. 68-77 ; T.6, 264-363, Paris : Masson.

Christie, N. (1981). Limits to pain. Oxford: Martin Robertson.

Claessen, J. (2010). Misdaad en Straf. Een herbezinning op het strafrecht vanuit mystiek perspectief, Nijmegen: Wolf Legal Publishers.

Clarke, J. (2013). Sustaining Probation Officer Resilience in Europe (SPORE). A Transnational Study. State Probation of Latvia. European Union.

Cobbina J.E., Femmes et sorties de la délinquance, in Mohammed M. (dir.), Les sorties de la délinquance, Ed. La Découverte, 2012, p. 112-130

Coco G. & Corneille S. (2009). Quand la justice restaurative rencontre le Good Lives Model de réhabilitation des délinquants sexuels : fondements, articulations et applications. Psychiatrie et violence, 9(1).

Coda, S. (2008). "Coppie criminali." Centro Scientifico Editore, Torino.

Commission Nationale Consultative des Droits de l'Homme (CNCDH) (2014). Défendre en justice la cause des personnes détenues. La Documentation Française.

Connolly , M. et Ward, T. (2009). Morals, Rights and Practice in the Human Services. Effective and Fair Decision-Making in Health, Social Care and Criminal Justice. London: Jessica Kingsley.

Convenzione del Consiglio d'Europa sulla prevenzione e la lotta alla violenza contro le donne e la violenza domestica, 7 aprile 2011, Istanbul.

Corneille S. (2013). Belgique: une nouvelle approche pour prévenir la récidive des délinquants sexuels. Dedans dehors, 81, 28-31.

Costantini, P.P. (2012). Violence et vérité. In M-J Grihom et M. Grolier (sous la direction de), Femmes victimes de violences conjugales (pp. 43-51). Rennes : PUR.

Coulon, A. (1992). L'école de Chicago. Paris : PUF.

Crocq, L. (2012). 16 leçons sur le trauma. Paris : Odile Jacob.

Cross, W.E. Jr (1991), Shades of Black. Diversity in African-American Identity, Philadelphia: Temple University Press.

CSR au Canada, compte rendu du rassemblement 2011, p 10. http://ccjc.ca/wp-content/uploads/2012/03/le-Compte-Rendu-du-Rassemblement-des-sites-de-CSR-2011.pdf

Cullen, F.T. (2012). Taking rehabilitation seriously: Creativity, science, and the challenge of offender change. Punishment & Society, 14(1), 94-114.

Cullen, F.T. et Gendreau, P. (2001). From Nothing Works to What Works : Changing Professional Ideology in the 21st Century. The Prison Journal. 81(3), 313-338.

DAP, Référentiel des pratiques opérationnelles ou référentiel de la méthodologie d'intervention des SPIP ou RPO1, p.67, en cours de rédaction.

Day A., Howells K., Casey S., Ward T., Chambers J.C. & Birgden A. (2010). Assessing treatment readiness in violent offenders. Journal of Interpersonal Violence, 24(4), 618-635.

De Mesmaecker, V. (2014), Perceptions of Criminal Justice, Abingdon, Routledge

De Queiroz, J.M,, Ziolowski, M. (1994). L'interactionnisme symbolique. Didact Sociologie. PUR.

De Vogel, V. De Vries Robbé, M., Bouman, Y. (2011). Assessing Protective Factors in Forensic Psychiatric Practice: Introducing the SAPROF. International journal of forensic mental health, 10: 171-177

De Vogel, V., de Ruiter, C., Bouman, Y., & de Vries Robbé, M. (2009). SAPROF. Guidelines for the assessment of protective factors for violence risk. English version. Utrecht: Forum Educatief.

De Zulueta, F. (2006). "From Pain to Violence. The Traumatic Roots of Destructiveness", 2° Edition. Wiley &Sons, Chichester.

Debuyst, C. (1990), pour introduire une histoire de la criminologie : les problématiques de départ. Déviance et Société 4, 347-376.

Deci, E. L., & Ryan, R. M. (1985). Intrinsic motivation and self-determination in human behaviour. New York: Plenum.

Deci, E., & Ryan, R. (Eds.), (2002). Handbook of self-determination research. Rochester, NY: University of Rochester Press

Dieu, E., & Sorel, O. (2013). L'interprétation du crime. Paris : Studyrama.

Dieu, E., & Sorel, O. (2015). La synergie des dynamiques qualitatives et quantitatives du crime dans la théorie du processus criminogène. Les annales médicopsychologiques, in press.

Dieu, E., & Sorel, O. (2015). Proposition d'une pratique de clinique criminologique dans le cadre du Cercle Soutien et Responsabilité pour AVS à risque de récidive. Symposium, Congrès International Francophone sur l'Agression Sexuelle, Charleroi, Belgique.

Dieu, E., Sorel, O., & Hirschelmann, A. (2015). L'orientation restaurative pour les auteurs de violence sexuelle : l'accompagnement psycho-criminologique et les médiations relationnelles. Communication orale, Congrès International Francophone sur l'Agression Sexuelle, Charleroi, Belgique.

Dignan, J. (2003).Towards a Systemic Model of Restorative Justice: Reflections in the Concept, its Context, and the Need for Clear Constraints. In A. von Hirsch, J. Roberts, A. Bottoms, K. Roach & M. Schiff (eds.), Restorative Justice and Criminal Justice: Competing or Reconcilable Paradigms, Oxford: Hart, 135-156.

Digneffe, F. (1998). L'école positive italienne et le mouvement de défense sociale. Ch. Debuyst, F. Digneffe et AP Pires (Éds.), Histoire des savoirs sur le crime et la peine, 2, 233-278.

Dindo, S. Sursis avec mise à l'épreuve : la peine méconnue. Une analyse des pratiques de probation en France, DAP, travaux et documents, 2011, 83p, p. 78.

Direction de l'Administration pénitentiaire (à paraître), Manuel de mise en œuvre de la contrainte pénale, Ministère de la Justice.

Dominelli, L. (1997). Anti-Racist Social Work. London: Macmillan, 2e ed.

Dowden, C. et Andrews, D.A. (2004). The Importance of Staff Practice in Delivering Effective Correctional Treatment: A Meta-Analytic Review of Core Correctional Practice. International Journal of Offender Therapy and Comparative Criminology, 48(2), 203-214.

Dowden, C., Antonowicz, D., Andrews, D.A. (2003). The effectiveness of Relapse Prevention with Offenders : A meta-analysis. International Journal of Offender Therapy and Comparative Criminology. Vol.47/5. 516-528

Dréan-Rivette, I., (2005). La personnalisation de la peine dans le Code pénal. Paris : L'Harmattan.

Dubourg, E. (2015). Les services pénitentiaires d'insertion et de probation à l'aune de la prévention de la récidive, Thèse droit privé et sciences criminelles, Université de Nantes.

Duff, A. (2001). Punishment, communication, and community. Oxford: Oxford University Press, USA.

Dutton, D.G., (1996). "De la violence dans le couple". Bayard Editions, Paris.

Dutton, D.G., (2003). "The Abusive Personality. Violence and control in Intimate Relationship". The Guilford Press, New York-London.

Emiletti, L., Fatello E., Garbarino, F., Giulini P., Moccia G. (2015). From the analysis of the European legal framework to the proposal, in AA.VV., White Paper on Child Sex Offenders, report ACSE Project

HOME/2012/ISEC/AG/4000004373 Co funded by Prevention of and Fight against Crime Programme of the European Union.

Farrall, S., Hunter, B., Sharpe, G. & Calverley, A. (2014). Criminal Careers in Transition. The Social Context of Desistance from Crime, Oxford: Oxford University Press.

Farrington D. P., Childhood risk factors and risk-focused prevention, dans M. Maguire, R. Morgan et R. Reiner (dir.), The Oxford handbook of criminology, Oxford (Royaume-Uni), Oxford University Press, 2007, 602-640.

Farrington D. P., Conduct disorder, aggression, and delinquency, dans R. M. Lerner et L. Steinberg (dir.), Handbook of adolescent psychology (3e éd.), Hoboken (New Jersey), Hoboken, 2009, p. 683-722.

Feder, L., Wilson, D.B., Austin, S. (2008). Court-Mandated Intervention for Individuals Convicted of Domestic Violence. Campbell Collaboration Systematic Review.

Felson, M. (1994). Crime and everyday life: Insight and implications for society. Thousand Oaks, CA: Pine.

Fenouillet, F. (2012). Les théories de la motivation, Dunod.

Ferenczi, S. (1931). Analyse d'enfants avec des adultes. Psychanalyse IV, Paris : Payot (1999).

Field, J. (2008). Social Capital. Abingdon, Routledge.

Finkelhor, D. (1984). Child sexual abuse: New theory and research. New York: Free Press.

Firouze, M. Psychologie positive et personnalité, Activation des ressources, Masson, 2010, 264p, p. 79.

Fortini, C., & Daeppe, J-B. « l'entretien motivationnel ?: développements récents », Psychologie, 2011/3Vol.31, p.159-165.

François, PH., Botteman, A. (2002). Théorie sociale cognitive de Bandura et bilan de compétences : applications, recherches et perspectives critiques. Revue Carriérologie 8(3).

Freud, S., "Il perturbante". in "L'Io e l'Es e altri scritti 1917-1923", Ed.Bollati Boringhieri, Torino.

Gannon T.A., Wright D.B., Beech E.R & Williams S. (2006). Do child molesters hold distorted beliefs? What does their memory recall tell us? Journal of Sexual Aggression, 12(1), 5-18.

Gannon, T.A. et Ward, T. (2014). Where has all the psychology gone, A critical review of evidence-based psychological practice in correctional settings. Aggression and Violent Behavior. 19, 435-446.

Garapon, F. Gros, T. Pech (2001). “Et ce sera justice-Punir en démocratie”.Odile Jacob, Paris.

Garbarino, F. (1995). “Médiation pénale et avocats italiens”, in “Mèdiation: la lettre de la médiation”, printemps 95, Lyon.

Garbarino, F. (2013). « La mia esperienza ». In « Questo non è amore », Marsilio editore.

Garbarino, F., Cavalli, S., “Intrafamily conflicts and offences. Victim and offenders within mediation paths”, in “I’ll never leave you alone- Stalking, maltreatment, and abuse: strategies and interventions models”, acts of congress organized by the ‘Centro Italiano per la Promozione della Mediazione’, Milan, 16 september 2011.

Garbarino, F., Cavalli, S. (2007). « Il buono e il cattivo. Un intervento di contaminazione : la mediazione », in « Interagendo –Spazi di confronto delle mediazioni », Università Suor Orsola Benicasa, Atti del Convegno Nazionale, Elio Sellino Editore, Napoli.

Gautron V. et Dubourg E. (2014). La rationalisation des méthodes d’évaluation des risques de récidive. Champ pénal/Penal field [Online]: http://champpenal.revues.org/8947.

Gibbs, J. P. (1981). Norms, deviance, and social control: Conceptual matters. Elsevier Science Ltd.

Giulini P., Emiletti L. (2009), “Il trattamento per autori di reati sessuali nel contesto detentivo. L’esperienza dell’Unità di Trattamento Intensificato presso la C.R. di Milano-Bollate”. In “Minori e Giustizia”, n°3/2009, Franco Angeli, Milano.

Giulini P., Xella C. (a cura di) (2011) “Buttare la chiave? la sfida del trattamento per autori di reati sessuali”. Raffaello Cortina, Milano.

Giulini, P. (2009), “Il campo del trattamento per il reo sessuale. Descrizione di un progetto”. In “Minori e Giustizia”, n°3/2009, Franco Angeli, Milano.

Giulini, P. G., Vassalli, A., Di Mauro, S. (2003), “Un detenuto ibernato: l’autore di reato sessuale tra tutela dei diritti e prospettive di difesa sociale”. In Gatti, U., Gualco, B. (a cura di) Carcere e Territorio. Giuffrè, Milano, pp. 429-460.

Giulini, P., & Scotti, A. (2014). “Il campo del trattamento del reo sessuale tra ingiunzione terapeutica e controllo benevolo”. Rivista Italiana Di Medicina Legale, XXXV(4-2013), 1–22.

Giulini, P., Ceretti, A., Garbarino, F. (1995). “Mediazione sociale: la giustizia fra pari”. Narcomafie n. 6 anno III, giugno 1995, Gruppo Abele Periodici, Torino.

Giulini, P., Garbarino, F., (2013). « Il campo del trattamento per gli autori della violenza di genere » . In « Il lato oscuro degli uomini », Autori Vari, edizioni Ediesse.

Giulini, P., Garbarino, F. (2015). "Pratiche e Servizi di 'Giustizia Riparativa'tra trattamento e controllo benevolo del violento e prevenzione delle recidive e dei primi passaggi all'atto". In Mastropasqua, I. e Bucellato, N. (a cura di) "Giustizia riparativa, mediazione e tutela delle vittime del reato: approcci complementari di Giustizia". Gangemi Editore, in corso di pubblicazione.

Glaser B. (2003). Therapeutic jurisprudence : An ethical paradigm for therapist in sex offender treatment programs. Western Criminology Review, 4(2), 143-154.

Glaser B. (2011). Paternalism and the Good Lives Model of Sex Offender Rehabilitation. Sexual abuse: A Journal of Research and Treatment, 23(3), 329-345.

Göbbels S., Ward T. & Willis G.M. (2011). An integrative theory of desistance from sex offending. Agression and violent behavior, 17(5), 453-462.

Gobbels, S., Ward, T., & Willis, G.M. "An integrative theory of desistance from sex offending,"Aggression and Violent Behavior, vol. 17, no. 5, pp. 453–462, 2012.

Guay, J.-P, Benbouriche, M., & Parent, G. L'évaluation structurée du risque de récidive : méthode et enjeux, Pratiques Psychologiques, Volume 21, Issue 3, p. 235-257, mai 2015.

Guay,F., Mageu, G., et Vallerand, R.J. On the hierachical structure of the self-determined motivation : A teste of top-down and bottom-up effects. Personality and Social Psychology Bulletin, 29, 992-1004.

Guinchard, S. et Buisson, B. (2014). Procédure pénale. LexisNexis, 10e ed.

Hannah-Moffat, K. (2016). A Conceptual Kaleidoscope: Contemplating 'dynamic structural risk' and an uncoupling of risk from need. Psychology, Crime &Law, 22(1/2), 33-46

Hanson R.K, What works : The Principles effective interventions wtth offenders, Communication présentée à la 25e Convention annuelle de l'Association for the Treatment of Sexual Abusers, Chicago 29 septembre 2006.

Hanson R.K. & Morton-Bourgon K.E. (2004). The accuracy of recidivism risk assessments for sexual offenders: A meta-analysis of 118 prediction studies. Psychological Assessment, 21(1), 1–21

Hanson R.K. & Morton-Bourgon K.E. (2005). The characteristics of persistent sexual offenders: A meta-analysis of recidivism studies. Journal of Consulting and Clinical Psychology, 73(6), 1154–1163.

Harcourt, B.E. (2007). Against Prediction. Profiling, policing, and punishing in an actuarial age. Chicago: The University of Chicago Press.

Harker, H. et Worrall, A. (2011). From 'community corrections' to 'probation and parole' in Western Australia. Probation Journal, 58(4), 364-371.

Harkins L., Beech A.R. & Goodwill A.M. (2010). Examining the influence of denial, motivation, and risk on sexual recidivism. Sexual abuse: A Journal of Research and Treatment, 22(1), 78-94.

Harkins, L., Flak, V., Beech, A., Woodhams ,J. (2012). Evaluation of a community-based sex offender treatment program using a Good Lives Model approach. Sexual Abuse: A Journal of Research and Treatment, 24(6), 519-543.

Harkins, L., Howard, P., Barnett, G., Wakeling, H., & Miles, C. (2015). Relationships between denial, risk, and recidivism in sexual offenders. Archives of Sexual Behavior, 44, 157-166.

Harrus-Revidi, G. (2004). Ferenczi et Freud, l'enfant et l'adulte. Préface à S. Ferenczi. Confusion de langue entre les adultes et l'enfant. Paris : Petite bibliothèque Payot.

Hatcher, R.. M., McGuire, J., Bilby, C.A.L., Palmer, E. J., Hollin, C. R. (2012). Methodological Considerations in the Evaluation of Offender Intervention: the Problem of Attrition. International Journal of Offender Therapy and Comparative Criminology, 56(3),447-464.

Heidegger M. Being and Time. (Trad. J Macquarrie and ES Robinson). London: Harper&Row; 1962 (1927).

Helms, J.E. (1984). Towards a theoretical explanation of the effects of race on counselling: a black and white model, The Counseling Psychologist, 12(4), 153-165.

Helms, J.E. (1990). Development of the white racial identity attitude inventory, in Helms, J.E. (dir.), Black and White Racial Identity: Theory, Research and Practice. New York: Greenwood Press.

H-Evans, M. (2012-2013). Droit pénitentiaire. Paris: Dalloz, 2e ed.

H-Evans, M. (2013). All hands on deck: (re)mettre le travail en partenariat au centre de la probation. Ajpénal, Mars, 139-144.

H-Evans, M. (2013). Explaining French Probation: social work in a prison administration. in I. Durnescu et F. McNeill (dir.) Understanding Penal Practice, Abingdon: Routledge, 63-76.

H-Evans, M. (2014). French third sector participation in probation and reentry: Complementary or competitive? European Journal of Probation, 6(1), 42-56.

H-Evans, M. (2015). France: Legal architecture, political posturing, 'prisonbation' and adieu social work, in Robinson G. & McNeill F. (dir.). Community Punishment. European perspective. Abingdon: Routledge & COST EU, 51-71.

H-Evans, M. (2015). « What on earth can this possibly mean? » French reentry courts and experts risk assessment. International Journal of Law and Psychiatry, 2015, online first: doi:10.1016/j.ijlp.2015.08.036

H-Evans, M. (2015). 'Consent and probation: An analogy with contract law', EJprob, 7(2), 143-164.

H-Evans, M. (2015). Offender release and supervision: The role of courts and the use of discretion. Nijmegen; Wolf Legal Publishers.

H-Evans, M. (2016). Droit de l'exécution des peines. Paris: Dalloz; 5e ed.

H-Evans, M. (2016). Les vertus criminologiques de l'équité processuelle: le modèle « LJ-PJ-TJ ». Ajpénal mars: 129-132

H-Evans, M. (à paraître a). Release and Supervision: Relationships and Support from Classic and Holistic Attorneys. International Journal of Therapeutic Jurisprudence.

H-Evans, M. (à paraître). RNR, Evidence Diversity and Integrative Theory, in Raynor, P. et Ugwudike, P. (dir.). In P. Raynor & P. Ugwudike (Eds.), Evidence-based skills in community justice: International perspectives on effective practice. Bristol: Policy Press

H-Evans, M. (en cours). Law as an extrinsic-responsivity factor: What's Just is What Works!

Himelstein, S., Hastings, A., Shapiro, S., & Heery, M. (2012). Mindfulness training for self-regulation and stress with incarcerated youth A pilot study. Probation Journal, 59(2), 151-165.

Hoïng, M., Bates, A., Caspers, J., Goei, K., Hanvey, S., Pasmans, V., Vogelvang, B. & Wilson, C. (2011). European Handbook, COSA, Circles of Support and Accountability. En ligne:
http://www.cepprobation.org/uploaded_files/COSA%20European%20Handbook.pdf, consulté le 23/10/2012.

Holtzworth-Munroe, A. et Stuart, G. L. (1994). Typologies of male batterers: Three subtypes and the differences among them. Psychological Bulletin, 116, 476-497.

Holtzworth-Munroe, A.(2005). "Female perpetrations of phisical aggression against an intimate partner: a controversial new topico f study". In Violence and victims, 20 (2), pp.251-259

Home Office (2006). The Offender Assessment System: an evaluation of the second pilot, (en ligne): http://rds.homeoffice.gov.uk/rds/pdfs06/r278.pdf

Howarth-Stimpson-Barran-Robinson (2009). "Safety in numbers: Summary of Findings and Reccomendations from a Multi-Site Evaluation of Indipendent Domestic Violence Advisor Services", London.

Hoyle, C. (2010). The case for restorative justice. In C. Cunneen & C. Hoyle, Debating restorative justice, Oxford: Hart Publishing, 1-100.

Jackson, SA. (2005). Counselor's models of helping: addressing the needs of the culturally different client in school settings. Journal of multicultural counseling and developm.

Jacupcak, M., Lisak, D., Roemer, L. (2002). "The role of masculine ideology and masuline genderrole stress in men's perpetration of relationship violence". In Psycology of Men and Masculinity, 3, Justice Press. 1-881798--02-X.

Janin, C. (1996). Figures et destins du traumatisme. Paris : PUF.

Jeffrey, E., Young, J.E., Klosko J. S., Cousineau, P. (2013). Je réinvente ma vie : Vous valez mieux que vous ne pensez. Paris : Ed. L'homme.

Jonson, C. L., Cullen, F. T., & Lux, J. L. (2013). Creating ideological space. In L. A. Craig, L. Dixon, & T. Gannon (dir.), What works in offender rehabilitation: An evidence-based approach to assessment and treatment, Oxford: Wiley & Sons, 50–68.

Kabat-Zinn, J. (2012) Au cœur de la tourmente, La pleine conscience, MBSR : La réduction du stress basée sur la Mindfullness, J'ai Lu, 412 p. p.13.

Kadushin, A. et Kadushin, G. (2013). The social work interview. New York: Columbia University Press, 5e ed.

Kahneman, D. (2012), Thinking Fast and Slow, New-York: Penguin Press.

Kaiser G., (1985). "Criminologia", Giuffrè pp.119-120, 305, 313.

Kazemian L., Farrington D.P., Recherches sur les sorties de la délinquance : quelques limites et questions non résolues, in Mohammed M. (dir.), Les sorties de la délinquance, Ed. La Découverte, 2012 p. 61-86

Kazemian L., LeBel T., Réinsertion et sorties de délinquance, in Mohammed M. (dir.), Les sorties de la délinquance, Ed. La Découverte, 2012, p. 229-254

Kédia, M., Vanderlinden, J., Lopez, G. (2012). Dissociation et mémoire traumatique. Paris : Dunod.

Kensey A., Qui ne récidive pas, in Mohammed M. (dir.), Les sorties de la délinquance, Ed. La Découverte, 2012, p. 213-228

Kilmartin, C., Allison, J. (2007). “Men’s violence against women. Theory, Research, and Activism”. LEA, London.

King, S. (2013). Transformative agency and desistance from crime. Criminology and Criminal Justice, 13(3), 317-335.

Knight, C. (2014). Emotional Literacy in Criminal Justice. Professional Practice with Offenders. Basingstoke: Palgrave Macmillan.

Larimer, M., Palmer, R., Marlatt, G. (1999). Relpase Prevention. An overview of Marlatt’s Cognitive-

Larminat, X. de (2012). La probation en quête d’approbation. L’exécution des peines en milieu ouvert entre gestion des risques et gestion des flux. Thèse CESDIP et Université de Versailles-Saint Quentin.

Latessa, E. J., Cullen, F. T., & Gendreau, P. (2002). Beyond correctional quackery: Professionalism and the possibility of effective treatment. Federal Probation, 66, 43–49.

Lauwaert, K. (2009). Herstelrecht en procedurele waarborgen. Antwerp: Maklu.

Laws, D.R. (1989). Relapse prevention with sex offenders. New York: The Guiford Press.

Laws, D.R. (2003). The rise and fall of relapse prevention. Australian psychologist. Vol.38/1. 22-30

Laws, R. et Ward, T. (2011). Desistance from Sex Offending. Alternatives to Throwing Away the Keys. New York: The Guilford Press.

Laws, R., Hudson, S., Ward, T. (2000). Remaking relapse prevention with sex offender: A sourcebook. London: sage Publications Ltd

Le Quellec, A. (2015). Le couple pénal terroriste : une spécificité clinique du traumatisme psychologique. Etat des lieux et analyse critique de la prise en charge victimologique française. Mémoire de Master 2, Psycho-criminologie et Victimologie, 224 p. Université Rennes 2.

Lecavalier, M., Marciel denault, J., Denis, I., Maltais, K., Mantha, L. (2013), La motivation, quelque chose qui se construit, Centre Dollard-Dommier, Institut universitaire sur les Dépendances, 51 p. p 25-48.

Lecomte, J. (2012). La justice restauratrice. Revue du Mauss, 2 (40), 223-235.

Lee L.C. et Stohr M. J. (2012). A Critique and Qualified Defence of « Correctional Quackery ». Journal of Contemporary Criminal Justice, 28(1), 96-112.

Levenson J.L., MacGowan M.J., Morin J.W. & Cotter L.P. (2009). Perceptions of sex offenders about treatment: satisfaction and engagement in group therapy. Sexual Abuse: A Journal of Research and Treatment, 21(1), 35-56.

Levenson J.S. (2011). But I Didn't Do It!: Ethical treatment of sex offenders in denial. Sexual abuse: A Journal of Research and Treatment, 23(3), 346-364.

Levenson J.S., Prescott D.S. & D'Amora D.A. (2010). Sex offender treatment; consumer satisfaction and engagement in therapy. International Journal of Offender Therapy and Comparative Criminology, 54(3), 307-326.

Lewis, S., Raynor, P., Smith, D. & Wardak, A. (2006). Race and probation. Cullompton: Willan publishing.

Lind, E.A. et Tyler, T.R. (1988 reed. 2013), The Social Psychology of Procedural Justice, Springer.

Lishman, J. (2009). Communication in social work. Basingstoke: Palgrave Macmillan, 2e ed.

Listwan, S.J., Jonson, C.L., Culen F.T. et Latessa, E.J. (2008). Cracks in the penal harm movement: evidence from the field. Criminology and Public Policy, 7, 423-465.

Lockwood, B. (2012). Travel Distance on Treatment Noncompletion for Juvenile Offenders. Journal of Research in Crime and Delinquency, 49(4), 572-600.

Looman J. & Abracen J. (2013). The Risk Need Responsivity Model of offender rehabilitation: Is there really a need for a paradigm shift? International Journal of Behavioral Consultation and Therapy, 8(3-4), 30-36.

Lowenkamp, C.T., Latessa, E.J. & Smith, P. (2006). Does correctional program quality really matter? The impact of adhering to the principles of effective intervention. Criminology & Public Policy, 5(3), 575-594.

Lynch. (2009). Treatment Program for Sexual Offenders and Those at Risk of Offending Sexually: A Program Proposal. En ligne http://www.attorneygeneral.jus.gov.on.ca/inquiries/cornwall/en/report/research_papers/Action_RP/1_Cornwall_Community_Hospital_Assault_and_Sexual_Abuse_Program_en.pdf, consulté le 23/10/2012.

Mannoni, O., (1982). Ca n'empêche pas d'exister. Paris : Editions du Seuil.

Marlatt G.A. & George W.H. (1984). Relapse Prevention: Introduction and overview of the model. British Journal of Addictions. 79, 261-273.

Marlatt, G., Parks, G., Witkiewitz, K. Clinical Guidelines for implementing Relapse Prevention Therapy.

Marlowe, D.B. (2011). The Verdict on Drug Courts and Other Problem-Solving Courts. Chapman Journal of Scientific Justice, 2(1), 57-96.

Marlowe, D.B., Festinger, D.S., Lee, P.A., Dugosh K.L., Benasutti K.M. (2006). Matching Judicial Supervision to Clients' Risk Status in Drug Court. Crime & Delinquency, 52(1), 52-76

Marshall W.L., Thornton D., Marshall L.E., Fernandez Y.M. & Mann R. (2001). Treatment of sexual offenders who are in categorical denial: A pilot project. Sexual Abuse: A Journal of Research and Treatment, 13 (3), 205-215.

Marshall, W. L., Marshall, L. E., Serran, G. A., & Fernandez, Y. M. (2006). Treating Sexual Offenders: An Integrated Approach, Routledge.

Marshall, W.L. (2009). Manualization: A blessing or a curse? Journal of Sexual Agression, 15(2), 109-120.

Marshall, W.L., Anderson, D., Fernandez, Y.M. (2001).“Trattamento cognitivo-comportamentale degli aggressori sessuali” Tr.it. CEI, Torino.

Martin, D. J., Garkse, J. P., Davis, K. M. (2000). Relation of the therapeutic alliance with outcome and other variables: A meta-analytic review. Journal of Consulting and Clinical Psychology, 68(3), 438-450.

Martinson, R. What works ? Questions and answers about prison reform, Public Interest, 35,1974, p. 22-54.

Maruna S. & Mann R.E. (2006). A fundamental attribution error: rethinking cognitive distorsions. Legal and Criminological Psychology, 11, 155-177.

Maruna S., LeBel T.P., How formers prisoners desist from crim and why it matters for reintegration practice, in Mbanzoulou P., Herzog-Evans M., Courtine S. (dir.), Insertion et désistance des PPSMJ, Savoirs et pratiques, L'Harmattan, champ pénitentiaire, 2012.

Maruna S., LeBel T.P., Les apports de l'étude de la désistance à la réinsertion, AJ Pénal, Désistance, la face criminologique de la réinsertion, n°9, 2010, p. 367 et s

Maruna, S. (2001). Making Good. How Ex-Convicts Reform and Rebuild their Lives, Washington, DC, USA: American Psychological Association.

Matthews R. (2005). The myth of punitiveness. Theoretical Criminolgy, 9, 175-201.

Mc Grath R.J., Cumming G.F., Burchard B.L., Zeoli S. & Ellerby L. (2010). Current Practices and Emerging Trends in Sexual Abuser Management. The Safer Society 2009 North American Survey. Safer Society Press, Brandon, Vermont. Retrived from:
http://www.safersociety.org/downloadables/WP141-Current_Practices_Emerging_Trends.pdf

Mc Neill F. (2012). « Probation et sortie de délinquance : qu'est-ce qui fonctionne et qu'est-ce qui est équitable ? » dams Mohammed M. (éd), Les sorties de la délinquance : théories, méthodes, enquêtes. Paris : La découverte. p260.

McNeill F., Towards effective practice in offender supervision, The Scottisch Center for Crime and Justice Research, 2009

McNeill F., Weaver B., Changing Lives? Desistance research and offender management, The Scottisch Center for Crime and Justice Research, 2010

McNeill, F. (2009). What Works and What's Just ? European Journal of Probation, 1(1), 21-40.

McNeill, F. (2010). La désistance: What Works et les peines en milieu ouvert en Ecosse. AJpénal, Sept., 376-380

McNeill, F. "A desistance paradigm for offender management," Criminology and Criminal Justice, vol. 6, no. 1, pp. 39–62, 2006.

MCNeill, F., Burns N., Halliday S., Hutton, N., Tata, C. (2009). Risk, responsibility and reconfiguration. Punishment & Society, n° 11(4), 419-442.

Merzagora Betsos, I. (2009). "Uomini violenti-I partner abusanti e il loro trattamento", Cortina Editore, Milano.

Miers, D. & Aertsen, I. (2012). Restorative justice: a comparative analysis of legislative provision. In Regulating restorative justice: a comparative study of legislative provision in European countries (pp. 511-548). Frankfurt am Main: Verlag für Polizeiwissenschaft.

Miller, W.R. & Rollnick, S., Michaud P., & Lécallier D. (2013). L'entretien motivationnel: Aider la personne à engager le changement (2e édition). Paris: InterÉditions.

Miller, W.R. & Rollnick, S. (1991). Motivational Interviewing: Preparing People to Change Addictive Behavior. New York : The Guildford Press.

Miller, W.R. & Rollnick, S. (2012). Motivational interviewing: helping people change. Guilford Publications, 3e ed.

Mission de recherche Droit et Justice, les groupes de paroles et de prévention de la récidive des personnes placées sous main de justice, synthèse rédigée par Valérie Moulin, Université de Bretagne Rennes 2, novembre 2012. 10p.

Mohammed, M. (dir.) (2012). Les Sorties de délinquance: théories, méthodes, enquêtes. Paris : La Découverte.

Molzahn, D. (2007). Les premiers pas des cercles de soutien et de responsabilité. In dossier « Les cercles de soutien et de responsabilité », Porte ouverte, 20 (1).

Motiuk, L. (1997). Classification for correctional programming: The Offender Intake Assessment (OIA) process, Forum, 9, 18-22.

Nuffield, J. (1982). Parole decision-making in Canada: Research towards decision guidelines. Ottawa: Ministry of Supply and Services Canada.

Olver M. E., Stockdale K. C., & Wormith, J. S. (2011). A meta-analysis of predictors of offender treatment attrition and its relationship to recidivism. Journal of Consulting and Clinical Psychology, 79(1), 6-21.

Otto R.K. et Douglas K.S. (2010) (dir.). Handbook of Violence Risk Assessment. Abingdon: Routledge.

Owers, D.A., Leighton, P., McGrory, C., McNeill, F., Wheatley, P. (2011). Review of the Northern Ireland Prison Service. Conditions, management and oversight of all prisons. Prison Review Team Final Report. P20.

Palaric, R. (2014). Clinique des auteurs d'agressions sexuelles au carrefour des débats contemporains : Analyse psychocriminologique intégrative des perspectives psychodynamique et cognitivo-comportementale appliquées aux modalités de prise en charge thérapeutique. Thèse de doctorat en psychologie. Université Rennes2.

Palmer, C., Heggs, D. & Sellen, J.L. (2013). Exploring motivation and personal change in males serving probation orders within the community: A qualitative pilot study. Forensic Update, 109, 19-31.

Palmer, T. (1995). Programmatic and nonprogrammatic aspects of successful intervention: New directions for research. Crime and Delinquency, 41, 100–131

Pankow, G., (1969). L'homme et sa psychose. Paris : Aubier Montaigne.

Paparozzi, M. et Guy R. (2015). Turning the Ship Around: Values and Core Competencies as Critical Elements of Successful Parole and Reentry. In H-Evans M. (dir.), Offender release and supervision: The role of courts and the use of discretion. Nijmegen; Wolf Legal Publishers, 309-325.

Parisi F. (2015). "La Restorative justice alla ricerca di identità e legittimazione", Diritto Penale Contemporaneo.

Pechikoff, S., Doray, B, Douville, O., Gutton, P. (2004). Toulouse/AZF. Essai sur le traumatisme et la tiercéité. Paris : La Dispute.

Pelikan C. (2015). "We know a lot! A contribution from Austria to the never-ending debate on RJ and Domestic Violence", in 'European Forum for Restorative Justice', Volume 16.

Pery, Garry, P., Orchard J. (1992). Assesment and treatment of adolescent sex offenders. Professional Resource Press). USA. http://www.prpress.com

Pignol, P. (2004) : Qu'est-ce qu'un auteur pour une victime ?, Colloque « Autour de l'œuvre de L. Crocq : Auteurs et victimes », site de L'ICSH (www.uhb.fr/sc_humaines/institut-criminologie).

Pignol, P. (2011). Le travail psychique de victime. Essai de psycho-victimologie. Thèse Université Rennes 2. https://hal.archives-ouvertes.fr/docs/00/65/87/58/.../2011.

Pignol, P. (2013). Clinique de la culpabilité et de la responsabilité chez les victimes de violence sexuelle. Cahiers de la Sécurité, n° 23, 41-53.

Pignol, P. (2013). Guidance psycho-victimologique auprès de personnes victimes de violences intraconjugales. Deux outils d'intervention, In M.J. Grihom & M. Grollier, Femmes victimes de violences conjugales (pp. 135-144). Rennes : PUR.

Pignol, P. (2012) : La clinique victimale comme clinique de la confusion victimant/victimé, Site de L'Institut de Victimologie. http://www.institutdevictimologie.fr/

Pignol, P., Galinand, G. (2016). 15 ans d'expérience d'une consultation spécialisée en victimologie au CH Guillaume Régnier de Rennes, L'Information psychiatrique, à paraitre.

Pignol, P., Villerbu, L.M. (2009). La victimité, émergence d'un processus et d'un dispositif. Rhizome, n° 35,12-13.

Pignol, P. (2016). L'emprise et ses empreintes actives. Une approche psycho-victimologique. Site villerbu-crimnologie.fr

Pires, A.P (1995). La criminologie d'hier et d'aujourd'hui. In C., Debuyst, F. Digneffe, J-M. Labadie, Pires A.P. Histoire des savoirs sur le crime et la peine, Tome 1 (pp.13-65),. Paris : De Boeck Université.

Pisapia A. (2014). "La protezione europea garantita alle vittime della violenza domestica", in «Cassazione Penale», fasc.5, 2014".

Pithers, W. D., Marques, J. K., Gibat, G. G. and Marlatt, G. A. (198S). Relapse prevention with sexual aggressives. In J. G. Greer and I. R. Stuart (Eds.), The Sexual Aggressor. New York: Van Nostrand Reinhold.

Probation Institute (2014), Code of Ethics. Core Values and Ethical Principles.

Prochaska, J.O., DiClemente, C.C. et Norcross, J.C., 1992. In search of how people change: Applications to addictive behaviors, American Psychologist, 4, 9, 1102-1114.

Prochaska, J.O., Norcross, J.C. et DiClemente C.C, 1994. Changing for Good. New York : Avon Books.

Prochaska, JO. & Norcross, JC. 2010. Systems of Psychotherapy: A Transtheoretical Analysis, 7th edition. Belmont : Brooks & Cole.

Prochaska, JO. & Norcross, JC. 2010. Systems of Psychotherapy: A Transtheoretical Analysis, 7th edition. Belmont : Brooks & Cole.

Putnam, R. (2000). Bowling Alone, New York: Simon and Schuster.

Pyrooz, D.C., & Decker, S.H. (2011). "Motives and methods for leaving the gang: Understanding the process of gang desistance." Journal of Criminal Justice, 39:417-425.

Quinney, R. (1969). Toward a Sociology of Criminal Law. Crime and Justice in Society. Boston: Little, Brown and Co, 1-30.

Rakil M. (25-27 june 2006). "Fighting violence against women and children, the need for integrated models in work with violent men", Eurosafe Conference, Wien.

Rapport de recherche Cercles de soutien et de responsabilité : Reproduction à l'échelle nationale des résultats obtenus, 2008 N°R-185 du Service correctionnel du Canada (SCC) : Porte ouverte sur les cercles de soutien et de responsabilité, 20 (1), 2007.

Raynor, P. (2014). Consent to probation in England and Wales: How it was abolished, and why It matters. Ejprob, 6 (3), 296-307.

Rebeta, J.L. (2015). Diversity, Culture, and Personality Disorders. In Beck A.T., Davis D.D. & Freeman A. (dir.), Cognitive Therapy of Personality Disorders. New York: The Guildford Press, 3e ed. : 140-151

Règles relatives à la probation, Direction de l'administration pénitentiaire, Collection Travaux et Documents n°81, octobre 2013.

Rice M.E. & Harris G.T. (2003). The size and sign of treatment effects in sex offenders therapy. Annals of the New York Academic of Sciences, 989, 428-440.

Robert, P. (1973). La sociologie entre une criminologie du passage à l'acte et une criminologie de la réaction sociale. L'Année sociologique, 24, 441-504.

Robinson L. (1998). 'Race', Communication and the caring professions. Buckingham: Open University Press.

Robinson (2003). "The Cardiff Women's Safety Unit: a Multi-Agency Approach to DomestiViolence. Final Evaluation Report", Cardiff.

Robinson, G. & McNeill, F. (2008), 'Exploring the dynamics of compliance with community penalties', Theoretical Criminology, n° 12(4): 43-449

Romano, H., Cyrulnick, B. (2015). Je suis victime L'incroyable exploitation du trauma. Paris : Philippe Duval.

Rönkä, A., Oravala, S., & Pulkkinen, L. "'I met this wife of mine and things got onto a better track' turning points in risk development," Journal of Adolescence, vol. 25, no. 1, pp. 47–63, 2002.

Rossi, G.(2014). “La Direttiva 2012/29/UE: vittima e giustizia riparativa nel sistema penale” , Relazione svolta nel Convegno, Prospettive di cambiamento dell’esecuzione penale, tenutosi il 12 settembre 2014, conclusivo della I edizione del Master in Diritto Penitenziario e Costituzione del Dipartimento di Giurisprudenza dell’Università degli Studi - Roma Tre.

Salla-Surva (2011).“Procedural Practice of Domestic Violence Cases: 2010”, Tallin, Ministry of Justice,

Sampson, R., & Laub, J. (1993). Crime in the making: pathways and turning points through life. Cambridge, Mass: Harvard University Press.

Sampson, R.J. and J.H. Laub (1993). Crime in the Making: Pathways and Turning Points through Life. Cambridge, MA: Harvard University Press.

Sansone R.A. et Sansone L.A. (2009). Borderline Personality and Criminality. Psychiatry, 6(12), 16-20.

Savona, E.U. (2008). “Rimedi legislativi e buone pratiche contro la violenza in famiglia in Europa”. Relazione presentata al XXII Congresso Nazionale della Società Italiana di Criminologia, San Marino, 20-25 ottobre.

Schuilenberg, M., R. van Steden & B. Oude Breuil (eds.) (2014). Positive Criminology. Reflections on Care, Belonging and Security. The Hague: Eleven International Publishing.

Schwartz SH. Les valeurs de base de la personne: théorie, mesures et applications. R Franç Sociol. 2006;47:929–68.

Scoones C.D., Willis G.M. & Grace R.C. (2012). Beyond static and dynamic risk factors: The incremental validity of release planning for predicting sex offender recidivism. Journal of Interpersonal Violence, 27(2), 222-238.

Sellen J.L., McMurran M., Cox W. M., Theodosi E. & Klinger E. (2006). The Personal Concerns Inventory (Offender Adaptation): Measuring and enhancing motivation to change. International Journal of Offender Therapy and Comparative Criminology, 50(3), 294-305.

Sellen, J.L., Gobbett, M., & Campbell, J. (2013). Enhancing treatment engagement in sexual offenders: A pilot study to explore the utility of the Personal Aspirations and Concerns Inventory for Offenders (PACI-O). Criminal Behaviour and Mental Health, 23(3), 203–216.

Serin, R.C. et Mailloux, D.L. (2001). Élaboration d’un instrument d’auto-évaluation fiable des facteurs criminogènes. Ottawa : Direction de la recherche du Service Correctionnel du Canada.

Shaw M. et Hannah-Moffat K. (2004). How cognitive skills forgot about gender and diversity. in G.Mair (dir.), What Matters in Probation, Cullompton: Willan Publishing, 90-121.

Sheehan, R., McIvor; G. & Trotter, C. (2007). What Works with Women Offenders. Cullompton: Willan Publishing.

Sheldon, K.M. (2003). Self-Determination Theory in the Clinic: Motivating Physical and Mental Health, Yale University Press.

Sherman, L. W. (1993). Defiance, deterrence, and irrelevance: A theory of the criminal sanction. Journal of research in Crime and Delinquency, 30(4), 445-473.

Smedslund, G., Dalsbø, T.K., Steiro, A.K., Winsvold, A. & Clench-Aas, J. (2011). Cognitive Behavioural, Therapy for Men Who Physically Abuse their Female Partner. Campbell Collaboration Systematic Review.

Smith, P., F.T. Cullen & E.J. Latessa (2009). Can 14,373 Women be Wrong? A Meta-Analysis of the LSI-R and Recidivism for Female Offenders. Criminology & Public Policy, 8, 183–208.

Sorel, O., & Dieu, E. (2015). Alliance thérapeutique et remédiation cognitive dans le cadre d'une obligation de soins pour un sujet à la rationalité limitée. Communication orale, Congrès International Francophone sur l'Agression Sexuelle, Charleroi, Belgique.

Strimelle, V. «La justice restaurative : une innovation du pénal ? », Champ pénal, Séminaire innovations pénales, septembre 2007. http://champpenal.revues.org/912.

Sturgess D., Woodhams J. & Tonkin M. (2015). Treatment engagement from the perspective of the offender: Reasons for noncompletion and completion of treatment- A systematic review. International Journal of Offender Therapy and Comparative Criminology. Retrived from http://ijo.sagepub.com/content/early/2015/05/12/0306624X15586038.full.pdf

Szabo, D. (1970). Déviance et criminalité. Textes. Paris : Armand Colin.

Tonry, M. (1995). Malign Neglect: Race, Crime and Punishment in America. New York: Oxford University Press.

Trotter, C. (2015). Working with involuntary clients. A guide to practice. Abingdon: Routledge, 3rd ed.

Trungpa, C. Sourire à la peur, Réveillez le courage en vous, Le Jour, 2012, 158 p. p.14.

Tulkens, F. (1993). Les transformations du droit pénal aux Etats-Unis. Pour un autre modèle de justice'. In UCL Law Faculty (ed.), Nouveaux itinéraires en droit. Bruxelles : Bruylandt, 461-493.

Tversky A. & Kahneman D. (1974). Judgement under Uncertainty: Heuristics and Biases. Science, 185(14157), 1124-1131.

Tyler, T.R. (2006). Why People Obey the Law. Princeton University Press.

Umbreit, M.S., & Robert B. Coates and Boris Kalanj (1994). “Victim Meets Offender: The Impact of Restorative Justice and Mediation, Monsey”, NY: Criminal.

Vacheret, M. (2009). La création d'organes de consultation des détenus dans les institutions carcérales européennes « Poudre aux yeux » ou réelle volonté d'implication dans les décisions les concernant ?, Rev. Sc. Crim., 973-

Van Ness, D. (2002b), Creating Restorative Systems. In L. Walgrave (ed.), Restorative Justice and the Law, Cullompton (UK): Willan Publishing, 130-149.

Van Swaaningen, R. (1997). Critical criminology: visions from Europe. London: Sage.

Van Swaaningen, R. (1999). Reclaiming critical criminology: social justice and the European tradition. Theoretical Criminology, 3(1), 5-28.

Van Zyl Smit, D., Snackan, S. & Hayes, D. (2015). ‘One cannot legislate kindness’: Ambiguities in European legal instruments on non-custodial sanctions. Punishment & Society, 17(1), 3-26.

Vanfraechem, I. & Walgrave, L. (2006). Les conférences de groupe familial. Les Cahiers de la Justice, Printemps 2006 : 153-174.

Verde, A., Rossi, R., Maberino, C. (2008). “Eracle: fallimento della virilità e omicidio in famiglia”. Relazione presentata al XII Congresso Nazionale della Società Italiana di Criminologia, San Marino, 23-25 ottobre.

Verwey-Jonker Institute, Neederlands (2016). “Restorative Justice and domestic violence. A guide for practitioners”, European Forum for Restorative Justice, www. Euforumrj.org

Vigarello G. (2001).“Storia della violenza sessuale”. Marsilio Editore, Venezia.

Villerbu, L-M. (1993). Psychologues et thérapeutes. Sciences et techniques cliniques en psychologie. Paris : L’Harmattan.

Villerbu LM (2008). Vers un diagnostic psycho-criminologique, construction de la dangerosité ou la fabrique des imprudences. In, P. Mbanzoulou P. Les nouvelles figures de la dangerosité (pp. 113-129). Paris : L’Harmattan.

Villerbu L-M., (2011). Criminologie et dangerosité, un terrain de reconversion. Le D.O.T. Site villerbu-crimnologie.fr

Villerbu, L.M., (2013). De la Clinique criminologique à la psycho-criminologie. Itinéraire notionnel et politique. Site : villerbu-criminologie.fr

Villerbu, L.M. (2013). Quand la criminologie se fait victimologie : éléments pour une clinique politique de la victimologie. Revue Sciences de l’Homme, Revue de l’ URNOP, Université d’Alger, n°.12, 71-80.

Villerbu, L.M. (2014). Le harcèlement dans tous ses états. Approche psycho-criminologique d'un phénomène socio judiciaire, le harcèlement. Site villerbu-crimino.fr.

Villerbu, L.M. (2014). Paroles et allégations : le témoignage en examen. Site : villerbu-crimino.fr

Villerbu, LM. (2014). Les effets de la conférence nationale criminologie sur la faisabilité d'un enseignement universitaire. Site villerbu-crimino.fr

Villerbu, L-M. (2014) Quand la criminologie se fait victimologie. Actualités Criminologiques à l'Universités-Rennes2.

Villerbu, L-M. (2014). Criminologie et psycho-criminologie de Rennes2. Violences et enfermement. Pratiques et Ethiques. Site villerbu-crimino.fr

Villerbu, L.M (2015). Un lien si singulier, l'interchangeabilité des positions agresseur/ victime. Site villerbu-crimino.fr.

Villerbu, L-.M. (2015). L'expertise de Franck, psychopathe, meurtrier. Santé Mentale, n°.194, Dossier Les psychopathes, 68-75.

Villerbu, L-M. (2015) La victimologie, construction disciplinaire, mutations professionnelles et références scientifiques. Thyma, La revue francophone de victimologie, http://www.thyma.fr/.

Villerbu L.M, Pignol P. (2007) : Approche sérielle en victimologie familiale : une conversion nécessaire dans l'analyse des situations familiales et dans le travail social. In L. Crocq, Traumatismes psychiques. Prise en charge psychologique des victimes (pp. 259-268). Paris : Masson.

Villerbu L-M., Laurent C. (2009), De la maltraitance et de ce qui s'ensuit. Considérations cliniques et épistémologiques pour un renouvellement des approches et des dispositifs médico-sociaux. Site villerbu-crimino.fr

Villerbu, L., Somat, A., Bouchard, C., Hirschelmann, A., Harrati, S. Temps psychiques, temps judiciaires : Etudes anthropologiques, psychologiques et juridiques. L'Harmattan. 2009.

Villerbu, L.M., Le Bas, P. (2007). Identification et sérialité. De la police scientifique à l'analyse psycho-criminologique. Paris : L'Harmattan.

Villerbu, L.M., Pignol P., Winter A. (2014): Violences conjugales et contextes conjugaux violents, des traces pour des expertises. In G. Lopez, Aide-mémoire de l'expertise pénale psychologique et psychiatrique (pp.229-44). Paris : Dunod.

Villerbu, L-M, Le Bas, P., Pignol, P. (1996). Accompagnement psycho-pénal des auteurs d'agressions à caractère sexuel (APPAACS). Institut de Criminologie et Sciences Humaines, Rennes2. Recherche conventionnée par la Direction Régionale de l'administration pénitentiaire.

Villerbu, L-M, Pignol, P. (2012). Trauma, désistance, résilience : quels espaces de théorisation ? In Coutanceau & J. Smith J., Trauma et résilience (pp. 20-37. Paris, Dunod.

Von Hirsch, A., & Jareborg, N. (1991). Gauging criminal harm: a living-standard analysis. Oxford Journal of Legal Studies, 11, 1-38.

von Hirsch, A., Roberts, J. V., Bottoms, A. E., Roach, K., & Schiff, M. (Eds.) (2003). Restorative justice and criminal justice: Competing or reconcilable paradigms. Oxford: Hart.

Wakeling H.C., Mann R.E. & Carter A.J. (2012). Do low-risk sexual offenders need treatment? The Howard Journal of Criminal Justice, 51(3), 286-299.

Walgrave, L & Zinsstag, E. (2014). Justice des mineurs et justice restaurative : une intégration possible et nécessaire. Les Cahiers Dynamiques, Nr. 59.

Walgrave, L. (1999). La justice restaurative : à la recherche d'une théorie et d'un programme. Criminologie, 1, 7-26.

Walgrave, L. (2004). Restoration in youth justice. In M. Tonry & A. Doob (eds.), Youth Crime and Youth Justice. Comparative and Cross-national Perspectives, Chicago: University of Chicago Press, Crime and Justice Vol. 31, 543-597.

Walgrave, L. (2008). Restorative justice, self-interest and responsible citizenship. Cullompton: Willan Publishing.

Walgrave, L., Aertsen, I., Parmentier, S. Vanfraechem, I. & Zinsstag, e. (2013) Editorial: Why Restorative Justice Matters for Criminology. Restorative Justice: An International Journal, 1 (2), 159-167.

Walgrave, Lode (2003). "Repositioning Restorative Justice: Restorative Justice, Criminal Justice and Social Context". Willan Publishing.

Ward T, Langlands R. Repairing the rupture: Restorative justice and the rehabilitation of offenders. Aggression and Violent Behavior 2009 ; 14(4): 205-214.

Ward T. & Gannon T. A. (2006). Rehabilitation, etiology, and self-regulation: The comprehensive good lives model of treatment for sexual offenders. Agression and Violent Behavior, 11, 77 – 94.

Ward T. and Maruna S. (2007). Rehabilitation. Abingdon: Routledge.

Ward T., Day A., Howells K. & Birgden A. (2004). The multifactor offender readiness model. Agression and Violent Behavior, 9, 645-673.

Ward T., Melser J. & Yates P.M. (2007). Reconstructing the Risk–Need–Responsivity model: A theoretical elaboration and evaluation. Agression and Violent Behavior, 12, 208-228.

Ward T., Yates P.M. & Willis G.M. (2012). The Good Lives Model and the Risk Need Responsivity Model: A critical response to Andrews, Bonta & Wormith (2011). Criminal Justice and Behavior, 39(1), 94-110.

Ward, T. (2007). "The Good Lives Model of offender rehabilitation: Theory and practice". Communication présentée au 26th annual Research and treatment conference of the Association for the Treatment of Sexual Abusers. Partners, policies and practices: making society safer. San Diego (Etats-Unis, CA).

Ward, T. (dir.). (2004). The self-regulation model of the offense and relapse process: A manual, Volume 1: Assessment. Pacific psychological assessment corporation Ward, T., Melser, J., Yates, P. (2007). Reconstructing the Risk-Need-Responsivity model: A theorical elaboration and evaluation. Aggression and violent behavior. 12: 208-228

Ward, T. et Fortune C.-A. (2016). From dynamic risk factors to causal processes: a methodological framework. Psychology, Crime & Law, 22(1/2),190-202

Ward, T., & Stewart, C. A. (2003). The treatment of sex offenders: Risk management and the Good Lives Model. Professional Psychology: Research and Practice, 34, 353-360.

Ward, T., Mann, R., & Gannon, T. A. (2007). The Good Lives model of rehabilitation: Clinical implications. Aggression and Violent Behavior, 12, 87-107.

Ward, T., Purvis, M., Devilly, G. (2004). Relapse prevention : Theory and Practice. In McIvor, G., Kemshall, H. (Eds.) Research highlights in social work – sex offenders: Managing the risk. k. San Francisco, CA: Jessica Kingsle

Ward, T., Yates, P.M., et Willis, G.M. (2012). The Good Lives Model and The Risk Need Responsivity Model, A Criticial Response to Andrews, Bonta, and Wormith (2011). Criminal Justice and Behavior. 39(1), 94-110.

Ware J. & Mann R.E. (2012). How should acceptance of responsibility be addressed in sexual offending treatment programs? Aggression and Violent Behavior, 17(4), 279-288.

Ware, J., Marshall, W.L. & Marshall, L.E. (2015). Categorical denial in convicted sex offenders: the concept, its meaning, and its implication for risk and treatment. Agression and Violent Behavior, 25(B), 215-226.

Weaver B & McNeill F (2007) Giving up crime: Directions for policy, Scottish Consortium on Crime and Criminal Justice: Edinburgh

Weaver, B., & McNeill, F. (2010). Travelling hopefully: Desistance research and probation practice, in Brayford J, Cowe F and Deering J (eds), What else works? Creative work with offenders, Willan: Cullompton

Weitekamp, E. (ed.) (2013). Developing peacemaking circles in a European context: final research report of project JLS/2010/JPEN/AG/1609. Tübingen: Eberhard Karls University Tübingen. Retrieved from http://euforumrj.org/assets/upload/PMC_EU_2_Research_Report_Final_Version_RevVer-HJK.pdf.

Wheeler J.G., George W.H. & Marlatt G.A. (2006) Relapse prévention for sexual offenders: Considerations for the "abstinence violation effect". Sexual abuse: A Journal of Research and Treatment, 18(3), 233-248.

Whitson J.A., Galinsky A.D. & Kay A. (2015). The emotional roots of

Wikström, P-O.H., & Treiber, K. (2009). Violence as Situational Action. International Journal of Conflict and Violence, 3(1) : 75-96.

Wiktorowicz Q. (2004). Joining the cause: Al-Muhajiroun and radical Islam. Syracuse: Institute for National Security and Counterterrorism (INSCT).

Wiktorowicz Q. (2005). A genealogy of radical Islam. Studies in Conflict and Terrorism, 28(2), 75–97.

Wiktorowicz Q. (2006). Anatomy of the Salafi movement. Studies in Conflict and Terrorism, 29(3), 207–240.

Willis G.M., & Grace R.C. (2009). Assessment of community reintegration planning for sex offenders: poor planning predicts recidivism. Criminal Justice and Behavior, 36, 494-512.

Willis G.M., Prescott D.S. & Yates P.M. (2013). The Good Lives Model (GLM) in theory and practice. Sexual Abuse in Australia and New-Zealand, 5(1), 3-9.

Willis G.M., Ward T. & Levenson J.L. (2014). The Good Lives Model: An evaluation of G.L.M. operationalization in north-american treatment programs. Sexual abuse: A Journal of Research and Treatment, 26(1), 58-81.

Willis G.M., Yates P.M., Gannon T.A. & Ward T. (2013). How to integrate the Good Lives Model into treatment programs for sexual offending. Sexual abuse: A Journal of Research and Treatment, 25(2), 123-142.

Wilson R.J. & Yates P.M. (2009). Effective interventions and the Good Live Model: Maximizing treatment gains for sexual offenders. Agression and violent behavior, 14(3), 157-161.

Wilson R.J., & McWhinnie, A., les cercles de support et de responsabilité. Un partenariat international en management du risque en milieu ouvert, Dossier éviter la récidive du délinquant sexuel, AJPénal Décembre 2012.

Wilson, C., Bates, A. & Völlm, B. (2010). Circles of Support and Accountability: An Innovative Approach to Manage High-Risk Sex Offenders in the Community. The Open Criminology Journal, 3, 48-57.

Wilson, R. J. & Prinzo, M. (2001). Circles of Support : A Restorative Justice Initiative. Journal of Psychology & Human Sexuality, 13(3/4), 59-77.

Wilson, R. J., Cortoni, F. & Vermani, M. (2007). Rapport de recherche - Cercles de soutien et de responsabilité : Reproduction à l'échelle nationale des résultats obtenus. Humber.

Wilson, R. J., Picheca, J. E. & Prinzo, M. (2005). Rapport de recherche : Cercles de soutien et de responsabilité : évaluation du projet pilote dans le Centre-sud ontarien. Service correctionnel du Canada, 45 pages. En ligne http://www.csc-scc.gc.ca/text/rsrch/reports/r168/r168-fra.shtml, consulté le 30/07/2012.

Winick, B.J. & Wexler, D.B. (2003) (dir.), Judging in a Therapeutic Key. Therapeutic Jurisprudence and the Courts, Durham, NC, Carolina Academic Press.

Witkiewitz, K., & Marlatt, GA. (2007). Therapist's guide to evidence-based relapse prevention. Elsevier.

Word Healt Organization, Global and regional estimates of violence against women: prevalence and health effects of intimate partner violence and non-partner sexual violence (2013). URL: http://apps.who.int/iris/bitstream/10665/85239/1/9789241564625_eng.pdf?ua=1

Wormith J.S., Gendreau P. & Bonta J. (2012). Deffering to clarity, parcimony and evidence in reply to Ward, Yates and Willis. Criminal Justice and Behavior, 39(1), 111-120.

Wormith, J.S., Hogg, S. & Guzzo, L. The predictive validity of a general Risk/Needs assessment inventory on sexual offender recidivism and an exploration of the professional override, Criminal Justice and Behavior, Vol. 39, N° 12, December 2012, 1511-1538.

Worrall, A, Mawby, RC & Herzog-Evans, M (2014). La probation intensive des condamnés adultes en Angleterre et au Pays-de-Galles: Leçons et comparaison avec la France. in M Herzog-Evans (dir.) L'efficacité de l'exécution des peines, Paris, Mare et Martin, 105-141.

Wright, M. (1992). Victim/offender mediation as a step towards a restorative system of justice. In H. Messmer & H.-U. Otto (eds.) Restorative justice on trial: pitfalls and potential of victim/offender mediation – International research perspectives. Dordrecht: Kluwer.

Yantzi, M. (1998). "Sexual Offending and Restoration". Scottdale, PA and Waterloo, ON: Herald Press.

Yates P.M. & Ward T. (2008). Good lives, self-regulation and risk management: An integrated model of sexual assessment and treatment.

Sexual abuse in Australia and New Zealand: An interdisciplinary Journal, 1(1), 2-19.

Yates P.M. (2013). Treatment of sexual offenders: Research, best practices and emerging models. International Journal of Behavioral Consultation and Therapy, 8 (3-4), 89-94.

Yates, P., Kingston, D. (2006). The self-regulation model of sexual offending : the relationship between offence pathway and static and dynamic sexual offense risk. Sex abuse. 18:259-270

Yates, P., Prescott, D.,& Ward, T. (2010). Applying Good Lives and Self-Regulation Models to sex Offender Treatment. A Practical Guide for Clinicians. Brandon: The Safer Society.

Young, J. (1997). Left relist criminology: radical in its analysis, realist in its policy. In M. Maguire, R. Morgan & R. reiner (eds.), The Oxford Handbook of Criminology, Oxford: Oxford University Press, 2nd, 473-498.

Young, J.F., Klosko J. S., (2005). La thérapie des schémas : Approche cognitive des troubles de la personnalité. Paris : De Boeck.

Zehr, H. (1990). Changing lenses. A new focus for crime and justice. Herald Press.

Zehr, H. (2002). Journey to belonging. In E. Weitekamp & H.-J. Kerner (eds.) Restorative justice: theoretical foundations, pp. 21-31. Oxon: Routledge

Zehr, H. (2002). The little book of restorative justice. Good books Ed.

Zindel V. Segal, J.Mark G.Williams, John D. Teasdale, la thérapie cognitive basée sur la pleine conscience pour la dépression. Une nouvelle approche pour prévenir la rechute. De Boeck, 2006, 375p, p. 126 : l'exercice du raisin sec.

Zinger I. (2004), Actuarial Risk Assessment and Human Rights: A Commentary. Canadian Journal of Criminology and Criminal Justice, 46, 607–620.

Zinsstag, E. & Vanfraechem, I. (eds.) (2012). Conferencing and restorative justice: international practices and perspectives, Oxford: Oxford University Press.

Zinsstag, E., Keenan, M. & Aertsen, I. (eds.). (2015). Developing integrated responses to sexual violence: An interdisciplinary research project on the potential of restorative justice – Project report. Leuven: University of Leuven.

Zinsstag, E., Teunkens, M. & Pali, B. (2011). Conferencing: A way forward for restorative justice in Europe - Final report of JLS/2008/JPEN/043, Leuven: European Forum for Restorative Justice (EFRJ).

Questions juridiques aux éditions L'Harmattan

Dernières parutions

DÉLINQUANCE SÉRIELLE ET POLICE JUDICIAIRE
Impini Jean-François
Sérialité de la délinquance, information judiciaire, analyse criminelle sérielle désignent des notions familières mais peu étudiées par les sciences criminelles. Postulant l'idée assez commune d'une délinquance largement réitérante, l'ouvrage tente de dérouler le fil logique que pourrait suivre l'investigation policière pour exploiter de façon systématique ce caractère sériel des infractions.
(Coll. Sécurité et société, 37.50 euros, 372 p.)
ISBN : 978-2-343-11147-6, ISBN EBOOK : 978-2-14-002864-9

LES MICRO-ÉTATS EUROPÉENS
Étude historique, juridique et fiscale
(Andorre, Liechtenstein, Monaco, Saint-Martin, Vatican)
Blevin Pierre-Alexis – Préface d'Anne-Marie Le Pourhiet
Morcelée pendant plusieurs siècles en diverses seigneuries et autres entités à caractère étatique, l'Europe est à la fin du XIXe siècle le théâtre d'une véritable refonte des États qui la composent. Les micro-États semblent dès lors rencontrer des difficultés dans l'affirmation de leur souveraineté. Ainsi, les garanties constitutionnelles et institutionnelles sont-elles suffisantes pour assurer leur indépendance et leur intégrité ? Cet ouvrage donne une véritable définition des « micro-États européens » et analyse leur résistance face à une évolution historique européenne majeure.
(Coll. Logiques Juridiques, 53.00 euros, 616 p.)
ISBN : 978-2-343-10015-9, ISBN EBOOK : 978-2-14-002545-7

QUEL STATUT SOCIAL POUR LE CHEF D'ENTREPRISE ET LE DIRIGEANT DE SOCIÉTÉS ?
Turc Annabelle – Préface de Gérard Vachet
Le statut social des dirigeants de sociétés est un sujet en constante évolution, en raison des changements de législation et du rapprochement du régime social des indépendants vers le régime salarié. Mais, pour connaître ou choisir son statut social, le chef d'entreprise (ou le mandataire social) doit se pencher sur de nombreux facteurs. Le statut social des dirigeants est-il susceptible d'évoluer vers une harmonisation du régime salarié et du régime social des indépendants (RSI) ? Et quel conseil donner au dirigeant en quête du statut le plus rentable pour lui ?
(Coll. Défis, 49.00 euros, 688 p.)
ISBN : 978-2-343-11093-6, ISBN EBOOK : 978-978-2-14-002819-9

LA SOCIÉTÉ PAR ACTIONS SIMPLIFIÉE ET LE FINANCEMENT D'ENTREPRISES EN DIFFICULTÉ
Feydel Romain
Le droit des sociétés français sait se montrer concurrentiel. La société par actions simplifiée (SAS), couplée au mécanisme de la procédure de sauvegarde accélérée, présente des avantages. Ce montage

en cascade démontre la complémentarité du fonds professionnel de capital investissement (FPCI) avec la SAS. Ainsi, la SAS permet de constituer une copropriété d'instruments financiers et de mettre en application la stratégie d'investissement. L'auteur démontre l'importance de la société de gestion de portefeuille, mais également de la holding de rachat, ainsi que de la filiation et du pacte d'actionnaires dans cette opération de *leveraged turn around.*
(20.50 euros, 204 p.)
ISBN : 978-2-343-10712-7, ISBN EBOOK : 978-2-14-002584-6

CRIMINALITÉ EN COL BLANC
Délinquance d'affaires, délinquance financière, délinquance fiscale
Sous la direction de Jacques Delga
Cet ouvrage à caractère pluridisciplinaire, où chaque auteur a librement choisi le thème à traiter, fait référence à la construction de modèles criminels astucieux. Il revient sur la difficulté de prévenir ou de réprimer le crime en col blanc, les renseignements, la cybercriminalité, la corruption ou encore la lutte contre les comptes bancaires non déclarés. De nombreux exemples français, mais aussi étrangers sont cités : Amazon, Société Générale, Clearstream, Madoff, Cahuzac, etc., permettant ainsi de revenir sur le traitement de cette criminalité en col blanc.
(Coll. Colloques et rencontres, 39.00 euros, 418 p.)
ISBN : 978-2-343-10388-4, ISBN EBOOK : 978-2-14-002649-2

GÉOGRAPHIES POLICIÈRES
Ignorance concertée et propagande ennemie
Fines Louise
Trois études de cas (les *starlight tours* au Canada ; les manifestations qui se sont déroulées au sommet du G8 à Gênes ; et l'intervention déployée à l'encontre des grévistes à Marikana) servent de prétexte pour explorer un phénomène historique : la neutralisation des personnes indésirables. En effet, à l'aune d'un idéal démocratique, il importe de mieux saisir les critères, circonstances et facteurs qui contribuent à faire en sorte que des individus sont classés dans la catégorie « personnes indésirables ».
(Coll. Questions contemporaines, 19.50 euros, 190 p.)
ISBN : 978-2-343-10689-2, ISBN EBOOK : 978-2-14-002576-1

QUELLE NOUVELLE POLITIQUE DE L'ÉNERGIE POUR L'UNION EUROPÉENNE ?
Azébazé Labarthe Danielle
Il faudra attendre 2009 pour qu'une politique de l'énergie soit introduite dans le droit européen, ce qui pousse à s'interroger sur la nature et la portée exacte des interventions de l'Union dans le domaine de l'énergie. Cette ébauche de politique énergétique trouvera son ancrage juridique dans des bases juridiques indirectes ou subsidiaires, et en particulier dans celles relatives à l'établissement d'un marché intérieur. Pourtant, l'énergie est loin d'être un objet économique ordinaire : la soumission de ce secteur aux seules règles du marché pourrait être préjudiciable. Il est donc nécessaire de prévoir une véritable politique énergétique commune.
(Coll. Logiques Juridiques, 55.00 euros, 634 p.)
ISBN : 978-2-343-10532-1, ISBN EBOOK : 978-2-14-002473-3

VOYAGE AU CŒUR DES PROPRIÉTÉS PUBLIQUES
Iacono Geneviève
Ce voyage au coeur des propriétés publiques tente de relever le défi d'une présentation simple et attractive du droit des propriétés publiques. L'ouvrage aborde de nombreux exemples de gestion domaniale (protection du domaine public maritime, gestion des forêts, consolidation des digues...) et traite les questions relatives aux grandes mutations du patrimoine des entreprises publiques (SNCF, la Poste ou EDF) pour illustrer la tension entre le droit européen de la concurrence et les exigences du service public. La difficile conciliation entre les logiques de protection et/ou de valorisation des propriétés publiques ouvre la réflexion sur ces enjeux.
(Coll. Le Droit aujourd'hui, 19.00 euros, 180 p.)
ISBN : 978-2-343-10495-9, ISBN EBOOK : 978-2-14-002512-9

ÉTHIQUE ET PATRIMOINE CULTUREL
Regards croisés
Sous la direction de Géraldine Goffaux Callebaut
Le droit ne permet plus de répondre seul à toutes les problématiques du patrimoine culturel et il faut souvent faire appel à d'autres types de règles, plus souples et souvent mieux partagées, que sont les règles éthiques. Ce sont essentiellement les professionnels qui en sont les bâtisseurs. Dans ce contexte, quel est le rôle de l'éthique ? Quel est le lien entre éthique et déontologie ? Quelle approche faut-il avoir de ce concept ? Éthique individuelle ou collective ? Éthique de l'institution, de la profession ? Codifiée ou informelle ?
(Coll. Droit du Patrimoine culturel et naturel, 36.00 euros, 350 p.)
ISBN : 978-2-343-10605-2, ISBN EBOOK : 978-2-14-002466-5

LE PROCÈS RANUCCI
Témoignage d'un juré d'assises
Donadini Geneviève - Préface de Gilles Perrault
Début 1976, le procès de Christian Ranucci a lieu au tribunal d'Aix-en-Provence. Il sera condamné à mort. Sa grâce sera refusée. Il sera guillotiné le 28 juillet 1976. Jeune mère de famille de 35 ans, Geneviève Donadini fit partie du jury d'assises. Elle a vécu dans le silence que lui imposait la loi pendant plusieurs décennies. Quarante ans après, elle raconte cette terrible expérience à laquelle elle a participé bien malgré elle et qui a marqué sa vie.
(Coll. La justice au quotidien, 13.00 euros, 106 p.)
ISBN : 978-2-343-10540-6, ISBN EBOOK : 978-2-14-002396-5

L'ORDRE JURIDIQUE COMMUNAUTAIRE DE LA CEMAC
Gnimpieba Tonnang Edouard
Préface de Bernard-Raymond Guimdo Dongmo
L'échec de l'Union douanière et économique de l'Afrique centrale (UDEAC) a poussé à remettre en question toutes les politiques d'intégration économique engagées depuis les accessions à la souveraineté internationale. Cet échec a conduit à relancer la construction communautaire sur de nouvelles bases visant un marché commun, garantissant la libre circulation des facteurs de production. Il s'agit de faire de l'espace de la CEMAC (Communauté économique et monétaire des États d'Afrique centrale) un espace de liberté, de démocratie et d'États de droit devant reposer sur un nouvel ordre juridique.
(Harmattan Cameroun, 25.50 euros, 246 p.)
ISBN : 978-2-343-10512-3, ISBN EBOOK : 978-2-14-002503-7

L'INTERVENTION DES TIERCES PARTIES DANS LE RÈGLEMENT DES DIFFÉRENDS À L'OMC
Nguyen Ngoc Ha - Préface de Marie-Pierre Lanfranchi
L'intervention des tierces parties dans le règlement des différends à l'OMC présente des spécificités par rapport à d'autres juridictions internationales. Dans l'ensemble, ces spécificités permettent aux tierces parties de jouer un rôle important dans ce système, en répondant aux besoins d'information du juge, en aidant la défense des intérêts à différents niveaux et surtout en renforçant les capacités et compétences des pays en développement. L'intervention comporte parfois des risques et des limites, mais son bilan, globalement positif, plaide en faveur du renforcement des droits des tierces parties.
(48.00 euros, 576 p.)
ISBN : 978-2-343-10483-6, ISBN EBOOK : 978-2-14-002260-9

LES INSTRUMENTS DE L'ACTION PUBLIQUE ET LES DISPOSITIFS TERRITORIAUX
Sous la direction de Némery Jean-Claude, Thuriot Fabrice
Les instruments de l'action publique (IAP) recouvrent des réalités multiples déjà balisées par des travaux universitaires reconnus. Destinés au pilotage et au développement de l'action publique, ils sont constitués de politiques, de mesures et de dispositifs recouvrant des dimensions juridiques, financières, d'organisation et de communication. Cet ouvrage a pour but d'en montrer la

diversité de conception, de gestion et d'effet, à travers des travaux théoriques, méthodologiques et empiriques dans plusieurs pays. Il couvre ainsi un large spectre de dispositifs de gouvernance, de développement durable, et de planification, d'Europe en Amérique du Nord, en passant par l'Afrique.
(Coll. Administration et Aménagement du Territoire, 24.50 euros, 234 p.)
ISBN : 978-2-343-10393-8, ISBN EBOOK : 978-2-14-002168-8

VICTOR HUGO ET LES MAGISTRATS
Foulon Marcel
Victor Hugo est le seul à avoir prononcé autant de condamnations *ad hominem* contre les magistrats de son siècle. Le XIXe siècle cherche en effet son présent et s'interroge sur son avenir. « L'homme-siècle » participe à tous ces débats et prononce ses condamnations en poète. Il croit à la puissance politique de la poésie. Le juriste et le citoyen pourront constater quels considérables changements a effectué le monde des juges depuis Hugo, mais aussi que, si aucun juge ne sanctionna ces magistrats iniques, c'est la poésie qui les condamna à la plus sévère des dégradations, celle de l'Histoire.
(Coll. Droit privé et sciences criminelles, 21.50 euros, 200 p.)
ISBN : 978-2-343-10413-3, ISBN EBOOK : 978-2-14-002185-5

DROITS DE L'HOMME ET DROITS DE LA FEMME
Regard historique, philosophique et politique ou évidence d'une secondarité
Hounsounon-Tolin Paulin
Préface du Professeur Henri Bah / Postface du Professeur Abiola Félix Iroko
Cet ouvrage, à l'intersection de l'approche historique, philosophique, politique, voire religieuse, de la question des droits de l'homme, cherche à faire ressortir la sacralité de la citoyenneté. Les droits de la femme, au regard de la théorie stoïcienne de l'égalité des fautes et des vertus chez Sénèque, dégage une égalité naturelle homme/femme en même temps qu'une égalité factice homme/femme fait perdre à la gent féminine sa féminité. Aussi l'ouvrage aborde-t-il à juste titre la question de l'humanisme qu'il convient de prôner de nos jours.
(Coll. Points de vue, 15.00 euros, 136 p.)
ISBN : 978-2-343-10346-4, ISBN EBOOK : 978-2-14-002257-9

LE DROIT INTERNATIONAL ET LES GUERRES DE NOTRE TEMPS
Lagot Daniel
Ce livre présente les aspects essentiels du « droit de la guerre », avec ses grands principes, mais aussi ses ambiguïtés et ses problèmes, et discute la manière dont il est interprété et appliqué dans les guerres de notre temps. Parmi les questions évoquées se trouvent la résolution Unis pour la paix de l'Assemblée générale des Nations Unies, ainsi que la « responsabilité de protéger ». Une partie importante est consacrée au droit international humanitaire de la guerre. Cet ouvrage présente également des bilans des actions de l'ONU et de la justice internationale.
(Coll. Questions contemporaines, 22.50 euros, 211 p.)
ISBN : 978-2-343-10265-8, ISBN EBOOK : 978-2-14-002303-3

LES ENJEUX PATRIMONIAUX DE LA SÉPARATION
Questions récurrentes
Sous la direction de et textes réunis par Antonini-Cochin Laetitia
Confondus pendant la vie commune, les intérêts patrimoniaux des conjoints doivent être démêlés et liquidés lors de la séparation. Ces questions d'ordre liquidatif relèvent souvent de la compétence du juge aux affaires familiales. La séparation révèle souvent d'importantes disparités de situation et des préjudices qu'il convient de compenser et de réparer. Se posent alors plusieurs questions telles que l'évaluation de la prestation compensatoire, de l'allocation de dommages et intérêts ou encore de l'attribution du logement de la famille.
(Coll. Droit privé et sciences criminelles, 14.00 euros, 114 p.)
ISBN : 978-2-343-09830-2, ISBN EBOOK : 978-2-14-001613-4

L'HARMATTAN ITALIA
Via Degli Artisti 15; 10124 Torino
harmattan.italia@gmail.com

L'HARMATTAN HONGRIE
Könyvesbolt ; Kossuth L. u. 14-16
1053 Budapest

L'HARMATTAN KINSHASA
185, avenue Nyangwe
Commune de Lingwala
Kinshasa, R.D. Congo
(00243) 998697603 ou (00243) 999229662

L'HARMATTAN CONGO
67, av. E. P. Lumumba
Bât. – Congo Pharmacie (Bib. Nat.)
BP2874 Brazzaville
harmattan.congo@yahoo.fr

L'HARMATTAN GUINÉE
Almamya Rue KA 028, en face
du restaurant Le Cèdre
OKB agency BP 3470 Conakry
(00224) 657 20 85 08 / 664 28 91 96
harmattanguinee@yahoo.fr

L'HARMATTAN MALI
Rue 73, Porte 536, Niamakoro,
Cité Unicef, Bamako
Tél. 00 (223) 20205724 / +(223) 76378082
poudiougopaul@yahoo.fr
pp.harmattan@gmail.com

L'HARMATTAN CAMEROUN
TSINGA/FECAFOOT
BP 11486 Yaoundé
699198028/675441949
harmattancam@yahoo.com

L'HARMATTAN CÔTE D'IVOIRE
Résidence Karl / cité des arts
Abidjan-Cocody 03 BP 1588 Abidjan 03
(00225) 05 77 87 31
etien_nda@yahoo.fr

L'HARMATTAN BURKINA
Penou Achille Some
Ouagadougou
(+226) 70 26 88 27

L'HARMATTAN SÉNÉGAL
10 VDN en face Mermoz, après le pont de Fann
BP 45034 Dakar Fann
33 825 98 58 / 33 860 9858
senharmattan@gmail.com / senlibraire@gmail.com
www.harmattansenegal.com

Achevé d'imprimer par Corlet Numérique - 14110 Condé-sur-Noireau
N° d'Imprimeur : 137487 - Dépôt légal : avril 2017 - *Imprimé en France*